北京电力公司年鉴

2006年

《北京电力公司年鉴》编委会

中国电力出版社
www.cepp.com.cn

序

《北京电力公司年鉴》继2005年创刊后，已成为公司重要的大型综合性年刊。它的出版既是记录公司发展的一项基础性工作，也是对公司2005年各项工作的一次检阅，对进一步推进公司内质外形建设、促进企业和谐发展将发挥重要作用。

2005年是公司的基础考究年，在国家电网公司的正确领导下，在北京市委、市政府的亲切关怀下，北京电力公司紧密围绕“一强三优”现代公司战略目标，夯实基础，扎实工作，实现了年初职代会的既定目标，电网发展势头迅猛，安全形势保持稳定，经营管理和营销服务水平明显提高，科技信息与人才队伍建设成绩显著，党风廉政和精神文明建设硕果累累。公司全体干部、职工凝心聚力、锐意进取，用自己的智慧和汗水为首都经济社会发展和人民生活提供了安全可靠的电力保障，为首都电网和公司发展做出了应有的贡献。

以史为鉴，可知天下。《北京电力公司年鉴》不仅真实记载

了北京电力公司加强自身建设，不断追求卓越的工作历程和工作全貌，同时也给社会各界朋友了解首都电力事业发展提供了平台。我们诚挚地希望各界朋友们一如既往地关注首都电力事业的发展，关心和支持北京电力公司的各项工作。

回顾昨天，我们骄傲而自豪；展望未来，我们平静而自信。我们深知肩上的责任和使命，相信经过全体干部职工不懈的努力，北京电力公司一定会昂首阔步，创百年基业，建历史辉煌。

最后，感谢编辑同志们的辛勤劳动，祝愿《北京电力公司年鉴》越办越好。

北京电力公司总经理

时家林

2006年12月

编辑说明

1 《北京电力公司年鉴》是北京电力公司的企业年鉴，是一部集史实性和资料性为一体的综合性工具书。本年鉴每年一期，按年度记载公司的重大事项。本期是第二期，记载年度为2005年1～12月。

2 本《年鉴》以马列主义、毛泽东思想、邓小平理论和“三个代表”重要思想为指导，遵循中国共产党十一届三中全会以来的路线、方针和政策，坚持“四项基本原则”，坚持以经济建设为中心，科学地反映公司的客观情况。

3 本《年鉴》的主要服务对象为北京电力公司的全体员工及其他从事电力生产、建设、经营管理、科研技术的有关人员，以及与电力相关的政府和企事业单位的有关人员。

4 本《年鉴》的编纂指导思想是：全面、系统、真实地反映北京电力公司在北京地区电网规划与建设中取得的成绩，总结公司生产运营工作的经验，弘扬公司干部职工在安全生产和为北京重大活动保供电中的奉献精神，展示公司优质服务和树立首都形象的企业风采。

5 本《年鉴》采用文章和条目两种体裁，以条目体为主，用规范的语体文、记述体，直陈其事，文字力求言简意赅。本《年鉴》采用全彩版印刷，内容丰富，文、图、表并茂。

6 本《年鉴》的框架结构由篇目、栏目、条目3个层次组成。设有22个篇目：特载；大事记；概况；行政办公管理；电网规划与建设；综合计划管理；生产运行；安全监督；人力资源管理；财务管理与审计；电力营销；农电工作；科技管理与信息化建设；党群工作；后勤保卫；机关建设；协、学会工作；直属供电公司；其他直属单位；先进集体及人物；重要讲话和重要文件；统计资料。

7 本《年鉴》所选文章和条目，均由各部门、各单位供稿，并经主管负责人审核。

篇目

目录

人力资源管理

财务管理与审计

电力营销

农电工作

科技管理与信息化建设

目录

党群工作

后勤保卫

机关建设

协、学会工作

供电公司

目录

目录

特　　载

TE ZAI

保持共产党员先进性教育活动

根据中央在全党开展以实践“三个代表”重要思想为主要内容的保持共产党员先进性教育活动的部署，以及北京市市委、市国资委党委、国家电网公司党组的要求，作为第二批开展保持共产党员先进性教育活动单位，2005年7月10日～10月26日，北京电力公司党委在全公司党员中开展保持共产党员先进性教育活动。

一、开展先进性教育活动的基本情况

公司党委对先进性教育活动高度重视，认真贯彻上级要求，全面部署，在活动的每个阶段都进行了充分准备、精心组织，狠抓落实，并将开展先进性教育活动和实现公司快速发展、保证迎峰度夏安全供电、全面完成全年重点工作紧密结合起来，坚持“两不误、两促进”，有力推动了公司各项工作。先进性教育活动为公司上下统一思想、提高认识、促进工作，提供了强大的思想动力。

7月10日，公司党委在政协礼堂召开保持共产党员先进性教育活动动员大会。（陈洁　摄）

在学习动员阶段，公司党委进行了广泛深入的思想动员，使广大党员进一步明确了新时期保持共产党员先进性的重大意义，用马列主义、毛泽东思想、邓小平理论、“三个代表”重要思想和党章武装头脑，联系工作实际，开展了新时期保持共产党员先进性标准大讨论，对三个不同层面的党员保持先进性的具体要求和实践途径形成了共识。在分析评议阶段，各级党组织和党员采取多种方式广泛征求意见，深入开展谈心活动，认真进行党性分析，召开专题民主生活会和专题组织生活会，积极开展批评与自我批评，通过分析评议，找到了存在的突出问题，提出了整改措施。在整改提高阶段，各级党组织和党员认真制定了整改方案，本着边议边改，务求实效的原则，群众已经感受到了新变化。经过测评，基层单位群众满意度达到了98.5%。

回顾北京电力公司先进性教育活动的全过程，主要体现了以下几个特点：

（一）领导重视，精心策划，强势启动，稳步推进

为了使先进性教育活动达到预期目的，公司党委对学习动员、分析评议、整改提高三个阶段的工作事先都进行了精心策划和认真准备，保证每个环节措施到位，落实到位。学习动员大会努力营造一个强势启动的态势，激励广大党员积极投入到先进性教育活动之中；分析评议动员大会充满了坦诚、民主的气氛，使广大党员以良好的精神状态和高昂的政治热情投入到分析评议工作中；整改提高动员大会突出边整边改边提高的思路，确保整改取得实效，实现“群众满意工程”。

为了保证先进性教育活动达到规定要求，做到保质保量，切实取得成效，公司党委先进性教育领导小组坚持办公室工作例会制度，保证了整体教育活动扎实进行。为了使基层先进性教育活动有序进行，根据机关和基层不同的特点，在活动中实施了机关和基层分层次“压茬”一周进行的方法，稳步推进了基层党组织教育活动的开展。全公司党员受教育覆盖面达到99.9%，党支部覆盖面达到100%，在实践中收到了很好的效果。

（二）领导带头，率先垂范，广纳良言，抓好落实

公司领导班子在先进性教育活动中坚持带头学、带头讲，带头查找问题，发挥了领导干部学在前、做在前的表率作用。在领导班子专题民主生活会上，对照党章和新时期共产党员先进性具体要求，逐一进行个人党性分析汇报，相互间开诚布公地开展了批评与自我批评。认真总结了学习贯彻党的十六大以来的路线方针政策的情况，总结了公司在实施建制调整各项工作开展的情况，特别是围绕

建设“一强三优”现代公司和北京电网快速发展，以及领导班子自身在党性、党风方面的情况。

公司领导班子根据征集到的11个方面的主要问题进行了认真讨论，制定了整改思路，从七个方面抓好落实。一是进一步加强政治理论学习，不断提高领导班子统筹公司全面发展的能力。二是进一步坚持科学发展观，推动公司的快速发展。继续推进基础工作年的工作。积极应对大规模、高速度、高标准的电网建设任务。主动适应从电网管理者向电网经营者的角色转换。积极稳妥地推进主辅、主多分离的体制改革。三是切实转变工作作风，加大深入基层调查研究的力度。四是加强领导班子建设。不断提高领导班子思想政治素质，增强贯彻落实党的方针政策和上级大政方针的自觉性和坚定性。五是加强人才队伍建设，提高公司人才队伍的整体素质。六是加强党风廉政建设，切实增强拒腐防变能力。七是增强群众观念，关心职工生活，切实解决好群众反映强烈的热点难点问题，让群众真正感受到先进性教育活动出现的新变化。

各级党组织根据公司党委的要求，对征集到的意见建议经过梳理，制定了整改方案，并逐步落实。

（三）联系实际，分类指导，加强监督，务求实效

根据公司基层单位点多分散的特点，为了保证先进性教育活动的质量，公司党委先进性教育活动领导小组决定成立6个督导组，作为公司先进性教育活动领导小组派出机构，对31个基层党组织行使督察、指导、信息反馈的职能，保证各单位先进性教育活动各个环节按要求完成。公司党委先进性教育活动领导小组定期听取督导组工作汇报，布置阶段性工作，提出具体要求，召开督导组座谈会进行工作交流，所有这些措施保证了全公司先进性教育活动的整体质量。

公司6个督导组先后391次深入实际，了解掌握督导单位先进性教育活动工作动态，针对不同单位的不同情况，加强分类指导，使基层单位先进性教育活动总体进展保持平衡。督导组及时总结推广好方法、好经验，用典型指导工作，为公司领导小组解决政策性、倾向性和全局性问题发挥了参谋作用。

同时督导组成员采取以老带新的方法，全部由有多年党务工作经验的老书记担任组长，使年青同志在督导过程中既得到基层工作的锻炼，又学到很多好的工作方法和经验，受益匪浅。督导工作成为年青同志学习实践的平台，为今后开展工作积累了经验。

（四）正面教育，典型引路，弘扬精神，营造氛围

各级党组织坚持正面教育，大力宣传先进典型，用先进典型感召人、先进的思想教育人，营造了保持党员先进性的有力氛围，对于增强广大党员实践“三个代表”重要思想的责任意识，深化先进性教育活动，起到了很好的作用。

公司党委将向先进模范学习贯穿先进性教育活动始终。通过模范先进事迹巡回演讲，各单位组织的先进模范宣传活动，形成了先进性教育活动一道亮丽风采。公司巡回演讲团共为32个单位作了31场演讲，有6600多名职工听取了演讲。同时，公司党委还编辑印发了《劳动者之歌》、《奉献者之歌》、《理想者之歌》专辑，编辑印发简报75期，其中13期简报和相关信息被市国资委采纳。在公司局域网建立了“先进性教育活动专栏”，《北京电力报》、《北京电力》杂志也加大了先进性教育活动的宣传力度。

各级党组织重视先进性教育活动中的宣传工作，充分利用内部刊物、简报、网络等多种宣传手段，及时、准确地进行宣传报道，各级党组织共编发简报1826期。昌平、城区供电公司、电力设计院还专门建立了先进性教育活动网页。

（五）从严治党，从严要求，确保质量，不走过场

先进性教育活动政策性强、环节多、任务重、要求高。因此，公司党委给予高度的重视，贯彻“党要管党、从严治党”的原则，对整体安排和每个环节的要求进行认真研究，确保先进性教育活动保质保量完成，不走过场。一是骨干培训不走过场。每个阶段开始前，公司和基层都要进行两级培训，使骨干对各阶段的目的意义、指导思想、指导原则、目标要求先学一步，以确保活动质量。二是做到了征求意见不走过场。各级党组织通过设置意见箱、发放征求意见表、召开座谈会、谈心等多种形式，在广大党员群众中征求意见与建议。承担社会服务职能的窗口单位还征求了客户的意见。全公司共设置意见箱147个，发放征求意见表7056份，征求党员群众意见14356人次，召开座谈会483个，开展谈心30427人次，参加人数8184人，走访客户118户，走访人员1945人。三是谈心活动不走过场。全

公司3000多名党员广泛开展了谈心活动。这样大范围的领导班子成员之间、党员领导干部与所分管部门负责人之间、党员之间、党员与群众之间的谈心活动是从未有过的。四是思想教育不走过场。各级党组织坚持正面教育的原则，以加强党性修养、保持先进性为主题，采取讲党课、组织专题学习等形式，把党性教育与搞好党性分析紧密结合起来，提高了党性分析质量。五是党性分析不走过场。各级党组织根据“三不放过”的原则，即未找准问题和思想原因不放过、党性分析不深刻不放过、未明确努力方向和制订整改措施不放过。要求每个党员对照党章和先进性的要求，认真从思想、工作、作风三个方面进行深刻的党性分析，并要求党支部对每个党员的党性分析材料严格审阅把关，从而为高标准高质量地完成分析评议工作打下良好基础。六是开好生活会不走过场。各级党组织和领导干部结合先进性教育活动，认真执行党的民主生活会制度和领导干部参加双重组织生活制度，认真开好两级领导班子专题民主生活会和党支部组织生活会。基层党支部全部召开了专题组织生活会，每名党员宣读个人党性分析材料，进行对照检查和自我批评，党员之间开展了批评帮助、评议。有的党支部还邀请群众参评，扩大了参评面，取得很好的效果。

（六）坚持“两不误、两促进”，推动公司各项工作

先进性教育活动开展之际，正是公司进入迎峰度夏保供电阶段。公司党委把出色完成迎峰度夏保供电任务，作为实践“三个代表”重要思想的实际行动和成效的检验，作出了《关于在开展先进性教育活动期间要做到“两不误、两促进”的工作意见》，做到了先进性教育活动和企业中心工作同步进行。公司领导深入事故抢修一线班组、调度室、服务热线、社区服务站、变电站等部门，慰问了奋战在高温下、坚守在一线的职工。在大负荷期间、暴风雨来临之际，公司的广大干部职工都体现出“事故就是命令”的高度责任意识，特别是公司广大党员，始终冲在抢修事故的第一线，涌现出了许许多多共产党员尽忠职守、舍家为公、舍己为公的感人故事，充分体现了共产党员的先锋模范作用。

与此同时，为了认真贯彻国家电网公司年中工作会议精神，提升公司管理水平，下半年在全公司还开展了创一流同业对标、电网安全隐患整改、电网建设和规划、优质服务、强化主营业务等工作，为全年完成各项考核指标、确保安全生产奠定了基础。

同时还圆满完成了十六届五中全会和“神舟六号”飞船发射、回收期间政治保电任务。

（七）倾听意见，边整边改，求真务实，群众满意

公司党委把坚持边整边改边提高作为实践“三个代表”重要思想，体现先进性教育成效的重要措施。各级领导班子进一步改进工作作风，努力为职工群众办实事、解难题，密切了党群关系。

公司领导班子成员参加对先进性教育活 动的满意度测评投票。

公司领导班子在广泛调查基层职工对领导班子为职工办实事情况的基础上，再次深入群众意见较多的基层单位进行调研，促进了整改工作，受到广大职工好评。以公司主管领导带队，通过对营业窗口单位进行优质服务巡检调研，及时制定了加强优质服务工作的具体措施；为了确保首都电网安全运行，公司全面加大了治理电网安全隐患的力度；为了解决高电压电能输送瓶颈问题，公司加快了500kV输变电建设项目的实施步伐。

各级党组织为了使先进性教育活动成为“群众满意工程”，把解决群众关心的热点、难点问题和涉及群众切身利益的突出问题作为着眼点，把解决党风、行风问题和影响公司改革发展稳定的突出问题作为落脚点，对具备条件的问题及时进行了整改，对受客观条件限制暂时不具备整改条件的问题，一方面向党员和群众讲清情况，另一方面努力创造条件，列出整改时间表，明确责任人和阶段性要求，逐步予以解决。在整改期间，31个单位党组织在为

客户办实事，改善职工工作、学习和生活条件等方面，共解决问题234件。捐款助学助困31.3017万元。

二、开展先进性教育活动的主要收获

（一）各级领导班子思想政治建设进一步加强，领导能力和水平得到提高

公司领导班子和基层各级领导班子提高了对党的执政能力建设重要性的认识，增强了建设"四好"领导班子的自觉性和坚定性；树立了科学的发展观，坚持正确的政绩观和群众观；加深了对党的辩证唯物史观的认识，坚持理论联系实际，拓宽了管理思路。坚持用马克思主义的世界观和方法论来分析问题、解决问题。针对公司建制调整后，面临加快首都电网建设和发展的实际，坚持运用系统论和战略思维的方式来观察、分析各种矛盾和现象，用发展的观点解决在改革发展过程中遇到的问题；坚持运用市场经济的规律，分析电力服务、经营工作、安全生产面临的形势和环境。坚持用先进的文化管理企业，营造氛围，努力打造"北京电力"服务品牌，提高企业的核心竞争力。

（二）广大党员对新时期保持党员先进性的重大意义的认识进一步提高

通过先进性教育活动，广大党员增强了党员意识和党性观念，进一步坚定了理想信念，提高了贯彻执行党的路线方针政策和努力实践"三个代表"重要思想的自觉性。通过对照党章和保持先进性的基本要求，认真进行自身思想剖析和党性分析，找到了差距，明确了努力方向，提高了新时期保持共产党员先进性的自觉性。

（三）全党将实践"三个代表"重要思想、保持党的先进性统一到加快公司发展上

通过学习，广大党员紧紧围绕加快公司发展这个主题展开了热烈的讨论，特别是听了总经理李一凡所作的形势报告后，对当前公司面临的形势和任务有了更加全面的了解。大家认识到，面对北京市的发展规划、国家电网公司的发展战略，以及公司所处的首都地位，北京电力必须以快速和符合北京城市发展目标定位的标准向前发展。广大党员进一步解放思想、统一认识、转变观念、明确目标，决心在加快公司发展中体现出党的先进性。

（四）党的三大作风和优良传统得到了发扬

在先进性教育活动中，党的理论联系实际、密切联系群众、批评与自我批评的优良传统和作风得到发扬光大。通过第一阶段的政治理论学习，武装了广大党员的头脑，思想认识水平得到了普遍提高。因此在分析评议阶段联系实际找差距时，大家对问题找的准，根源分析的透，整改措施到位。分析评议阶段开展的谈心活动，使党群、干群之间坦诚相见，沟通思想，加深理解，密切关系，公司内部环境更加和谐有序。党内民主生活会通过对照检查、相互评议，开展批评与自我批评，增进了党内团结，增强了广大党员的党性观念，提高了党组织的战斗力、向心力和凝聚力。

（五）创新方法，使先进性教育活动取得实效

在先进性教育活动中，公司党委充分发挥基层党组织的作用，积极创新方法，开展特色活动，使各阶段工作进行得扎实有效。为了扩大先进性教育活动的社会影响，路灯管理中心运行管理处党支部的"党员连心卡"，把电力职工的心与用户的心紧紧地联系在一起，多次得到社会各界的好评。城区供电公司管理党支部开展了情系一线，服务基层，"六个一"的主题活动，即：转变一个观念、联系一个班组、听取一条意见、提出一条建议、反馈一条信息、取得一个实效，使教育活动与党员本职工作紧密联系起来。公司机关党委人力资源部党支部为做好征求意见工作，由三位部领导分别带队，到机关部室征求意见，了解基层单位对其工作中最满意和最不满意的事情的反映，收到了很好的效果。计量管理中心党总支结合自身特点，在全体党员中开展了"'十看'找差距，永葆先进性"特色活动。即：看信仰坚不坚、看党性强不强、看学习勤不勤、看思想新不新、看作风实不实、看奉献多不多、看技术硬不硬、看律已严不严、看正气旺不旺、看管理细不细，为高标准高质量地完成分析评议工作打下良好基础。

各单位还通过不同形式发挥群众参与与监督的作用。变电公司党委把群众监督作为扎实搞好先进性教育活动的重要途径，制定了《保持共产党员先进性教育活动公示制度》。昌平供电公司党委吸收入党积极分子和党风监督员实施监督。调度通信中心党委所属各支部成立了群众监督小组，设置了意见箱，广泛听取群众的意见，努力使先进性教育活动最终成为"群众满意工程"。

三、先进性教育活动成效显著

先进性教育活动给北京电力公司带来了显著变

化。全公司各级领导干部和广大党员的责任意识、大局意识和集体荣誉感进一步增强，极大的调动了工作积极性，工作效率和工作质量明显提高，推动了公司各项工作的顺利开展。

（一）党员素质明显提高

广大党员的思想认识、党性修养和理论水平有了明显提高，实践“三个代表”重要思想的自觉性得到增强，对落实科学发展观，加快公司发展，建设坚强电网的认识更加深入，思想更加坚定。通过公司党委开展的“先进为榜样岗位作贡献”的主题活动，使广大党员履行岗位职责的意识和能力进一步增强，充分认识到在公司快速发展中自己所肩负的历史责任，立足岗位，把工作当作事业，做到干一行爱一行专一行，在公司的各项重点工作中发挥了中坚作用。

（二）党的基层组织建设不断加强

开展先进性教育活动以来，各级党组织的政治核心作用、战斗堡垒作用和创新工作能力得到充分发挥。公司各级党组织以先进性教育活动为契机，结合实际，在学习教育的形式、内容和方法上不断创新，调动了基层党支部的积极性，拓展了党建工作的思路和形式，锻炼和提高了基层党支部书记独立工作的能力，扩大了党的工作的覆盖面和影响力，入党积极分子队伍不断扩大，在此期间全公司有193人申请入党，党的领导基础得到加强。

（三）公司全员优质服务意识进一步增强

通过开展先进性教育活动，公司上下深刻认识到，作为首都的公共事业、国家电网公司服务的示范窗口，必须要牢固树立优质服务意识，更好地服务首都、服务客户、服务基层、服务群众。公司通过对基层服务窗口工作调研，召开优质服务工作大会，建立服务质量监督制度和优质服务考核评价机制，落实“三个十条”和社会服务承诺内容，开展“首都电力服务质量行”大检查活动，进一步提高了供电服务质量。通过加大对优质服务宣传教育工作力度，党团组织开展“党员示范岗”、“青年诚信示范岗”等一系列活动，基本实现了优质、方便、快捷、真诚的服务。公司全员进一步树立了“群众利益无小事”的意识，把群众利益放在第一位，把群众的要求和愿望当作工作的重点，让群众实实在在看到了供电服务工作的新变化。

（四）促进了公司各项工作

公司党委始终坚持“两不误，两促进”，以先进性教育活动促进公司中心工作，以工作成果检验先进性教育活动的成效。通过先进性教育活动，公司快速发展目标更加明确，各项重点工作进一步落实，内部改革逐步深入，经济考核指标完成良好。一是出色完成了迎峰度夏保安全供电工作。在全体党员、干部、职工的共同努力下，采取有力措施平稳闯过历史最大负荷1065万kW和四次大负荷的考验，向上级领导和首都人民交上了一份满意的答卷。二是电网安全隐患整治工作进展顺利。截至2005年10月10日，完成线下隐患整治78项；完成三线搭挂治理222项；设备隐患整治确定改造项目428项，37.241亿元，全部完成可研项目，为2006年工作奠定了良好的基础。三是完善了公司安全保证和监督体系，规范安全管理双向互保机制，实现安全闭环管理，提升了公司安全管理整体水平。四是加快电网规划与建设，城北500kV变电站开工。五是强化主营业务，建立三级营销网络，制定指标考核体系，加快客户服务流程再造。六是建立了公司同业对标指标体系，制定了相关制度，开展了指标排序、对比、分析工作，推动了公司创一流工作。七是各项经济指标完成情况良好。截至9月底，售电量完成年计划的78%；1～9月线损率低于华北电网有限公司下达预控指标0.42%；电力销售收入178.04亿元，同比增长20.97%；实现利润总额8.06亿元，完成年度预算的201.62%。八是党风廉政建设进一步加强。通过开展“四个一”教育活动，落实国家电网公司《关于加强廉政建设预防职务犯罪的决定》，将反腐倡廉宣传教育贯穿于保持共产党员先进性教育活动始终。

2005年北京地区电力供需形势分析

一、用电情况分析

1. 用电量

2005年北京地区全社会用电量570.54亿kWh，较2004年增长11.11%；地区整点最大供电负荷10538MW，较2004年增长12.6%。

2. 工业及主要行业用电情况分析

2005年工业用电合计260.6亿kWh，同比增长9%。其中，采掘业用电5.4亿kWh，增长10.4%，所占比重为2.1%；制造业用电179.6亿kWh，增长8.3%，所占比重为67.8%；电力、燃气及水的生产和供应业用电78.6亿kWh，增长10.3%，所占比重为30.2%。

3. 北京高耗电行业用电情况分析

北京地区现有高耗电行业3类（钢铁、水泥和烧碱）。其中，钢铁行业253户，装接容量100.1578万kVA，全年用电37.1221亿kWh，增长3.5%；售电量24.6311亿kWh，下降3.2%。水泥行业381户，装接容量34.5583万kVA，全年用电12.8835亿kWh，增长2.8%；售电量11.8668亿kWh，增长3.8%。烧碱行业1户，装接容量9.5万kVA，全年用电量和售电量4.7507亿kWh，下降1.9%。

钢铁行业中淘汰类2户，水泥行业中淘汰类1户，其他为允许类和鼓励类。

二、电力供应情况分析

1. 影响电力需求的因素

北京地区负荷特性呈现较强的季节性变化，一般情况下冬季和夏季分别出现用电高需求期，特别是夏季负荷需求出现与气候状态有较强关系的关联波动。而其他因素的影响程度均弱于气候状况。

2005年最大负荷发生于8月15日12时。夏季大负荷期间，公司采取错峰、避峰及负控限电等措施，共错峰14.47万kW、避峰30.27万kW、负控限电14.5万kW。

2. 影响电力供应的因素

北京地区是典型的受端电网，电力供应主要依托外网供给。近几年来，网间输送能力大有提高。同时，北京电力公司加大力度进行电网建设，有效提高内部供应能力，加之上级单位采取措施确保北京地区的供电，因此北京电网又一次经受住夏季大负荷冲击，基本达到供需平衡。

3. 最高负荷日和最大拉限日分析

2005年北京地区拉限日仅为一天，即8月15日。当日整点最大负荷1054万kW。

当日高峰时（12时），北京地区所属电厂发电功率292.2万kW，其中水电厂无功率，地方自备电厂功率21.2万kW，其余为火电厂功率。电厂发电功率中，华能电厂功率79.9万kW，占总功率的27.4%；石景山电厂功率78.8万kW，占27%；高井电厂功率59.3万kW，占20.3%。

当日高峰时，北京地区经联络线受电879.9万kW（其中经500kV联络线受电809.4万kW，占总量的92%），送电96万kW（500kV送电51.3万kW）。其中大房双回受电247.1万kW，约占总受电的28.1%；沙昌双回受电181.5万kW，占20.6%；万顺双回和源安双回受电分别占16.5%和14.5%。

当日从11时17分开始实施拉路限电到13时35分解除完毕，共拉路41条次，拉限电负荷10.2万kW，损失电量20.1728万kWh。

4. 北京地区主要变电站负载情况及原因分析

（1）500kV电网及变电站分析。2005年夏季高峰负荷期间，500kV联络线受电总计765万kW，其中外送电力51.3万kW，由500kV电网向220kV电网输送的总功率达到713.7万kW。

随着地区负荷的增加，2005年夏季，500kV变压器的负载率较2004年有所提高，其中房山站1号、2号、3号、4号变压器，昌平站2号、3号变压器，安定站3号、4号变压器负载率均在60%～70%之间；安定站1号、2号变压器负载率均达到77%；顺义站1号、2号变压器负载率均达到81%；昌平站1号、4号变压器负载率均达到90%。

（2）220kV变电站分析。北京220kV电网受端电网的特征愈加明显，大部分电力需要由外网经500kV联络线送入予以平衡。220kV系统担负着由北京地区500kV电网下送电力的主要任务。其网络结构及其连接500kV系统各条下送通道的运行稳固性非常重要，直接关系到整个北京电网的安全稳定运行及对用户的可靠供电。

2005年度夏期间，220kV变电站主变压器的重载问题比较突出。局属220kV变电站中，共有13座变电站的27台主变压器负载率达到80%以上。其中，清河、草桥、知春里站部分主变压器的负载率超过90%，如按正常方式考虑，知春里主变压器甚至过载运行；清河、草桥、知春里、老君堂、长椿街、孙河、南苑、太阳宫、八里庄、西沙屯、李遂、西直门、莲花池站部分主变压器的负载率超过80%。另外，部分220kV变电站10kV侧负载较重，如左安门、西直门等220kV站主变压器10kV侧负载率都在80%以上。

（3）110kV电网变电站分析。2005年夏季高峰负荷期间，地区统调电厂送入110kV电网的出力总计82万kW，地区自备电厂送入110kV电网的出力总计26万kW，由110kV电网向35kV电网及10kV配网输送的总功率达到929万kW。

110kV等级电网在北京电网中起着承上启下的电力传输作用，是北京地区现有各电压等级之中重要的一环。随着北京电网的不断发展建设，110kV系统接线及变电站布点基本趋于合理，稳定性逐年提高，但随着系统负荷的不断提高，110kV变压器重载问题在2005年夏季高峰负荷期间仍然较为普遍。其中为避免$N-1$故障对设备造成严重危害，文教区变电站停用了110kV母联断路器自投。另有17座110kV变电站停用了10kV母联断路器自投，分别是：大屯、北土城、北极寺、六里桥、文教区、六郎庄、北太平庄、中关村、沙窝、肖庄、阜城门、复兴门、三间房、大郊亭、东直门、北城、西罗园站。

2005年高峰负荷期间，无论是城内地区还是远郊县地区的110kV电网都出现了不同程度的满载运行甚至过负荷运行。城近郊区共有17个站的23台主变压器，负载率达到了80%以上，其中六郎庄、六里桥、北极寺、沙窝、东北旺站，部分主变压器负载率均超过了90%，甚至出现过载运行。

关于确保十届全国人大三次会议和全国政协十届三次会议安全可靠供电的规定

（北京电力公司3号令）

十届全国人大三次会议和全国政协十届三次会议将分别于2005年3月5日和3月3日在北京召开，届时全国人大、政协代表将齐聚北京，共商国事。“两会”保电工作的政治责任重大，国家电网公司、华北电网有限公司和北京市人民政府都对我公司的保电工作做出了重要指示，提出了要求。为确保“两会”期间的安全可靠供电，特制定以下规定：

1. 各单位党政一把手要高度重视并直接组织“两会”保电工作，建立科学的保电体系，把保电工作的各项措施落实到位。“两会”期间领导要亲自带班，各级值班人员要严肃值班纪律，坚守岗位，保证通讯畅通，及时上报各类突发事件。

2. 各单位要针对重点线路、重要设备和重要用户提前制定切实可行的反事故预案和抢修预案，组织好抢修队伍，准备充足的备品备件，保证抢修车辆状况良好，并在“两会”开幕前有针对性地组织演练。各属地供电公司抢修队伍要贯彻“停电就是灾难”的理念，及时处理事故，尽可能缩短用户停电时间。

3. 各单位要结合“两会”保电做好近期工作计划安排，尽量减少停电次数，缩小停电范围，压缩停电时间。同时要全面落实安全生产责任制，严格执行《供电安全工作现场规程》和其他安全工作规定，做好危险点分析工作，避免发生误操作事故和人身伤害事故。

4. 相关部门和单位要做好设备维护工作，对“两会”保电所涉及的输、变、配电设备、继电保护和自动装置以及通信设备进行深入细致的检查，及时发现并消除设备缺陷。对重要设备、重点线路、重要场所加强特巡，确保设备管理到位。

5. 各级调度部门要做好负荷预测与运行方式管理工作，确保系统安全运行和运行方式的科学合理。各单位要严格按调度下达的电压曲线调整电压，保证电能质量。

6. 用电检查工作要责任到人，检查人员要认真分析保电点和重要用户的运行方式、自投方式、保护配置情况，认真检查用户设备安全状况，明确安全责任，督促用户进行整改，及时消除用电安全隐患。

7. 保卫部门要加强与警务站的联系，认真抓好“两会”期间的消防、治安、保卫和交通安全工作，对直接为“两会”供电的线路增加线路特巡，对重要站点加强保卫力量，加大对盗窃破坏电力设施犯罪活动的打击力度，防止不法分子破坏和外力事故的发生。在抓好治安防范的同时，确保不发生交通和火灾等事故。

8. 各单位要切实抓好稳定工作，深入细致的做好思想政治和宣传教育工作，防止发生集体上访事件，确保职工队伍稳定。“两会”期间用电部门在催缴电费工作中要讲究方式、方法，避免激化矛盾。

北京电力公司（印）

2005年2月25日

大 事 记

DA SHI JI

大　事　记

1月

1日　公司及各部门领导分15个组，到基层单位慰问节日期间坚守岗位的一线职工以及困难职工。

5日　公司召开2005年度安全生产工作会。公司副总经理以上领导、机关处长以上干部、公司所属各单位站班长以上人员参会。会议由副总经理陈当主持。总经理李一凡作重要讲话，对2005年安全生产工作提出具体要求。副总经理王守东作安全生产工作报告，总结了2004年安全生产工作完成情况和存在的问题，明确了2005年安全生产工作指导思想和工作目标，并部署了工作重点。

13日　公司在大雁楼召开了2005年度电网规划暨电网建设工作会，会议由副总工程师杨超主持。副总经理任静夫、副总工程师何家建及公司有关部室、专业公司和各区县建设单位参加了会议。会议对公司2004年电网规划和建设工作进行了总结，明确了2005年电网规划和建设工作重点，并签订了2005年度夏项目责任书。

17日　华北电网有限公司副总经理叶延生带领精神文明建设考核组，代表国家电网公司对公司2004年度精神文明创建工作进行了检查。

28日　北京电力公司第一届一次职工代表大会暨2005年工作会召开。197位职工代表和相关工作人员参加了会议。会上传达了国家电网公司2005年工作会议精神。会议听取审议并通过了总经理李一凡的行政工作报告和工会主席李国华的工会工作报告。会议还听取了职工代表提案处理工作报告、2004年度三项责任制考核情况报告；听取审议了公司2004年度预算情况及2005年预算草案报告、公司总体战略及三年规划纲要报告；审议了公司2004年度职工福利费使用情况报告、业务招待费使用情况报告、基层单位综合评价体系和2004年度劳动竞赛方案；审议通过了公司职工代表大会实施细则、职工代表大会专门工作委员会工作制度及调整方案和职工代表大会提案处理工作办法。会议表彰了2004年度的先进集体和先进生产者（标兵），签订了2005年度三项责任书，向总经理联络员代表颁发了聘书。

29日　北京电力公司2005年政治工作会议召开。公司副总师以上领导、机关各部门负责人以及公司所属各单位党政领导、纪委书记、工会主席和团组织负责人参加了会议。党委书记郭要斌作题为《提高党的领导能力，为公司持续发展奠定坚实的基础》的政治工作报告。纪委书记周同山作题为《落实责任，夯实基础，加大源头防腐工作力度》的纪委工作报告。

2月

2日　北京市副市长张茅在总经理李一凡、党委书记郭要斌陪同下，看望春节期间坚守工作岗位的干部职工，听取客户服务中心关于保障春节期间优质服务的工作汇报。

4日　公司举行2005年新春团拜会。公司领导班子集体向全公司职工拜年。公司职工表演了精彩的节目。

5日　北京市副市长张茅、市发改委副主任张工一行来到公司考察工作，听取总经理李一凡关于电网规划的汇报，对北京电网发展所面临的严峻形势进行分析，并提出了具体工作要求。

8日　北京市委副书记、市总工会主席阳安江和国资委有关领导一行来公司慰问、指导工作，听取公司基本情况和节日保电措施的工作汇报，到调度通信中心慰问了区调调度员。

同日　中共中央政治局委员、书记处书记、公安部部长周永康在公安部副部长田期玉、白景富，北京市委副书记强卫、副市长吉林的陪同下，到公司检查春节保电工作，听取关于春节保电措施及北京电网运行情况的汇报。对节日期间坚守岗位的电力职工进行了慰问。

11日　北京市副市长陆昊一行来到北京电力输电公司检修基地，检查春节期间北京电力应急抢修队的工作情况，对春节期间电力安全和事故抢修工作提出希望和要求。

23日　中纪委、监察部党风室专员李鸿声等一行三人在国家电网公司监察局局长王颖杰等同志陪同下来公司检查工作。

3月

1日　北京电力公司市场营销系统召开2005年营销工作会议。会议总结2004年营销工作并明确2005年营销工作任务。

2日　公司召开2005年农电工作会暨农网三期工程启动会。

同日　国家电网公司副总经理陈进行一行在华北电网有限公司庄虎卿总经理等领导陪同下，来西便门集控站视察，并听取公司关于全国“两会”保电工作汇报。

9日　北京市副市长张茅、市发改委主任丁向阳、副主任张工来公司听取2005年北京电网迎峰度夏准备工作汇报。

21日　宋鱼水同志先进事迹报告团来公司作先进事迹报告。

25日　公司召开2005年后勤工作会议，公司副总经理石路到会讲话。公司所属各单位后勤主管领导和专责人参加会议。

30日　华北电网有限公司总会计师赵元杰在财务部经理韩文轩、副经理陈晓芬陪同下来公司调研，听取公司的财务工作汇报。

同日　公司召开2005年度科技工作会议。会议对公司2004年科技工作进行总结，表彰科技工作先进单位和先进个人，部署了2005年公司重点科技工作。

4月

6日　公司召开安全生产第一责任者工作会议。会议通报110kV次渠变电站人身触电事故原因和暴露问题，以及专家组对变电公司、输电公司的安全评估。

23日　北京市市长王岐山，副市长吉林、陆昊，国家电网公司副总经理郑宝森一行到公司检查“五一”节期间安全供电及电力应急检修的准备工作，听取公司总经理李一凡的工作汇报，并慰问一线电力职工。

28日　北京市副市长张茅一行到公司朝阳门220kV变电站检查“五一”节保电的准备工作。

5月

8日　北京市副市长张茅在市发改委有关人员陪同下来公司听取北京2008电力发展实施计划及奥运比赛场馆供电情况的汇报。

13日　公司召开纪念“五四”运动86周年暨表彰先进大会，公司所属各单位党组织负责同志和团员青年代表209人参加会议，大会对2004年度做出积极贡献的先进青年集体及优秀个人进行了表彰。

18日　公司举办北京电力公司周年庆典暨技能表演大赛，来自16个供电公司的112名职工进行技能表演。

24日　公司召开2005年迎峰度夏安全生产电视电话会议，会议分析北京电网供需形势，对安全生产和迎峰度夏工作作全面部署。

6月

2日　公司召开安全生产第一责任者工作会，公司领导班子全体成员、各部门负责人和公司所属各单位行政正职参加了会议。会议介绍了莫斯科大面积停电事故基本情况，分析了北京电网存在的问题，对迎峰度夏安全生产工作进行了具体部署。

同日　国家电网公司副总经理陈进行、北京市副市长张茅一行到公司检查迎峰度夏和需求侧管理工作，视察了调度通信中心和应急指挥系统，听取了华北电网有限公司和北京电力公司关于夏季华北地区和北京地区电力供需形势和迎峰度夏准备工作的汇报。

10日　公司与北京市政府联合组织北京地区电力重大突发事故应急处置演习，副市长张茅担任演习总指挥。北京市市长王岐山、副市长张茅，国家发改委副主任欧新黔，国家电监会副主任史玉波，国家电网公司副总经理陈进行，国家安监局安全生产协调司司长任树奎，华北电网有限公司总经理马宗林等领导到现场观摩演习。

6月14日～9月23日　公司组织本企业模范人物、先进集体事迹巡回演讲报告活动，共组织31场演讲，公司所属单位有7000名职工听了演讲报告。

20日　公司召开北京电网安全隐患整改措施落实专题会议，明确安全隐患的整改原则，逐项分解整改任务，对安全隐患整改工作和迎峰度夏工作提出了具体要求。

27日　公司党委召开庆祝中国共产党成立84周年暨表彰大会，党委书记郭要斌作重要讲话，表彰先进基层党组织和优秀共产党员。

30日　公司召开安全生产教育电视电话会。以六名曾经发生责任事故的职工现身说法，教育广大干部职工珍爱生命，确保安全。

7月

6日　16:30分，北京地区电力负荷瞬时最大值达到1001.3万kW，历史上首次突破1000万kW。

10日　公司党委召开了保持共产党员先进性教育活动动员大会。党委书记、先进性教育活动领导小组组长郭要斌作动员报告，公司总经理、先进性教育活动领导小组组长李一凡带领与会党员重温入党誓词，市委保持共产党员先进性教育活动督导组组长郑世明作重要讲话。即日，公司保持共产党员先进性教育活动全面启动。

16日　北京电力公司党风廉政反腐体系制度建设经验交流会召开。国家电网公司监察局副局长刘淑敏、北京市国资委纪委副书记吴鼎出席会议。纪委副书记方红主持会议，纪委书记周同山对2005年上半年党风廉政及反腐体系制度建设工作进行回顾，对下半年纪检工作提出要求。

19日　公司召开2005年电网规划暨电网建设年中工作会。会议总结公司上半年电网规划和建设取得的成果，分析公司电网规划和建设存在的问题及困难，部署下半年的工作重点和工作计划，对公司基建安全生产、工程质量、职能管理、规划前期以及变电站典型设计等方面提出具体要求。

20 日　北京地区最大负荷达到 1058.7 万 kW，创历史新高，与2004年最大负荷相比增长 12.2%。下午，北京市副市长张茅在市发改委主任丁向阳一行陪同下，来到公司应急指挥中心视察慰问，听取公司总经理李一凡关于北京地区的负荷及电网运行情况和度夏保电措施的汇报，并对北京电网下一阶段的度夏工作提出具体要求。

22 日　公司召开先进性教育活动形势报告会。公司总经理李一凡作公司发展战略形势报告。

28 日　公司召开 2005 年年中工作会议。总经理李一凡作行政工作报告，副总经理陈当通报公司上半年经营工作情况，党委书记郭要斌进行了大会总结发言。会议讨论公司年中工作报告和公司上半年经营工作情况，对公司下半年工作提出建议。会议签订了《北京电力公司2005年度安全双向互保责任书》和《北京电网 2005 年隐患整改责任书》。战规部和设计院介绍了北京电网“十一五”滚动规划优化设计方案。

29 日　召开北京电力会计学会成立大会，建立财务管理工作方面建立了深入开展学术研究、交流的组织和机构，总经理李一凡和总会计师孙江滨分别对成立会计学会的重大意义、公司财务工作面临的机遇与挑战作深刻阐述，对近期会计学会的重点工作提出具体要求。

8月

9 日　公司召开 2005 年年中经济活动分析会，对公司上半年的经营形势进行全面总结与分析，明确下一阶段公司的经营目标，部署下半年的经营工作任务。

10 日　公司召开2005年年中营销工作会议，对上半年公司营销指标完成情况和营销工作开展情况进行总结，分析营销工作面临的形势和任务，部署下半年的营销工作重点。

15 日　11 时 24 分，北京地区瞬时最大负荷达到 1065 万 kW，创历史新高。即日，共有 13 座 220kV 变电站的 27 台主变压器、17 座 110kV变电站的23台主变压器负载率超过 80%，22 座变电站 39 套母联断路器自动投入装置停用。北京电网经受严峻的考验，电网整体运行稳定。

8 月 15 日～9 月 15 日　在公司范围内开展 2005 年电网建设安全月活动，采取对施工现场检查等方式，查找电网建设系统安全管理漏洞，分析存在的共性问题及原因，制定整改措施。

8 月 18～19 日　国际奥委会协调委员会电力供应工作组首次考察奥运电力设施，听取公司奥运场馆电力供应专题汇报。国际奥委会的专家对我方电力供应工作表示满意。

22日　公司党委召开保持共产党员先进性教育活动分析评议阶段电视电话动员会议，对学习动员阶段工作进行总结交流，对分析评议阶段工作进行动员部署。总经理李一凡对新时期党员保持先进性的具体要求提出落实重点，党委书记郭要斌作分析评议阶段动员报告。

24 日　召开了公司2005年年中后勤工作会议。全面总结公司上半年后勤工作和存在的不足，分析公司后勤工作面临的形势，安排部署下半年公司后勤工作的计划和任务。

26日　公司第一个中心供电所——丰台区花乡中心供电所落成并投入使用。

9月

7 日　北京市国资委党委书记张凤朝、副主任张

概　　况

GAI KUANG

【综述】北京供电局成立于1958年，其前身是1905年创建的京师华商电灯股份有限公司，2004年5月17日正式更名为北京电力公司。北京电力公司全民职工9439人，以建设运营北京地区电网为核心业务，负责北京地区1.68万km^2的电力供应、销售和输电、变电、配电设施的建设运行，为北京地区工农业生产、人民生活、市政建设等480万电力客户提供优质、可靠、经济的电力能源服务，同时肩负着为党中央、国务院等上级机关安全供电和保证首都政治活动安全供电的任务。

北京电网以昌平—顺义—安定—房山双回500kV线路为中心的东部双环网和以昌平—房山单回500kV线路为中心的西部500kV单环网组成的主干网架；22座220kV枢纽变电站与500kV电网形成电磁环网，分成东西两个供电区域运行；18座220kV负荷变电站及110kV变电站呈放射状网络运行。

截至2005年年底，北京电力公司固定资产原值350.46亿元，固定资产净值248.81亿元。拥有35kV及以上变电站306座，主变压器容量达35360.3MVA。其中220kV变电站36座，主变压器容量16307.5MVA；110kV变电站173座，主变压器容量17442.0MVA；35kV变电站97座，主变压器容量1610.8MVA。输电线路786条，6962.7km；电缆线路546条，733.13km。

【安全供电】2005年，公司圆满完成了党和国家各类大型政治会议和重要文化活动的保电任务253次，包括2005年全国“两会”、中国共产党第十六届五中全会、第9届《财富》全球论坛、“神州”六号载人飞船发射及回收，2008年奥运吉祥物发布仪式等，为首都的政治活动和文化交流提供了安全可靠的电力供应。

【电网建设】充分发挥规划的龙头作用，确立了电网规划建设的首都标准，优化调整了北京电网“十一五”发展规划。加大电网基建投资力度，完成土建开工52项，竣工发电31项，新增变电容量246万kVA，新增输电线路204.8km，电网网架结构和供电能力不断增强。大力开展电网安全隐患整治工作，电网运行的物质基础和外部环境日益改善。

【经营管理】以综合评价、同业对标等工作为载体，不断强化基础管理工作。依托资产资源平台和资金流资源平台，加强集约经营，努力增供扩销，经济效益和管理水平得到了稳步提升。

2005年公司主要经营指标：供电量527.43亿kWh；售电量488.92亿kWh；线损率7.30%；电力销售收入（目录口径、含税）279.94亿元；平均售电均价（目录口径、含税）578.71元/MWh；利润总额40121万元；最大负荷10650MW。

公司主要经营指标

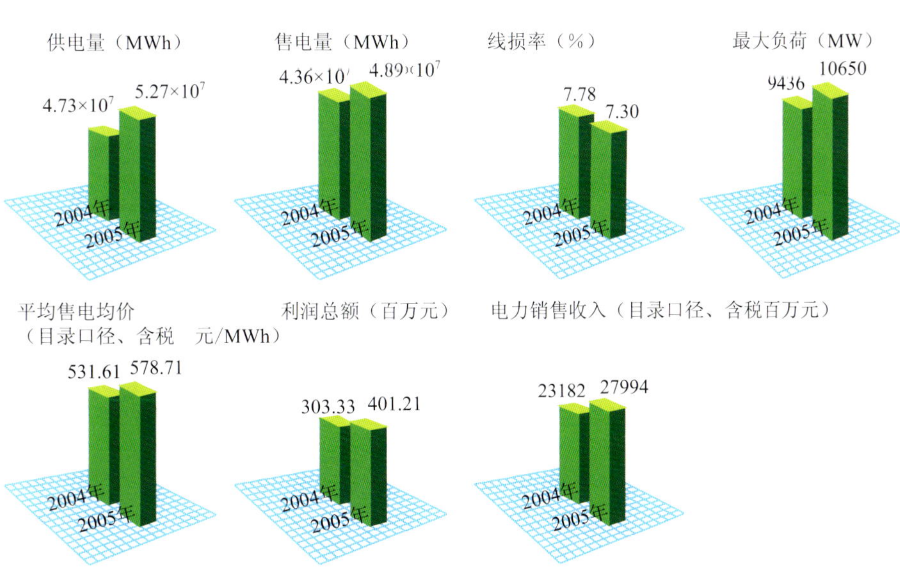

【组织机构】

北京电力公司

总经理
副总经理
副总师

党委书记
纪委书记
工会主席

- 总经理工作部
- 政治工作部
- 综合计划部
- 战略规划部
- 人力资源部
- 财务部
- 审计部
- 安全监督部
- 生产技术部
- 电网建设部
- 市场营销部
- 科技信息部
- 农电工作部
- 行政管理部
- 保卫部
- 监察室
- 工会
- 机关服务中心
- 档案馆
- 新闻中心
- 用电信息管理中心
- 信息中心
- 供电大楼筹建处
- 各类学协会

- 城区供电公司
- 朝阳供电公司
- 海淀供电公司
- 丰台供电公司
- 石景山供电公司
- 亦庄供电公司
- 通州供电公司
- 昌平供电公司
- 门头沟供电公司
- 房山供电公司
- 大兴供电公司
- 平谷供电公司
- 怀柔供电公司
- 密云供电公司
- 顺义供电公司
- 延庆供电公司
- 输电公司
- 变电公司
- 调度通信中心
- 试验研究中心
- 电缆公司
- 北京电力电能计量中心
- 客户服务中心
- 物资公司
- 北京物业管理公司
- 北京电力公司培训中心
- 北京电力行业协会
- 北京电力经济研究中心
- 北京电力工程管理中心
- 北京电力工程公司
- 多种经营管理处
- 北京市路灯管理中心

北京电力公司组织机构图

（本篇摄影　张文安）

行政办公管理

XING ZHENG BAN GONG GUAN LI

建立督办工作四种常态机制，即“督办工作分析机制、督办工作汇报机制、督办信息发布机制、督办工作考核机制”。完成对公司总经理工作会、职代会、年中工作会确定的事项及公司领导交办的专项督办事项进展情况的分析汇报，并将信息及时通报；完成公司机关本部季度考评季度督办事项完成情况的通报。

（吴国建）

【外事工作】 2005年，完成公司年度出国计划中的出国任务，共派出考察团3个，共计21人。围绕电力市场电价调整、市场营销管理体系、大型城市电网运营及电力企业人才培训等问题与国外电力同行进行了交流和探讨。通过与外方专家的交流，在电网可靠性，特别是大城市电网可靠性管理方面取得较大收获。并且在统筹考虑电网规划、设计、运行管理，推进典型设计和施工工艺方面汲取了成功经验。

派出设备验收团组11个，选派专业人员39人，分别对大截面电缆、电缆光纤测温装置、耐热导线、分布式电源等设备进行验收、培训。

接待美国、韩国、日本、哈萨克斯坦、法国、德国、印尼等国考察访问人员11批，总计103人。

完成公司向奥组委汇报北京奥运场馆供电情况，及迎接奥组委执行委员会委员和北京奥组委工程部来公司参观点介绍资料的翻译和现场配合工作，文字翻译量近2万字。结合公司同业对标工作的需要，翻译了东京电力公司2004年企业年报资料近5万字。

■ 7月6日，欧洲五国预付电费考察团在北京电力公司考察。

（姜小英　弓莉莉）

【公文管理】 2005年，根据上一年公司公文运转过程中出现的新情况，对公文管理制度进行了进一步完善，制定了《北京电力公司机要文件管理办法》，并结合公司工作实际情况对《北京供电公司公文处理办法》进行了修订，更名为《北京电力公司公文处理办法》。增加了各部门发文核稿环节，并对各部门文书进行了培训，提高了部门发文质量；了解基层单位需求，对综合计划部、大兴供电公司、电缆公司等6个部门和单位进行了公文培训，使公司公文管理规范化向基层单位进一步延伸；制定了机要文件的编码规则，规范机要文件流转，保证了机要文件的定向收发。全年公司发文1976份，收文4620份，签报290份，交换文件4915份，保证了收发准确，分办及时。

（张　静）

【信访接待】 2005年，公司信访办公室遵循“属地管理、分级负责，谁主管，谁负责”的原则，配合有关部门、单位妥善处理群众电话、来信、来访444件。其中，受理电话48件；来信288件；来访108起，279人次，包括集体上访9批，144人次。办复人大代表建议、政协委员提案38件；上级交办事项105件，办复率100%。配合国家电网公司和市政府及各有关单位妥善处理信访问题，化解矛盾。年底，公司获得北京市政府“信访排查调处工作先进集体”。

（邓国立）

【档案管理】 2005年，接收各类档案资料25000余件，组织立卷归档1800余卷，提供档案借阅3945卷、照片3558张、695人次，并首次将授权委托合同纳入到归档范围。档案管理综合系统经过立项、设计等阶段，于2005年年底正式运行，录入案卷信息14325条，卷内信息61964条，初步实现网上借阅功能。7月中旬在公司范围内开展了档案基础工作专项检查活动和馆藏档案安全检查工作。参加定福庄等输变电工程达标投产档案专业验收工作，加大清理拖欠城建档案归档力度，全年共计完成70项归档项目。组织档案馆内各专业编写工作操作手册，固化工作流程、方法和经验。12月底编辑出版了创刊号《北京电力公司年鉴（2005）》。

（刘志欣）

电网规划与建设

DIAN WANG GUI HUA YU JIAN SHE

经营计划管理

【线损管理】 2005年是公司线损工作面临较大压力的一年，线损率指标较2004年下降0.5%。为积极应对线损压力，公司努力推动分压管理、分级考核。分别在3月和7月组织了线损理论计算和低压台区实测工作。10月，出台了《北京电力公司关口管理办法》和《北京电力公司关口差错电量考核办法》，进一步规范了关口管理，保证了关口统计准确性和线损考核严肃性。

【经济活动分析】 2005年在分析总结2004年经济责任制的基础上，以突出主营业务，加强过程管理，建立以预算为基础相对合理的考核指标体系为原则，修订并下发了《2005年度经济责任制考核办法》，编制并下达了2005年度经济责任制季度考核的指标计划。新的考核办法将电费回收纳入挂钩工资基数指标进行管理，加大了对电费回收工作的管理力度；对超利（亏欠）额度调整系数也进行了适当的调整；增加了基层单位经营评估的内容。同时增加了业扩报装、两个平台建设、关联单位分析等内容，力求更全面地反映公司经营运行情况。

8月9日，公司召开2005年年中经济活动分析会。

【2005年经济责任制】 2005年，公司所属各单位全面落实《北京电力公司2005年度经营目标责任书》，完成了责任书中签订的各项任务指标。依据京电计[2005]5号《北京电力公司2005年度经济责任制考核办法》、京电计[2005]6号《北京电力公司2005年经济责任制考核指标计划》，对16个供电公司、5个主网生产单位和3个其他生产单位进行经济责任制季度、年度考核。2005年度经济责任制考核口径挂钩指标计划及各单项扣减指标计划完成情况较好，经济责任制兑现总额3689.13万元，其中超利兑现1887.46万元。

（李海涛　叶　辛）

统计管理

【统计调查】 2005年年初，根据北京市开展经济普查的统一部署，成立了公司经济普查领导小组和经济普查办公室，组织并完成了北京电力公司的经济普查工作。7月份对公司所属用户35kV及以上设备资产的管理现状及存在问题进行了调查，提出了基层单位用户站设备数据统计管理的思路，提交了相关统计调查报告。

【统计信息化建设】 公司综合统计管理系统于2005年初正式投入运行。系统覆盖了公司16个直属供电公司、5个直属生产单位、10个关联单位。实现了基层公司至公司总部的信息化数据采集、传输、共享与发布，实现了统计报表的自动汇总、平衡、检查与纠错。

【统计分析】 一季度末，建立了公司的统计分析制度，成为公司统计工作管理的新起点。2005年对北京地区的发电情况、公司能源消耗情况、生产经营情况等方面的数据进行了统计分析，年底20个基层单位提交了本单位的年度统计分析报告，分析报告的内容涉及电网规划方向研究、变电站投资分析、高压电网分析、输电线路跳闸分析、宏观经济调控对地区电力市场的影响等。

（关　涛）

生产运行

SHENG CHAN YUN XING

年全国“两会”、2005年北京《财富》全球论坛、“纪念抗日战争暨世界反法西斯战争胜利60周年”系列活动、“921-06”工程、中国共产党第十六届五中全会等保电工作任务。

【应急体系建设】 完善应急体系建设，提高处置突发事件的能力和速度。2005年重点抓好三级应急抢修队伍建设。装备建设的重点放在专业抢修队伍的装备上，2005年实现了公司应急指挥车、通讯车的装备，实现公司应急指挥中心与事故现场的互动，实现现场与指挥中心的视频、音频连接。

2005年6月，公司完成8楼应急指挥中心和卫星传播系统的初步建设，并与北京市相关委办局联合完成了一次因电力故障引起的全社会应急的演习。

6月10日，公司与北京市政府联合组织了北京地区电力重大突发事故应急处置演习。图为应急指挥中心现场。（陈长岭　摄）

2005年9月，对《北京市电力系统突发事件应急组织工作预案》进行了修改和完善，以适应新的事故处理的需要。完善了电网事故应急处理体系，注重预案的实用性和可操作性。同时将电网应急预案与社会应急救援预案有机结合起来。

2005年花费了524万元给通州、昌平、门头沟、房山、大兴、平谷、怀柔、密云、顺义、延庆供电公司各配备3辆电力抢修车。

2005年10月，公司制定了《北京电力公司变电站同业对标工作实施办法（试行）》，在公司范围220、110、35kV三个电压等级范围内，开展同业对标工作。变电站的对标工作突出了安全生产管理、运行管理、设备管理、班组建设、文明生产、培训工作等6个方面，确立了220、110、35kV三个电压等级标杆变电站（220kV王府井、110kV永顺和35kV北小营变电站），在公司范围公布推广经验，并开展了学习交流活动。

【电网消除隐患和度夏工程】 为了缓解2005年夏季的高峰负荷压力，公司筹措了6.2亿元资金用于对现有电网设施进行改造。完成了2005年的度夏工程，并经受住了6月23日、7月6日、7月20日和8月15日四次高峰负荷的考验。2005年度夏工程中由生产技术部负责组织的项目共71项，其中：变电项目15项，增加主变压器容量（12个站）53.18万kVA，用于满足杏石口、望京、天通苑、上地及北京城区、郊区负荷增长的需求；输电线路增容改造项目6项，架设线路167.4km，220kV及110kV电缆增容改造2项5.88km，用于提高北京东北部、东南部及西部电网供电能力，提高电网网架结构的可靠性，满足向城市中心地区输电的需求；开闭站及小区配网设施改造40项及8路分倒路工程，用于改善部分地区居民用电状况。

公司生产技术部组织各个部室及基层单位对电网存在的各种隐患进行了排查、统计、汇总和分析。根据隐患的危害程度，提出了“急需消除类”、“抓紧改造类”、“制约发展类”三项消隐工程实施计划。总体部署为“三步走”的改造政策，即2006年6月30日前实施“急需消除类”，2007年实施“抓紧改造类”，2008年实施“制约发展类”。

在“急需消除类”工程项目中，主网项目96项，分别为变电54项、输电32项、电缆10项。建设单位为公司所属16个供电公司和输电、变电、电缆3个专业公司。

9月1日，南苑220kV变电站改造工程奠基仪式在南苑站新址举行。（李伟　摄）

制定了《北京电网消除隐患工程管理办法》，明确了消除隐患工程中各职能部门、各建设单位的责任和义务。在各建设单位分别签署了责任状，使消隐工程成了专项工作任务和工作重点。

在工程技术层面，制定了《北京电网设备隐患排查改造技术原则》、《变电设备隐患消除的技术改造原则》、《北京电网设备选型选用原则》、《北京10kV及以下配电网技术标准》、《北京10kV及以下配电网设备使用原则》等一系列的技术原则和标准，指导了工程项目的可研、报批、初设、初设审核、设备招标等工作的顺利进行。

公司生产技术部组织各建设单位、设计院、物资公司，协调综计部、审计部、财务部等相关部室，顺利进行了工程项目的方案建议、批复、可研、初设、初设审核、招标订货、临时用款等相关前期管理工作。

截至2005年底，除极少数项目因存在调整优化的空间已决定暂缓实施外，所有工作都在稳步推进中。

主网96项消隐工程全部完成了可研和监理招标工作。其中54个变电项目完成了主设备招标和商务合同的签订，确定了设备到货日期和施设图纸的完成日期。在32项输电项目中，7项已完成了设备招标并确认了到货日期，包括进口耐热导线的国际招标；31项确定了施设图纸完成日期。在10项电缆项目中，2项已竣工发电；部分项目设备主设备招标工作已完成，包括八春电缆项目的国际招标；部分项目主设备已到货。

南苑、通州、东北郊项目土建工程已经开工，老北、孙郊、管福、下村高城、东村东紫线路改造工程铁塔基础浇筑已开工，部分基础已经完工。

所有配网项目已完成初设审核，已整理完成设备的招标订货计划。

■ 9月25日，输电公司在220kV老北线9号基础现场施工。

■ 苏州桥隐患整改现场。(吴克勇　摄)

（刘庆时）

安全监督

AN QUAN JIAN DU

【安全指标完成情况】 公司2005年安全指标完成情况：未发生重大以上电网和设备事故；未发生火灾事故；未发生造成重大社会影响的事故；一般电网设备事故3次，较同期下降7次。

【安全管理体系建设】健全完善各级人员安全职责。重新修编《北京电力公司各级人员安全生产职责》（试行），明确岗位安全职责。逐级签订安全生产双向互保责任书，落实安全责任。安全双向互保责任书是逐级承诺提供安全保障和确保安全生产目标实现的具体体现形式，依据单位、工区、班组的三级安全控制目标，逐级分解安全目标做到安全目标量化、安全责任细化。从各单位直到工区（工地）、班组及每一个作业人员，有比上一级更为严格的安全目标，把自下而上的安全责任落实机制与自上而下的安全环境保障机制有机结合起来，强化各个层级的安全责任。修订公司安全生产奖惩规定，对发生的每一起人身轻伤事故和责任一类障碍以上的事故，坚决贯彻落实“四不放过”（事故原因不清楚不放过、事故责任者和应受教育者没有受到教育不放过、没有采取防范措施不放过、事故责任者没有受到处罚不放过）事故调查处理原则。本着安全闭环管理原则，根据公司各单位安全责任的异动情况，重新修订了公司安全生产奖惩规定，体现各单位安全生产责权平衡原则。

组织开展了全公司范围的安全需求调研工作，调查涉及到各层级，覆盖面达到职工总数（10568人）的72%。通过开展安全需求调查，调查分析公司安全生产管理体系中存在的安全职责履行不到位问题，各层级提出安全需求共8个方面150项，涉及安全生产教育培训、劳动安全防护、工作现场安全环境、设备管理、生产管理、人员配备、安全管理等内容。公司各层级针对反映出的问题逐级进行了整改，为下一级提供必需的安全生产保障条件。

【安全规程修编】 3月，根据《国家电网公司电力安全工作规程（试行）》，在全面分析公司安全管理模式的基础上，结合公司实际情况，对现行的供电安全工作现场规程进行修订。历时半年，修订完成了《北京电力公司电力安全工作规程（试行）》。

【开展反事故斗争】 按照《关于在国家电网公司系统立即开展反事故斗争的紧急通知》的要求，为确保北京电网安全稳定运行，在全公司范围内开展反事故斗争工作，并将2005年6~9月定为反事故斗争工作的重点阶段。在开展反事故斗争的工作中贯彻落实《加强安全生产工作决定》，将二十五条重点措施逐条细化分解，责任到具体部门，迅速印发了反事故方案，明确了工作目标、工作计划等一系列措施，全面开展了反事故斗争。

【安全评估】 公司在2004年组织专家对朝阳供电公司安全评估的基础上，继续外聘上海、天津、北京等网省公司有关电力生产、安全方面的专家对基层单位的安全生产管理流程、安全管理制度、安全组织机构、人力资源、技术与设备状况等进行了分析和评估，全面总结公司安全管理上存在的共性问题，查找深层次原因，提出整改措施，并加以改进。问题涉及人力资源配置、人员培训、设备管理、技术管理、生产管理、生产组织模式、管理制度、电网规划、消防设施管理、电力设施保护、安全监督管理等方面。

在5份专家安全评估报告的基础上，总结制定了《北京电力公司对基层单位的安全评估大纲》，并对各单位安全评估小组成员进行了专题培训和考试，由各单位对照大纲进行自评自查，针对安全评估报告中提出的问题，制定整改措施，并在此基础上，组织工作性质相似的单位间进行互检互查，并对结果进行了总结和考核。

针对电网建设和营销系统业务下放带来的安全管理问题，通过广泛调研和查阅资料的方式，完成了对公司安全生产保证体系的电网建设系统、用电营销系统安全评估工作。

【安全闭环管理】 根据2005年年中工作会上提出的“查找和分析安全生产管理中存在的脱节和交叉环节，实现安全闭环管理”的要求，为加强安全基础工作管理，做到“凡事有人负责，凡事有章可循，凡事有据可查，凡事有人监督”，建立公司安全生产长效机制，实现安全生产可控、在控、能控，并印发《关于印发北京电力公司开展安全闭环工作实施意见的通知》。以（京电安[2005]59号）《关于在全公司范围内开展安全闭环工作检查活动的通知》，组织发动公司全体干部职工开展了一场全方位的安全自我检查的闭环工作实践活动。11月15日，在全公司范围内召开的北京电力公司安全闭环管理工作交流电视电话会议上，以基层单位开展实施情况交流发言的形式和安全监督职能部门的安全闭环工作案例分析讲解的形式，展现了实践安全闭环工作和实施检查活动所取得的成果。

【人身安全】 以文件形式下发了关于做好2005年人身安全工作的要求，重申了各级、各部门、各单位在人身安全方面的基础性工作，进一步规范了基层单位做好人身安全管理的工作。结合公司内外发生的电力生产人身伤害事故、未遂事故的惨痛教训，及时拟订事故电传通报并发至基层单位，提出有针对性的措施，要求生产单位及其一线班组组织学习，举一反三，防止同类事故的发生。将公司建制调整前后一年半左右的时间内，发生的电力生产人身伤害事故、责任的电网和设备一类障碍以上的事故进行分类、分析，汇编成册并下发到各单位所有班组，要求在安全日活动中组织班组学习。加大了一线工作现场的检查和抽查力度，深入一线工作现场进行安全巡检，检查安全组织措施、技术措施的落实，检查保政治供电等各项措施的落实。

落实防止人身伤害事故发生的安全技术劳动保护措施，指导基层单位按照“安措编制重点”及生产现场存在的安全隐患，编制年度安措计划，并监督落实。召开安全警示会、现场会，有针对性地布置安全工作。开展了春季、秋季大检查、安全生产月活动、安全性评价等工作，对发现的问题，要求各单位必须以闭环管理原则落实整改措施。

5月31日，公司副总经理石路（左二）、安监部主任高迎君（左一）及电缆公司经理金健民（右一）到电缆公司太阳宫变电站工作现场检查安全生产工作。

【安全教育培训】 利用安全监督例会、安全网员会和其他专业会议之机，对各层级人员宣讲反违章管理办法、电力生产发包承包电力工程等对外经营项目安全管理规定、供电营销现场工作安全规定等安全生产规章制度。对公司所属二级单位的中层领导进行有关安全生产法律、法规和规章制度方面的培训，宣贯公司安全管理体系、安全生产保证体系和安全生产监督体系及其关系，介绍公司近期安全动态，分析事故案例、安全工器具使用与管理、安全反事故措施管理和特种设备、特种作业人员管理等。对昌平供电公司、变电公司、延庆供电公司、输电公司、通州供电公司、大兴供电公司、工程公司等单位进行了专题安全培训。对基层单位专职安全网员进行专业培训，完成了安全监督培训、考试和签发安全监督证的工作。按照《北京电力公司安全生产工作规程》的编制、宣贯工作的安排，组织对有关人员进行了新《安规》印发执行前的培训、宣贯工作。

【安全管理存在问题】 公司2005年安全形势较好，上半年国家电网公司系统同业对标工作公司安全管理排在第5位，排名较去年有了较大提升，但随着公司改革的不断深入，要求经营管理水平迅速提高。2008年奥运会和北京经济社会的电力需求要求公司必须超常规发展，而公司人员老化，技术人才和技能人才断档不足，管理人员安全意识、业务素质、认识水平存在差距，一线人员存在“质和量”等问题，导致了基础管理薄弱、工作流程不清、管理不到位和现场作业人员违章现象还大量存在；目前公司管辖的电网、设备的技术与质量水平，与首都标准尚有较大差距，实现本质安全化的要求还需较大的投入；北京正处于高速建设时期，外力破坏呈增加趋势等，公司安全生产的内外部环境都存在不利因素，公司潜在的安全风险增大。

（宗晓茜）

人力资源管理

RENLI ZI YUAN GUAN LI

【管理体系建设】 2005年，制定了《北京电力公司社会保险基金会计核算及管理办法》，对社会保险基金的会计核算及管理进行了详细规定，建立健全了内部控制制度，包括业务与财务分开与核对制度、出纳与会计交叉分开制度、主管领导和财务主管审核制度。发布了《北京电力公司补充保险基金保值增值管理办法》，确立了补充保险基金保值增值的业务流程、内控机制、外部安全保障和运营方向。与承保商签订《北京电力公司补充养老保险服务协议》，并藉此启动运营2005年度投保工作。发布了《关于做好人员流动过程中社会保险转移接续工作的通知》（京电人[2005]7号）。

公司稳妥地推进社会保险信息化管理，夯实社会保险管理基础。本着将社会保险工作落到实处、公开透明个人账户的原则，2005年，对社会保险信息系统和社会保险财务系统关联数据进行了实时交换，调整了退休人员基本养老金。依托公司内部网页和其他媒介，加强对社会保险制度改革的宣传力度，完成了《北京电力公司社会保险工作问答》资料的编印工作，在北京电力报上开辟《小宝说保险》连载专栏，以卡通人物小宝为主线，以通俗易懂的语言和叙述方式，讲述保险的小故事和知识，被北京电力报誉为“群众满意工程”。

（陈　钊）

财务管理与审计

CAI WU GUAN LI YU SHEN JI

格把关，按照规定收取追补电费和违约使用电费的建议。得到被审计单位的重视与肯定。

【工程审计】 2005年，先后完成了三环入地、电采暖改造、白云桥输变电等15项工程的重点审计。审计资金量14.1亿元，核减投资187万元，发现施工合同的条款约定不清、临时工程设备管理欠规范、重复取费、监理不到位等问题。审计对发现问题不仅及时纠正，还将其汇总，以身边实际案例为教材，对涉及单位的工程、财务、施工等相关人员进行培训讲解。

通过参与物资采购、工程招投标、概算审核及结算等监督工作，逐步建立对工程管理的过程监督。

■ 审计部主任安郁敏带头下电缆沟实地检查。

【内部控制制度审计】 在城区公司内控制度试运行期间，审计部对其进行了内控制度后续审计调查，针对新出现的问题，要求城区公司研究对策、整改落实。

审计部作为内控培训的组织部门，充分发挥主观能动性，确立了领导层、管理层、执行层的三个层面的培训对象；将32家基层单位分六大区域展开培训，并根据各单位的要求，对朝阳、平谷等公司展开专门培训，将内控制度建设的理念切实灌输到基层当中。2005年，审计部主办内控制度讲堂27场，受训1311人次。

【审计队伍建设】 本着择优原则，审计部招聘了营销、财务、工程专业的人员共5人。由11名公司内外部人员组成动态的外聘审计专家库。

■ 兼职审计人员培训会。

（陈晓燕）

电力营销

DIAN LI YING XIAO

【电力营销综述】 2005年，售电量完成488.92亿kWh，同比增长率12.12%。售电均价目录口径完成578.71元/MWh，比2004年同期提高42.42元/MWh。剔除调价因素后，目录口径均价完成557.06元/MWh。同电价水平基础上，目录口径售电均价同比提高0.95元/MWh。2005年累计电费回收率100%。用电营业户数新增35.3万户，增长率7.93%，总营业户数达到480万户。累计受理报装636.66万kVA，比2004年同期减少27.18%；完成接电442.09万kVA，比2004年同期减少6.6%；累计结存容量1279.42万kVA，比2004年同期减少4.97%。

【市场营销规划】 制定了《北京电力公司三年市场营销规划》（以下简称《规划》）（京电营[2005]74号）。从营销指标、优质服务、销售市场、营销组织、营销工作等方面，明确了营销系统2006～2008年的主要目标。《规划》包括8个方面：市场营销现状分析，市场营销环境分析，三年市场营销目标，市场细分及营销策略，市场营销组织结构，市场营销指标管理，市场营销优质服务，市场营销管理信息化和市场营销人员队伍。

公司三年市场营销总目标：围绕国家电网公司建设“一强三优”现代公司的发展目标，秉承“努力超越，追求卓越”的企业精神，实现公司适应超常规发展的营销业绩，满足首都经济发展对优质服务的要求。

（1）市场营销思路：以市场为导向，安全为基础，效益和服务为主题，组织结构为保障，信息化为手段，人员队伍为根本，实现营销指标和优质服务的持续改进。

（2）营销指标目标：售电量持续增长，2008年售电量596亿kWh；售电均价持续增长；每年电费回收100%；公司客户不断发展，2008年营业户数525万户；线损率逐年下降。

（3）优质服务目标：奉行“优质、方便、规范、真诚”的服务方针，落实“三个十条”的要求，推广“国家电网”服务品牌；确立公司优质服务理念；建立统一规范的营业场所，100%达标；建立优质服务责任制；建立危机管理机制，维护公司的公众形象；主动做好奥运场馆电力供应工作，为北京奥运会提供优质服务。

（4）销售市场目标：公司自主建设和经营220、110 kV（35 kV）和10 kV三级电网，确保公司的市场地位；认真开展市场研究，狠抓报装接电工作，及时满足用电客户的接电要求；消除临时用电带永久用电现象；消除房地产开发商、物业管理公司和其他业主单位等“供电中间层”管理居民用电的现象。

（5）营销组织目标：完善营销工作体系，建立电力公司、供电公司和供电所三级营销组织结构，层层落实责任制，提高营销管理水平；完善已有的187个乡镇供电所，新建68个街道供电所（城近郊44个，郊区24个）；规范其他营销组织机构。

（6）营销工作目标：实现营销指标管理和优质服务管理“三级考核，责任到人”；取得电能计量检定授权；推行计量装置的数字化和网络化；实现市场营销管理信息化和网络化，公司三级营销网络实现数据通信联网；加强营销人员队伍建设，增强营销工作吸引力，造就稳定高效的营销人员队伍。

8月20日，副总经理石路、总经济师谢志国到丰台供电公司检查工作。

【三级营销核算区域考核工作】 营销核算区域考核工作的核心内容就是要建立健全公司三级营销核算区域考核管理体系。第一级营销核算区域考核是北京电力公司对16个供电公司的考核，第二级营销核算区域考核是各供电公司对乡镇供电所和街道供电所的考核，第三级营销核算区域考核是乡镇供电所和街道供电所对营销人员个人的考核。按照三级营销考核的总体思路，2005年公司规范了供电所的机构设置和业务范围，并开展供电所建设。从而以三级核算为载体，夯实经营基础，解决公司经营粗放的问题。

三级营销体系考核现场会。

开展营销核算区域考核工作及供电所建设进程：

2005年6月18日，市场营销部向第24次党政联席会议汇报了营销核算区域考核工作。与会领导一致肯定并要求有计划的促进此项工作的进一步开展。

2005年7月14日，公司下发《关于印发〈北京电力公司关于开展营销核算区域考核工作指导意见〉的通知》（京电营[2005]41号）。

2005年11月22日~12月16日，市场营销部牵头组织有关部门走访了15个供电公司，就三级营销核算区域考核工作与各单位统一认识，推动三级营销工作，同时明确了三级营销核算区域考核工作八个方面的问题。

2005年11月28日，公司下发《关于印发〈关于营销体系部分组织机构调整的指导意见〉的通知》（京电人[2005]87号），决定对现有营销组织机构进行调整，通过设置统一规范的供电所，合理配置营销体系人力资源，理顺营销业务流程，并对营销各相关机构进行优化组合，以满足营销核算区域考核和优质服务的要求。

2005年11月29日，公司召开领导干部会议，明确了2006年基础考究年的指导思想，提出了“一本三高创一流”的总体工作思路，三高之一就是提高三级核算的建设与管理水平。至此，三级营销核算区域考核工作纳入了公司2006年总体工作思路。

【电价调整】 按照《关于转发国家发展改革委华北电网实施煤电价格联动有关问题文件的通知》（京发改[2005]883号），从2005年5月1日的抄见电量起，对除居民生活用电、农业、中小化肥生产用电外的用电户电量电价每千瓦时提高3.95分（其中，对采用离子膜法工艺的氯碱生产用电和年产能力10万t以上的电解铝生产用电电量电价，每千瓦时提高1.97分），并对峰谷分时电价进行了四方面的结构性调整，调整峰谷分时电价时段、扩大峰谷电价比价、实施夏季尖峰电价并扩大了峰谷电价实施范围。

根据《关于企业自备电厂收费政策有关问题的通知》（京发改[2005]1412号）精神，从2005年1月份起对北京地区与电网连接的所有企业自备电厂（含资源综合利用、热电联产电厂）收取系统备用费。

公司于2005年6月底收到北京市发改委的文件，按市发改委文件精神，系统备用费的征收自2004年12月31日起执行，故公司出台的实施细则要求，在2005年10月首次收取自备电厂系统备用费的同时，要将各自备电厂2005年1~6月份的系统备用费一并补收。各属地公司具体采用了至

2005年年底分期补收的方式，确保了此部分电费资金的100%收取到位。

【需求侧管理】 为确保2005年夏季高温大负荷期间电网安全稳定运行，公司将需求侧管理工作确定为迎峰度夏的三个战场之一。本着“早计划、早部署、早宣传、早落实”的原则，确保度夏需求侧管理工作有序开展。一是积极取得政府部门的理解和支持；二是制定并完善了北京地区电力平衡方案，并按最大150万kW电力缺口考虑应对突发状况的发生；三是组织开展了负控系统升级改造，提高迎峰度夏需求侧管理工作的技术手段；四是加强了度夏的宣传工作，制定了周密的度夏宣传方案并在夏季高峰负荷期间进行电力供需指数发布；五是启动需求侧管理措施，控制高峰负荷，实现地区电力平衡。从7月1日开始陆续启动高温休假、轮流周休等预控措施。8月15日通过采取错峰、避峰、负控限电等需求侧管理措施，并启动了拉路限电方案，有效填补了电力缺口，8月15日，北京最大负荷创历史新高，达到1065万kW。顺利度过了入夏以来第四次大负荷的冲击，圆满完成地区电力平衡工作。

开展有关节约用电方面的宣传工作，制订了周密的度夏宣传方案以及在夏季高峰负荷期间的电力供需指数发布方案。通过走访用户、召开大客户联络会、举办培训班等方式，增进与大客户之间的沟通；向企业、居民和学生发放宣传手册、宣传画、折扇、围裙等形式多样的宣传材料，电力供应紧张意识和合理用电节约用电意识逐步深入人心；配合北京市中小学校最后一堂课印制的中小学生节约用电教材“电超人说电”，受到了中小学生们的欢迎。发放“建设节约型城市，共度用电高峰”电力迎峰度夏宣传手册普及了合理用电节约用电知识。北京电力需求侧管理展示中心第六期展览的对外开放和需求侧管理网站视频点播的开通，使人们对合理用电技术和产品有了更深层、更形象的了解。通过短信发布电力供需指数，使缺电不缺服务的理念贯穿到工作中。新华通讯社、北京日报、中央电视台等17家新闻媒体记者参加的“迎峰度夏——记者行动”新闻宣传活动以及北京市发改委共同举办的新闻披露会，通过新闻媒体及时通报电力供需形势，呼吁社会各界配合工作，并宣传错峰、节电先进典型，在增强节电意识的同时，大大提高了电力企业的社会影响力，取得了明显的社会效果。

【优质服务】 全年受理客户报修咨询电话58万余次，经95598热线对7259户一户一表客户进行回访，客户满意率达到99.96%。

一是认真贯彻落实国家电网公司供电服务“十项承诺”。8月15～20日，公司对城区、朝阳、大兴、海淀、丰台供电公司的优质服务工作进行了调查，总结归纳出了存在的四类比较突出的问题，即停电类问题、报装接电类问题、收费类问题及其他类问题，并提出了整改措施。二是加强供电服务投诉举报的规范化和制度化建设。公司制定了供电服务投诉、举报管理和考核办法，设立了专项社会监督奖励基金。解决客户投诉举报问题。三是加快奥运工程和重点工程工作进度。各供电公司高度重视业扩报装工作质量和工作进度，接电速度明显加快。四是加强医疗卫生系统和宾馆饭店系统的安全用电工作。借助政府、安全生产管理部门及行业管理单位的力量，构建用电安全的联查、联防体系，对特级、一级重要用户的值班电工进行业务培训。五是建立公司2005年优质服务责任制，制定了优质服务责任制考核办法。以公司所属各单位为考核对象，以供电服务业务为考核内容，对各单位指标完成情况进行考核，促进服务水平的提高。六是为社会办实事，完成6万户平房一户一表改造的市政府折子工程。

10月12日，公司召开2005年优质服务工作电视电话会议。

2005年8月15～20日，北京电力公司优质服务检查组对城区、朝阳、海淀、丰台和大兴供电公司进行了优质服务检查。

2005年9月3日，由市场营销部牵头制定《北京电力公司2005年优质服务责任制考核办法》。

2005年12月2日，北京电力公司下发京电营[2005]75号文《关于下发〈北京电力公司2005年优质服务责任制考核办法〉的通知》。这是继公司三项责任制后，建立的第四项责任制。

4月23日，公司参加国家电网公司系统在全国开展“青春光明行”优质服务宣传日活动。（曹新社 摄）

优质服务工作主要举措：

（1）认真贯彻落实国家电网公司“三个十条”和《供电服务监管办法》的要求。

4月8日，国家电网公司向社会发布了电力系统员工服务行为“十个不准”、“三公”调度十项措施和供电服务“十项承诺”，对优质服务工作提出了新的基本要求。公司领导班子先后三次在总经理工作会上研究加强优质服务工作措施，并组织全员深入学习国家电网公司的服务要求，强化服务意识；坚持在每周的周例会上向全公司通报供电服务投诉情况，对于影响较大的投诉，主管领导亲自批示，主管部门责成专人督促办理，及时向公司主要领导汇报办理情况。

公司于4月23日、6月12日分两次在各区县31个供电营业网点宣传点和13个户外宣传点进行“三个十条”的宣传，1500多人参加了宣传活动，共接待了3千多名用电客户的现场咨询，发放宣传材料5万余份。国网公司领导亲临位于朝阳区东大桥文化广场的活动主会场，慰问了参加活动的团员青年，并与大家一同发放宣传材料。

6月21日国家电力监管委员会第8号令颁布了《供电服务监管办法（试行）》，自8月1日起施行。

为了贯彻落实《办法》，组织职工学习《供电服务监管办法（试行）》，全公司共举办培训368期，参加培训学习7692人次，占职工总数的80.46%。

（2）加强营业网点建设工作。为了缩小服务半径，扩大为客户服务的范围，在推广以海淀供电公司社区服务进行试点的基础上，总结并提出在城区、朝阳、丰台、石景山供电公司服务的地区范围内，推广社区服务网点建设，要求服务网点统一公司服务形象（VI的使用），统一工作制度和工作标准，统一业务范围。城近郊区新建、改建后投入运行社区网点33个，共配置社区服务车66辆，服务半径由10km减小至6km以内；同时完成建设、改造覆盖北京农村地区14个区县、布局合理的60个中心供电所。

（3）严格执行电价政策及收费标准。

（4）配网抢修工作实现闭环管理。公司提出“停电就是灾难”的服务理念，进一步明确了配网抢修的流程，实现配网抢修的闭环管理。

城近郊区电力客户进行故障报修的流程，拨打95598服务热线后，统一由公司客户服务中心进行受理，根据故障所在地区以电子工单的形式派至属地供电公司处理。由属地供电公司将故障原因、到场时间、处理完成时间等相关信息，填入电子工单发回客户服务中心入库留存，由客户服务中心负责对客户进行回访，形成故障抢修的闭环管理。远郊地区电力客户的故障报修，由属地客户服务分中心负责受理，并在属地供电公司内部进行流转。公司通过信息网络实现对远郊地区各供电公司客户服务的监控、监督和管理。为了缩短抢修时间、提高抢修的速度，上半年建成了抢修车辆全球定位（GPS）系统。在调度人员统一指挥下，距客户最近的抢修车可以迅速到达现场，提高抢修效率。

（5）严格计划停电管理工作。北京市城近郊

(含东城、西城、崇文、宣武、朝阳、海淀、丰台、石景山等区)地区10kV停电计划的发布及通知形式分为两部分，电缆直配客户由调度部门提前7天直接电话通知到客户或物业；架空线路的停电计划由各供电公司提前10天将停电计划报公司客户服务中心，进行汇总、审批后，至少提前8天传真至北京晚报、北京电视台、京华时报、华夏时报，由以上媒体对外发布停电信息。同时，通过公司的对外网站及客户服务中心的语音系统对外发布。低压停电计划由各供电公司负责，通知物业或居委会，并提供停电公告。远郊各区10kV停电计划的审批及发布在各属地供电公司管理。

(6)继续推进一户一表改造工程。全面总结一户一表改造工程的实施情况，统计已完成的工程量和利用节余资金补充实施的工程量，进行工程竣工决算。为了解决居民合表用电带来的问题，根据北京市政府要求，在城区、朝阳、海淀、丰台和石景山对6万户平房进行一户一表改造，并将该工程列为北京市政府2005年折子工程。改造工程6万户分配为：城区供电公司为3.8万户，朝阳供电公司为0.8万户，海淀供电公司为0.6万户，丰台供电公司为0.8万户。截至2005年12月15日，实现平房一户一表改造63699户。

加强一户一表服务工作，重点解决卡表业务中信息通道、统一退补电量、规范校表收费管理等方面的问题。建设了24小时人工售电网点。与光大银行合作在335个支行和社区安装了自助售电终端，与北京市商业银行合作在247个支行和社区安装了自助售电终端，与中国工商银行合作在2005年6月完成了1500多个ATM机购电功能。提高了居民一次购电量的上限，将每次的最高购电量从1000kWh提高到2000kWh(对于有特殊需要的居民，可与公司协商确定购电上限)。提高卡表输入电量额度，原规定电表中剩余电量不大于60kWh方可插卡输入新电量，现改为不大于200kWh即可向电表中输入电量。

(7)加速报装，解决客户接电困难。电力工程管理中心和16个区县供电公司客户服务中心陆续成立。各项工作在新的模式下顺利开展，业扩报装业务流程进一步规范，属地化经营管理与客户服务的优势逐步显现。公司建立了报装的客户意见反馈、监察机制。各区县供电公司按照公司总体要求，结合本地区实际情况，制定本营业区减少结存、积极送电的办法，满足客户的用电需求。

(8)构建电力市场资源平台。根据国家有关法律、法规和《办法》的规定，公司规范物资招投标和电力工程招投标的管理工作，分别搭建了物资资源平台和电力工程市场资源平台。物资资源平台负责大宗物资的招标、发标、开标等的具体操作工作；负责评标专家库的动态管理；电力市场资源平台实行统一的工程招投标管理，建立公平规范的市场化电力工程建设机制。

制定了《北京电力公司工程招标投标管理办法(试行)》、《北京电力公司客户投资工程招标投标管理办法(试行)》、《北京电力公司物资管理办法(试行)》、《北京电力公司大宗物资管理办法(试行)》等，规范电力市场资源平台的运作。

为了保证电力市场资源平台健康运行，由公司法律、审计、纪检等部门组成招标监督小组，对招标活动全过程进行监督和检查。

(9)开展优质服务宣贯活动。编辑了《优质服务宣传手册》，发放至每名职工，强调优质服务工作要求；在公司网站、视频新闻、电力报开辟宣传专栏，加强对解决优质服务各类问题追踪报道力度。

【营销管理信息系统建设】 按照国家电网公司提出的“营销管理模式统一，营销业务流程统一，营销工作标准统一，系统功能设置和数据编码统一”的要求，加快完善客户服务系统和建设营销管理信息系统。2005年公司电力营销管理信息系统建设全面启动，相继进行了需求调查及硬件选型、招标等工作；组织各专业人员进行了两轮分批、分专业系统需求调研，完成了营销各项主要业务功能需求和业务流程的编制工作；订制系统的规格说明书和各种单据；各营销业务子系统的设计全面开始。

2005年6月1日～7月13日，邀请五家软件开发公司做技术交流。东软、朗新、东方、四方、联信五家自带成熟的系统(最新)来公司现场演示，同期，聘请外部公司(第三方)对其做了压力测试和安全测试。

2005年7月15日，以邀标方式，对五家投标集成商进行评标。经过评标小组(11名专家)评议，东软公司名列榜首。

2005年8月25日，市场营销部会同科技信息部，召开了第一次与东软公司合作开发北京电力营销管理信息系统工作小组会议。

8月29日～10月17日，市场营销部组织公司营销各专业人员开展第一轮分批、分专业系统建设需求调研、梳理各专业业务流程，提出系统开发的详细需求。完成向国家电网公司汇报公司营销MIS总体建设方案。

11月12日开始，华胜天成公司调试业扩系统上线的SUN主服务器，并在前门调试业扩报装的软件功能。

12月25日，业扩报装软件系统在房山供电公司上线，并通过了营销管理信息系统建设工作小组的阶段性考察。

【营销队伍业务培训】 营销系统组织了1355人次参加了电费业务、负控、查处窃电、合同签约、35kV及以上电压等级用电检查等技能知识的集中培训；分61批对16个供电公司的702人次进行了业扩流程、计量技术、政治保电、电价电费、经济活动分析、卡式电能表售电等工作的现场培训和答疑。

【奥运工程和重点工程工作进度】 公司组织成立奥运场馆及附属设施供电工作小组，与奥运场馆业主建立了畅通的联系渠道；组织接待了国际奥委会（IOC）参观，并向IOC工作组旁会进行电力供应专题陈述。公司与相关供电公司建立了奥运项目供电工程绿色通道，加快协调并实施奥运场馆及附属设施供电工作，以满足奥运工程对供电的需求。同时加强了重点工程的协调力度，如北京市政府的重点工程等；各供电公司高度重视业扩报装工作质量和工作进度，接电速度明显加快。

【电费回收】 建立电费回收的责任与考核机制。将陈欠电费回收指标纳入对各供电公司领导班子的考核，明确各单位一把手要亲自抓。电费回收统计到户，以统计到户的电费回收率作为考核依据和分析依据。对电费回收实行专项奖励。加大电费回收激励机制，并将电费回收率与各供电公司的工资总额和工资增长额挂钩。各供电公司营销部门明确欠费主体和回收重点户，掌握欠费客户和有欠费风险客户的内部运营情况及欠费原因，制定并实施相应的对策。公司建立电费回收例会制度，每月对电费回收情况进行通报，具体分析对欠费户采取的有效催收措施，总结上月回收工作成果和经验。

【电能计量管理】 （1）加强职能管理工作。组织编制了《电能计量现场工作作业指导书（试行）》、《北京电力公司电能计量监督制度（试行）》、《北京电力公司电能计量器具报废管理办法》和《关于规范电能计量装置招标采购相关工作的通知》等制度文件。完善了计量专业报表管理制度，在原有报表的基础上编制了符合公司新的经营管理模式的电能计量专业报表。报表共分4类14张，其中月报6张、季报5张、半年报1张、年报2张。编制了计量专业网上报表系统，所有报表实现了网上传递和自动汇总。加强了北京电力公司电能计量专业的统计工作，规范了报表格式、上报时间和上报流程，增强实用性和真实性，节省了时间，减轻了劳动强度。

（2）制定计量技术政策。上半年，公司组织制定了统一的电能计量装置技术规范，定制生产了四费率多功能电能表，简化和规范了统一招标的计量装置类型。

（3）计量改造。公司完成6万户平房一户一表改造。在同步开展1998～2004年一户一表工程结算的同时，继续开展2005年以后的一户一表改造工作。公司按照属地化的管理模式对一户一表改造工程的建设单位，在城区、朝阳、海淀、丰台和石景山进行2005年一户一表改造可研编制工作。

配合北京市发改委电价调整政策的实施，各供电公司开展大工业用户和普通工业用户更换峰谷表工作。截至12月31日，执行北京市电价调整政策，完成更换新时段峰谷电能表18178具。

（4）开展计量改造工作。按照公司实施营销核算区域考核政策的要求，在公司推行三级核算，结合国网公司组织开展电能计量改造工作和更换峰谷表工作，制定了公司电能计量改造3年计划。设置第二级、第三级考核关口计量装置，按照高供高量用户、高供低量用户、低压非居民用户的顺序结合峰谷表改造工作，对公司的所有非居民计量装置进行整体改造。

（5）电能计量中心改造和授权工作。12月，电能计量中心初步取得北京市质量技术监督局电能表检定授权。

（于志勇）

农电工作

NONG DIAN GONG ZUO

【农网建设与改造工程】 依据北京市发改委批复的农网二期补充、农网三期投资计划，对2005年工程项目的实施进行了统筹安排。农网二期节余资金5.913亿元，实施项目192个，涉及14个区（县）供电公司，其中高压工程33项，低压工程149项，电量采集工程10项。农网三期工程资金7.76亿元，实施项目117个，涉及10个远郊区（县）供电公司，其中高压项目32项，低压项目83项，电量采集工程1项，配网自动化工程1项。

2005年，农网度夏工程的九个工程项目全部顺利投产，包括张家湾、大杜社、东小口、邢各庄、东大孙、元庄、韩庄、安固、太师屯变电站改造工程。九项度夏工程共安装110kV、35kV主变压器15台，安装容量302.6MVA，新增容量131.4MVA，完成投资0.41亿元。

农网二期补充工程。中低压工程量包括新建及改造10kV线路534km，更换分装村配电变压器1308台，新建村配电变压器台区1737个，更换接户线211221户，更换电能表120588块，户表箱改造124562个，新建及改造低压线路336km，加装拉线防护管53248组，加装变压器绝缘罩8693台，更换分装漏电开关1617台，供电所信息化建设199个供电所，完成投资3.44亿元。

高压工程部分：16项改造工程在年内完工，110kV主变压器增容5台，35kV主变压器扩建、增容16台。共安装110kV主变压器容量250MVA，新增92.5MVA；安装35kV主变压器容量154.1MVA，新增90.8MVA；新建35kV线路10km。完成投资1.8亿元。

农网二期结余资金投资年内完成5.24亿元，其中2005年竣工考核项目113项全部完成。

农网三期工程。中低压工程部分包括：新建10kV线路861km，分装柱上变压器477台，更换分装村配电变压器477台，安装箱式变压器216台，无功补偿箱808个，一户一表26938户，新建低压线路321km。年内完成投资4.2亿元。其中2005年竣工考核项目36项全部完成，完成投资2.2亿元。

高压工程部分包括：8项改造工程在年内完工，110kV主变压器增容2台，35kV主变压器扩建、增容7台。共安装110kV主变压器容量100MVA，新增87.4MVA；安装35kV主变压器容量62.6MVA，新增31.8MVA；新建110kV线路2km，35kV线路28km。年内完成投资1.7亿元。

【安全生产】 2005年，农电安全生产目标全面完成：未发生农电电力生产人身死亡事故；未发生重大火灾事故；未发生有人员责任的因低压设备事故引起的上级电网事故；未发生农村人身触电伤亡事故。强化农电安全基础管理工作，制定和颁发了《北京电力公司农村供电所安全管理年活动实施细则》、《北京电力公司农电安全生产保障工作实施细则》及《北京电力公司农电安全生产保障工作标准》。开展了供电所职工“人身安全责任书”及供电所安全生产责任状的签订工作，落实每个人的安全责任。对供电所人员进行安全规程、触电急救、危险点分析与控制、工作票的填写与执行及相关知识的培训。对新招聘的供电所人员，进行高、低压电工及入网作业的培训取证工作。组织安排供电所人员参加“北京电力公司农电安全生产知识竞赛”活动。组织开展了“营造农村安全用电氛围，创造农村安全用电环境”为主题的农村安全用电及加强电力设施保护的宣传活动。贯彻落实《北京电力公司反违章管理规范》的要求，以“三铁（铁的制度、铁的面孔、铁的处理）”反“三违（违章指挥、违章作业、违反劳动纪律）”。以反习惯性违章为重点，严格安全生产考核制度。建立《个人违章记录》。组织各供电公司进行农电安全事故规程学习和软件培训，为各供电公司配发规程及安全工器具。组织开展并指导各单位完成农村低压设备及供电所安全管理的农电第一次安全性评价工作。在怀柔供电所标准化作业指导书的基础上，规范整理了13个标准的作业指

■ 6月12日，公司组织开展农村安全用电宣传活动。

导书文本。为防止农村低压线路断线，造成村民意外触电或发生盗抢变压器、盗割低压线路问题，在部分地区试装了低压线路断线保护器。

将农村低压设备及供电所的安全管理纳入本单位安全性评价工作的范围。结合公司多年开展安全性评价工作的实际情况，颁发了《关于在区（县）供电公司开展农村低压设备及供电所安全性评价工作的通知》（京电农[2005]12号）。会同公司有关部门对部分供电所进行了安全检查和调研工作。重点检查了安全生产责任状的签定、“三不伤害”、“五不干”责任书的填写，安全生产工器具的使用、农网工程施工中的安全情况、供电所技防改造的进展情况，对检查出的问题，各单位制定整改计划，监督落实整改。颁布《北京地区农村电网剩余电流动作保护装置配置原则》、《北京地区农村剩余电流动作保护器运行管理规定》。出台“农电设备编号原则”、“农村客户安装家用剩余电流动作保护器的通知单”。组织供电所工作负责人进行了漏电保护基本知识的培训，发放了相关资料1200余本，参加培训人数近500人。颁发了13项农村低压标准化作业指导书。对农村地区度夏期间的设备和安全隐患提出了改进的方案。对基层生技处、农电处和供电所人员进行电压、无功管理专题培训。

组织各单位完成了“剩余电流动作总保护器”的安装工作。完成了分装两级剩余电流动作保护器工程，并完成竣工决算。编制了“农村供电所安措、反措实施项目计划”，全年农电反事故措施与安全技术劳动保护措施项目共计85项，其中安全技术劳动保护措施60项，反事故措施25项。

为确保农电维护资金的合理使用，农电工作部根据各单位上报的全年计划，经审核后予以批复。“农电维护资金使用计划”农电修理、改造项目共计96项。其中修理82项；改造14项。

为加强供电所防盗窃功能，利用960万资金对供电所进行了技防改造工程。提高了供电所站院、库房、营业厅的安全防护水平。

【农电管理】 供电所改革。完成对房山、大兴、通州、门头沟、丰台、朝阳等供电公司供电所的经营、管理改革方案。并组织了公司本部及基层单位参加的讨论会。3月4日，供电所改革方案在第九次党政联席会议上原则通过。截止到2005年底，各区县供电公司已经初步完成对供电所的改革调整。

12月底，召开了供电所资产接收工作启动会，下发《关于北京电力公司接收原农村电管站资产的指导性意见的通知》（2005年80号文件），各区县供电公司正式开展与政府协议签订、资产评估、财务入资等资产接收工作。

供电所基础管理工作。充分调动和发挥属地公司对供电所的管理考核职能，将农电年度预算资金分解下发到区（县）公司，加大区（县）公司对供电所的考核、监督、管理力度。出台了《供电所人员工资管理指导意见》、《供电所会计核算办法》、《劳务派遣人员党、团员组织关系管理意见》等10余个制度、办法，加强供电所的专业管理。确保供电所改革初期各项工作不乱、不断，平稳有序。本着“把农村地区营业站点设置纳入公司营销体系总体布局中去”的指导思想。按着因地制宜、统筹规划、合理设置、便于管理、方便服务的原则，统筹规划了60个中心供电所并分步实施。重点解决了原电管站人员保险遗留问题。下发一流县供电企业动态考核管理办法及工作计划，逐步建立一流工作常态运行机制。

2005年9月，密云供电公司顺利通过了国家电网公司一流县供电企业的考评验收，成为继通州供电公司之后第二个获得国家电网公司级一流县供电企业称号的单位。

按照国家电网公司的部署，通州、密云、延庆三个区（县）开展了县供电企业同业对标综合评价工作，在国家电网公司系统233个一流县供电企业综合评价排名当中，取得较好的成绩。

【农电营销与线损管理】 制定了《农村低压电网线损管理细则》和《农村供电所营销管理细则》管理

国家电网公司对密云供电公司一流县供电企业进行调研考评。

制度，区（县）供电公司通过执行两个管理细则，建立了农村地区低压计量台账，加大了农村地区用电普查力度，大力规范农村地区用电市场，达到了整顿农村用电市场的效果和目的。

以密云供电公司为试点，研究农村地区线损管理体系，逐步完善了线损管理体系、技术体系和保证体系，构建出一套具有初步指导意义的线损管理模式。

开展了以“努力超越，追求卓越”为主题的2005年农村用电营销宣传活动。

【中心供电所建设的规划与实施】 2005年，按照公司确定的建设60个中心供电所的目标，开展了中心供电所建设的规划工作，对十四个区（县）公司中心供电所建设规划进行了审核，制定了中心供电所建设方案并得到了公司领导的批准。制定下发了《中心供电所建设管理实施细则》，明确了工程实施各环节的具体管理及各参与单位的责任。全年完成中心供电所工程开工建设32项，正式投入使用11座。

农电工作部举办2005年农村用电营销宣传活动。

【农电人员培训】 制定了2005年农电培训计划和2005～2007年农电人员三年培训规划，开展了农网配电营业工的技能鉴定工作，组织了《农网配电营业工》、《抄表收费核算员》初、中、高级工12期培训工作，共计培训2059人次。开展了供电所进网作业操作培训和考核工作，共进行20期培训，培训1551人，其中考证通过839人。举办北京电力公司农村供电所长知识技能竞赛，选拔出北京电力公司代表队，参加国家电网公司农村供电所长知识技能竞赛取得了良好成绩。开展了650人参加的农网配电营业初级工的技能比赛。举办为期三天的供电所所长培训班。

8月26日，北京电力公司举办首次供电所所长知识技能竞赛。

【农电科技进步项目实施】 按照国家电网公司下达的2005年度农电科技进步实施计划的要求，组织有关区县供电公司开展了计划中的项目实施。实施的科技项目有：供电所信息化建设、供电所语音通信建设、昌平科技进步试点县建设、延庆配网自动化项目。其中：供电所信息化建设实现了北京远近郊区县供电所的信息通道互联，办公自动化、联网售电、上网等应用在供电所全部实现；供电所语音通信建设使供电所通过网络资源开通电力内网电话服务，节省了供电所的电话费用开支，通信更加便捷；昌平配网自动化项目和延庆配网自动化项目提升了这两个远郊区县的配网自动化管理水平。

（何志勇）

科技管理与信息化建设

KE JI GUAN LI YU XIN XI HUA JIAN SHE

科技管理

【制度建设】 根据公司建制调整后的总体工作思路，重新修订了“北京电力公司科技项目管理办法(试行)”、“北京电力公司科技进步劳动竞赛评比考核办法及实施细则”等7个方面的管理文件。

【制定“十一五”科技发展规划】 2005年10月开始着手制定公司“十一五”科技发展规划，拟定公司今后几年科技攻关的重点领域，规划涉及了公司的电网规划、基本建设、生产运营、营销服务和安全管理等多个方面。科技发展规划不仅注重公司长远科技发展与实际情况有机结合，同时还加强了近期重点研究的科技领域，规划注重了可操作性，同时要逐步将规划内容具体细化分解，制定详细的滚动年度计划，作为公司“十一五”期间科技立项的指南。

【开展科技交流】 2005年上半年，公司组织召开了2005年度科技工作会。会议对2004年度的科技工作进行了总结，对2005年度的科技工作进行了部署，同时在会议上表彰了2004年度获得科技成果和科技论文奖的单位和个人。首次举行“先进实用科技成果展评”，从“十五”期间各单位完成的几百项科技成果中，选出了58项先进实用的科技成果制作了展版，在科技工作会期间进行了展览。同时还邀请了中国电力科学研究院、华北电力科学研究院等单位参加展览，把适合公司应用的先进科技成果介绍给公司的工程技术人员。下半年，召开了科技成果和科技论文交流会。从先进实用科技成果中选择了12项科技成果和4篇科技论文进行了现场交流。聘请中国电力科学研究院的专家学者就“中国能源的发展”和“定制电力技术”进行了讲座，聘请了国际知名信息技术公司就目前IT技术的发展及产品进行介绍。

【科技项目立项工作】 2005年度，公司共立项新技术开发及推广应用项目63项，总资金为2001.02万元，涉及公司安全生产、经营管理等多个方面，解决了实际工作中遇到的问题，同时也开展了一些前瞻性的技术研究探索，为后续工作的跟进奠定了良好的基础。

【科技成果获奖】 2005年，公司科技成果有93项荣获北京电力公司科学技术成果奖，15项荣获华北电网有限公司科技成果奖，2项荣获国家电网公司科学技术进步奖。有93篇科技论文获得北京电力公司优秀科技论文奖，13篇论文入选第五届国际输配电会议论文集。

其中“城区配网自动化系统的建设及应用”获国家电网公司科技进步三等奖、华北电网有限公司科技成果一等奖、北京电力公司科技成果一等奖。该成果实现了对10kV配电网的断路器、开闭站、高压用户、电缆分界室、配电室等配电设备进行监视和控制，着重实现基于地理背景一体化设计的配电SCADA功能、配网故障检测分析处理功能（DA）、基于实时系统的配网综合信息管理和辅助分析功能、WEB浏览服务功能以及与其他自动化系统数据接口通信等功能。

“北京电力公司应急指挥系统的开发”获国家电网公司科技进步三等奖、华北电网有限公司科技

■ 北京电力公司2005年度科技工作会。

■ 科技会上，公司领导向先进科技成果获奖者颁奖。

成果一等奖、北京电力公司科技成果一等奖。该成果是集当今最先进的网络通信技术、音视频监控及显示技术、软件平台技术形成的高科技系统，具备以多功能应急指挥、多信息传递、多系统资源支持的能力，已经形成北京电力公司面向突发事件的快速响应机制以及城市电网应急体系的雏型。主要的内容包括：功能完整，技术先进的指挥中心；多通道通信联络手段；利用卫星通信手段实现指挥中心和重大事故现场的互动监视；基于短信的快速启动及消息传递平台；基于多种信息集成应急指挥信息平台。此系统在2005年夏季北京市组织的联合预演中发挥了重要作用，通过现场图像、影响负荷以及事故预案等信息在指挥中心大屏幕综合展现，很好地体现了协同作战、整体配合的优势。

【环境保护】 完善公司电网环境保护的组织管理体系，加强和提高管理人员的技术管理水平，建立健全公司环境保护的管理规章制度，建立和完善环境保护设施及设备的运行管理制度。下发《北京电力公司电力环境保护管理办法（试行）》、《北京电力公司电网环境保护技术监督管理办法》、《北京电力公司电网环境保护技术监督实施细则》，其中包括了电网环境保护检查办法、告警制度等。按照《中华人民共和国环境影响评估法》开展输变电建设项目的环境评估工作。履行国家环保政策要求，开展建设项目环境影响的评价工作，并加强了对环评的过程管理力度。公司的建设项目环评率达100%。同时公司还积极开展了建设项目的竣工环保验收工作。

在输变电建设工程设计、设备选型方面，注重环境保护。采用先进的技术措施，如：变电站采用全户内、全地下、半地下建设方式，减少对周边环境的影响；在设备选型方面采用GIS组合电气、紧凑型铁塔、同杆并架等来降低输变电设施产生的电磁影响。

加强对输变电运行设备的工频电场、工频磁场、噪声等环保指标的监测力度，扩大测试分析范围。公司下发了年度电网环境保护测试任务，对变电站和输电线路的558个测点进行电、磁场和噪声的监测。逐步建立公司电网环境保护基础数据档案，为指导环保管理工作提供技术依据。

（杨洪洁　沈琪）

信息化建设

【制度建设】 2005年，公司以加强制度建设为重点，针对信息化工作的特点制定和颁布了《北京电力公司信息应用基础平台管理规定》、《北京电力公司信息基础平台的配置和接口技术要求》、《统一流程待办库接入规范》和《北京电力公司应用端口规范》等信息化管理和技术规范。制定了《北京电力公司信息化建设管理实施细则（试行）》，明确了业务需求、可行性研究、考察调研、可研立项、招投标前期准备、应用开发、项目验收和运行维护的工作流程。

【制定“十一五”信息化规划】 2005年年初，公司启动北京电力公司“十一五”信息发展规划的编制工作。该规划紧紧围绕公司的战略规划目标及中心任务，结合信息技术发展水平和趋势，确定了“十一五”信息建设的目标、任务和进程，确立了信息建设的战略架构，明确了信息工作的管理体系，制定了信息化建设的基本原则，从基础层、应用层、决策层三个层面对公司信息化建设作了系统地规划。

规划依据：该规划依据公司发展战略目标，根据公司信息化发展现状，在国家电网公司“十一五”信息发展规划和“SG186工程”路线的指导下编制而成。

规划范围：该规划重点对公司管理信息化范畴的内容进行规划，对通信网络提出有关需求，相互配合。

规划年限：规划的水平年为2010年，时间范围为2006～2010年。

根据公司管理需求和信息技术的发展，结合对规划实施情况的评估，定期滚动修改规划，以确保其科学性和可操作性。经过多次研讨和修订，该规划在2005年年底完成并提交国家电网公司审核。

【信息化工作成果】 基于行业技术标准，结合公司信息化整体建设情况，形成和颁布了公司信息化管理和技术规范，包括：

——北京电力公司信息应用基础平台管理规定。

——北京电力公司信息基础平台的配置和接口

技术要求。

——统一流程待办库接入规范。

——北京电力公司应用端口规范。

——2006年将信息安全纳入生产考核，数据中心等方面出台标准和管理制度。

作为信息安全风险评估的试点单位，本部和部分基层单位开展了电费卡表售电系统、调度SCADA系统、本部信息资源基础平台（含防火墙和Internet接入）三个重要系统从管理制度到安全策略的全面风险评估。完成了《渗透测试报告》、《安全情况报告》、《安全风险评估安全情况报告》、《现场工作总结报告》，对查出的问题及时采取了对策，有效提高了信息网络的安全性。

【基础平台建设】 2005年，初步建立了信息资源平台，建设了公司门户，并以试点工作为先行，将门户推广延伸至公司所有31个二级单位，同时，对16个供电公司的办公自动化系统同步进行升级，使其平滑嵌入门户中。通过数据中心一期的建设，搭建了公司数据中心的软硬件平台，为理顺公司数据资源的管理奠定了环境基础。

【应用系统建设】 2005年开始，在项目的组织上采取与业务需求部门组成联合项目组的形式，按照发布的《信息系统工程建设管理办法》，由业务部门成员负责业务需求调研，并及时补充和完善相关业务管理办法、规范业务流程，信息专业人员负责技术考察、技术测试，并按照统一的标准组织制定系统设计方案和技术验收，严格做好进度控制和质量控制。

在开发过程中严格执行日计划、周例会、月调度的项目管理制度，动态调节每一个关键环节，检查计划执行情况，协调解决了大量管理流程与开发进度之间的技术问题。

物资管理信息系统的公共信息初始化、需求计划管理、招标管理、评标管理模块已于2005年9月30日通过上线测试，并完成对物资公司招标处全体人员的使用培训，10月份开始试运行。12月底，完成物资管理信息系统正式运行的启动工作。

2005年11月份，人力资源管理信息系统建设项目完成了组织机构管理、人事管理、劳动管理等九个管理模块基础功能的开发工作。12月1～2日举办人力资源管理系统（一期）用户培训班，近百名人力资源管理人员参加培训学习，第一批模块于12月底之前投入试运行。

营销管理信息系统按计划在2005年11月20日完成了第一阶段各专业的需求调研，并开始启动第二阶段各专业的需求调研工作。2005年底，完成了6大管理环节、21个业务流程的总体设计。

人力资源管理系统项目启动会。

（官丽　张静　赵蔚）

党群工作

DANG QUN GONG ZUO

党建与精神文明建设

【党的建设】 2005年，公司党委深入贯彻落实党的十六届四中、五中全会精神，始终把推进公司发展作为党委工作的第一要务，紧密围绕国家电网公司建设“一强三优”现代公司的战略目标，按照公司“一本三强创一流”的工作思路，以开展保持共产党员先进性教育活动为契机，全面加强党组织建设工作。

2005年，公司有7个基层单位党组织完成换届选举工作，23个单位增补党委委员。

各单位按照公司党委要求，对党员领导干部参加双重组织生活进行严格管理，做到时间、人员、内容“三落实”，生活出勤率达到96.57%。

通过开展先进性教育活动，各级党政领导干部增强对提高党的执政能力建设重要性以及对科学发展观和正确政绩观的认识，带头讲党课、讲形势任务，使理论联系实际和解决自身问题的能力得到进一步提高。

公司党委以落实《北京电力公司党委党支部目标管理考核办法》为重点，对公司所属12个单位的64个基层党支部进行工作调研，进一步加强基层党支部建设。

根据公司用工队伍构成的变化，公司党委制定了《关于银杰公司劳务派遣人员党、团员组织关系管理的意见》，有12个供电公司成立农电党支部，415名银杰公司聘用工党员的组织关系转入公司各基层党组织，接受党组织教育管理，并参加保持共产党员先进性教育活动。

结合先进性教育活动，迎峰度夏期间，公司党委在各级党组织和全体共产党员中开展了“保持共产党员先进性，确保首都电网安全度夏”活动。公司全体共产党员一方面按照所在党组织要求认真参加学习动员、分析评议、整改提高三个阶段的党组织教育活动，一方面岗位实践，勇当先锋，在保障电网迎峰度夏工作中具体体现了党员的先进性，确保了公司安全生产万无一失。

公司各级党组织通过持续开展“争优创先”活动，“七一”前夕，公司共16个先进基层党组织、30个先进党支部、16名优秀党委（总支）书记、26名优秀党务工作者、29名优秀党支部书记和112名优秀共产党员受到公司党委表彰，有10个先进基层党委、15个先进党支部、10名优秀党委书记、15名优秀党务工作者、15名优秀党支部书记、45名优秀共产党员受到华北电网有限公司党组表彰。

6月，公司党委在党校召开庆祝中国共产党成立84周年暨表彰大会。

公司各基层党支部紧密围绕企业中心工作，按照《北京电力公司党委党支部目标管理考核办法》要求，深入开展党支部创新实践工作。在年度公司党支部创新成果评审中，路灯管理中心运行管理处党支部、实业开发总公司京电电气工程总公司党支部等15个党支部分别荣获一、二、三等奖；大兴供电公司多经党支部等17个党支部获得优秀奖。路灯管理中心运行管理处党支部的创新主题活动——“共产党员连心卡为党旗增辉”、实业开发总公司京电电气工程总公司党支部的主题活动“和谐企业为根基，创新求变显活力”等10个党支部的主题活动获得华北电网有限公司系统“实践创新在支部”主题活动优秀成果奖，变电公司党委、怀柔供电公司党委等5个单位获得优秀组织单位奖。

12月，在公司党委召开的党支部创新成果评审发布会上获奖单位进行成果演示。

通过先进性教育活动，各级党组织拓展党建工作思路和形式，提高党支部的战斗力，扩大党的工作覆盖面和影响力，入党积极分子队伍不断扩大，全年共有236人申请入党。公司党委共举办两期入党积极分子培训，每期40学时，共计207人参加学习，培训率达到100%，全年发展党员174名。

在保持共产党员先进性教育活动中机关党委组织的入党积极分子培训活动。

2005年，公司党委加强党费管理工作，开通网上电子银行党费管理系统；举办政工办主任、党支部书记业务培训班，共计259人参加，提高了公司党务工作者的履职能力。

（程玉鹤）

【精神文明建设】 2005年，公司党委深入贯彻落实党的十六届四中、五中全会精神，紧密围绕国家电网公司建设“一强三优”现代公司的战略目标，以开展保持共产党员先进性教育活动为契机，深入推进精神文明建设，取得可喜成绩。公司荣获“全国精神文明建设工作先进单位”称号，并首次获得“首都文明单位标兵”称号。

健全、修订精神文明建设制度，进一步完善思想政治工作体系、党风廉政反腐体系和企业文化建设体系，形成精神文明建设长效机制。坚持逐级签订《精神文明建设与党风廉政建设责任书》，严格考核，使“一岗双责”落在实处。结合公司管理体系综合评价工作，对所属单位进行思想政治工作体系、党风廉政反腐体系和企业文化建设体系评价，使体系建设延伸至公司所属各单位，促进各单位精神文明建设与各项管理水平同步提高。

坚持深入开展文明单位劳动生产竞赛评比和文明行业创建活动，所属各单位积极参加公司系统及所在地区文明单位创建活动，取得显著成效。丰台、通州、昌平、门头沟、平谷、怀柔、密云、顺义8个供电公司分别荣获“首都文明单位标兵”称号；房山、延庆2个供电公司和路灯管理中心荣获“首都文明单位”称号。

举办第二届公司精神文明建设创新成果评选活动，32个基层党组织共申报123项成果。经评审，共评选出创新成果61项，其中有20项获奖。12月16日，公司召开精神文明建设创新成果表彰暨发布会，对创新成果进行表彰和颁奖，对部分获奖成果进行发布和演示，播放了公司党委先进性教育活动专题片《站在新的起点上》。

积极参加市国资委宣传思想工作“创新奖”评选活动，变电公司党委的“发挥载体优势　开展系列活动　坚持三个贴近　营造宣传格局”和公司党委的“弘扬先进思想　追求卓越精神”分别荣获一等奖和三等奖。

（李　萍）

【宣传工作】 2005年，公司党委倡导“平凡孕育伟大”的理念，以总结宣传先进典型事迹为重点，全面开展企业内质外形建设，为公司的建设与发展服务。在开展保持共产党员先进性教育活动期间，开展模范先进事迹巡回演讲活动，公司巡回演讲团共为32个单位作31场演讲，有6600多名职工听取演讲。公司党委编发先进性教育活动简报75期，其中13期简报和相关信息被市国资委采用。在公司局域网建立“先进性教育活动专栏”，《北京电力报》、《北京供电》杂志加大先进性教育活动的宣传力度，用先进典型感召人、先进的思想教育人，营造了保持党员先进性的有力氛围。公司党委还编印《劳动者之歌——北京电力公司先进典型事迹集锦》、《奉献者之歌——北京电力公司先进党组织优秀共产党员事迹集锦》和《理想者之歌》报告集锦，并制作成电子版光盘，大力宣传一批先进集体、先进个人的典型事迹，激励广大职工爱岗敬业、勇于奉献的工作热情。

在公司信息平台上共编发《公司要闻》155条、《迎峰度夏快讯》159条；全年共出版《北京电力报》正刊28期、先进性教育增刊1期，《北京电力》杂志6期；在公司内网主页上建立《电网安全隐患整改信息》栏目，共编发信息30篇；全年共制作发布公司视频新闻170条，基层视频新闻680条，视频人物风采专题报道27条，专题片4条；报送社会电视媒体播发新闻77条，行业电视报道播发（国网动态、华北电网新闻）36条；全年共发布社会及行业媒体文字、图片报道232篇，接待社会新闻媒体481人次。

6月21日～8月21日，开展"迎峰度夏——记者行动"活动，16家主要媒体40多名记者共发新闻报道稿件199篇。

结合贯彻落实《公民道德建设实施纲要》，在全公司开展"明礼诚信，和谐电力"文明礼仪宣传教育等活动，将活动成果汇编成《明礼诚信，和谐电力——北京电力公司文明礼仪宣传教育活动集锦》，促进广大职工的思想道德水平不断提高，焕发新时代的精神风貌，营造了公司和谐、良好的内部氛围。

■ 6月21日，公司邀请新华通讯社、北京日报、中央电视台等17家新闻媒体的24名记者在北京电力需求侧管理展示中心启动"迎峰度夏——记者行动"新闻宣传活动。

（曹　瑾　丁海杰）

【共青团工作】　2005年，在公司党委的正确领导下，公司青年工作在建设"一强三优"现代公司战略目标和"三抓一创"工作思路的指引下，紧密围绕公司中心任务，充分发挥团员青年的生力军和突击队的作用。进一步夯实共青团工作基础，各级团组织完成换届选举工作，理顺银杰公司劳务派遣职工的团组织关系，加强团支部建设，严格落实"三会两制一课"，使组织建设更加规范化、制度化。各级团组织带领广大团员青年，积极开展"争优创先"、"争手创号"和"弘扬奉献精神、立志岗位成才"等活动，在团员青年中营造了学先进、讲奉献的良好氛围。通过开展"青年安全生产示范岗"、"青年诚信服务岗"、"扬青春风采、送真情服务"、"青年创新创效"、"电力青年迎奥运、共建团结友谊林"、"青春光明行"、"真情助困进万家"等活动，弘扬主旋律、倡导新风尚，增强团员青年的安全意识、大局意识、责任意识、市场意识和服务意识，为提高企业安全生产和优质服务水平，树立良好社会形象做出积极贡献。2005年，全公司有11个青年集体和19名团员青年荣获公司级以上先进称号。其中，北京电力公司团委被评为中央企业团工委红旗团委创建单位，海淀供电公司客户服务中心被命名为全国"青年文明号"，顺义供电公司团委和变电公司团委被国家电网公司命名为"五四"红旗团委，调度通信中心继电保护运行处运行四班和海淀供电公司配电工区被国家电网公司命名为"青年安全生产示范岗"。

■ 11月15日，公司团委在公司机关会议室召开了"青年安全生产示范岗"命名表彰暨工作交流会。（范晓辉　摄）

（张　炜）

【老干部工作】　老干部工作在公司党委的正确领导下，以保持共产党员先进性教育和中国人民纪念抗日战争胜利60周年活动为两条主线，开展形式多样的学习和活动，进一步发挥离休党支部作用。在保持共产党员先进性教育活动中，老干部党员克服种种困难积极参加离休党支部学习，更加坚定革命理想和信念，使大多数党员同志提高思想认识，达到老有所学、老有所教的目地。为纪念中国人民抗日战争胜利60周年，发扬党的光荣革命传统，弘

■ 4月21日，为了纪念中国人民抗日战争胜利60周年，组织老干部参观“平北抗日战争纪念馆”。

扬中华民族的传统美德，组织老干部参观“平北抗日战争纪念馆”和“平北红色第一村”，缅怀革命烈士。

为切实落实好老干部各项待遇，积极解决老干部工作的难点热点问题。公司机关离休党支部开展了慰问抗日老战士无工作遗孀活动。老干部们纷纷踊跃捐款，共为两位遗孀捐款10000元。

为使老同志老有所学，丰富老干部的文化生活，公司老干部处邀请航天专家潘厚任教授讲太空人的衣、食、住、行，并在右安门老年活动中心举办老年保健讲座和老年书法培训班。

（刘　磊）

纪检监察

【党风廉政反腐体系建设】 公司和所属各单位认真学习贯彻落实中共中央颁布的《建立健全教育、制度、监督并重的惩治和预防腐败体系实施纲要》（中发[2005]3号），在初步建立党风廉政反腐体系的基础上，按照中央《实施纲要》的总体部署和要求，公司制定了《关于建立健全教育、制度、监督并重的惩治和预防腐败体系实施意见》，明确了全公司要在2005～2008年完成体系初步建设任务，将体系建设的72项工作分解到18个职能部门。所属各单位按照《实施意见》要求稳步推进体系建设工作，公司和所属各单位党风廉政反腐体系的领导体制和工作机制得到健全。

（李国祥）

【党风廉政建设责任制】 坚持层层签订党风廉政建设责任书，严格落实分级考核，对责任制执行情况进行了月度指标控制和季度分析；按照责任制考核标准，对发生问题的单位进行了考核，年底对所属31个单位党风廉政建设和反“嫌疑腐败”工作进行了全面检查和考核，各单位得分率均在95%以上。公司开展了党风廉政建设工作满意度测评工作，共发放问卷近4000份，综合满意度为95.73%，党风廉政建设工作得到了公司广大员工的认可。

（杜仲荣）

【廉政文化建设】 按照中央《实施纲要》的精神，公司开展了“反腐思廉”为主题的廉政文化探索实践活动，组织开展了“廉政文化大家谈”征文活动和“廉政文化在企业”调研活动；对公司万余名员工进行了正面先进典型教育，组织召开了“宋鱼水同志先进事迹报告会”。全公司约3000余名党员干部和重点岗位人员参观北京市反腐倡廉警示教育展览，接受了反腐倡廉警示教育。积极部署落实国家电网公司“四个一”教育学习活动，学习宣传《中共国家电网公司党组关于加强廉政建设预防职务犯罪工作的决定》，将北京市反腐倡廉部分展板在基层单位巡回展出，并利用《高速腐败　人生路上亮红灯》、《警钟声声》等材料开展警示教育活动。公司继续在两级中层干部培训班上安排了廉洁自律专题讲座；继续在重点岗位进行法规法纪教育，进行了财经纪律专题、招投标讲座，共450余人次参加；各单位还分别开展了法制知识、廉政形势、预防职务犯罪等专题的讲座和党课，5800余人次听取了专题廉政党课和讲座。所属各单位结合实际，组织开展了廉政漫画、书法、绘画和展板巡展以及廉政警句格言征集等廉政文化实践活动，员工受教育面达到95%以上。在探索实践的基础上，公司纪委制定了《关于加强企业廉政文化建设工作的意见》，以《根基》和《尚廉》为题汇编了廉政文化建设成果。

北京市纪委、市国资委纪委对公司廉政文化建设工作进行了专题调研，给予了充分肯定，并将公司廉政文化建设的实践经验在市国资委进行了交流。

5月12日，北京市纪委刘经宇常委带领调研组，到公司就企业廉政文化建设情况进行调研。

（李国祥）

【监督管理】 公司纪委紧密围绕中心任务，结合公司开展的综合性评价工作，组织开展了制度“两查两评”（查制度程序健全，评制度程序落实情况；查制度程序质量，评制度程序的可操作性）活动，深入21个单位对部分管理制度和程序执行情况进行分析和评价，共发现了29个方面的薄弱点，提出改进建议76条，选出基层121项管理制度进行了交流，促进了各级权力的规范运作；在公司范围组织开展了“三清理一规范”（清理“小金库”、银行账户、各类公司和规范招投标管理）专项治理，全面清查了897个银行账户、236家公司以及“小金库”设立情况，进一步规范了各类招投标工作，摸清了家底，促进了管理。

2月24日，由公司监察部、审计部和总经理工作部法律事务处人员共同组成的监督小组对工程管理中心的招投标工作进行现场监督。

2005年，全公司围绕经济效益的增长点、生产经营活动的关键点、各项管理工作的薄弱点开展效能监察工作，如“欠费回收的效能监察”、“工程建设及物资采购的效能监察”和“对规章制度及工作程序执行情况的效能监察”等共立项68个。同时从五个方面加强和改进效能监察工作，一是下发《关于加强2005年度效能监察工作的实施意见》，加强组织领导。二是引导基层各单位对大宗物资设备采购和工程建设等内容开展效能监察，加强整体成效。三是要求各单位制定出具体、可行的实施方案，并对实施方案和工作计划的执行情况进行监督检查，加强计划落实。四是编发了《北京电力公司效能监察工作手册》，加强宣传普及指导。五是修订、完善了原有的《效能监察成果评选标准》，加强评选标准科学规范。2005年共协助建章立制177项，提出监察建议129条，避免经济损失6920万元，节约使用资金2157万元。公司“电费回收管理效能监察”项目获得国家电网公司效能监察项目“十佳”成果奖。

（胡新参　李立刚）

【廉洁自律】 公司纪委认真落实领导干部廉政谈话制度，公司层面进行各类廉政谈话103人次；所属各单位主要负责人与本单位管理的干部及重点岗位人员开展廉政谈话1230人次。所属各单位的213名领导班子成员在职代会和民主生活会上进行了述职

4月7日，公司纪委书记周同山（右四）与新提拔的领导干部进行任前廉政谈话。

述廉，对廉洁自律及履行“一岗双责”情况进行了对照检查。所属各单位领导班子还按照公司要求对“三重一大”（重大决策、重要人事任免、重要项目安排和大额度资金的使用）制度执行情况进行了2次自查和报告，全年共研究重大决策684次，人事任免223次，资金使用197次，重要项目安排152次，未发现违反“三重一大”制度的情况。公司两级纪委共建立793份领导干部廉政档案，完成了相应的资料整理工作。

（杜仲荣）

【信访工作】 公司纪委进一步规范了对重要信访件的查处工作程序，并定期组织信访排查会议，开展信访工作分析。妥善处理了公司内外广泛关注、影响较大的信访件。2005年共接到信访60件，涉及人员47名，分别比2004年下降了31.8%和37.3%；其中50件已办理完毕，当年办结率为83.3%。公司所属有11个“零信访”单位；有3名在职员工受到司法机关强制措施或处理；所属单位自立案件2件，尚在处理过程中。

（胡新参）

【行风监督】 为加大纠风工作力度，公司成立了纠风工作办公室。认真贯彻落实国家电网公司“三个十条”，制定了《关于违反国家电网公司员工服务“十个不准”的处理规定（试行）的补充规定》、《企业负责人供电服务工作业绩考核管理暂行办法》；组织开展了“首都电力服务质量行”活动，检查“三个十条”的贯彻落实情况。完成专题分析报告11份。公司两级积极开展了宣传教育活动。对外，积极参加市政风行风热线“走进直播间”节目，宣传公司迎峰度夏保供电各项举措；对内加强宣传，完善服务标准，健全监督考核奖惩制度，进一步提高了服务意识和服务质量。2005年围绕电力服务，公司两级组织社会监督员开展调研和明查暗访活动38次，广泛征求社会各界意见。公司发放社会监督奖励4.76万元，供电服务投诉率较2004年明显降低。

（胡蕴鑫）

【纪检监察队伍建设】 公司所属各单位纪检监察组织机构不断得到充实，2005年年底，已有28个单位成立了纪委，29个单位成立了监察室，全公司有专职纪检监察干部70名。公司纪委通过举办培训班、专题讲座、中层干部培训班和在职业务自学活动等形式，对90余名专兼职纪检监察干部进行了多方位培训；选派了18名纪检监察骨干参加中纪委和国网公司组织的培训，15人次赴先进网省公司学习调研，完成了企业廉洁文化建设、党风廉政宣传教育、制度建设、领导干部廉洁自律等4个专题的调研报告；健全了公司两级纪检监察信息网络，设立信息网员32名。通过开展各类教育培训，促进了纪检监察队伍的专业水平和工作能力的整体提高。

■ 7月6日，公司参加市政风行风热线举办的“走进直播间”栏目，现场解答听众及网友们提出的问题，宣传公司迎峰度夏保供电各项举措。

■ 3月14日，公司举办2005年纪检监察干部培训班，对全体纪检监察干部进行专题培训教育。

（史珊玫）

工 会 工 作

【职工代表大会】 2005年1月27～29日，北京电力公司第一届一次职工代表大会暨2005年工作会议在怀柔召开。来自公司各单位的199名职工代表出席了会议。公司总经理李一凡作了《把握发展机遇夯实工作基础为创建一流电力公司而努力》的行政工作报告，公司工会主席李国华作了《坚持以人为本发扬民主作风深化民主管理促进公司全面发展》民主管理工作报告。在会议分组讨论中，提出了许多有价值的意见和建议及提案，表决通过了大会的十二项决议。会上，举行了“三项责任书”的签订仪式、2004年劳动竞赛先进单位的颁奖仪式以及供电营销内外勤员工工装展评活动。

2～3月，公司所属各单位分别召开二级职代会，宣传贯彻北京电力公司职代会精神，民主决策本单位工作思路和工作重点，全面启动2005年度各项工作。

【厂务公开工作】 2005年5月下旬，公司工会印发《关于进一步做好厂务公开工作的通知》（京电工[2005]15号），传达了北京市总工会厂务公开工作会议关于“建立和完善党委统一领导，行政主体到位，工会主动配合，纪委监督检查，职工积极参与的厂务公开领导体制和工作机制”的会议精神，结合公司的具体实际，对公司各单位的厂务公开工作提出了7项指导要求。同时转发了《关于调整厂务公开工作领导机构的通知》、北京电力公司《厂务公开制度》、《厂务公开工作实施细则》以及《厂务公开考核制度及考核标准》。

■ 11月22日，公司召开厂务公开工作会议。（孙钢荣　摄）

10月25日，公司印发了《北京电力公司关于规范四级厂务公开工作的通知》（京电办[2005]118号），进一步明确了公司机关本部、基层单位、工区站队和班组四级厂务公开的内容和具体要求。

11月22日，公司召开厂务公开工作会议，放映了由公司工会组织制作的《北京电力公司厂务公开工作汇报》专题片；5位基层单位的党、政、工领导先后作典型发言，分别从基层单位行政、党委、纪委、工会的角度展示了本单位深化落实厂务公开民主管理工作的经验和成果。

2005年，随着公司各单位电子信息平台载体的建立健全，厂务公开的内容得到了快速广泛的传播。

【集体合同】 公司第三届集体合同到2006年2月将届满。2005年，公司根据公司整体建制调整后新的管理模式，决定下一届集体合同将由各单位工会主席代表职工与本单位行政领导签订。公司工会组织专题培训班，对公司各单位工会主席、女工委员、工会干事及有关人员做了专门的培训。

下半年，公司各单位工会按照公司《关于开展集体合同履行情况检查活动的通知》（工会[2005]42号）和《关于在各单位推行集体协商和集体合同制度准备工作的通知》（京电工[2005]28号）以及《关于在各单位推行集体协商和集体合同制度指导意见》（京电工[2005]35号）的要求，结合实际，对本单位用工制度、劳动报酬、工作时间与休息休假制度、保险福利、劳动安全与卫生、职业培训、劳动争议的协调处理、合同责任和保证等方面情况进行了检查，并通过座谈会和问卷调查等形式，广泛征求了职工和各部门的意见和建议，全面完成了相关工作。公司各单位职工代表与行政代表，对集体合同草案，进行了充分的民主协商，取得了双方满意的成果。

【服务职工活动】 2005年3月底，北京电力公司召开职工互助会理事会议，会议审议通过了第三轮《互助会暂行办法》，于4月1日开始实施。新一轮互助会加大了对患大病、重病职工医药费的补助力度，提高了会员职工家庭生活特殊困难的补助标准，增强了互助补助功能。4月初，公司工会组织职工互助会会员档案管理培训班，对各基层单位的相关工作专责人进行了业务培训。

4月下旬，公司工会组织公司各级劳动模范和首都劳动奖章获得者，到市总工会劳模体检中心工人疗养院进行了全面体检。公司工会分期分批组织公司劳模先进和专家骨干休养活动，全年组织13期共489名员工到北戴河休养；组织5期共200名员工到湖南张家界休养。

9月初，公司工会、政治工作部、行政管理部组成联合调研组，深入基层多个单位，开展为职工办实事情况调研活动，撰写调研报告，提交总经理工作会。

■ 3月，公司召开职工互助会理事会议。（孙钢荣　摄）

【劳动竞赛】 2005年1月29日，北京电力公司第一届一次职工代表大会审议通过了《公司2005年劳动竞赛调整方案》。2月中旬，公司工会印发《关于2005年度开展六项劳动生产竞赛评比活动的通知》（京电工[2005]4号），并正式出台北京电力公司文明单位、安全生产管理、优质服务、科技进步、财务及经营管理、电网规划及电网建设劳动生产竞赛评比办法及实施细则，全面启动相关工作。2005年底，北京电力公司职工李顺平荣获国家电网公司“十佳服务之星”称号。

【安全教育大会】 2005年6月30日，北京电力公司安全生产教育大会召开。来自公司机关各部室和基层单位的240多名员工参加了大会，公司各基层单位设分会场，电视电话同步进行。

大会由公司工会和公司安全监督部共同组织。会上，来自电力工程公司、顺义供电公司、电力试研中心、通州供电公司、朝阳供电公司和物业管理公司的6位同志，围绕“遵章守纪、现身说法、珍惜生命、确保安全”的主题，结合亲身经历的事故，以真实的感受和切身的体会为公司广大职工上了一堂生动的安全教育课。

【岗位练兵】 2005年3月上旬，公司工会印发《关于开展北京电力公司岗位大练兵向岗位标准看齐争当岗位排头兵系列活动的通知》（京电工[2005]5号），全面启动相关活动。

4月下旬，工会与人力资源部共同组织举办生产岗位人员技术比赛。先后进行了装表接电工、抄表核算收费员、配电线路工、电力电缆工、用电检查员5个工种的理论知识与实际技能的预赛和决赛。同时完成了对生产岗位变电值班员、变电检修工、电气试验工、继电保护工、送电线路工5个工种共1600余名生产一线职工的普考。

5月中旬，工会组织北京电力公司成立一周年庆典暨技能表演赛。公司领导同志与来自公司各单位的1000多名员工共同庆祝公司的节日，并观看了装表接电、电力电缆、配电线路以及工程车辆穿越障碍4个专业项目的技能表演比赛。公司工会主席李国华主持庆典并宣读了《倡议书》。本次活动共产生24名公司生产岗位技术能手、17名生产岗位青年技术能手。

【“海电杯”QC成果发布会】 2005年12月5～7日，北京电力公司举办“海电杯”QC成果发布会。来自公司各单位的35个成果参加发布，另有33个成果参加展示。本次发布会以“持续改进”和“创新提高”为主题，展示了QC小组研究解决安全、生产、经营、管理等方面课题所取得的创新成果。海淀供电公司、平谷供电公司、物资公司、变电公司、试验研究中心、调度通信中心的QC成果获得评选一等奖。

发布会还向获得2005年度全国优秀QC小组称号的 电力工程公司送电安装公司QC小组、物资公司“联合舰队”QC小组、海淀供电公司变电工区“新视角”QC小组以及获得2005年度全国质量管理小组活动卓越领导者称号的海淀供电公司经理李百顺颁发了奖状和证书。

【班组长培训】 2005年9月中旬~11月初，工会组织举办了公司2005年班组长岗位培训班（共分7期，每期5天），来自公司各基层单位的1097名班组长（约占北京电力公司全体职工总数的10%）参加了培训。本年度班组长培训，专门开设了电力法律法规、安全管理知识和技能；班组管理、QC管理、班组无纸化办公与计算机应用；企业文化与团队建设、学习型组织与创新思维；国内外形势和热点问题报告以及健康知识讲座，并聘请多位国内知名专家学者以及公司安全监督部、总经理工作部的干部、专工为班组长授课。培训期间，工会及时将每期培训指南、学员心得体会、培训班信息报导等分期分批刊载在工会网页班组建设专栏。

【职工文体活动】 2005年，公司各级工会充分发挥自身文化载体优势，组织开展文体活动。

公司工会先后参与组织公司新春团拜会和公司周年庆典；组织公司电力之光（老职工）合唱团参加北京“同唱和平、同唱奥运、同唱和谐”合唱节等演出活动；组织职工电力安全生产警句创作和“我为职工成才铺路”、“我为建设‘一强三优’现代公司添光彩”（女工）征文及“专家个人网站设计”活动；组织承办2005年全国电力系统职工保龄球比赛，组织公司乒乓球队参加全国电力系统职工乒乓球比赛，皆获得良好成绩；指导公司职工健康指导中心全面开展工作，举办北京电力公司推广《职工体质达标标准》运动会，实现了职工体质测试与健身锻炼的同步开展。

9月22~23日，公司举办职工乒乓球比赛。（孙钢荣 摄）

公司机关和各单位工会分别组织了职工健身长走活动。

工会组织成立公司乒乓球协会，并以公司各类文体协会为依托，推动优势项目的普及提高。在第十届全国运动会期间，公司被国家体育总局授予“全国群众体育先进单位”称号。

【公益活动】 2005年，公司各级工会参与组织完成了为印度洋地震和海啸受灾国家难民的捐款活动。当年，公司各级工会还广泛组织开展了绿化首都植树活动，以及助学、助残奉献爱心活动，切实履行了工会的社会职能。

6月，为纪念“世界环境日”，公司与国家环保总局、中华环保联合会、北安河环保基地共同举办了“用您的双手，还我们一个干净的地球”——登阳台山捡拾垃圾活动。与相关单位的100多人参加了此次公益活动。10日，公司机关、调度通信中心、物业管理公司、多种经营管理处参加北京市西城区“携手慈善、共创和谐”捐款活动。参加捐款员工共计1368人，捐款总计25936元。

10月21日，北京电力公司机关，调度通信中心，物业管理公司，多种经营管理处“携手慈善、共创和谐”捐款仪式在公司总部举行。（孙钢荣 摄）

【工会自身建设】 4月初，工会组织干部培训班，各基层单位工会分会干部和部分工会主席共100多名同志参加了培训。特邀全总法律部法规处、市总民主管理部、市总干部学院，分别为大家讲授了工会法与依法维权、当前工会工作面临的主要问题及对策以及工会基本业务和基础理论。10月中旬，公司部分基层单位工会主席一行21名同志，参加了由华北电力工委在青岛组织举办的工会主席培训班。

【企业文化建设】 2月4日，举办了“北京电力公司新春团拜会”。

正式开通了北京电力劳模网和北京电力公司企业文化网。5月，举办北京电力公司职工书法、美术作品展览。其中共有36幅优秀作品在华北电力工委组织的华北网职工艺术作品展览中获奖。10月，公司电力之光（老职工）合唱团参加2005年北京“同唱和平、同唱奥运、同唱和谐”合唱节，赢得比赛三等奖和优秀伴奏奖。10月底，由华北电力工委主办，北京电力公司工会承办的《安全与文化》创刊号发行。

3月，下发京电工[2005]5号文件《关于开展北京电力公司岗位大练兵向岗位标准看齐争当岗位排头兵系列活动的通知》，全面启动相关活动。

5月中旬，举办北京电力公司成立一周年庆典暨技能表演赛。16个供电公司的100多名选手展示了公司开展“岗位大练兵”系列活动的成果。

4月4日，北京电力公司VI（标识系统）试点现场经验交流会在房山供电公司召开，公司所属各单位工会主席以及VI工作的负责人到会。房山供电公司和昌平供电公司代表分别汇报了本单位VI系统的实施情况和工作经验。

4月23日，公司在所属各区县31个供电营业站宣传点和13个户外宣传点开展了“青春光明行”优质服务宣传日活动。

6月，围绕“遵章守法，关爱生命”的主题，开展了电力安全生产警句的创作征集活动，部分作品参加了华北电力工委组织的相关评选活动，并获得多项奖励。公司工会将征集到的安全生产警句编印成册，发给生产一线班组学习。公司工会将1400余张安全生产教育大会录像光盘分发给各基层工会，组织班组学习，强化全体职工的安全观念和责任意识。

6月中旬到9月下旬，公司工会组织开展了以“平凡孕育伟大”为主题的公司模范人物、先进集体事迹巡回演讲报告活动。活动期间，巡回演讲报告团走遍公司各基层单位，共举办演讲31场，32个基层单位的7000多名职工参加了报告会。

2005年，公司工会组织举办了公司“供电营销内外勤员工工装展评”演示会，公司各单位工会积极参与组织了工装设计和服务礼仪展示活动。

（张文旭）

后勤保卫

HOU QIN BAO WEI

道灭火演习1次、大型办公场所灭火及疏散演习1次，其他消防专业演习22次。

配合生产技术部、电网建设部、战略规划部、综合计划部等相关职能部室，完成了7种110kV变电站典型设计及3种220kV变电站典型设计“技术导则”的审核确定工作。

依据《北京电力公司2005年第11次党政联席会会议纪要》文件要求，于2005年10月31日前，共完成变电站固定式消防设施隐患整改173套，办公场所固定式消防设施隐患整改52套，全部实现正常投运率100%。总计投入专项整改资金约2053.5万元。

公司保卫部全过程参与了新建变电站配套消防设施的建设，全年共完成变电站可研审核24座、初设审核37座，变电站消防验收投产9座、变电站达标投产复查9座。

■ 11月8日，公司进行电缆隧道灭火演习。

【治安保卫】 根据市政府第47号令和市公安局的要求，开展了一级要害技防标准化管理工作。起草了《变电站安全技术技防设计标准》，规范和逐步推行技防工作。建立以北京供电报修指挥大楼为中心的技术防范管理平台（北京供电报修指挥大楼实行严格门禁刷卡制度，对大楼内各进出口和周界实施电视监控，监控点达到192个左右）。建立了变电公司一级要害变电站二级技防管理平台（将220kV变电站所有安装技防装置的监控信号传到变电公司；通过变电公司二级技防管理平台上传至报修指挥大楼安防室，再由其上传北京市公安局110报警指挥中心，实现警企联动）。为加快技防试点工作的实施，完成了变电公司、通州和城区供电公司的变电站、仓库基本情况统计工作。召开技防专题会，对朝阳、城区、丰台、石景山四个单位社区服务场所技防建设提出技术要求和建议。

对120个农村供电所进行调研，拟定了安全防范系统设备及材料采购、供应规范，为开展技防工程奠定了坚实的基础。

指导朝阳、城区、丰台、石景山供电公司等四个单位营销管理部门的23个社区服务场所进行技防设施安装工作。

按照国务院第421号令《企业事业单位内部治安保卫条例》和市公安局关于开展治安防范工作的总体部署，截至2005年底，完成了23座一级要害变电站技防设施安装任务。

会同公安机关制定并颁发了《燃放烟花爆竹电力设施保护区》管理规定。

【武装民兵工作】 为落实“北京市人民防空工程和普通地下室安全使用管理办法”文件精神，组织对全公司人防工程和普通地下室进行调研，完成了人防工程的普查、整理、归档工作，做到了地下室底数清、现有场所用途清、安全使用标准清、安全隐患问题清。

根据市政府有关部门要求，完成全公司民兵整组工作和民兵参训工作；完成北京卫戍区预备役军官的参训任务。

（刘慧敏）

机关建设

JI GUAN JIAN SHE

【党、工、团工作】 2005年上半年，机关党委组织召开宋鱼水先进事迹座谈会以及公司内部先进典型事迹报告会，开展“明礼诚信，和谐电力”文明礼仪宣传教育等活动；以“争优创先”活动为契机，夯实党组织建设，增加党组织的凝聚力、战斗力以及党员干部的先锋模范作用；开展“如何为基层服务大家谈”征文、演讲系列活动。2005年下半年，机关党委、各党支部遵循“两不误，两促进”的原则，深入开展保持共产党员先进性教育活动。组织参观抗日战争纪念馆、北京市城市规划展，开展党员先进性研讨活动；适时组织经验交流会，促进党支部之间的横向交流；编辑出版8期《北京电力报》机关专栏，11期《机关先进性教育活动周刊》，约10余万字。同时，开展机关员工能力建设培训需求调查，制定了一系列培训方案；举办加强党性锻炼专题党课报告会和党的基础理论知识竞赛。在党风廉政建设方面，重点开展了“四个一”学习教育活动，通过通读《决定》原文，进行“依法履行职责，你我共话廉政”征文评选，赴监狱参观警示教育以及开展廉政谈话等一系列活动。

■ 9月10日，机关党委举办专题党课报告会。

机关工会在职工中开展征集“安全生产警句”和安全生产知识答题活动。开展征集合理化建议活动，做好“厂务公开”工作。组织职工开展丰富多彩的文体活动。2005年，以“健康长走”为比赛形式，分别在春秋两季举办了第三、四届健身运动会。举办女工瑜伽培训班。同时，机关乒乓球队参加公司乒乓球总决赛，取得团体第一名。帮助退休职工及特困大病职工解决实际困难，并做好节日慰问工作。

机关团委按照公司提出的“基础工作年”的要求，规范管理，完善各项制度，健全组织生活，积极开展主题突出、形式多样的活动。开展环保志愿者活动和“献一份爱心”助学活动；开展“我来介绍本岗位”交流活动，帮助团员青年重新审视岗位职责，增强履职意识。

（赵俊颖）

【人事管理】 机关人事管理，在确保薪酬发放、人员调配、各类保险上缴、医药费报销等基础工作准确率的基础上，强化激励和培训功能。开展特色培训，在机关专门举办了“如何做好现代化管理中的基础工作”、“经营理念与企业成功之道”和“高效团队建设”专题讲座，为离退休职工和在职职工举办医疗保险知识普及宣传会。按照各部门岗位调整情况，及时完成机关人员调配相关配套工作。继续推进机关及部室两级考核测评结果在奖励分配工作中的运用，开展2004年度职称认证、评定工作。加强信息化建设，在全公司率先建立人力资源信息平台，并加大日常维护力度，做到根据人员岗位、岗级、职称、各种奖励等变动情况，及时调整员工各类信息和数据。

（李咏新）

【财务管理】 机关财务管理贯彻实施全面预算管理，强化成本的可控、在控。针对机关各部门业务职能特性各异、费用发生不均衡的特点，加强对预算执行过程的控制，注重对预算执行情况的分析、反馈和沟通，使预算控制全程化，成本控制全员化。通过严格执行财务制度，完善会计核算办法，理顺业务流程，规范报销手续，抓好核算基础。通过对机关所辖资产进行全面的清理、核查，理顺资产业务流程，完善资产管理岗位及部门信息，进一步细化资产管理。2005年9月后，先后实现与机关办公用品网上采购、公务用车耗油更换IC卡管理相适应的会计结算办法。通过合理计税、缴税，开通收入查询，使职工对个人收入的了解更加直观、实时，查询方式体现个体化和透明化。此外，完成了国网公司审计组对机关社保、成本核算的迎审工作；机关集资建房资金收缴、工程核算工作、机关职工福利、财务人员继续教育等大量日常核算及财务管理工作。

（常　青）

【行政管理】 搭建了办公用品采购电子商务平台，为机关各部门提供了便捷的服务。全面完成机关2005年度大修、更改工程的组织和实施，提高了机关基础设施的完好率。不断提高应急反应速度和保障能力，定期组织全面安全检查，及时清除安全隐患、处理设备故障，堵塞了各种漏洞，做好机关各类设备安全的监测；加强对警卫队的日常管理，遇有各类突发事件，适时启动不同的应急预案，妥善处理群众性上访等多起突发事件。2005年行管中心对机关269台在册车辆的使用状况、使用年限、运行状况及专、兼职驾驶员情况等基础数据信息进行分析。通过网络教学、举办知识讲座、组织知识问答、发放宣传资料等方式，加大对新交通安全法、车辆机械常识的宣传力度，提高机关专、兼职驾驶员的安全守法意识和车辆驾驶水平。对机关车辆加油实行IC卡管理，节省油料费用。制定机关新办公楼及其他办公楼的总体分配方案。通过采用实物展示的方式直观地征求了领导和员工的意见，完成公司新办公楼办公家具的招标、采购、安装的前期准备工作。贯彻落实公司有关政策，按时完成机关集资建房职工计分排队和公示；组织公开抽签切割房源、按序列挑选住房以及购房款的收缴工作，并组织完成了工程施工。

（赵俊颖）

协、学会工作

XIE XUE HUI GONG ZUO

【协会管理办公室】 组织召开2005年度协、学会工作座谈会，总结2004年度学、协会的工作，提出2005年度学、协会工作的总体思路、计划及设想。对建制调整后公司协、学会的发展、现状以及存在问题进行了较全面的总结，提出进一步开展协、学会工作的设想，并在第五十四次党政联席会上向公司领导进行汇报。积极创造条件，初步在公司OA系统上建立了协、学会网页。和科协共同完成了公司领导布置的向北京市科委的赠书的活动。

参加中国电机工程学会科普专业委员会会议以及活动，完成了专委会交办的工作任务。为配合北京市科技周的科普宣传活动，和北京市科协、华北电网有限公司科协、昌平区科协、北京电机工程学会以及公司科协在昌平供电公司共同组织举办“北京市科技周电力展”，并请专家在展览期间进行科普讲座等活动。协助中国电机工程学会城市供电专委会在北京怀柔召开年会。根据北京市质协《关于组织推荐北京第六届北京质量管理优秀企业家与北京质量管理优秀企业的通知》的文件精神，组织了评选、推荐工作。工程公司、京电公司两个单位经选拔、推荐并经北京市有关主管部门批准，获“2005年北京质量管理优秀企业”称号，其领导获“第六届北京质量管理优秀企业家”称号并受到表彰。组织参加中国电机工程学会学术年会，并发表论文“提高导线允许运行温度的研究”。

推行“全国首届科技社团改革发展高层论坛”的征文活动。根据市科协关于评选第八届“北京青年优秀科技论文”的要求，推荐七篇优秀论文上报北京市科协。筹备参加2005年在京举行的“京津冀晋蒙鲁电机工程学会第十五届学术交流会”的活动。选送35篇优秀论文到北京电机工程学会，其中两篇还被推荐到中国科协第11次年会上发表。与科技信息部共同组织进行了“北京电力公司2005年度优秀论文”的征集工作。组织进行了“2006年度中国国际供电会议”优秀论文的征集工作（经专家审定初步推荐5篇）；与科技信息部共同征集并评审了公司2005年度优秀科技论文。共有31个单位的125篇论文参加了评选。经初步审核有101篇论文入选。经组织专家审阅、评定共有获奖优秀论文：一等奖7篇；二等奖15篇；三等奖41篇；鼓励奖29篇。

（王以京）

【科学技术协会】 根据北京市科学技术协会京科协发[2005]8号文《关于开展第十五届“北京优秀青年工程师”和“北京优秀青年工程师标兵”评选活动的通知》和华北电网有限公司[2005]2号文《关于评选2004年度优秀工程师和优秀青年工程师的通知》要求，共评选出2004年度北京市优秀青年工程师3名、华北电网有限公司优秀工程师10名、优秀青年工程师8名，公司级优秀工程师22名、优秀青年工程师27名。为配合北京市科技周的科普宣传活动，和北京市科协、华北电网有限公司科协、昌平区科协、北京电机工程学会在昌平供电公司共同组织举办了“北京市科技周电力展”，并请专家在展览期间进行了科普讲座等活动。在公司范围内积极组织开展金桥工程活动，为技术的持有方和使用方牵线搭桥。经层层选拔推荐，共组织了37个经济效益好有良好推广应用价值的项目申报到北京市科协。与公司科技信息部、协会管理办公室共同征集并评审了公司2005年度优秀科技论文，共有31个单位的125篇论文参加了评选。

（齐立军）

【农电学会】 公司农电学会担负着中国电机工程学会农村电气化分会秘书处、中国电力企业联合会农电分会秘书处的职能。同时，编辑出版《农村电气化》、《农电管理》月刊、负责《中国农村电气化信息网》的编辑、管理工作。

中国电力企业联合会农电分会于2005年4月在成都举办了县供电企业经济活动分析培训班，来自国网、地方电力企业的180余名专职工程技术人员参加了此次培训。

两会秘书处年初参与了《县供电企业同业对标指标体系》、《县供电企业综合评价指标体系》的制定。7月，在上海组织了3期国家电网公司系一流县供电企业参加的县供电企业同业对标培训研讨班。组织开发了国家电网公司县供电企业综合信息管理系统。10月，完成了国家电网公司2004年度县供电企业同业对标信息的发布工作。12月，参与完成了《县供电企业综合评价指标》、《同业对标指标》的修订工作。

9月，在新疆召开了供电所规范化管理工作研讨会。

受国家电网公司农电工作部的委托，9月组织

■ 县供电企业同业对标综合评价信息管理系统。

撰写、出版了《县供电企业经济活动分析》一书。

10月，参与组织了在北京举办的“国家电网公司农村供电所所长知识技能竞赛”的总决赛。

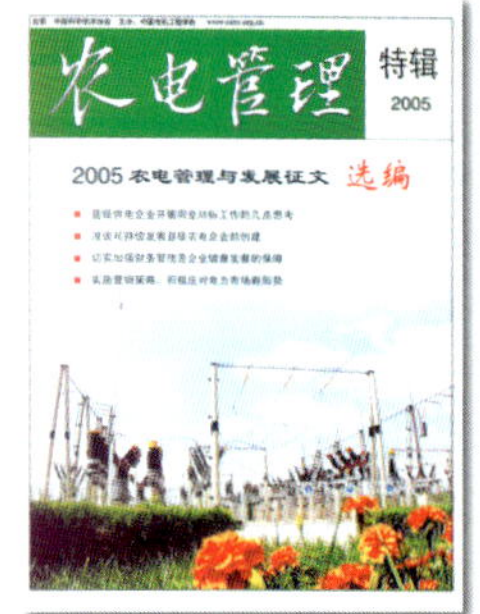

■《农电管理》杂志。

参与并完成了国家电监会供电用监管部组织的《供用电监管条例》、《供电业务许可证》等的制定工作。

10月，与国网公司农电部共同举办了第二届农电发展论坛，并编辑出版了《2005农电管理与发展征文选编》。

11月，参与组织了在成都召开的国家电网公司农电科技进步经验交流现场会，并编辑出版了《国家电网公司农网“十五”期间“四新”应用及实用产品目录》，组织了农网设备展览。

召开了《农村电气化》期刊社第22次全国通讯编辑工作会议。

《农村电气化》全年出版12期，共发行56万余册。《农电管理》全年出版12期，共发行46万余册。

中国农村电气化信息网紧密结合农电的形势，宣传农电方针政策，交流农电管理经验，推广农电四新技术。

（万　立）

【中国电力企业联合会供电分会】 历史沿革。中国电力企业联合会供电分会的前身，是由1987年在武汉成立的中国水利电力企业管理协会城市供用电研究会和1989年在北京成立的中国水利电力企业家协会供电分会，原名简称供电“两会”。

1989年10月，原电力部企协成立中国水利电力企业家协会供电分会，明确由北京供电局局长赵双驹任会长。1995年1月秘书处由武汉迁至北京，正式挂靠在北京供电局。2000年2月29日中国电力企业联合会三届二次理事会审议并通过了《关于分会设立和调整的决议》，首批正式设立中国电力企业联合会供电分会等八个分会，并经中国电力企业联合会批准，将供电“两会”正式更名为中国电力企业联合会供电分会（以下简称分会），成为中电联单位会员组成的专业分支机构，并明确继续挂靠北京供电局。会长随北京供电局（北京电力公司）局长（总经理）的变化，先后由张一士、栾军、李一凡等担任。现有地（市）级及以上供电（超高压）企业单位会员238个。

组织系统。分会设会员代表大会、理事会、会长办公会、秘书处及八个专业委员会等组织机构。

人员构成。分会理事62位，正副会长11位，正副秘书长9位，在京日常工作人员15人（在职6人，聘用9人）。

业务范围。行业管理、信息交流、业务培训、专业展览、书刊编辑、国际合作、咨询服务。

重点课题调研。① 关于加强电力需求侧管理的调研，总结了包括地方政府、供电企业、广大客户等三个方面加强电力需求侧管理的举措，提出了加强需求侧管理的意见和建议；② 关于供电主营业务的调研，提出了主辅分离、主多分开改革中界定供电主营业务的原则与建议；③ 关于农电体制改革的调研，结合农电改革进程、农网改造建设，就资产归属、人员待遇和发展后劲提出问题及解决建议；④ 关于进网作业电工管理工作调研，在分析现状的基础上，提出了改进建议。另外参与国家电网公司城市应急系统规划研讨编制工作；协助完成国家电监会委托的《供电营业区划分及许可证管理办法》、《供电服务规范》和《供用电使用条例》等课题调研；参与西安供电公司城网规划咨询和珠海许继电气公司的配电用户分界开关的调研与测试工作；受华北电监局委托鉴定廊坊市居民由于用电引起的火灾事故。

大型会议。2005年，分会召开了包括联络员工作会议、经营管理研讨会、国际供用电设备展览会、安全生产研讨会、深化改革研讨会暨输配电技术国际会议等六次大型会议。其中，国际供用电设备展览及输配电技术国际会议，已成为供电企业与国内外专家学者、制造厂商，包括大专院校、科研机构，难得的学习、交流平台，成为独具供电分会特色的品牌活动。

专项经验调研推广。2005年，完成关于吉林供电公司变压器台区经营承包、供电多经企业管理体制、供电企业主多分开中的职工维权、中压配网不停电作业、苏州供电公司管理创新、供电企业售电经营效益分析、峰谷表计量方式效益分析、防窃电测试仪及焚烧秸秆引发输电线路故障跳闸停电等九项专项调研。这些专项课题的调研同重点课题调研，均按照组织程序向中电联及有关部门推荐。其中，吉林供电公司的配变台区承包经验，已在北京电力公司所属单位、湖北部分供电企业推广。

专委会建设。根据供电企业特点和分会工作实际，分会在原有深化改革、经营管理、技术管理、民主管理、多经管理、企业文化、行协管理等七个专委会基础上，组建了安全生产专委会。这些专委会积极主动地开展工作，使分会工作不仅实现了目标管理、任务落实，而且形成了专业化研讨不断深化、三个文明建设共同提高的良好局面。技术管理研讨中提出的配电不停电作业、供电设备状态检修课题研讨，已成为大家的共识，并成为提高供电可靠性、满足广大客户连续用电需求，提高供电企业经济效益的重大举措，并从东部沿海地区迅速向中西部发展，产生了良好的规模效应。

信息交流。分会主办的《供电企业管理》、《供电行业信息》刊物，从内容上提高了针对性和时效性，从质量上增强了可读性和指导性；分会主办的中国供电信息网站，信息量不断增加；《供电企业通讯录》、《供电企业基本概况及综合评价体系》等信息资料，不仅成为会员单位间交流信息、指标对比的信息载体，而且成为中电联、国家电监会等有关部门决策参考的重要资料。

分会服务。一是培训工作针对企业诉求，举办了配电自动化系统一体化建设、企业文化建设、创新思维及管理艺术、系统科学与战略思维等专业培训。二是提高会议效果，在深化改革研讨会上，分会将全年完成的重点调研课题、专项经验调研进行经验交流，综合整理形成近20万字的资料汇编，发给会议代表及所有会员单位，加速了成果交流。三是在国家有关部门主办的中国市场项目扶贫工作中，完成了拉萨、延安、汉中、铜川等供电企业的扶贫工程调研与项目推荐工作。

10月13日，中电联供电分会在北京召开的第十八次深化改革研讨会。

（任军良）

【北京电力行业协会】 北京电力行业协会（简称电力行协）成立于2000年8月8日。共有会员单位46个，截至2005年底，有会员单位270个。经选举产生常务理事会成员19名，监事会成员3名，常设机构有工作人员23名，设四部一室：理事会工作部、企业管理部、调研咨询部、标准化部、史志办公室。2004年12月28日召开了北京电力行业协会第二届会员代表大会，修改了电力行协章程，提出了电力行协在新形势下的工作任务。

业务范围。开展行业协调服务、信息交流、咨询服务、专业培训、成果鉴评、资质审查、新技术推广、举办展览、编辑专刊。

安全评估。2005年3~9月完成公司指定的4个单位的评估。对北京的特级用电单位——首都机场的供电系统进行了评估。评估中专家组查阅大量的安全生产有关文件和资料，现场实地查访，召开交流座谈会，针对发现的问题提出建议，并按安全管理、运行管理、设备管理、综合部分4个方面撰写了近17万字的评估报告。组织专家共49人次参与了安全评估。

发电系统审核。电力行协应国华电力公司委托，分别对国华电力所属三河、北京热电、内蒙古准格尔、陕西神木、天津盘山、辽宁绥中、广东台山、河北定洲等8家发电公司贯彻执行《发电管理系统》的情况进行了年度审核，并分别撰写了审核报告。

项目咨询。2005年11月，国美公司提出请协会的电力专家对其进行店面节电与用电安全技术咨询服务。电力行协专家组深入国美公司劲松、石景山等4家店铺进行现场查询，针对其现状提出了节电措施、安全用电措施、电费管理和人员培训的咨询报告。

整合专家资源。电力行协依靠自身优势，发挥专家作用制定了专家管理办法，建立了专家库，有电力安全、用电、节电、产品鉴定等专业各方面资深专家百余人。电力行协还为中电投资公司、京能投资集团公司、华电集团、大唐集团、国电电力等发电公司提供了有关咨询服务。还应广西、吉林、辽宁等电力公司委托和邀请，协助组织专家为11家供电公司进行了供电企业安全性评价工作。

电工进网培训。电力行协的各培训单位自主就近招生，培训教师按统一的教学大纲授课，并加强对学员的理论与实操考核，北京市行政受理部门严格审查并颁发证书，保证了进网作业电工培训的顺利进行。年培训考核进网电工近3834人，取得证书的有3131人。

电力建设定额站。电力行协组织编制了《发电厂烟气脱硫工程安装定额》，弥补了发电厂烟气脱硫工程安装没有定额的空白。完善、补充《燃气—蒸汽联合循环电厂安装工程预算定额》和《大截面电缆安装定额》的编制，组织编制了《变压器及相关设备检修定额》。完成2005年度申请《电力工程造价专业资格证》认证人员的报名、资格审查和考试合格人员的发证工作。通过收集整理各类标准、规章，筛选编写发行了《送、变、供电工程建设重要文件及现行规章标准目录》、《火电工程建设重要文件及现行规章标准目录》，转发了“2005年国家发改委公布的90项电力行业标准”。普及标准化知识，利用媒体积极宣传标准化知识。完成了项目经理、监理工程师资质证书的年检、换证及直属大型企业的233名的项目经理证书的年检。

质量管理。京津唐等地区发电、供电、施工企业申报本年度QC成果的企业16家，经评审推荐的申报QC成果83项。在企业推荐的基础上，经企业质量管理成果的申报、评审、推荐、发布及评审，21项获得了一等奖，13项获得了二等奖。将13项优秀成果、1个质量信得过班组、1个质量优秀企业、2个优秀质量管理推进者推荐参加全国评审和发布。

产品签定及推介。2005年，组织人民电器集团所属各生产厂、北京新军蓝电器有限公司、天津双源公司等共14项产品的技术鉴定，颁发了鉴定证书。5月份举办了中电（北京）高压电力设备有限公司产品推介交流活动。

课题研究。2005年3月，组织各方面专家成立了需求侧管理的课题组，进行电力需求侧有关专业的调查研究，搜集电力负荷、电力电量、行业及生活用电、产品单耗、产值单耗、分时电价、拉限电、无功补偿、宏观经济等方面的资料，根据情况和问题组织了分析论证，研究提出了解决供需矛盾的对策和建议。

统计分析。受中电联委托组织了《电力工业统计指标解释与方法（发电分册）》课题调研工作，从2005年10月开始，组成课题组、提出课题工作计划，进入调查研究和修订工作阶段。按照北京社会科学院要求，针对北京电力行业特点、电网运行情况、生产经营指标、电网建设成就进行分析，及时提交了分析报告。

企业评优。2005年，电力行协按照规定评审推荐北京送变电公司、北京京能热电股份有限公司、国电电力大同二电厂等3家优秀企业；北京电力建设公司王国忠、国电电力发展股份有限公司刘润来等2个优秀企业家；北京京电电气工程总公司、国电电力大同二电厂等2家中国企业文化优秀奖；北京送变电公司、大唐国际发电股份有限公司高井电厂、北京京能热电股份有限公司等3家企业管理创新奖。另外，还推荐了电力司法鉴定专家9名，1家质量管理优秀企业。

（王惠娟）

供电公司

GONG DIAN GONG SI

城区供电公司

【概况】 城区供电公司（简称公司）是北京电力公司的直属供电企业，成立于1987年2月25日，担负着首都中心区（东城、西城、崇文、宣武四个行政区）93km²、277万人口的供电任务，承担着首都重要的政治责任、经济责任、社会责任和企业发展责任。

截至2005年底，公司共管辖变电站24座，其中，110kV变电站23座，35kV变电站1座，总容量3190MVA；10kV开闭站83座，配电室365座，箱式变电站70座；10kV架空线路176路、450.9km；10kV电缆线路2842条、773.7km，最高用电负荷168万kW。

2005年主要指标的完成情况：

安全生产指标：全年未发生轻伤及以上事故；无严重违章；未发生人身死亡事故；未发生重大的电网事故；未发生重大的设备事故；完成3个100天安全生产记录。

经营考核指标：利润22279万元；售电量621597万kWh；售电均价606.86元/MWh；电力销售收入37.7亿元；电费回收率100%；线损率6.93%。

公司下设11个职能处室，下属有5个工区、1个客户服务中心、1个电费核算中心、8个供电所及1个多经总公司。

【人力资源】 截至2005年底，公司职工794人，其中，全民职工689人，集体工105人。硕士学历12人，本科学历78人，专科学历222人，中专学历55人，中技学历115人，高中学历214人，初中及以下98人。有220人具有专业技术职称，其中，高级职称21人，中级职称61人，初级职称138人。有611名人员有职业技能等级证，分布在公司16个工种、百余个岗位，其中，高级技师1人，技师11人，高级工269人，中级工204人，初级工126人。

2005年初，随着各专业工作的下放调整，公司成立了调度所、变电工区、计量工区。规范生产岗位系列设置，强化内部管理，初步整合、规范、理顺了生产工作的各个环节，调整了生产岗位人力资源的配置。2005年底，开展机构调整及岗位竞聘工作，科学设置职能、营销、生产管理机构，理顺管理体制，调整、充实、规范各处室、单位的职能和职责。

开展普考技术比赛。按专业开展技术比赛和技能比武。开展多种形式的专业讲座，举办各类培训班231期。

加强领导班子的自身建设，坚持民主集中制原则，对“三重一大”事项进行集体讨论，贯彻落实“三重一大”议事制度。民主生活会上班子成员开展批评和自我批评，制定整改措施。在深入开展先进性教育活动中，公司领导班子率先召开民主生活会，检查思想和工作中存在的缺点，提出改进措施。针对职工提出的意见和建议，每名班子成员按责任分工制定了整改措施，并落实到实际工作中。

3月16～17日，公司组织线路工区一线职工去ABB厂家现场学习中压产品的操作、调试、运行及维护。

【电网规划与建设】 规范电网规划管理工作，制定《城区供电公司电网规划工作管理规定》，并强化贯彻落实。成立电网建设领导小组，定期召开工作协调会，保证工程按计划实施和度夏项目如期投产。办理完成白塔寺、北新桥两项输变电工程的前期手续。公司按项目计划组织、落实项目前期进度及施工进度。木樨园送变电工程于2003年11月开工，2005年3月按期完成了其发电任务和全部切改工作。月坛站送变电工程于2004年4月开工，2005年4月完成了其发电任务及二七路、木樨地两路架空线路的切改。万明路变电站输变电工程是2005年基建项目度夏工程，公司抓住环评审批、招标和及时进场的关键环节，加快工程进度，确保了该站在2005年6月如期发电。工程竣工决算率100%。

【安全生产】 结合安全评估工作，把北京电力公司有关规章制度与公司实际相结合，制定实施细则，加强了制度化建设。初步建立了安全生产保证体系和监督体系，坚持“谁主管，谁负责”的原则，落实安全责任制。编制《标准化作业指导书》，规范人员行为。公司在原调度室的基础上成立调度所，负责城区电网内调度运行、方式管理、继电保护、电力自动化、电力通信5个专业的技术业务职能管理。完成配网自动化一期工程并通过了实用化验收。

开展反事故斗争。将25条反事故斗争重点措施进行了分解和细化，制定了38条共75项反事故细则工作计划，落实到7个职能管理部门，把反事故斗争工作落实到基层单位、班组和个人。在反事故斗争活动和安全自查评估取得成效的基础上，进一步查找和分析安全生产管理中存在的无法实现闭环管理的问题，在公司开展了安全闭环管理工作大检查活动。对安全闭环工作各层面的检查内容进行了细化，在领导和管理层面规定了67项内容，在操作执行层面规定了17项内容，在电网建设专业规定了22项内容。开展安全生产状况的评估和安全闭环管理工作的检查，做好设备运行管理、设备状况评估、调度管理及安全管理等工作。

成立城区供电公司技术监督领导小组，结合公司现状和安全评估专家提出的问题，制定了《生产运行电气设备大修技改技术原则实施细则》、《北京城区供电公司技术监督管理制度实施细则(试行)》等6个技术管理和技术监督管理制度，完成了绝缘、化学、电测、热工、环保。电能质量、节能、电能计量、继电保护、自动化、通信11个专业的技术监督管理实施细则，并对公司技术管理和技术监督工作现状进行分析，编写了《2005年城区供电公司生产技术评估报告》。

城区供电公司的工人在三线隐患整治现场工作。

根据北京电力公司电网隐患治理工作的总体安排，对城区电网进行了初步分析，完成了2006年电网改造项目的方案编写和储备工作，并对城区供电公司设备改造3年规划做了工作布署。

完成了“两会”、“财富全球论坛”、“布什访华”等一系列重要政治活动的安全供电。

大年初七，城区供电公司职工雪中抢修。（魏明　摄）

【经营管理】 深化经营模式调整，按照“分层管理、条块结合”的模式，明确二级单位对经营指标的承包责任，考核各有侧重，提高了可操作性。强化经济活动分析，对各项经营指标进行分析，制定改善指标管理的措施，起到了监督并指导公司经营活动的作用。强化预算管理，制定《城区供电公司可控成本管理办法》，分解指标，有效控制成本支出。加强多经管理，成立了多经临时职能管理机构，落实《关于进一步规范多种经营管理若干问题的通知》，促进多种经营工作健康发展。

2005年是内控制度的试行完善阶段，公司重点对考核制度进行完善，将原有的6个管理模块按照起草部门细分为9个管理模块，将业务流程由72个增加至82个，制度从原有的46项增加至66项，形成了一套基本完善的内部控制制度。加大内控制度体系执行力度，不断完善内控制度体系建设，理顺管理流程，规范管理制度。

结合综合评价工作，对规章制度、业务流程、工作标准、责任界面等方面存在的问题和薄弱环节进行了整改。在综合评价的基础上，开展创一流同业对标工作。

【营销与优质服务】 推进供电所建设，规范供电所机构设置和业务范围，撤销东城营业站、西城营业站、宣武营业站、崇文营业站，成立了东四供电所、黄寺供电所、金融街供电所、阜成门供电所、陶然亭供电所、莲花河供电所、天坛供电所、中心供电所和电费核算中心。强化电费回收管理，层层落实责任，促进指标的完成。开展综合性营业普查工作，追补电费386.7万元，收取违约使用电费537.6万元。强化对供电量的预测和分析，提高了线损预控水平。

组织全体工作人员学习“三个十条”内容，强化服务意识，并落实到具体工作中。加大对违反服务承诺和用户投诉的查处力度，保证服务承诺的兑现。组织相关部门进行研究，调整业务流程，严格遵守“十项承诺”，保证方案按期限答复，理顺装表工作票转接流程，保证了装表送电时间，发生超时限情况严肃考核。制定了《城区供电公司优质服务考核管理办法》、《城区供电公司营销优质服务考核管理办法》和《城区供电公司事故报修工作优质服务考核管理办法》。

【党建与精神文明建设】 开展保持共产党员先进性教育活动。公司领导干部坚持带头学习，在教育活动中，通过深入开展党员形象大讨论，形成了城区供电公司全体党员的“五好”标准，同时还提出了领导干部七条、管理岗位党员六条和生产一线党员六条的形象标准。

深入开展党风廉政建设和反腐败斗争，制定了党风廉政建设责任制考核办法和反嫌疑腐败工作计划，明确领导班子和职能处室分工，提高了制度的可操作性。

工会参与企业的民主管理，深化公务公开工作，对职工住房补贴、职工集资建房、员工普考、规范生产岗位和生产岗位竞聘等工作进行公开。在广大团员中开展了深化团员意识的教育。

（姚国元）

朝阳供电公司

朝阳供电公司办公大楼（朝阳区关东店24号）。

【概况】 朝阳供电公司（简称公司）是担负着朝阳地区工农业生产、政府部门、各大商业用户及居民生活供用电任务，供电区域470.8km²。截至2005年12月，公司管辖110kV变电站26座，35kV变电站4座，安装主变压器75台，主变压器容量共计3284MVA。有10kV开闭站110座，小区配电室556座，箱式变电站420座，共计1086个；配电变压器1659台，总容量121.43万kVA；10kV架空线路179路，线路总长度1544.073km；柱上变压器4435台，总容量109.7万kVA；低压架空线路798.2km；10kV电缆5239条，总长2303km；低压电缆9735条，长度860.41km。2005年，公司瞬时最高负荷达到2129MW，用电户数共65.68万户，其中，卡表数55.68万户，抄表户数10万户。

2005年，公司售电量932119.58万kWh，线损率完成5.75%。利润总额完成30547万元。截至2005年9月13日，完成两个100天安全生产长周期。

公司现有13个职能处室，7个工区，10个供电所。

【人力资源】 截至2005年底，公司职工760人，其中在职职工646人。学历情况见表1所示。

表1 职工学历情况

学历	博士	硕士研究生	本科	专科	中专	中技	高中及以下
数量	0	6	65	168	33	121	253
百分比	0	0.93%	10.06%	26.01%	5.11%	18.73%	39.16%

专业技术职称分布情况见表2。

表2 专业技术职称分布情况

职称	优高工	高级职称	中级职称	初级职称
数量	0	16	58	94
百分比	0	9.53%	34.52%	55.95%

公司有431名生产人员，职业技能鉴定持证情况见表3所示。

表3 职业技能鉴定持证情况

职称	高级技师	技师	高级工	中级工	初级工
持证人数	1	4	134	171	65
百分比	0.23%	0.93%	31.09%	39.68%	15.08%

公司坚持“人才强企”方针，完善三级教育管理体系和培训制度。公司依据《北京电力公司专业技术及生产技能专家体系管理与考核办法（试行）》，制订《朝阳供电公司专业技术体系及生产技能体系专家管理与考核实施办法（试行）》和两个体系的专家考核表。成立了专家工作组，明确了专家工作组的任务。公司在北京电力公司调度通信中心举办的调度人员普考中获得团体总分第一名。

3月21日，公司举办架空线路岗位大练兵活动。

【电网建设与规划】 编制了朝阳地区中压配网规划报告。全年完成来广营110kV输变电、平房增容改造、三元110kV输变电、金盏35kV输变电、平乐园110kV输变电、金盏35kV输变电和平房增容改造工程。开展小红门、安慧等7个储备项目和2006年开工、竣工项目的前期工作。对南泥沟、安慧、建外、北京电视台、黄杉木店、周庄、朝阳新城等项目完善可研编制和审核，完成环评、土地预审手续，根据进展情况逐步开展消防建审、规划意见书等工作。

制定《奥运项目进度表》等管理办法，开辟奥运项目绿色通道，保证奥运工程的顺利开展，陆续完成国家体育馆、水立方、数码大厦、记者村等项目的施工用电任务和奥林匹克体育中心、记者村等项目的永久供电方案工作，完成奥林匹克体育公园的10kV电缆网规划工作，完成中国电影博物馆的供电工程。另外，地铁10号线、5号线、奥运支线、机场线工程、中央电视台工程、北京电视台工程也在有序地开展。

【安全生产】 公司全年共完成保“两会”，春季安全大检查，安全需求调查，安全双向互保责任书的签订，安全生产月，安全评估自查，反违章、反事故斗争，安全闭环管理，秋季安全大检查等安全活动，发现问题205件，全部进行了监督整改。公司成立安全生产委员会，建立健全安全生产管理体系，制定安全生产委员会的工作职责。完善各单位的安全生产责任制，补充因机构调整所需的有关规程制度。贯彻落实“谁主管，谁负责”、“管生产必须管安全”的原则，狠抓三级安全控制，层层分解安全指标。定期召开周安全生产会、月度安全例会，布置、总结分析安全生产任务，布置、分析、总结安全生产情况。

建立健全安全网员制度。通过每月的安全网员例会，由职能部门提供安全监督、管理指导，解决各单位、各部门、各班组存在的实际问题，使各级安全监督人员充分发挥其效能，最大限度减少安全隐患和安全事故提供保障。

【经营管理】 公司以线损管理为主线，不断规范营销各部门的作业行为和流程，初步形成了营销系统的有机闭环。当年电费回收率成功实现100%。在线损管理方面，开展10kV架空线路分路普查、抄表、计量装置的整改工作，有近40条线路实施了分路抄表、线损统计，对分路线损的分析积累了数据资料，为下一步缩小核算区域、统计分析、监督检查、奖惩考核打下基础。在电费回收方面，制定《2005年朝阳供电公司电费回收专项奖励实施细则》，通过加大考核及奖励力度，激励和约束营业人员，通过每月定期召开电费回收会、重新组建清理陈欠电费组织机构、建立催费及欠费的分层管理模式、建立以电费回收为重点的营业站绩效考核细则等多种途径，提高电费回收率。电力需求侧管理方面，制定《朝阳地区2005年夏季电力平衡方案》，完成朝阳地区负荷管理系统建设工程，与118个公网用户和377个专网用户签订了负荷管理协议书，对100台公网终端进行了安装、调试。2005年夏季，公司利用价格杠杆，日均削减高峰负荷3.5万kW左右；轮流周休措施日均削减负荷1.87万kW；高温休假措施日均削减负荷1.65万kW。

7月6日，北京电力公司副总经理王守东（左四）等领导检查公司度夏工作。

【优质服务】 公司成立优质服务领导小组，全面负责公司优质服务工作。出台《朝阳供电公司供电服务投诉、举报管理办法（试行）》、《朝阳供电公司优质服务工作考核办法》，加大对优质服务工作的考核力度。全年公司共收到表扬224件，锦旗22面，表扬信44件，从客户服务中心转来的表扬158次。

出台《朝阳供电公司用户供电可靠性管理办法》、《朝阳供电公司事故抢修车辆GPS管理规定》等管理办法，定期对可靠性指标进行分析，对用户设备进行普查，尽量避免因用户原因造成的本地区配电系统的停电事故。加强对电网设备维护，实时进行电源图册的修订工作，将电源情况及相关图纸及时上传，保证电源图册的准确。以停电最少为原则，合理安排停电计划，把停电次数控制在最低水平，减少重复停电次数。建立朝阳地区重点用户名册（共计118户），确保迅速掌握重点用户的电源情况、内部设备情况、用户内部接线方式等相关信息；建立公司、工区、班组的三级政治供电保障体系，对担负保供电任务的每条线路、每台设备、每个接头都明确责任单位和责任人，确保设备管理到位；整合营销工作流程，促使业扩报装、计量管理、负荷控制、用电检查、电费管理等工作形成一个有机闭环。

4月23日，公司开展“青春光明行”优质服务宣传日活动，国家电网公司领导祝新民到现场检查工作。

【农电工作】 公司于6月和9月在所属供电区域内主要地段分别举办了以“营造农村安全用电氛围，创造农村安全用电环境”和“努力超越、追求卓越”为主题的安全用电宣传活动。公司成立了农网二期补充工程领导小组，此次改造涉及5个乡15个村，改造规模为新架10kV线路5km；新装村配电变压器80台；新装JP柜80台；改造农户10283户，改造资金3000余万元。

【科技与信息化建设】 公司全年信息系统运行情况良好，下半年办公自动化系统由原来的客户端/服务器（C/S）模式升级为浏览器/服务器（B/S）模式，实现了登录平台及登录OA系统的单点登录功能，并开发一套浏览器/服务器（B/S）方式的信息管理系统。变电自动化方面，增加各变电站出线路负荷超过80%报警功能。配合基建项目完成东湖、花家地、新风村变电站的改造。同时完成神路街、航华、黄厂等变电站的直流系统改造配合工作，完成神路街、航华等变电站加装消防系统自动化信号接入工作。

【党建与精神文明建设】 公司于7月17日～10月21日集中14周的时间在全公司范围内开展了保持共产党员先进性教育活动。公司根据领导班子的调整情况，及时对精神文明建设领导机构进行了调整。公司内部签订了2005年朝阳供电公司党风廉政行风建设、精神文明建设责任书，坚持精神文明建设与岗位目标经济责任制，同检查、同考核、同奖惩。公司对工程招投标、重要设备、项目、大额度资金使用等开展效能监察，完善规章制度，维护国有资产安全。加强对重点部门、重点岗位的管理，对接触用户、管理人财物的重点岗位有针对性地进行宣传、教育、监督、考核，预防腐败现象的发生。对党风廉政建设责任制及责任目标任务进行分解，确立责任部门，以自查、检查和考核相结合的办法，确保各项工作任务如期完成。公司党委、工会、团委召开了“保持共产党员先进性、优质服务、安全度夏”主题演讲会。来自公司生产、营销一线和管理处室的9名选手参加了比赛。

8月10日，朝阳供电公司党委、工会、团委在公司多功能厅组织召开了“保持共产党员先进性、优质服务、安全度夏”主题演讲会。

（罗　希　李丽鹏　欧阳昕倩）

海淀供电公司

■ 海淀供电公司办公大楼（海淀区双榆树南里2区8号）。

【概况】 海淀供电公司（简称公司）成立于1987年，位于海淀区中关村高科技开发区的中心地带，负责海淀地区431km²范围内的电力供应、销售以及变电、配电设施的建设、运行及维护，肩负着区域内国家党、政、军机关，大专院校和高科技产业及首都政治活动和全区近300万常住人口的安全供电任务。

截至2005年底，公司资产总额25.5亿元。公司有110kV变电站22座、35kV变电站1座，主变压器56台，总容量达到2752.5MVA。10kV开闭站59座，小区配电室347座，配电变压器1231台（含箱式变压器），总容量721.68MVA。有10kV架空配电线路146条、994.7km，低压线路(单线)总长1269.15km，10kV电缆线路4344条、2218.78km。公司负责全区10kV及以下电力客户的用电检查和客户高、低压报装，接电及3万多客户的抄核收工作，负责全区40余万具磁卡式居民户表的维修和管理工作。在政治供电方面，海淀地区有特级客户11户，占北京全部特级客户的45.8%。

■ 海淀供电公司领导班子。左起：总工程师黄仁乐，副经理齐小伟，副经理于梦华，党委书记胡克军，经理李百顺，党委副书记兼纪委书记赵红，副经理周彤，工会主席马强。

2005年，售电量713647.6万kWh，同比增长12.74%；售电均价569.92元/MWh；线损率7.32%；利润总额22962万元。

公司设有11个职能处室、10个工区（站）和1个多种经营总公司。

【人力资源】 截至2005年底，公司职工536人，其中，全民职工509人，集体工29人。职工学历整体结构现状如图1所示。

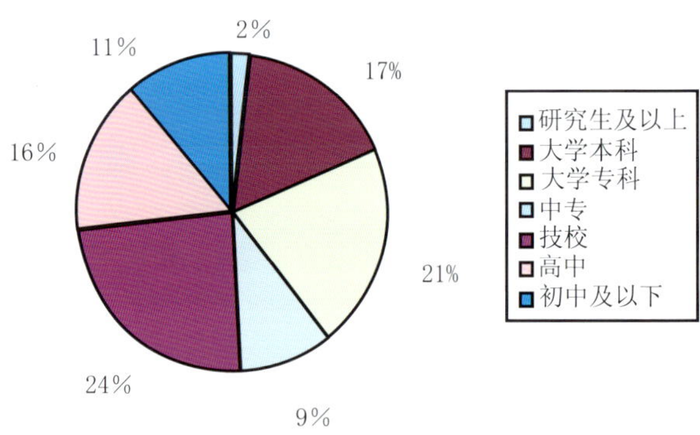

图1 职工学历整体结构图

公司拥有专业技术职务职称分布情况如图2

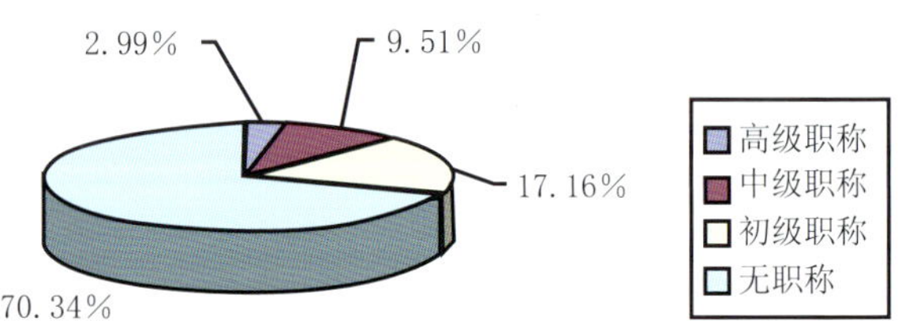

图2 职工专业技术职称分布图

所示。

公司生产人员441名。职业技能鉴定持证情况如图3所示。

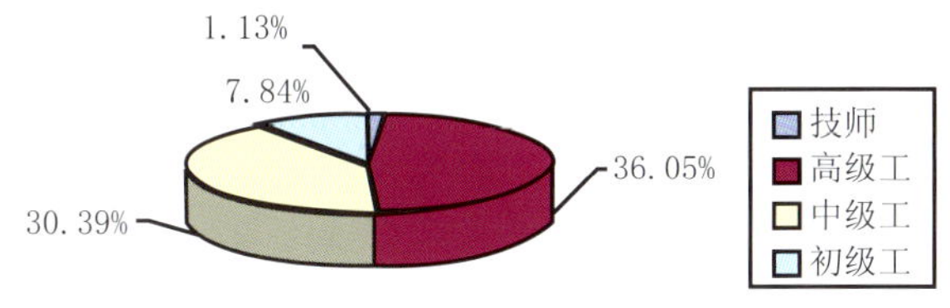

图3 职工职业技能鉴定持证情况图

公司领导班子树立廉政为民、勤政为民的思想，把"求真、务实、高效"的工作作风作为加强领导班子建设的标准，在建立和谐社会的同时确保公司内部在思想和工作上的和谐。

【电网规划与建设】 全年投产了公主坟、动物园及前八家3座110kV变电站；完成了西山站变压器更换和上地站增容工程，增加主变压器容量40.75万kVA。其中，公主坟变电站于2004年5月1日开工，于2005年6月如期发电交付使用。2005年开工的动物园110kV输变电工程，土建工程在6月18日全面开始动工，10月2日电气安装开始，隧道工程从9月5日开始施工，11月底全部完成，2005年底正式投产发电。苏州街变电站建设工程获2005年北京市市政基础设施"长城杯"奖，这是北京电力公司自建制调整以来，电网建设工程所获得的最高奖项。根据奥运行动计划及《海淀地区十一五规划纲要》，按照城市功能拓展区定位要求，在修订《海淀区十一五高压配网规划》同时，编制了《海淀区十一五中低压配网规划》。

【经营管理】 围绕企业经济效益，公司在实现利润的所有环节中坚持PDCA（计划、执行、检查、处理）循环。北京电力公司第十三次党政联席会决定以海淀供电公司作为账务中心的试点后，公司立即进行具体研讨，确定具体方案。年底试点工作已实施并正常运转。通过资产盘点工作，规范资产名称、完善卡片信息，摸清了自己的家底。在预算管理工作中，从制度保证入手，编制管理方法和工作流程，坚持每月召开预算执行情况分析会议。

【安全生产】 编制《海淀供电公司安全生产警示录》，以图文并茂的形式将公司自1987年建局以来所发生的安全生产事故汇编成册，组织职工学习。2005年，公司未发生人员轻伤及以上人身事故，未发生造成重大社会影响的停电事故，全年累计实现3个100日安全生产长周期。公司于5月20日前完成全部度夏工程。加大了设备更新改造力度，自筹1000多万元资金对五塔寺、双榆树、昌运宫3座开闭站的老旧设备进行更换。编制《海淀地区电网2005年夏季方式调整计划及实施预案》，完善《海淀供电公司应急事故抢修体系》，确保了电网安全稳定运行，经受住了度夏期间172.8万kW历史最高负荷的考验。

全年共完成124项政治供电任务，其中大型任务16项、重大任务11项、重要任务97项；保电天数累计316天。

度夏期间，调度人员在紧张工作。

【营销与优质服务】 提出创海淀供电优质服务示范区的工作目标，形成了"一条龙、一站式"的服务模式。开展对特殊人群实行"个性化"和"特殊化"服务，推行了"简约化"和"主岗位"的服务模式。2005年初建成并投入运营社区服务网点6座，服务面积达210 km^2，每个社区服务网点服务半径为3～5km。受益居民约40万户，占全区总人口的80%。

在电费回收工作上，突出用设备和技术解决人为因素在营销环节上造成的损失。利用远采、负控等技术手段，加大电费回收力度，并在局域网上每月进行欠费户公示，通过对欠费户用电需求的综合治理促进电费回收。全年，营业站抄表员34人做到当月电费结零，占抄表员总数的90%，确保了全年电费百分之百的回收。

【农电工作】 农网二期补充工程对区内24台变压器、36km低压架空线路、4km新建10kV线路等工程进行补充与完善。根据京电计[2005]52号文件精神，海淀区农网二期补充完善工程共计9个工号、748万资金。截至2005年底，农网改造工程已完工。2005年，成功实现了电管站向供电所的平稳过渡。在理顺人员关系、建章建制的同时，成立了农电党支部，为提升农电服务水平提供了组织和政治保证。

【科技进步】 公司35kV以上变电站已达到无人化运行要求，其中有19座变电站实现集中控制。在海淀区北部郊区已有2条架空线路实现了故障信息的自动处理。开通了“海淀信息网”及以GIS为平台的配电生产信息系统和用电管理信息系统。公司李百顺经理获得全国质量管理活动卓越领导者荣誉称号，公司“新视角”QC小组在2005年被中国质量协会、中华全国总工会、共青团中央和中国科学技术协会联合授予全国优秀质量管理小组称号。

【党建与精神文明建设】 公司党委在开展保持先进性教育的基础上，坚持每周一次的中心组学习，制定了党风廉政制度。聘请包括海淀地区各行业和各界人士在内的50名社会监督员。在企业文化建设和发展上，公司倡导“实现员工与企业的同步发展”理念，引导职工开展健康、向上的各种活动。开展以“诚信为本，客户至尊，以人为本，和谐发展，创海淀供电优质服务示范区”的活动，建立公司全员参与高标准的优质服务新模式。在党员中开展创建“四好一优”主题活动，围绕企业中心工作，建立保持党员先进性教育长效机制。公司党委被华北电网有限公司评选为先进党组织，客服大厅获全国青年文明号及“诚信服务岗”成果第二名，公司被评选为国家电网公司年度文明单位。参加了海淀区职业礼仪风采展示大赛并获团体三等奖和最佳文明礼仪奖。

（刘明昆）

9月28日，公司参加海淀区职业礼仪风采展示大赛。

丰台供电公司

丰台供电公司领导班子。左起：总工程师刘博，副经理陈晓东，副经理柳军，党委书记张玉海，经理王德斌，党委副书记阎东生，副经理辛放，工会主席杨凤兰。

（从衍华　摄）

【概况】 丰台供电公司（简称公司）负责丰台辖区110kV及以下电网的规划、建设与运营工作。丰台区域面积305.87km^2，供电人口156.8万人，用户42.8万户。截至2005年底，公司累计实现电力销售收入22.65亿元，同比增长18.3%；全年利润总额完成8251万元，完成年度指标的141.4%；累计固定资产原值199573万元，原值增值率为132.7%，超计划指标6.58%；全年累计售电量完成433738.8649万kWh，同比增长8.41%；110kV及以下累计线损完成7.38%；售电均价扣除调价因素影响累计完成562.4元/MWh，同比增长28.68元/MWh；当年电费回收率完成100%，陈欠电费完成率42.11%；应收电费余额实际完成4433万元，比累计指标降低217万元；全员生产率达到499588元/人年。

截至2005年底，公司共管辖110kV变电站15座，主变压器35台，总容量1617.5MVA；35kV变电站2座，主变压器4台，总容量60MVA；10kV开闭站59座、配电室343座，配电变压器1080台，总容量791.37MVA；10kV架空配电线路126路、860km；配电变压器3100台，总容量735.3MVA；10kV电缆2125条、1320km；低压电缆5051条、718km。

2005年底，公司总体战略发展三年规划正式启动编制，规划全面分析了公司现状及面临的形势，指导公司抓住快速发展契机，以“建设一流区域供电公司”为主线，加快电网建设，提高客户服务水平，实施人才战略，不断强化安全生产和基础管理工作。

公司设有11个职能处室，3个序列外部门，1个客户服务中心，2个营业站，6个生产工区，2个直属科室，56个生产班组。

【人力资源】 截至2005年底，公司共有职工502人，其中，研究生9人，本科学历57人，大专109人，中专30人，中技110人，高中毕业97人，初中及以下90人；具有高级职称5人，中级职称42人，初级职称77人；16个工种中331人持有技能鉴定证书，其中，技师3人，高级工102人，中级工146人，初级工80人。

公司就组织机构设置、岗位评价、绩效管理等人力资源项目与专业咨询管理公司合作进行全面评估和分析，组织并完成了调度所、客户服务中心的管理岗及全部生产岗的竞争上岗工作。

公司以提高人员综合素质为宗旨进行了技术技能培训和员工内训讲座。在北京电力公司技术比赛中，共取得团体项目二等奖一个，个人项目二等奖、三等奖各一个。

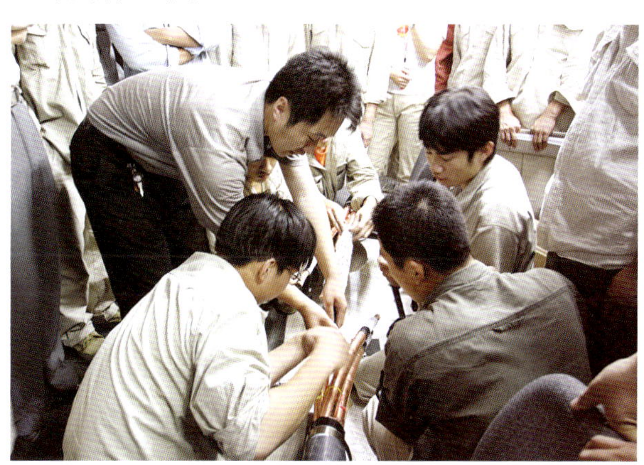

电缆工区请电缆公司技术人员为员工进行电缆接头工艺培训。

（从衍华　摄）

【电网规划与建设】 制订《丰台区配电网“十一五”规划报告》。规划预计，丰台地区“十一五”期间将新建110kV变电站7座，至2010年丰台地区110kV变电站将达到22座，主变压器51台，总容量3154.5MVA；35kV变电站1座，主变压器2台，总容量40MVA。到2010年，丰台电网最大负荷将达到153万kW左右，是2005年的1.6倍；全社会用电量将达到66亿kWh左右，是2005年的1.5倍。

截至年底，共完成云岗、东管头、六圈和青塔等4个110kV输变电工程及其所配套的10kV切改工程并验收发电。东管头110kV变电站建筑面积4333m^2，本期建设安装两台31.5MVA的主变压器，终期为4台主变压器。六圈110kV变电站建筑面积4248.7m^2，本期建设安装两台50MVA的主变压器，终期为4台主变压器。两站主变压器及其他电气设备均为户内布置，同时于6月一次发电成功。云岗110kV变电站为110/35/10kV三级电压地区性负荷变电站，其110kV设备采用户外布置，变电站占地面积9475m^2，其中建筑面积为2134m^2；本期建设安装两台50MVA的主变压器，终期为4台主变压器；110kV室外配电装置采用单母线分段接线，断路器采用SF_6气体绝缘断路器，工程于7月一次发电成功。青塔110kV变电站按照全户内式无人值班、有人值守的标准设计，土建工程按照终期规模一次完成，变电设备按规模分期安装投运；本期安装2台50MVA主变压器，终期为4台主变压器，于12月一次发电成功。完成航天三院701所110kV变电站的验收发电，缓解了丰台地区度夏高峰负荷期间的用电供需矛盾。

■ 正在进行安装架构施工的云岗变电站。(丛衍华 摄)

【安全生产】 截至2005年底，丰台电网调度安全运行3285天，调度变电站29座（其中，丰台供电公司所属17座），地区最大负荷达96.9万kW，同比增长24.39%，高于北京电网10.18%的增长速度。完成丰台供电公司电力调度自动化系统的调试并正式投入运行。

结合安全管理实际情况，公司在四季度全面开展了安全闭环工作。成立安全生产委员会，设置独立的安全监督机构。健全三级安全网，实行三级控制，层层签订责任书，细化安全目标和控制措施。公司各层级在生产管理上建立起了目标一致、责权对等、各司其职、双向互保的安全责任体系。

■ 丰台供电公司调度值班室。(丛衍华 摄)

根据以往的事故教训，制定了《落实国家电网公司反事故斗争重点措施工作计划》，重新修改现场巡检安全规定。以反违章为着眼点，以暴露未遂、分析未遂为突破口，控制未遂，杜绝违章，开展反违章工作，建立反事故斗争常态机制。经过充分征求职工的意见，列举201条违章现象，印成小册子，人手一册，使反违章工作深入人心。

截至12月19日，公司完成安全生产3个100天。2月22日～4月30日公司开展春季安全大检查活动；5月28日～6月30日开展以“遵章守法，关爱生命”为主题的安全生产月活动。

针对安全生产工作，确保两会期间政治用电及度夏工作，制定《丰台供电公司各级人员安全生产责任制（修订）》、《危险点分析手册》、《丰台供电公司反违章管理实施细则》、《丰台供电公司配网设备事故考核细则》、《10kV开闭站、小区配电室设备检修、改造及新站发电等工作的安全规定》、《安全教育培训制度》及《工程安全管理办法》。

2005年的度夏工程由110kV变电站改造、配电小区改造工程、10kV分倒路工程三部分组成。其中，对110kV衙门口变电站的全站改造共投资3312万元，新建10kV开关室、主控室、电容器室等共计1500m²，安装2台50000kVA主变压器、3台110kV断路器、44面10kV开关柜、2组10020kvar电容器等。此外，更换了西罗园变电站10kV开关柜62面、综合自动化装置一套，投资达1497万元。

云岗变电站投运前的保护调试。（丛衍华　摄）

投资1312.91万，元对配电小区进行扩建改造，共更换1000kVA配电变压器12台，增加供电能力6000kVA，更换低压开关柜34面、高压环网柜37面、高压电缆420m。为小区加装400kVA箱式变压器2台、630kVA箱式变压器2台、500kVA箱式变压器5台，增加供电能力4560kVA,并更换了高压环网柜22面。敷设高压电缆2040m，低压电缆3939m，更换室内及室外Ⅱ接箱19台。

为迎接夏季大负荷的到来，对槐房一带线路进行切改。（丛衍华　摄）

【营销与优质服务】　全年电费回收率达到100%，收回陈欠电费644.329万元，陈欠回收率完成42.11%。随着110kV关口的下放，加强了110kV和35kV单层网损的管理，线损指标完成7.38%。综合运用行政、经济、技术等手段，应急协调和长效管理相结合，提高了需求侧管理工作的科学性和合理性，将缺电带来的影响和损失降到最小。在优质服务方面，通过广泛地宣传动员来增强员工的服务意识，通过各种培训提高员工的服务技能。在规范、标准的基础上，提供更灵活的服务方式，简化各项手续，提高办事效率，解决难点热点问题，提高公众的满意度，从10月起实现了零投诉目标。

对于居民住宅配电设施改造同步实施“一户一表”问题，公司先后组织营销部门、共青团、基层党支部等向马家堡、和义、石榴庄东街等小区宣传一户一表改造政策，并积极与相关政府部门沟通。至年底，共解决马家堡、和义、石榴庄东街、角门14号院、东铁营44号院、化油器厂宿舍、南三环中路71号院、东风皮革厂宿舍、海户西里34号院、宣开嘉园小区等地区、诚园小区、白塔地区等近33941户的“一户一表”改造任务。

客户服务中心工作人员办公现场。（丛衍华　摄）

在区政府大力支持下，公司采用标本兼治的方法，解决了前泥洼小区、华芳园小区等施工带永久的老大难问题，收回陈欠电费320余万元，同步实施了“一户一表”，为居民解决困扰已久的用电难题。

【三级营销体系建设试点】　6月18日，在北京电力公司第24次总经理工作会上，丰台供电公司被确定作为三级营销体系建设改革试点单位。

7月14日，北京电力公司下发《关于开展营销核算区域考核工作指导意见》，明确开展三级营销核算工作的要求。桥南、西罗园营业站开展了大量台区电源资料核查工作，试点工作小组先后到江浙、山东等地学习考察，并聘请专业咨询公司对新的营销模式进行充分论证。

11月1日，北京电力公司在丰台召开分台区考核工作现场会，再次强调通过分台区考核、三级营销体系建设加强基础管理工作的重要性和迫切性。11月3日，丰台供电公司召开全面推动三级营销核算体系建设及分台区工作动员布置会，标志着公司进入供电所营业前的全面准备、冲刺阶段。

■ 分台区考核工作动员会。(丛衍华　摄)

【农电工作】 制定《丰台第二期农网建设与改造工程管理办法》。2005年底，农网二期建设改造工程及补充工程全部顺利完成，共完成北京电力公司下达任务16项；完成464km低压线路的改造，实施“一户一表”改造55830户；更换分装村配电变压器346台；新建村配电台区356台；完成配电变压器无功补偿197台；改造水利配电台区108台；新建村配电变压器10kV线路40.962km；改造村配电变压器10kV线路195.047km；更换分装漏电开关83台；完成6个供电所信息化建设工程。

【科技与信息化建设】 全年科技信息总投入160万元。连通变电工区、科技园变电站及6个供电所信息网络，完成二期网络改造和计量工区的网络扩建工程。

5项科技项目获得科技成果奖，其中，获得华北电网有限公司三等奖1项，北京电力公司二等奖、三等奖各1项。共收集科技论文87篇，其中，获得北京电力公司优秀科技论文奖1篇，三等奖1篇，鼓励奖2篇。

“环网柜进线刀闸与出线柜真空负荷开关的机械闭锁”科研成果获得了国家实用新型专利，该项目参加了2005年度北京电力公司科技成果展览。

【党建与精神文明建设】 按照一岗双责的要求，组织公司各基层单位、各级管理人员直至每名职工层层签订《精神文明与党风廉政建设绩效考核责任书》。开展以“两个文明建设排头兵”为主题的创建活动，为每个党员印发了学习和使用手册。

全年公司向北京电力公司新闻中心上报稿件120篇，视频76条。组织17名发展对象参加了发展对象培训班及先进性教育活动。制定加强优质服务10项规定，建立行风巡检考核措施，并开展以“增强服务意识，创建服务型企业”为主题的演讲活动。

2005年，公司荣获了首都文明单位标兵，国家电网公司文明单位，华北电网有限公司先进基层党委，北京电力公司文明单位、电网规划及电网建设先进单位、先进基层党委、宣传工作先进单位。

(李　红　米　敏)

石景山供电公司

石景山供电公司办公大楼（石景山区鲁谷路59号）。

【概况】 石景山供电公司（简称公司）负责石景山地区110kV及以下电网资产的经营管理和运行维护，220kV及以下用户电费的抄核收工作。供电面积约73.74km²，供电人口约27万人。截至2005年底，公司职工201人，其中全民工183人，集体职工18人，具有大专及以上学历98人，拥有技术职称63人，持有技能鉴定证书112人。

公司所辖设备110kV变电站3座，主变压器总容量280MVA。10kV小区开关站及配电室82座，箱式变压器142台，配电容量共计186.765MVA。10kV架空线路20条，总长134.9km。10kV电缆768条，总长267.89km。

石景山供电公司领导班子。左起：工会主席王刚，副经理杨文生，党委书记高玉春，经理杜小东，副经理曹广月，总工程师于泽贤。

实现3个百日安全生产长周期。电网供电可靠性达到99.979%，公司完成政治保电任务37项，保证“两节”、“两会”、“两考”、“布什访华”等重大政治活动的安全可靠供电，全年完成各类事故抢修3978次。

完成220kV及以下售电量296959万kWh，同比增长5.29%，其中，220kV售电量为122711万kWh，110kV及以下售电量174248万kWh，同比增长9.87%；110kV及以下售电均价累计完成（剔除煤电调价因素）526.67元/MWh，同比增长17.85元/MWh；线损率完成3.14%；多经总公司完成产值7248万元，实现利润574万元。公司实现利润3189万元。

公司处室及工区：经理办公室、政治工作办公室、财务处、监察室、劳动人事处、生产计划技术处、安全监察处、调度所、工程建设处、营销处、客户服务中心、计量工区、鲁谷供电所、古城供电所、变电工区、线路工区、行政管理中心。下属1家：多经总公司。

【电网建设与运行】 开展电网消隐工程，完成杏石口110kV变电站2台容量为50000kVA主变压器的更换工作，并安装了电视监控系统；完成鲁谷110kV变电站2台主变压器的大修改造工作；完成4个小区配电室、4条架空线路的综合整治工作；处理线路缺陷61次；完成11条电缆的入地工作；组织完成莲花池西路等10项市政配迁工程；新立钢杆6基，按时完成三线搭挂隐患的整治工作；完成古城变电站35kV设备的退运工作。

完成新建金顶街110kV变电站等4个变电站和9个用户项目可研报告的编制工作；完成杨庄大街等9条道路的管线规划工作；编写了《石景山地区春季、秋季电力市场分析预测报告》；完成了石景山地区110kV电源点的“十一五”规划工作；全年共完成4项工程竣工决算，其中，农网二期补充工程3项，配网工程1项，竣工决算率为100%。

建设中的金顶街变电站工程。

【安全生产】 强化全面、全员、全方位、全过程的安全管理与监督，开展反事故斗争。采取经理与各班组、工区的负责人逐级签订安全生产双向互保责任书的形式，把自下而上的安全责任落实机制与自上而下的安全环境保障机制有机结合起来，强化各层级的安全责任，特别是各级领导和管理人员的安全责任意识，将安全责任层层落实到位。建立安全生产保证体系和监督体系，成立以经理为组长，主管副经理为副组长，各有关工区主任、班组长为成员的安全生产委员会。开展安全生产大检查及安全月活动，采取班组自查为主，互查、抽查相结合的方式进行，对检查开展情况和查出问题整改情况进行抽查。对检查出的各类问题进行归类、汇总、分析，落实整改责任人和整改期限。利用“春检、秋检”的有利时机，开展设备检修预试、缺陷处理、隔离开关完善化、计量装置改造、十八项反措和安全大检查等项工作。在各种安全大检查期间，公司领导和安监处下现场检查47次，共发现一般缺陷35次、严重缺陷26次，并全部处理完毕。完成电网检修预试任务，初步建立了目标一致、责权对等、各司其职、双向互保的安全互保机制。相继实施安全性评价体系、危险点分析与控制、新的安全生产奖惩考核制度等规定。开展以“查领导、查思想、查管理、查规程制度、查隐患”为主题的春季安全生产大检查活动，以防冻、防火、防污闪、防小动物、防人身事故为重点的“五查五防”秋季安全大检查活动，完成迎峰度夏和防汛工作。

公司成立二级调度机构、完善人员配置，并完成二级调度自动化系统的全面升级改造工作。2005年12月中旬实现35kV设备调度权限的属地化管理，并于12月31日顺利接收了杏石口变电站110kV设备的调度权限。

出台《石景山供电公司技术监督实施细则》、《电压无功管理规定》、《可靠性实施细则》、《石景山供电公司继电保护专业技术监督规定》、《石景山供电公司继电保护缺陷管理制度》，完成2005年度地区电网运行方式报告的编写工作。

完成公司年度设备定级工作，摸清设备运行状况；完成2006年变配电消隐工程的可研、签订技术条件、前期准备等工作，完成全年谐波测试工作；完善了全年石景山供电公司紧急预案，参与北京电力公司的重大电力事故演习。

【经营管理】 开展综合评价工作，总结经验，查找不足和问题，从规章制度、业务流程、工作标准、责任界面等方面进行整改。

开展创一流同业对标工作，查找与先进水平的距离，制定切实有效的整改方案，使公司各方面管理工作得到持续改进和提高。针对公司日最高（最低）负荷预测准确率较低的问题，调度所制定的《石景山供电公司调度运行方式管理》，入选北京电力公司创一流同业对标最佳实践库，有效提高负荷预测的准确率。

重新定位公司人力资源管理工作。建立人员动态管理和交流的机制。制定了《石景山供电公司一般管理岗位动态管理办法》、《石景山供电公司中层干部年度考核办法》、《石景山供电公司中层干部管理办法》等重点岗位交流办法、岗位动态管理办法，并于10月对7名中层干部进行了交流。

完成全公司全部生产岗位的定员、定编、定岗工作，规范生产岗位系列设置，强化内部管理。

【营销与优质服务】 完成对台区电能表安装情况的清查工作，建立完善的营销台账。11月，完成鲁谷供电所的建设。重新搭建以电费管理信息为基础的新MIS系统。全年完成接电容量67441kVA，同比增长137.61%。共计完成一户一表改造5361户；开展综合性营业普查，追补电费和收取违约使用电费256.96万元；24小时售电网点全年实现售电金额677万元。年终实现月末余额1.0054亿元，电费回收率100%，续写了连续18年电费结零且无陈欠电费的纪录。

建立公司优质服务责任制及考核办法，对各单位按照十项承诺指标、投诉举报指标和供电服务指标的完成情况进行考核。妥善处理北京电力公司客户服务中心转来的投诉建议工作单共116件。成立志愿者服务队，针对弱势家庭及群体提供用电方面的上门服务活动。

【科技信息与教育培训】 建立三级科技信息网络。组织公司科技论文的征集评选工作，共征集科技论文25篇，完成办公信息平台的同步升级和接入工作。

建立各类教育培训管理制度及考核奖励办法，建立三级教育培训网。开展两个培训月和特色培训工作。公司将3月定为“普考及大比武培训月”，聘请相关专业的专家讲课，培训覆盖全公司生产岗位各个专业，共进行一级培训6次，二级培训62次，共计334课时。结合《电力监管条例》和下半年的技能鉴定工作、技术比赛进行培训。变电工区、线路工区、调度室等主要生产部门还开展了安全生产技术理论方面培训；客服中心及营销部门也根据专业情况，进行如何提高服务水平的学习。公司将7月15日～8月15日定为“迎峰度夏培训月”。“迎峰度夏培训月”期间累计参加培训148人次，共计217课时。参加北京电力公司变电、线路各专业普考的18人在普考中成绩突出，分别获得北京电力公司的一、二、三等奖。全年累计完成培训205次，所有职工累计培训8320学时，全员培训率达95%。

【党建与精神文明建设】 完成保持共产党员先进性教育活动。组织党员进行人均40学时的集中学习；邀请北京电力公司劳模先进事迹报告团作报告，参观李大钊纪念馆、周恩来邓颖超纪念馆、中国人民抗日战争纪念馆和平津战役纪念馆，组织观看《张思德》、《人生路上亮红灯》等教育片；举办中层干部先进性教育培训班等活动；每名党员认真制定整改方案，党委督促落实各部门整改方案的制定和执行。2005年，公司被石景山区精神文明委员会授予“石景山区文明单位”的先进称号。

开展反“嫌疑腐败”工作和以“反腐思廉”为主题的系列教育活动，组织参观在中华世纪坛举办的反腐倡廉警示教育展览等一系列活动；妥善处理各类信访案件；召开石景山区行风监督员座谈会。用电工区党支部被评为华北电网有限公司、北京电力公司先进党支部，获得华北电网系统党内特色活动创新奖。管理党支部获得北京电力公司支部创新成果三等奖。公司3人分别获得“华北电网有限公司优秀党支部书记”、“优秀共产党员”称号。杏石口110kV变电站改造工程被评为效能监察成果奖。

公司开展技术比赛大练兵。

开展“反腐思廉”警示教育。

（张云莲）

亦庄供电公司

【概况】 亦庄供电公司（简称公司）组建于1993年，主要负责开发区内企事业单位和居民的供用电及区内配网设施的运行管理等工作。所辖供电区域19.8 km^2。截至2005年底，公司管辖的供电用户总数达315户，其中，一级用户1户，二级用户14户；110kV变电站3座，主变压器7台，主变压器容量356MVA，110kV高压断路器5台，GIS组合电器2套，变电站10kV开关柜131面；10kV开关站12座，开关柜361面；小区配电室9座，配电变压器容量1532kVA；电缆总长度358km；架空线路11条共计62km。截至2005年底，亦庄供电公司用电总营业户数为744户。

公司全年各项经营指标均按照经营计划完成，成本指标控制在预算指标范围内，没有发生预算外支出。供电成本实行预算管理，实时监控，注重分析。2005年底实现内部利润7200万元，完成年度计划的128.43%，整体经营状况呈上升趋势。

公司设10个职能管理处室及1个多经总公司。

■ 亦庄供电公司领导班子。左起：工程师刘德坤，副经理马永刚，经理韩殿锁，党委书记方建国，副经理黄锦，工会主席朱青。

【人力资源】 截至2005年底，公司职工126人，其中，研究生及以上学历3人，占人员比例为2.38%；本科学历25人，占人员比例为19.84%；专科学历44人，占人员比例为34.92%。具备高级职称人员3人，占人员比例为2.38%；中级职称18人，占人员比例为14.29%；初级职称33人，占人员比例为26.19%。

公司人力资源工作有针对性的强化干部培训，注重专家队伍建设，加强技术人才队伍培养，完善竞聘考核机制，为公司的后续发展储备综合型管理人才。公司全年完成教育培训率100%的指标。

开展创建“四好”领导班子活动，在加强政治理论学习的同时，先后组织领导班子参观开发区云电英纳超导电缆有限公司、京东方科技股份有限公司，感受先进的企业管理模式；坚持民主集中制原则，严格遵守“三重一大”各项决策议事制度，坚持集体领导与个人分工负责相结合的原则，落实民主生活会制度，定期开展批评与自我批评，按照联系点分工定期下基层征询意见，了解情况，解决问题；开展政策理论研讨，以中心组学习的形式，组织了构建和谐企业、干部人才队伍建设、党员先进性教育、党风廉政建设等方面的专题交流和讨论；狠抓职工思想政治工作，开展形势任务教育；严格遵守《廉洁从政若干准则》，认真落实党风廉政建设责任制，加大厂务公开力度，健全党风廉政教育机制和监督机制，初步形成了“教育、监督、制度”并重的惩治和预防腐败体系。

【电网规划与建设】 首次组织编制《开发区中压配网规划》。对地区配电网现状问题进行分析，对中、短期负荷进行预测，并提出配网建设计划。

2005年，永康10kV开闭站工程如期竣工，亦庄站集控站、公司调度室和24小时营业站装修改造工程顺利完成。泰和110kV变电站、科创110kV变电站和景园街增容相继完成前期的准备工作。

开发区内最大的气体供应商法美高新气体（北京）有限公司的爱尔普110kV送变工程于2005年8月开工，工程总投资2029706元，于9月15日竣工投产；北京市政府的重点建设项目之一——北京奔驰戴姆勒克莱斯勒汽车有限公司110kV送变电工程于2005年10月22日开工，工程总投资54078044元，于11月16日竣工投产。这两项工程均为用户工程。

9月15日，竣工投产的爱尔普110kV变电站。

【安全生产】 建立“管生产必须管安全”的安全管理机制，逐步完善安全保证体系和安全监督体系，理顺生产过程中的管理关系，使安全生产初步实现闭环管理。

公司从1月1日起正式接收亦庄、景园街、京东方3座110kV变电站，同时公司被正式纳入国家电网公司的考核单位。1～11月，完成亦庄、景园街、京东方变电站6台110kV变压器、14台110kV断路器、2台110kV CVT、4只110kV穿墙套管、10段10kV母线、118台10kV断路器、9组电容器、10台所内接地变压器的检修、试验、保护校验工作。

度夏期间，继电保护人员在进行设备检修。

强化配电运行管理，加大对配网改造的资金投入。组织完成3座开闭站6段母线、开关保护校验、零序保护定值整定及开关设备清扫、周期试验、开关检修工作；针对1、3、4号开闭站直流设备老化的状况，及时更换直流、所内、中央信号设备；完成9座运行时间超过6年的开关站接地网测试工作。

2005年电网运行全年无事故。夏季最高负荷达到17.6万kW，由于制定了合理的电网度夏方案，保证了亦庄地区电网的安全稳定运行。针对亦庄地区电网负荷特性，编制了《2005年亦庄地区运行方式报告》及《2005年度夏运行方式报告》，完善了亦庄地区变电站的自动化设备管理、调试，制定《度夏紧急事故预案》并进行了演习，确保区域电网平稳度夏。

公司在度夏前开展迎峰度夏联合事故演习。

【经营管理】 售电量年指标9.13亿kWh，完成10.29亿kWh，超额完成1.16亿kWh，同比增长78.85%，售电量首次突破了10亿kWh。售电均价年指标573.11元/MWh，实际完成606.77元/MWh，剔除煤电联动影响，完成579.33元/MWh，同比下降34.81元/MWh。应收电费余额指标660万元，完成521.1万元，低于指标138.9万元。当年电费回收率100%，无欠费。用电营业户数达到774户，同比增加152户。供电可靠性管理指标完成99.9883%，同比下降0.009%。供电线损管理年指标1.52%，完成1.48%。

主营业务收入累计实现6.33亿元，同比增长2.77亿元，增长了78%。利润年指标5614万元，实际完成7210万元，超额完成1596万元，完成年指标的128.4%，同比增加1630万元，增长29 %。固定资产原值累计22783万元，比2004年固定资产增加5628万元，固定资产保值增值率达到127.86%，超指标完成27.86%。多经利润指标482万元，实际完成655万元，超额完成36%。

公司重视对固定资产的管理，开发制作了固定资产管理软件。在此基础上，按照上级的工作部署，加大用户投资供用电资产的移交工作力度，2005年共接收用户投资供用电资产4693万元，固定资产原值由年初的17155万元，增加到22783万元，其中84%为接收用户的投资资产，使区域电网发展加快了步伐。

开展创一流同业对标工作，实时监控每月的指标排序情况，及时分析，积极整改。公司被评为"北京电力公司同业对标工作标杆单位"。

【营销与优质服务】 公司制定营销三年规划。从三方面着手加大电费回收工作的力度。一是建立电费回收欠费应急预案；二是加大电费回收考核力度；三是加强电费回收的分析工作，确保电费回收无欠费。推出电工培训及电工技能大赛等优质服务新举措，搭建公司与用户沟通的新平台。组织召开区内大用户联谊会，及时听取用户对优质服务工作的意见和建议，增进了彼此间的沟通与了解。同时举办了节能宣传周活动，将用电知识及时送到用户手中，实现优质服务的人性化管理；将服务质量监察列为效能监察项目，针对用电客户从用电咨询、业扩报装、审核图纸、工程合同、工程施工、竣工检查、启动会及送电、收费的全过程进行监察，并提出整改意见。监督全面整改；从规范服务流程、改进服务态度、践行服务承诺、引入社会监督、认真查找差距等方面入手，实现可闭环控制的全过程服务。树立"用户是我们的衣食父母"的服务理念，度夏期间，为应对亦庄地区用电负荷的迅速增长，调度部门提前准备，制定相应的应急预案和拉路限电序位，提前向用户发送停电通知单，向用户解释停电原因，争取用户的理解。做好用电负荷的实时监控，为用户提供方便、快捷、规范、优质、真诚的服务，提升客户满意率。2005年，公司已完成居民卡表用户24小时售电、修、补卡及95598报修体系的硬件设施建设，并于2006年初正式运行。

■ 开发区企业给公司送来感谢信。

【科技与信息化建设】 2005年上报的2个科技成果在年度评比中，"FY2000-PDA型掌上五防闭锁系统在开闭站的应用"和"开闭站监控系统的应用"获北京电力公司科学技术推广应用一等奖。2005年申报的1个科技项目已批准立项，同时有2个QC成果参加了北京电力公司的成果发布会。组织专业技术人员撰写论文，共上交科技论文30篇，其中一篇论文在技能大赛中获奖，向北京电力公司推荐了4篇优秀论文，其中3篇论文获奖。

在信息化管理方面，完成亦庄供电公司内部网站的一期建设，完成新OA办公系统的升级改造、防病毒服务器的上线等工程，确保了公司的信息安全。

【党建与精神文明建设】 按照中央和上级部署，扎实开展先进性教育活动，成效显著。组织开展"党员的足迹"等形式多样的主题教育活动，带领广大党员在迎峰度夏等关键时刻敬业奉献。进一步健全和完善党建相关制度规定，促进党建工作规范化。2005年，有2名职工被吸收为中共预备党员，1名预备党员转正。

重视职工的思想观念和工作作风的宣传教育。加强对党员的爱国主义教育和普法教育。建立维护职工队伍稳定机制，为职工办实事、办好事，全年共为职工办理12件实事；建立医疗巡诊制度，定期为职工提供医疗咨询服务；为职工办理年度人身意外伤害保险。丰富职工生活，开展乒乓球、台球、健康知识讲座等各类文体活动。

（张荔红）

通州供电公司

通州供电公司办公大楼（北京市通州区新华大街56号）。

【概况】 通州供电公司（简称公司）成立于1958年，是北京电力公司授权经营的供电企业，主要负责通州地区906.7km²的电力供应、销售，并负责对所辖区域的输电、变电、配电设施的建设、运行和维护工作，同时承担着为通州地区经济建设、居民生产生活安全供电、保证首都及通州区的政治供电任务。

2005年是公司实现第二个三年奋斗目标的收关之年（2003～2005年），实现“达到一个适应——企业要在深层次的适应中寻求发展；建立两个机制——优胜劣汰的竞争机制、管理和服务的常态运行机制；完成三项工程——电网工程、信息化工程、局址工程；贯彻“四句话”工作方针——强化基础、严细管理、求实创新、争创一流”的奋斗目标。

截至2005年底，公司所属110kV变电站13座，变压器25台，总容量949.5MVA；35kV变电站13座，变压器23台，总容量208.55MVA。管辖的110kV架空线路19条，总长度182.95km；35kV架空线路28条，总长度199.63km。其他设施情况如表所示。

通州供电公司其他设施情况表

设备名称	35kV 电缆	10kV 电缆	10kV 线路	10kV 开闭站
数量	10.03km	412.81km	2191.58km	24 座
设备名称	小区配电室	环网柜	配电变压器	柱上变压器
数 量	9 座	4 台	1585 台	3690 台
设备名称	开闭器	10kV 土建电缆小室		
数 量	31 台	50 座		

截至2005年底，通州地区营业户数共计192618户，其中，110kV用户1个，35kV用户8个，10kV及以下用户23960个，城网卡表用户168649户。2005年，地区售电量完成23.3493亿kWh，同比增长15.40%；目录口径售电均价完成562.82元/MWh，剔除煤电联动涨价因素完成543.42元/ MWh,比指标超额完成2.77元/MWh；地区线损率完成6.39%，比指标减少0.08个百分点；供电可靠性：城镇完成99.9853%，农村完成99.7756%；电费回收率完成100%；陈欠电费为零。实现利润总额1686.85万元，完成全年指标的222.83%；可控成本指标1005万元，实际完成1004.5万元；工程竣工决算率完成100%；全员劳动生产率为25.59万元/人；多经利润完成6313万元，超额完成全年指标的132.6%。接收用户投资配网资产4.06亿元，固定资产期末原值为11.2亿元，原值增幅率达194.06%。

公司共设置11个职能处室和7个工区，同时管辖区域供电所10个。另外，北京市潞电工贸总公司是公司直属的多经总公司，共下设6个部室和5个公司。

通州供电公司领导班子合影。左起：总工程师陈士军，副经理贾海生，副经理陈有立，经理王风雷，党委书记兼纪委书记唐如海，副经理王增志，工会主席阎莉。

【人力资源】 截至2005年底，拥有职工383人，其中，具有大专及以上学历人员119人，拥有初级及以上职称的人员91人，已有305人经过各类技能鉴定并取得了鉴定证（其中，取得3个工种证书10人，两个工种证书74人，占公司总人数22%）。2005年，全员培训率达到94.63%；组织参加了北京电力公司技术比赛与普考工作，共涉及18个工种234人；完成11个工种131名职工的技能鉴定工作，通过率达到81.2%。同年配合北京电力公司初步完成了人力资源平台的建设工作。

【电网规划与建设】 重新修编《通州区电网“十一五”发展规划》。按照“首都标准”，结合通州电网的实际情况，提出“统一规划标准、统一设计标准、统一设备标准、统一质量验收标准和统一运行检修标准”的“五统一”原则，实现了项目从立项、设计、设备选用到投运验收和日常维护的逐步规范。

公司于8月30日成立了涵盖资产管理、电网建设与治理、开关站建设、配网管理与市政工程等重点工作小组，确保了各项重点工作的有序开展。

公司采用由当地政府无偿出土地、土建，垫付电气部分资金，待变电站负荷达到50%后，电气部分垫付资金将在两年内予以还清的政府垫资方式，先后于12月18日和12月28日投产了周易和于家务两座110kV变电站，增加变压器容量163MVA，为马驹桥和于家务地区的经济发展提供了可靠的电力保障。完成张家湾站更换主变压器，大杜社扩建增装2号主变压器，牛堡屯更换10kV开关柜等工程。

全年共受理高、低压报装工程1006项，报装容量接近431306kVA，发电的工程共计829项，接电容量为278416kVA。完善配网结构，建设电缆隧道、管井66.458km，开闭站8座，投产4座。

12月投产的周易110kV变电站夜景。

【安全生产】 层层签订安全生产双向互保责任书，强化安全生产职责，建立自上而下的安全环境保障机制和自下而上的安全责任落实机制。加强工作人员防范意识，为现场工作负责人和监护人制作了不同的专用袖标。编制设备提示图册，及时整改危及人身安全的各类设备缺陷。落实安全需求调查，加大安全投入，先后投入80余万元为生产一线班组配备安全工器具及防护用品、安装等电位带电显示器等，改善工作人员的作业环境。争取当地政府的支持，共同投资290万元在全区各主要配电线路和变压器上加装了1000台防盗报警器，建立了与公安、乡镇政府等部门的长效合作机制。在上级部门的支持下，对“三线”搭挂进行了整治，同时与当地政府配合，开展线下隐患专项整治工作，依靠法律解决了数起线下隐患。

工作人员正在进行处缺工作。

针对公司发生的人身轻伤事故，于4月1日召开全体职工和外聘员工安全警示大会，举行演讲比赛，播放安全警示教育片，使上千名干部员工（包括外聘员工）得到了深刻的教育。同时，开展了安全大讨论活动，强化员工安全生产意识，查找出安全隐患。公司于4月28日设立20万元安全生产专项奖励基金，全年先后三批对在安全生产工作中做出突出贡献的人员进行表彰和奖励。

【经营管理】 建立健全经营管理体系，尝试推行以三条主线为核心的全面预算管理，一是以利润为核心的经营成果；二是以资产为核心的财务管理；三是以现金流为核心的资金管理（含成本管理），实现了各项关键数据的可控、在控。制定《2005年可控成本费用预算指标及考核办法》，将各项指标分解到相关部门，实行预算管理，加强成本控制。按照《供电所财务报销实施细则》对各供电所的支出进行分类规范，为供电所财务真正纳入公司的统一预算管理打下基础。按照制订的《通州供电公司接收用户配网资产工作实施细则》，加大对用户投资配网资产的接收力度。截至2005年底，共入账用户配网资产4.2亿元。

多种经营从规范管理入手，集团化管理框架初步形成，重新整合后的多经系统在人力、财力、物力的资源配置上更加合理。全年完成产值6.22亿元，实现利润6313万元。

■ 公司多种经营企业——北京市潞电电气设备厂厂景。

【营销与优质服务】 编制《通州供电公司低压典型台区线损理论计算和实测工作大纲》，完成城区、农村、城郊结合部共计9个试点台区的低压台区线损实测工作，撰写了《低压线损理论计算及实测分析报告》，掌握了通州地区低压台区线损的实测值和理论值，初步明确公司低压线损的分布规律。完成110kV及以下地区关口的设置调整工作，做到关口上移后线损的平稳过渡。改造计量装置，采用先进技术，提高计量装置的精度和准确度。新装一户一表工程中，安装低压载波装置，实现低压载波监控抄表28591户，实现了台区线损管理。

出台《营业普查奖惩办法》、《电费回收奖惩办法》、《电费回收预警制度》、《欠费停电操作流程》、《关于供电所办理变更交费单位名称的规定》、《关于退补电量电费的规定》等管理文件，规范营销基础性管理，健全完善各项制度。

利用《通州时讯》，公开向社会征求客户意见。同华夏基石（北京）顾问咨询有限公司合作，研发通州供电公司优质服务营销策略项目，完成《通州供电公司三年市场营销规划（2006～2008年）》的制订。

■ 公司组织优质服务有奖调查问卷抽奖现场。

【农电工作】 整合了供电所机构，按照行政管理区域划分制定方案，于4月17日完成供电所的整合工作，实现供电所的“两个”集中管理：一是实现了人员集中管理，二是实现了财务集中管理。针对供电所在安全评估和安全闭环检查中发现的普遍问题，以ùt县和马桥供电所为试点，由公司安监、生技、农电等职能部门和供电所共同制订26项安全生产管理必备资料，并逐步在其他8个供电所中推广、应用，初步规范了供电所安全生产管理体系。截至

■ 农电工作人员在处理农村客户表计故障。

2005年底，已有312个行政村实现了收费到户，占全区行政村的71.08%。

【科技进步】 “35kV输电线路使用避雷器、放电间隙防雷治理方案的研究”、“电能计量网络管理系统”等科技项目均获得北京电力公司科技进步奖。开展“科技活动周”活动，举办北京电力公司的优秀科技成果展览。

【党建与精神文明建设】 公司开展了保持共产党员先进性教育活动，群众测评满意率为98.79%。党委重新修订了《精神文明考核办法》，继续贯彻“一岗双责”的总体要求，将优质服务和精神文明建设纳入日常工作中。2005年，公司荣获“首都文明单位标兵”称号。全年共出版14期《供电报》，40期《公司快讯》，154期《公司动态》，制作48条视频新闻、2个专题片。

开展“四个一”学习教育活动，加大预防职务犯罪工作力度，提高了党员干部依法履行职责意识和廉洁自律意识。获得北京电力公司效能监察优秀成果奖和制度“两查两评”优秀成果奖，并被推荐为华北电网有限公司纪检监察工作先进单位。

完成工会的换届选举工作。按照北京电力公司安排，工会组织全体在职、离退休职工进行体检；举办向特困病职工送温暖活动，组织公司首届长走比赛等。

■《通州时讯》刊登的有关公司工作的报道。

（王建和　王永华　贾鹏宇）

昌平供电公司

■ 昌平供电公司办公楼（昌平区永安路33号）。（王德旺 摄）

【概况】 昌平供电公司（简称公司）是集输电、变电、配电、用电和供用电工程施工为一体的区域性供电企业，担负着昌平地区1352km²、32.6万营业用户的供用电业务。其中，一级用户6个，二级用户18个。截至2005年底，公司管辖110kV变电站10座，变压器21台，总容量845MVA；35kV变电站7座，变压器13台，总容量163.9MVA；110kV输电线路26条，总长度236.575km；35kV输电线路28条，总长度151.118km；35kV电缆线路20条，总长度17.8563km；10kV配电线路90条，总长度1318.19km；10kV电缆线路927条，总长度420.951km。

2005年，实现3个100天安全生产长周期。实现利润总额3678万元，完成全年指标的154.86%；完成地区售电量28.05亿kWh，完成全年指标的115.75%；线损率6.02%，同比降低0.11%；工程项目竣工决算率达到100%；地区供电可靠性达到99.9113%；综合电压合格率达到99.50%；实现多经利润3420万元。

公司设有10个职能处室、7个生产工区及1个多经企业（京电实业总公司），拥有农村供电所14个。

【人力资源】 截至2005年底，公司共有职工375人，其中，具有高级职称9人，中级职称18人，初级职称77人；研究生学历5人，大学本科43人，大学专科82人，中专学历32人，技校学历68人。

公司对重点岗位的中层领导及管理人员进行了调整。中层干部17人调整了工作岗位，有5名新员工调入管理岗。启用了一批年富力强、综合素质较为全面的人员。中层干部平均年龄由原来的41岁降到38岁。建立了教育培训的激励和约束机制，制定了教育培训奖励办法，对中层干部和班组长进行了集中培训。3～5月，在全体员工中开展涉及10个专业的“向岗位标准看齐、争当岗位排头兵”岗位大练兵系列活动。在北京电力公司技术比武中，公司参赛选手荣获一等奖1人，二等奖2人，三等奖3人，并获团体三等奖；通过岗位技能培训，促进技能鉴定工作全面开展，全年共组织6个工种131人参加技能的定级、升级和相关专业的鉴定考核。

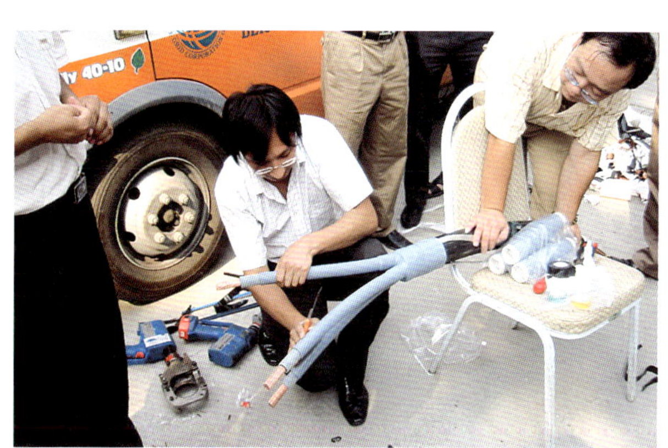

■ 一线员工学习电缆终端制作新工艺。（王德旺 摄）

公司开展创建“四好”领导班子活动，提高了政治思想素质和业务能力；加强领导班子自身建设，提高领导班子的战略决策能力、经营管理能力、市场应变能力、开拓创新能力、风险防范能力和驾驭复杂局面的能力。

【电网规划与建设】 完成《昌平地区十一五电网建设规划》、《昌平新城十一五电网建设规划》、《昌平地区2006～2030年电网建设规划》的编制工作。

完成东小口110kV变电站增容改扩建工作，于4月27日竣工发电，主变压器由31500kVA更换成50000kVA；110kV白坊站6月30日竣工发电。完成了回龙观西站等一批输变电工程的环评、选址、办理各项前期手续等工作。沙河、十三陵、龙山110kV输变电消隐改造工程按计划进行。

■ 龙山110kV变电站。(王德旺 摄)

【安全生产】 2005年初，聘请安全管理方面的专家，开展安全评估工作，按照专家组的整改意见，对存在的问题分门别类地进行分析研究，并逐项逐条制定整改措施，落实责任部门和责任人，对安全工作进行了全方位的诊断和整改。结合安全评估工作，对公司历年的安全规章制度进行梳理，重新颁布《安全管理现行有效规章制度》，修订了《昌平供电公司安全管理制度》、《昌平供电公司安全生产奖惩办法》等规章制度。在公司范围内自下而上地开展安全需求调查活动，提出安全需求233项，使其中大部分得以解决。规范作业现场，组织有关人员进行专业作业指导书的编写工作。11月，基本完成了变电开关检修、试验、直流、运行、自动化、监控作业指导书的编制工作，并在12月出台了公司《变电专业作业指导书范本（试行）》。

加大对变电设备巡视、处缺、检修的工作力度，及时发现和消除设备隐患，使变电设备完好率、缺陷消除率及操作票、工作票合格率均达到100%；加强对线路的巡视与维护，及时消除缺陷和排除故障，大力解决“三线搭挂”的顽症，改善了电网的运行环境。

公司调度专业完成了由班组的生产管理型向职能管理型的平稳过渡。编写了《2005度夏紧急预案》。夏季大负荷期间，电网经受了48.33万kW大负荷的冲击。全年完成包括“神州6号”飞船发射及北京“铁人三项”世界杯赛等政治供电任务23次。

【经营管理】 2月，北京电力公司对公司的全面工作进行了综合评价，并提出评价报告。公司对所有需要整改的问题进行认真的分析，下达到各部门进行逐一整改。同时，结合创一流和同业对标工作，将各项指标同有可比性的15个单位进行横向比较，找出差距、分析原因、制定整改方案，提升了公司的管理水平。开展共用供电设施资产接收工作，全年共接收近百个开闭站、配电室、电缆及隧道等附属电力设施，扩大了公司的资产规模，进一步提高了市场竞争力。

【营销与优质服务】 对用电营销专业一处室、三工区的职责权限进行了调整，形成分工明确、各负其责、统筹安排、快捷流畅的工作格局。对用电大户做好用电分析，关注其经营状况，降低欠费风险，采取有效手段及时催费；对拖欠电费的用户，严格按照法定停电程序，对其进行停电催缴，保证电费的及时回收。分析影响电能计量准确性的因素，不断优化计量方案和手段，提高计量装置的准确性和可靠性。年初，采取对电能表零度用户的检查、卡表用户的普查及集中抄表追缴电费等项措施，解决卡表用户数量大幅增加的实际问题(昌平地区有19万的卡表用户)。

为本地区210户电力客户安装了负荷控制终端装置。完善了回龙观、小汤山、天通苑3个社区服务所的社区事故抢修及24小时售电服务。

■ 昌平供电公司客服营业大厅。(王德旺 摄)

【农电工作】 打破了行政区划，将原有的25个供电所改为14个中心供电所和11个供电站。同时，对供电所所长岗位采取了在公司范围内竞聘上岗的方式选拔录用，使农电管理工作从体制和机制上有了较大幅度的改进。2005年开始实施的农网3期工程总投资7440.12万元，对昌平、南口、沙河3镇的

10kV供电设施进行了全面改造，一户一表改造12657户，新建低压线路56.5km，增加了供电容量。

【科技与信息化建设】 制定了2006～2008年科技进步计划。从公司信息系统的网络环境、数据环境、软件应用环境等多个方面推动信息化建设。不断完善自动化主站系统功能，使其在满足变电运行监测和电网调度部门人员需求的同时更具人性化。分析和查找自动化系统运行的薄弱环节，优化系统配置，完善系统的运行环境。加快供电所的信息化建设。建成了覆盖昌平地区的光纤电力通信网，公司本部至所有供电所和3个社区服务所的光纤通信网已全部开通，实现了公司本部与各二级单位的光纤通信，为当前的数据业务和以后的拓展业务提供稳定的物理链路。获得北京电力公司授予的科技进步先进单位称号。

【党建与精神文明建设】 建立健全《党委重大议事规则》等制度。全面开展了保持共产党员先进性教育活动，完成学习动员、分析评议和整改提高三个阶段的各项任务。4月14日，完成党委换届选举。8月1日～9月1日，在全公司范围内开展了一次“维护企业利益、增强企业凝聚力”大讨论活动。

开展反腐倡廉等教育，在纪委网上开辟了《党风廉政大家谈》栏目；完成了“昌供政工”——网络政工网站的初期建设，被北京电力公司评为2005年精神文明创新成果一等奖，并被推荐到国资委进行创新评比。新组建了新闻中心。集资建房于8月8日正式破土动工，并于年底前完成了分售房工作。2005年，获得“北京电力公司文明单位”、“首都文明单位标兵”称号。

（冀　明）

门头沟供电公司

■ 门头沟供电公司办公大楼（门头沟区滨河路66号）。

【概况】 门头沟供电公司（简称公司）负责门头沟地区1455km²、24万人口的电力供应、销售和输电、变电、配电设施的建设运行。截至2005年底，公司所属220kV开闭站1座，110kV变电站4座，主变压器安装总容量263MVA，110kV电网主要为放射式接线；35kV变电站4座，主变压器安装总容量75.2 MVA；110kV架空线6条，总长度48.2km；35kV架空线路24条，总长度130km；110kV用户1户，总容量40000kVA；35kV用户16户，总容量137780kVA；10kV用户472户，总容量171705kVA。

2005年，实现销售电量65192万kWh，同比增长10.35%；地区供电线损率5.16%；电费回收率为100%；电力销售收入同比增长13.49%；工程决算完成率100%；固定资产原值增值率116.72%。

公司设有11个职能处（室）、4个工区，1个多经总公司。

■ 门头沟供电公司领导班子。左起：总工程师周宇，副经理孙镇华，党委副书记兼工会主席周矗，经理董凤宇，党委书记韩庆河，副经理应立军，副经理胡立平。

【人力资源】 公司有全民职工152人，集体职工14人，共166人，其中，专科及以上学历76人，具备初级及以上职称的86人。职业技能鉴定持证人员124人，其中，中级工及以上94人，包括5名技师。

2005年，公司为解决生产一线缺员和年龄老化问题，积极探索新的用工机制，规范用工渠道，加强外聘人员管理。截止到年底，共外聘职工89人。

结合建制调整后新的组织机构，重新建立班组级、工区级、区县公司级三级教育培训体系。公司全年共开办培训班91次，参加培训人数164人，全员培训率达到96%。组织职工参加技能鉴定培训，并利用教育培训网给职工创造自主学习的机会，持证上岗率达到100%。在北京电力公司技能比武和普考中，2人获得三等奖，团体获得三等奖。

【电网规划与建设】 编制《门头沟区高压配网“十一五”规划报告》和《门头沟区中压配网“十一五”规划报告》。

编制了潭柘寺35kV变电站、下苇甸35kV变电站、杜家庄35kV变电站、东山110kV变电站可行性研究报告，配合区发改委编制了《门头沟区“十一五”市政基础设施规划》。

冯村110kV输变电工程于2005年4月开工，工程总投资6812万元，变电站投资4305万元，主变压器容量100MVA，于12月17日顺利投产发电。完成下苇甸35kV输变电工程的站址确定和征地工作。完成芹峪35kV变电站土建改造。

【安全生产】 2005年，未发生人身死亡事故，未发生重大电网事故，未发生重大设备事故，未发生重大火灾、交通事故，未发生性质严重的或造成较大社会影响的停电事故。5月19日，35kV芹峪变电站发生变电一般设故，中断公司2945天安全生产长周期。完成3个安全生产100天长周期,截止到12月31日累计实现安全生产长周期226天。

完善和修订安全生产责任制。组织职工制定“三不伤害措施”（不伤害自己、不伤害他人、不被他人所伤害）、人身安全责任书、反习惯性违章措施及反误操作措施；组织职工进行安全规程、触电急救培训和考试。坚持每月召开月度安全生产分析会和工区级安全网员例会，查摆问题，落实整改。完成春秋季安全大检查、安全月、安全评估、安全闭环检查活动，发现安全基础资料不齐、安全工器具损坏等问题22件，已全部整改完毕。

年检和试验安全工器具1918件，更换不合格器具35件。完成门头沟供电公司办公大楼消防水喷淋系统的安装调试，消除办公楼存在的安全隐患。完成办公楼重点部位监控录像的安装。组建新的电力设施保护机构，形成群防、群治、综合治理的护线体制。坚持做好承发包工程和临时工的安全管理工作，加强对特种作业人员、特种机械、压力容器的安全管理工作。开展线下隐患和三线搭挂治理工作，完成175处变压器对地距离不够隐患治理，10处三线搭挂治理，6处线下隐患治理。大负荷期间，公司合理调整电网运行方式，开展需求侧管理，设备未出现过载情况，保证了电网安全度夏。完成政治保电12次。

线路检修。

【经营管理】全面落实北京电力公司“基础工作年”的工作要求，以综合性评价和同业对标工作为契机，全面梳理工作职责，优化业务流程，规范生产基础资料，明确工作责任，基础管理水平得到有效提升。

完善各种财务制度，严格控制经营成本，公司可控成本共支出497万元，完成全年指标的100%。

制定线损管理办法，认真开展线损管理工作，加强供、售电量的数据分析和预测工作，提高线损预控水平和能力，确保完成全年线损指标。

【营销与优质服务】 规范业扩、计量、营业站、用电检查各专业工作。完成市政道路架空线路入地等报装工程，共受理业扩报装业务1023件，报装容量112385kVA，完成接电50320kVA。电费回收率当月及年度累计完成100%。

实现了全年零责任投诉。“95598”共计接听电话1655次,回访用电客户92户，客户满意度100%。24h售电网点共发生购电业务7117笔，购电量4472566kWh，累计补购电卡202户、修购电卡407户、新制购电卡2617户。

门头沟供电公司优质宣传服务队上街宣传。

配合地域化管理，提高农电工作人员服务水平，组织供电所人员进行计量、业扩、营业专业培训，为广大农村用电客户提供“优质、方便、规范、真诚”的电力服务。

【农电工作】 完成供电所的建制调整，规范供电所的管理。2005年完成7个供电所职工的定岗定编工作和工资改革。加大了供电所职工的培训和考核力度，全面提高农电员工素质。6月13日，经公司党委会议研究正式成立农电党支部，共36名共产党员。10月，供电所职工全部通过由北京电力公司组织的进网作业证考试。10月20日，清水供电所新址落成，占地面积7410km^2，总投资344万元。完成172个村配电台区、26个农村配电室改造等10项农网二期补充工程。

【科技与信息化建设】 公司自筹资金开展了"基于GIS的10kV配网管理信息系统"、"物资供应综合平台"、"电量远程采集系统建设"、"现场标准化作业指导书系统开发及应用"等科技项目的实施。承担了北京电力公司的推广应用项目"35kV并联间隙综合防雷推广应用"，各个项目均按期完成并投入运行。

2005年，有3项科技成果获得北京电力公司优秀科技进步奖励，其中，"门头沟供电公司内部信息港"获得科技进步二等奖，"生产例会管理系统的开发及应用"、"物资综合供应平台的开发及应用"获科技进步三等奖。共有3篇科技论文获北京电力公司优秀科技论文，发表在国内期刊上的科技论文2篇。

完成公司信息港建设并投入使用。完成办公自动化系统的升级调试工作。完成信息数据备份系统建设并投入使用。完成各供电所农网VPN系统和远程控制系统建设并投入使用。

【党建与精神文明建设】 制订《党风廉政建设责任制责任追究办法》，实行"三谈两述"（三谈：领导干部任前廉政谈话、纪委书记同下一级党政一把手谈话、领导干部戒勉谈话；两述：述职、述廉）制度，反"嫌疑腐败"体系已经基本形成。重新修订党风廉政责任制，建立领导干部廉政档案。加强基层党支部建设，完成了保持共产党员先进性教育活动,建立保持共产党员先进性的长效机制。公司党委获得"北京电力公司先进基层党组织"称号。

建立健全宣传网络，完善宣传管理制度，在职工中开展"干部学习周东福，职工学习张树贵"的活动。按时制定班组政治学习计划，对职工进行法制教育。公司连续8年获得"首都文明单位标兵"荣誉称号，获得"2005年度北京市交通安全先进单位"称号，所属供用电工程公司和龙泉供电所被授予"2005年度区级文明单位"称号。

（聂杰良）

参观刘胡兰纪念堂并宣誓。

房山供电公司

房山供电公司办公大楼（房山区良乡松林路）。

【概况】 房山供电公司（简称公司）担负着房山地区110kV及以下电压等级的输电、变电、配电、调度、自动化、供电营业等工作。供电区域面积2019km^2，人口87万。公司现有10kV用户1621户，容量536240kVA；35kV用户28户，容量219400kVA；110kV用户1户，容量40000kVA；220 kV用户2户， 容量480000kVA。

公司管辖22座变电站，其中，110kV变电站11座，总容量1050.5MVA；35kV变电站10座，总容量115.67MVA。110kV线路10条，总长度81.695km；35kV架空线路34条，总长度252.149km；35kV电缆线路12条，总长度6.403km。2005年地区最大负荷34.9万kW，社会用电量20.67亿kWh。

2005年，公司利润总额年度指标为-6157万元，实际累计完成-5649万元。

房山供电公司领导班子。左起：工会主席李爱民，副经理谢连富，党委副书记薛福军，经理刘大龙，党委书记王志刚，副经理李长海，总工程师马林峰。

公司共设立了16个（工区）处室、21个供电所和1个多经总公司（下设5个多经公司）。

（陈建华　栾芙蓉）

【人力资源】 截至2005年12月底，公司职工总人数302人，其中，全民职工285人（内退职工1人），集体职工17人。具有研究生学历1人，占职工总数的0.3%；大学本科学历47人，占15.6%；大专文化程度的职工68人，占职工总数的22.5%；高中及以上文化程度的职工137人，占职工总数的45.4%；初中及以下文化程度的职工49人，占职工总数的16.2%；具有高级职称的职工5人，占职工总数的1.7%；中级职称27人，占职工总数的8.9%；初级职称37人，占职工总数的12.3%。具有技师技能等级资格证书的职工11人，占职工总数的3.6%；具有高级工技能等级资格证书的职工98人，占职工总数的32.5%；具有中级工技能等级资格证书的职工67人，占职工总数的22.2%；具有初级工技能等级资格证书的职工50人，占职工总数的16.6%。

贯彻落实《北京电力公司关于印发<北京电力公司规范生产岗位系列设置及竞争上岗指导方案>的通知》，公司开展了规范生产岗位系列设置、岗位评价以及生产岗位竞争三项工作。

规范生产岗位系列设置。公司设置了五大系列：主要生产岗位、辅助生产岗位、其他生产人员、序列外非生产管理人员、服务人员。初步测算了公司各个部门的劳动定员，提高了平均岗级。5月24日，公司开始实施生产岗位竞争。本次生产岗位竞争工作涉及每位职工岗级的变化，89人比原岗级低，60人岗级不变，51人比原岗级高，并将结果通过OA网进行了公示。

6月2日，房山供电公司召开了岗位评价方案专题职工代表大会，大会一致通过《房山供电公司岗位评价方案》。此后，公司开始将职工纳入新的奖金等级中，所有人员按照所处的岗位直接进入与本岗位等级相对应的奖金等级。最后根据职工个人的条件，将职工纳入同一等级中的不同档次。建立了新型的奖金方案，推进企业内部奖金分配制度的改革，发挥薪酬分配机制的激励和约束作用，将公司的奖金与职工的能力、贡献相对等地分配。

■ 召开岗位评价方案专题职工代表大会。

4月15日，公司举办了配电线路等4个工种的技术比赛活动。配合北京电力公司的整体工作安排，开展各个工种的普考，其中送电线路13人、变电运行31人、继电保护5人、变电检修8人、电力试验6人。全员培训率达到了93.39%。继续教育对象培训率100%，安全规程培训合格率100%，新人员培训率100%。

■ 4月15日，公司举办了配电线路等4个工种的技术比赛活动。

（陈建华）

【电网规划与建设】 截至2005年底，公司所属110kV变电站11座，总容量969MVA。其中，新建高教园110kV变电站1座；35kV饶乐府升压至110kV升压站1座；35kV变电站10座，总容量115.67 MVA。完成了“十一五”规划滚动修编工作。“十一五”期间，房山地区新增110kV变电站15座，其中，新建12座，35kV升压3座，总容量增加1423MVA。“十一五”末期，变电总容量为2393MVA。完成待建110 kV大宁输变电工程前期工作。

良乡高教园110kV输变电工程简介。良乡高教园区总建筑面积299.17万m²，预计良乡高教园区总用电负荷将达到94388kW。2004年10月开工，2005年12月30日竣工。良乡高教园110kV输变电工程终期安装110/36.6/10.5kV 50MVA变压器两台，安装110/10.5kV 50MVA变压器1台。

（彭甫清　单铁鸣）

【安全生产】 2月，在公司安全生产大会上，公司经理代表房山公司与各分管领导、各分管领导与各自分管的部门领导签订了安全生产责任书，会后各分管部门负责人分别与各自部门班组、人员签订了安全生产责任书，将安全生产目标层层分解。

3月，在全公司范围内开展以保“人身安全”和保“两会”安全供电为重点，以“查领导、查思想、查管理、查规程制度、查隐患”为主、以“防止人身事故、防小动物事故、防火防爆”为重点检查内容的安全生产大检查活动。

6月，在全国性的安全生产月活动月中，制定了安全月活动方案，成立了领导小组，开展安全月活动。根据北京电力公司反事故斗争工作方案，制定了房山供电公司反事故斗争工作计划和方案，6月20日召开宣贯动员大会，在全公司范围内开展反事故斗争活动。

6～9月，开展安全评估工作。公司于7月19日

■ 现场安全培训。

召开各部门主要人员参加的安全评估动员会，对安全管理制度、安全组织机构、安全生产目标的分解落实、安全教育培训、电网设备状况等内容进行安全评估自评自查工作。10月，聘请专家组领导，对公司的各项管理工作进行了全面的评估，吸取国内同行业先进的管理经验，逐步形成适合公司发展的安全管理模式。

10月14日，公司召开全体职工参加的秋季安全生产大检查宣贯动员大会，组织各部门开展了“查领导、查思想、查管理、查规程制度、查隐患”为主，以防冻、防火、防污闪、防小动物、防人身事故为重点的秋季安全大检查活动。

10～11月，公司按照上级关于开展安全闭环工作的有关要求，召开安全闭环工作动员大会全面部署，对于检查中发现的各类安全管理工作中存在的不闭环的环节，制定落实了整改措施。

2005年，以抓设备整改为基础，加大变电站综合治理工作，实现标准化的设备、标准化的环境、标准化的管理。完成五侯站、紫草务站、南尚乐站的涂RTV、冷涂锌工作。加强变电各专业特别是变电运行管理，集中人员充实变电运行班，严格执行北京电力公司变电站标准化管理规范，做到每月对所有变电站进行巡视检查两次（特别是无人值班变电站），每季度进行1次变电站运行分析。严格执行五防闭锁、操作把六关、两票、三制等制度，严把停电操作关。110kV主变压器中性点避雷器保护改间隙7台。完成110kV隔离开关完善化大修35组，35kV隔离开关完善化大修83组，110kV液压机构大修6台。变电检修完成开关小修354台，继电保护及自动化完成375套，高压试验完成设备预试566台。完成水碾电站更换110kV SF_6断路器3台、吉羊变电站更换35kV SF_6断路器8台。更换良乡变电站110kV电容式电压互感器6只，完成紫草坞、周口店变电站更换直流系统2套，北潞园、拱辰开闭站更换直流电池2组。更换吉羊、福庄变电站微机五防闭锁装置两套。实现黄辛庄、江村、饶乐府3座变电站远方监视系统。

（高德勇）

【经营管理】 增加了电费回收专题会议内容，确保电费回收指标的完成。定期召开经营分析会，确立了月度经济活动分析报告制度，做到指标提前预测，对考核指标进行了月度分解。坚持月度对各项指标进行完成情况分析与预测分析制度，做到指标预控、监控、在控。

正视地区客观现实，围绕提高售电量寻找对策。认真作好基础性分析，密切关注指标完成情况，与上级及时沟通信息；客观反映地区现实、指标管理工作难度，找出营销工作重点；加强抄表质量的管理，做好用电营业普查工作；树立公司人人都有售电量意识，正确引导生产部门合理安排生产计划停电时间，尽量做到不延时发电；对事故停电做到及时处理，努力降低停电时间。结合客户流程再造工作，加快工程接电速度，分析、清理结存工程，提高售电量；加强对成本、利润进行监控，合理压缩成本，确保利润指标的完成。

2005年各项指标完成情况：

应收电费余额：年(月)度指标为6470万元，2005年12月完成6422万元。

地区应收电费上缴率：年(月)度指标为100%，2005年地区电费上缴率100%。

地区线损率：110kV及以下考核口径年度指标6.69%，2005年累计实际完成6.5%。

售电量：地区110kV及以下考核口径年度指标为20.67亿kWh，实际累计完成20.67亿kWh，年度指标完成率100%。220kV年度指标为18.5312亿kWh，实际累计完成18.93亿kWh；年度指标完成率102.14%。

售电均价：地区110kV及以下考核口径年度指标为506.05元/MWh，年累计实际完成509.04元/MWh，高于年度指标值2.99元/MWh。220kV年度指标为478.48元/MWh，年累计实际完成475.75/MWh，低于年度指标2.73元/MWh。

截至12月底，累计报装容量为363762kVA(kW)，同比增长12.3%，其中，除商业和非居民照明报装容量同比下降外，其他性质均有所上升。截至12月底累计接电106843kVA(kW)，同比下降40.62%，除非普工业、农业接电容量有小幅增长外，其他各种性质接电容量均有所下降。

（王咏梅）

【营销与优质服务】 从行业用电分类、电价构成、用电性质分类、电压分类、新装用电报装等方面加强营销基础性分析，对考核指标进行了月度、季度分解，通过指标的预控、可控、在控，实现指标的全过程管理。深化线损管理，确保电费回收率100%，应对夏季大负荷，有序开展需求侧管理工作，加强客户安全管理，促进电网安全运行，强化计量专业管理。

落实北京电力公司对社会服务承诺的要求，提高地区供电服务水平，制定《房山供电公司优质服务十项承诺分工》，落实了责任，使优质服务的落实有了可操作的标准和制度上的保证。各部门按照分工要求，在供电方案管理、计划停电管理、停电信息发布等方面进行了相应的规范。

切实落实"三公开、四到户、五统一"要求，把农村居民用户的用电管理统一到供电所及属地供电公司管理，实现城乡同网同价。

（李海东）

【农电工作】 3月，农电处组织供电所所长、现场负责人（安全网员）及技术人员75人在霞云岭供电所进行了为期25天的培训。9月24日，组织所属21个供电所举办了以"努力超越，追求卓越"为主题农村用电营销宣传活动。发放宣传材料9000份，现场解答用户提出的问题。

与清河鉴定站、北京市行业协会联系，对供电所未取得进网作业证人员进行培训，严格执行持证上岗制度。参加进网作业证考试人员136人，不及格人员15人，占总人数的11%。已有215人具备进网作业证。

（云文奇）

【科技管理】 获得了北京电力公司科技先进单位称号。在北京电力公司组织的科技成果和科技论文评比中，获北京电力公司级成果奖10项，优秀科技论文2篇，获得北京电力公司科技立项3项。房山供电公司优秀科技成果10项，优秀科技论文16篇。

（单铁鸣）

【党建与精神文明建设】 开展保持共产党员先进性教育活动。公司党委制定了支部书记例会制度，每月定期召开党支部书记会。召开党员大会对2004~2005年度先进党支部、优秀党员进行了表彰。

重新修订《房山供电公司宣传工作考核办法》、《新闻宣传工作管理办法》和《宣传工作应急预案》，完善公司三级宣传网络，扩大了宣传工作的覆盖面。通过《房山供电报》、宣传栏、视频等媒体，广泛宣传报道公司生产经营、优质服务、电网建设和精神文明等方面的工作，营造了良好的舆论氛围。

加强精神文明建设和党风廉政建设责任制考核，未发生考核事故，全面完成精神文明建设和党风廉政建设责任目标。

完成团委换届选举工作。公司团委被评为了北京电力公司优秀团委。

（吕建起）

大兴供电公司

【概况】 大兴供电公司（简称公司）承担大兴区1030km^2、56.2万人口的工农业生产和居民生活用电。截至2005年底，公司年售电量21.5682亿kWh，售电均价554.34元/MWh，实现利润3148万元。共管辖变电站18座，其中，110kV变电站9座，35kV变电站9座，主变压器38台，总容量906.4MVA；输电线路282.432km，10kV配电线路2180.797km，公用配电变压器4772台，容量668.8MVA。

公司下设12个职能处室及5个工区。公司所属供电所14个，多种经营总公司1个。

大兴供电公司领导班子。前排左起：党委书记陈若頫，经理臧勇；后排左起：总工程师王学军，副经理宋振秋，副经理林泉，党委副书记兼纪委书记张丽萍，副经理罗准，工会主席王继永。

【人力资源】 2005年，公司领导班子经过调整，平均年龄有所下降，学历水平与技术水平得到了提升。生产岗位进行了梳理，开展竞争上岗，规范了岗位职责与任职条件，初步确定绩效考核的思路与工作计划。改进了薪酬分配流程，并对流程中的各环节进行了规范。组织职工参加了全国统一的成人高考。在北京电力公司生产人员技能大赛上，两人分别获得了抄表核算收费员第一名和装表接电第二名的好成绩。

【电网规划与建设】 求贤、施家务110kV变电站规划前期工作已完成两座站址的规划意见书、环评、立项、用地规划许可证等工作；完成两座变电站110kV、35kV线路规划意见书；完成建设工程规划许可证的申报工作。两座变电站站址土建于10月初开工。工程资金方面，完成两座电站站址及外电源投资划分协议和垫资补充协议的签订工作。施家务工程资金已到位1400万元，求贤工程资金还未到位。生物制药产业基地（埝坛开发区）110kV电站站址规划意见书已报首规委并已批复，完成土建初步设计。完成了黄村镇工业区高压电力管井工程及10kV电缆出线工程；完成了区政府保持共产党员先进性教育活动为民承诺的9条路灯工程、红星房地产工程、黄村镇工业区高压电力管井工程及国家教育行政学院配电室工程。调度所新调度室及调度自动化系统正式启用，并达到了首都二级调度机构标准的要求。

【安全生产】 结合保"两会"供电，深入开展了春、秋季安全大检查工作，共抽查了13个班组站，抽查和自查发现隐患问题61个，已于年底前全部整改完成。在公司内开展了安全需求调查活动，班（站）工作人员对班（站）长提出的安全需求共计11件；班（站）长对工区管理层提出的安全需求共计25件；工区管理层对公司提出的安全需求共计9件。制定了大兴供电公司安全需求分层整改汇总表，并已整改完毕。根据安全评估情况，进行安全评估的整改工作。

开展安全闭环管理工作和反事故斗争，成立了公司反事故斗争工作领导小组，把国家电网公司反事故斗争25条重点措施分解为31项具体工作，又将31项具体工作落实了责任部门、责任人、完成时间。31项工作已完成25项，另有常态工作6项。成立了由公司领导带队的安全巡检组，全年共检查了115个工作现场，发现并纠正违章现象4起。全年共进行开关检修254台，保护校验314套，高压试验630台相，线路巡视5176.33km。实现了全年安全生产无事故，完成了3个百日安全生产长周期。

■ 大兴供电公司调度大厅。

【经营管理】 落实经济责任制考核，深化经济活动分析，保证了全年各项经营指标的顺利完成，并超额完成了北京电力公司三项责任制考核目标。加强财务管理，制定和出台了相关的财务管理办法、实施细则共计12个文件，包括《大兴供电公司预算管理实施细则》、《大兴供电公司成本管理实施细则》、《大兴供电公司成本指标分解方案（暂定）》、《大兴供电公司经济责任考核管理办法》、《大兴供电公司财务报销管理实施细则》、《大兴供电公司供电所财务报销管理办法》等文件。

对会计科目的结构和使用进行了更科学、更合理地划分和规定，使会计核算科目代码得到全面升级。实现了分级管理、责任归口的预算管理模式。通过将供电所财务核算纳入公司财务处集中核算管理，实行备用金制，改变过去游离在公司财务管理视线之外的做法，即在公司所属14个供电所设1名会计员，定期到公司财务处报销供电所日常费用，收支两条线。对供电所的预算编制进行审计，对供电所所长、会计员进行财务培训。配合供电所体制改革，聘请了会计师事务所的会计师直接参与了由财务处组织的对调整后由27个供电所合并成14个供电所的财务的清算审计，分别对27个供电所作出了审计报告，规范了供电所财务核算管理。开展内部审计工作，完成固定资产清查盘点以及接收用户配网资产移交工作。开展同业对标工作，并在年底北京电力公司同业对标排名中名列第六。

对原安装公司进行了建制调整，组建大兴区供用电工程公司，使多经资源得到有效整合，为多经企业的发展打下基础。2005年工程公司共完成各类工程400余项，实现利润总额1539万元，全面超额完成上级下达的指标。

【营销与优质服务】 加强了对各项营销指标的预控和在控，保证全年售电量、售电均价、电力销售收入、应收电费余额等指标的顺利完成，实现了电费按月结零。完成了大工业用户四费率表的更换工作。做好需求侧管理工作，1月召开了有近100个用电客户参加的用电大客户恳谈会。4月21日，公司联合区电力办，成功召开了大兴区2005年电力迎峰度夏工作大会，通报了华北地区、北京地区的供用电形势，宣贯了《大兴地区2005年电力迎峰度夏平衡方案》，布置了《负荷管理终端装用协议》的签订和终端的安装、改造工作。安装GPRS公网终端130台，更换专网终端17台，改造专网终端67台，全面完成既定任务。另外，还与用电客户签订错避峰协议62份，确保了高峰负荷期间有序用电。实现普查收入53万元。

出台了《大兴供电公司计划停电管理规定（试行）》、《大兴供电公司事故抢修工作管理规定（试行）》、《大兴供电公司工作人员禁酒规定》和《大兴供电公司投诉举报考核及奖励办法（试行）》等文件和要求。2005年重点开展的优质服务工作：一是与大兴电视台、大兴报社等新闻媒体沟通，把每周停电计划通过各种媒体进行公告并做好供电宣传；二是主动到安定地区农民家中宣传规范电力市场的意义，帮助解决分装表存在的矛盾和问题；三是开展金华社区用电情况调查，并解决了居民生活用电电压过低的问题；四是积极参与区政府牵头的解决“泰中花园因物业公司不售电，居民无电可用”问题。公司全年共收到客户赠送的锦旗10面。

■ 1月14日，大兴供电公司召开2005年用电大客户恳谈会。

【农电工作】 截至2005年底，已有414个村实现“四到户”，占总村数的80.7%。通过向村民发放安全用

合各执法部门大力打击窃电和违章用电行为，逐步治理大兴地区的农村用电市场，有效降低了线损。围绕北京电力公司集中力量优先建设60个中心供电所的安排部署，公司进行了供电所的重新设置，并以供电区域为着眼点，集中力量优先建设中心供电所。完成了由原27个供电所合并成14个供电所的任务，完成了所长、一般岗位人员的竞聘上岗工作以及农电工的招聘工作。将供电所纳入公司营业站点整体布局之中。采育供电所是大兴供电公司列为首批投入营运的中心供电所，它的正式营业标志着大兴供电公司建设中心供电所工作的全面启动。

【科技与信息化建设】 进行了公司内信息系统、办公自动化系统、监控系统的维护工作，完成了负控子站系统的安装和调试工作。及时掌握所辖设备的运行情况和缺陷情况，建立详细的设备台账并定期更新，加强设备管理及设备运行分析工作。举办了QC成果发布会。

【党建与精神文明建设】 开展保持共产党员先进性教育活动，初步达到中央提出的"提高党员素质、加强基层组织、服务人民群众、促进各项工作"的目标要求，并涌现出一批先进模范。完成了6名党员发展对象的培养吸收和转正工作。组织全体党员、干部收看了宋鱼水先进事迹报告会，参观了位于中华世纪坛的北京市反腐倡廉警示教育展，从正反两方面对广大干部职工进行教育。成立了党风廉政建设领导小组，并层层签订了党风廉政建设责任状。向全体党员干部发放了廉政警示卡，明令禁止各种腐败行为。组织了"法律宣传月"活动，召开了行风建设、优质服务大会。

（延　硕）

平谷供电公司

【概况】 平谷供电公司（简称公司）担负着平谷区1075km²、40万人口的工农业生产、政治和生活供电的任务。至2005年底，平谷供电公司拥有110kV变电站5座，主变压器10台，容量332MVA；35kV变电站6座，主变压器12台，容量115.5MVA；110kV输电线路78.143km；35kV输电线路（公司属）87.951km；10kV配电线路（公司属）1053.684km（其中电缆7.963km）；配电变压器（公司属）2263台，容量346.105MVA。拥有35kV用户3户，容量45.8MVA；10kV用户608户，容量374.47MVA；低压用户10566户，容量276.3MVA；卡表用户43878户。一类用户1户，二类用户8户。

平谷供电公司领导班子。左起：副经理马延民，副经理蔡小京，工会主席冯立祥，党委书记兼纪委书记李建生，经理越海军，副经理刘恒，总工程师祝秀山。

2005年，实现了3个百日安全生产长周期。截至2005年12月31日，连续安全生产天数达到3516天。

利润总额完成−3845万元，比年度指标−4686万元减亏841万元；售电量完成71981万kWh，完成计划值68881万kWh的104.5%，同比增长9.48%；售电均价完成528.64元/MWh，较计划值525.77元/MWh增加了2.87元/MWh，同比提高33.37元/MWh；线损率完成7.66%，较计划值8.98%降低1.32个百分点；电费回收率100%；应收电费余额600万元，低于630万元的考核指标。公司全年考核工程项目12个，完成投资2984.55万元，年度竣工决算率100%。固定资产原值增值率年度考核指标107.08%，公司2005年初固定资产为42384.6万元，至12月固定资产原值达到46115.7万元，原值增值率108.8%。多经产值完成11109.5万元，实现利润401.1万元。

平谷供电公司设有职能处室11个，生产单位4个，辅助生产班组3个，供电所16个，1个多种经营公司。

（何英健）

【人力资源】 公司在册职工244人，其中，全民所有制职工227人，集体所有制职工17人。公司具有硕士研究生学历3人，本科学历21人，专科学历64人，中专学历12人，中技学历51人，高中及以下学历93人；具有高级职称3人，中级职称15人，初级职称38人；技师7人，高级工78人，中级工36人，初级工15人。供电所员工121人。

制定了《平谷供电公司干部管理办法》、《平谷供电公司重点岗位人员交流轮岗实施细则》、《平谷供电公司管理岗位动态管理办法》，对干部职工的教育、考核、任免、轮（换）岗位等进行规范，建立了科学的岗位动态管理机制。同时还制定了《平谷供电公司员工学习和岗位成才奖励办法》、《平谷供电公司专业技术及生产技能体系专家管理与考核实施办法》以及《平谷供电公司人才培养和发展规划（2005～2010年）》等制度。2005年公司全员培训率100%，2名专业技术专家全部通过考核。3月，公司与华北电力大学联合举办的电力系统及自动化专业函授本科班正式开班。

4月，公司开展了规范生产岗位系列设置及竞争上岗工作，制定了《平谷供电公司规范生产岗位系列设置及竞争上岗实施方案》，设立了3个专业考评委员会，共设置173个生产岗位，177人参加竞聘，171人上岗。

制定了《平谷供电公司处室考核实施细则》，对9个职能管理处室实施季度绩效考核。制定了《平谷供电公司供电所人员规范工资管理实施方案》，规范了供电所人员的工资管理。

（何英健）

【电网规划与建设】 2005年，成立了平谷供电公司电网规划领导小组，完成了《平谷地区电网“十一五”规划调整报告》和《平谷地区中压配电网“十一五”规划》。配合平谷区规划部门编制了平谷新城规划和各乡镇的镇域规划以及控制性详规，配合区发改委完成了《平谷地区基础设施建设“十一五”规划》中的供电专项规划，使电网规划完整地纳入到了地区总体规划中。

马坊110kV输变电工程是公司2005年重点基建工程。此工程一期安装31.5MVA主变压器2台，110kV进线2回，35kV侧出线2回，10kV馈电12回。安装50MVA主变压器2台，110kV进线2回，35kV侧出线6回，10kV馈电24回。2005年3月变电站土建开工，10月完成电气安装，12月110kV线路工程竣工，计划该变电站在2006年投产运行。

马坊110kV变电站电气安装施工现场。

2005年，110kV峪口、金海湖、大华山输变电工程正式立项，并且完成了站址选择、规划审批等前期准备工作。其中，大华山变电站是平谷区北部大桃主产区第一座110kV变电站，被列为北京电力公司重点督办工程。该站的建成，将为重要政治用户谷泉会议中心提供高可靠性的电源保障。

完成平谷220kV变电站平滨、平云两条110kV线路切改工程，2005年12月具备发电条件。完成了韩庄35kV变电站增容改造、安固35kV变电站扩建改造工程。

府前西街电缆入地工程施工现场。

（李　贺　邓志国）

【安全生产】 根据人员变动情况，调整平谷供电公司安全生产委员会和电力设施保护领导小组，成立平谷供电公司安全巡检组。修订所有岗位安全生产责任制，明确和落实各级岗位人员的安全生产职责，完善以公司、工区、班组为基础的三级安全生产网，明确了各级安全网员。

制定《平谷供电公司安全教育培训与考试规定》、《平谷供电公司安全管理体系》、《平谷供电公司反违章实施细则》、《平谷供电公司特种设备与特种作业人员安全管理规定》、《平谷供电公司安全生产保障工作条例》等规章制度。同时，完善了《平谷供电公司事故紧急预案》、《平谷供电公司保卫工作应急预案》以及《消防预案》，明确了各部门责任人。

开展保“两节”供电安全大检查、春秋季安全生产大检查、安全闭环检查以及安全性评价工作，采取生产单位自查和公司检查组检查相结合的方式，查各级安全责任的落实，查班组的日常安全管理，查设备隐患。针对发现的问题，制定了具体的整改计划，落实了责任人和整改期限。

完成安规、调规、交规的考试，通过率达到100%。利用安全日活动，组织职工学习上级安全文件及事故通报，并针对事故查找自身的不足，提高了职工的安全意识。开展开工前培训，对大型、复杂的工程，在开工前交待清工作内容、分工以及安全措施、危险点分析与控制等内容，切实保障了工作现场安全。

安全生产月活动期间，公司利用各种方式宣传安全生产知识；组织了安全知识答卷活动，开展了安全知识竞赛及演讲比赛。6月12日，举办了公司安全生产宣传咨询日活动，发放宣传画册5000余份。

安全评估工作。8～9月，公司成立安全评估小组，制定《平谷供电公司安全评估管理办法》和《平谷供电公司安全评估大纲》，进行了电网建设安全评估以及用电营销安全评估，检查出严重问题21项，一般问题20项。至年底已经整改完成30项，另外5项在整改中，其他6项结合工作情况计划明年整改。

定期召开月度安全生产分析会。加强工程施工现场管理，确保安全措施落实到位。对大型工程项目，工程建设处会同建设单位，首先对施工组织设计的可行性进行审核，检查其可行性与可靠性；工程开工后，工程建设处及安全监督处不定期对施工现场进行安全检查，发现问题及时整改，确保安全措施万无一失。

与区发改委和电视台协作，播放电力广播和宣传片，宣传《中华人民共和国电力法》和《电力设施保护条例》，规范用电秩序，防止电力设施被外力破坏。

全年完成大修任务26项，更改任务18项，总投资789.5万元。完成了兴谷、韩庄变电站RTU改造、35kV线路加装避雷器、城关地区配电变压器二次线改造等工程。

开展消隐工作，对设备隐患进行了普查，完成了兴谷、滨河、云峰寺3个110kV变电站改造和ot安35kV、滨平110kV线路改造和10kV配网改造的设计和前期准备工作。

■ 6月29日晚，风雨灾害事故抢修现场。

（李苏娜）

【经营管理】 制定《平谷供电公司固定资产管理办法》、《平谷供电公司成本控制管理办法》、《平谷供电公司财务报销管理办法》等财务管理制度，强化财务预算管理，执行周用款计划，实行成本统一管理。开展固定资产盘点工作，对原账面资产价值按照实物盘点数量进行核销，做到账卡物相一致。

实现供电所财务集中管理，制定《平谷供电公司供电所费用报销管理规定》、《平谷供电公司2005年供电所公用经费使用方案》，严格控制供电所的费用支出。

3月，成立平谷供电公司调度所，将调度运行管理、继电保护计算、自动化管理、通信管理等职能纳入调度所统一管理。

成立创一流同业对标领导小组，制定了《平谷供电公司创一流同业对标实施细则》和《平谷供电公司经济活动分析工作实施细则》，加强对各项指标的管理。做好客户配网资产移交工作，努力提高市场占有率，2005年共接收用户资产403.37万元。严格控制停电范围和停电时间，执行周计划制度，积极开展带电作业工作，减少电量损失，2005年共开展带电作业149次，少损电量198万kWh。

（李苏娜）

【营销与优质服务】 制定《平谷供电公司2005年供电所营销工作考核办法》、《平谷供电公司线损管理及考核办法》、《平谷供电公司2005年度电费回收、营业普查奖惩办法》以及《平谷供电公司供电服务违规处罚规定》、《平谷供电公司落实供电服务“十项承诺”实施细则》。

制定客户轮休方案和拉路限电序位表，协调客户进行错峰避峰工作。对城关地区内安装位置不合理以及警示标识不规范的表箱进行了整改，并且加装了安全护网。

2005年，业扩报装申请945户，容量108.1MVA，接电完成849户，51.3MVA。其中，10kV及以上118户，容量84.9MVA，接电完成59户，29.7MVA；10kV以下827户，容量23.2MVA，接电完成790户，21.6MVA。

完成一户一表改造总计2649户，其中楼房卡表改造2444户，平房机械表改造205户。楼房卡表表位外移890户。对线损较大的12条10kV线路所带用户开展了普查工作，查处窃电1处，处理表计及

TA故障270处，追补电量163MWh。

2005年，平谷供电公司安装负控管理终端50台，调通并运行44台，可控负荷理论值为20900kW。年内紧急启动负荷管理终端限荷2次，共计18户次，限下负荷2920kW。

完善营销组织机构，成立电费核算中心和计量室。探索三级营销管理模式，成立城区供电所，完成中心供电所试点工作。将农网线路及部分专线共计56条下放至各区域供电所，下放抄表收费户数8215户，考核线损户数8051户，原有农村的户表抄表收费及台区线损继续由供电所负责，对下放的10kV分路进行分线线损考核。

（张爱宇）

■ 营销人员整改城关地区电表箱警示标识。

【农电工作】 完成226个行政村的用电秩序整顿工作。校验电能表76800块，补装电能表2087块，查处窃电386起。截至2005年5月，完成了177个行政村的抄核收到户工作，至此全区269个行政村全部实现抄核收到户。

农网三期改造工程按期完成，更换高损变压器192台，更换分装村配电变压器173台，完成了10kV电缆线路切改等工作，农村供电网络进一步完善。

根据北京电力公司建设60个中心供电所的指示精神，平谷供电公司对所属16个供电所的辖区情况进行详细研究，以营销区域为落脚点，规划出5个中心供电所的设置方案，并审核通过。2005年，完成大华山、金海湖、东高村、峪口4个中心供电所新建工程的站址选择和设计工作。11月，金海湖、东高村、峪口三个中心供电所建设正式开工。

8月，在北京电力公司农村供电所所长知识技能竞赛中，平谷供电公司参赛队分别获得理论知识、技能、全能、团体四项比赛的第一名。

（李苏娜）

【科技与信息化建设】 制定《平谷供电公司科技和信息化工作管理办法》，积极开展科技开发、技术推广工作。完成供电所信息化建设和办公自动化系统的全面升级。安装输电线路避雷器，有效避免山区线路因雷击过电压对站内设备的损害。安装电压监测远程采集系统，及时监控客户端电压质量，保证电压合格率在较高水平。“输配电线路加装防雷装置”和“变电设备试验管理软件的开发”分别获得北京电力公司科技成果推广应用和技术改进二等奖。

（任建军）

【党建与精神文明建设】 定期召开领导班子民主生活会，按照《平谷供电公司学习制度》，制定了党委中心组、党员干部学习计划，确定了学习重点。对中心组学习的内容和形式进行了创新，引入了处长讲座内容，即党委在每月的中心组学习中，安排1～2次由管理处室负责人主讲的专业讲座。

公司党委制定了《平谷供电公司党的建设三年（2004～2006）规划》及《平谷供电公司党委加强党的建设三年（2004～2006）规划实施细则》。组织广大党员学习了许振超、任长霞、郑培民的先进事迹，并组织观看了电影《郑培民》。开展公司党委的争优创先活动，表彰了公司党委2004～2005年度的先进党支部、优秀党支部书记和优秀党员。

7～10月，公司党委组织开展了保持共产党员先进性教育活动，此次活动按照学习动员、分析评议和整改提高三个阶段进行。向各处室、生产单位和班组发放领导班子《征求意见表》55份，收回48份。满意率为83.9%，比较满意率为14%，不满意率为2.09%。

坚持以人为本的企业发展战略，通过体制创新、机制创新、管理创新，建设一支“四有”的高素质职工队伍。采取多种形式，利用各种载体，吸引广大职工投入到企业文化建设上来，做到公司发展与企业文化发展相互促进、协调统一。用“四好”精神，努力打造优质服务品牌，把“客户至上”的理念贯穿于电力供应、销售与售后服务的全过程。

（乔增亮）

怀柔供电公司

■ 怀柔供电公司办公大楼（怀柔区湖光小区36号）。

【概况】 怀柔供电公司（简称公司）负责怀柔地区2128.7km²的电力供应、销售和输电、变电、配电设施的建设与运行，肩负着为怀柔地区经济发展、政治供电和人民生活提供安全供电的任务。

公司管辖自有变电站10座，其中，110kV变电站5座，35kV变电站5座，地区总容量达37.4万kVA。110kV线路共12条61.49km，35kV线路共6条85.29 km，10kV配电线路共87条1709.44 km，其中，架空线路1601.31 km，电缆线路108.13 km。地区最大负荷达15.4万kW。地区所辖0.4kV用户11.92万户，容量79.85万kVA；10kV用户1375户，容量48.69万kVA；35kV用户3户，容量1.82万kVA；110kV用户2户，容量2.26万kVA。

■ 怀柔供电公司领导班子。左起：总工程师张心阳，工会主席张凤坚，副经理杨青，党委书记兼纪委书记卢康铭，经理郭炬，副经理赵化明，副经理邱建军。

2005年地区用电量达8.6亿kWh，线损率完成3.12%。利润总额完成−576万元，比指标减亏1887万元，多经产值完成1.88亿元。截至2005年12月31日，实现安全生产长周期1998天。

公司共设11个职能处室，6个生产工区，1个多经总公司，38个班组和14个供电所。

【人力资源】 截至2005年底，公司在册职工274人，其中，全民职工244人，集体职工30人；党员84人，团员42人；中专及以上文化程度的117人，专业技术人员55人。举办了变电、配电、用电专业共11个工种的技术比赛活动。全年共计参加和安排各类培训256期，全员培训率达97.54%。同时，公司聘请了北京电力公司优秀专家作为各专业的兼职教师，针对生产、经营实际给予技术指导，有效地解决了各类技术难题。按照北京电力公司关于生产岗位竞争上岗的工作要求，以“精简、效能、统一、因事设岗”为原则，组织并完成了生产岗位的竞聘上岗工作。

公司职工学历整体结构如图1所示，专业技术职务职称分布情况如图2所示，职业技能鉴定持证情况如图3所示。

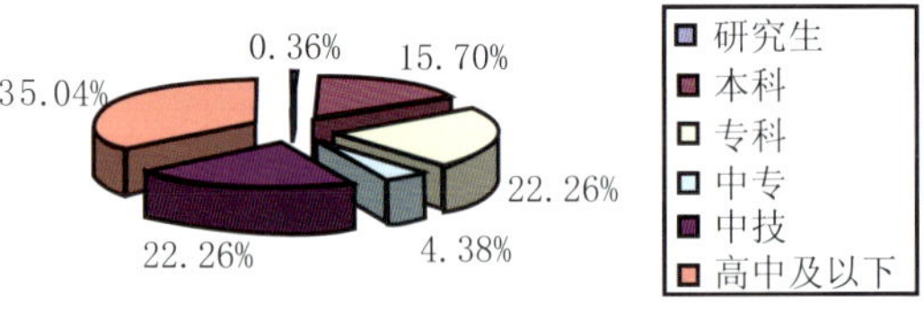

图1 公司职工学历整体结构现状图

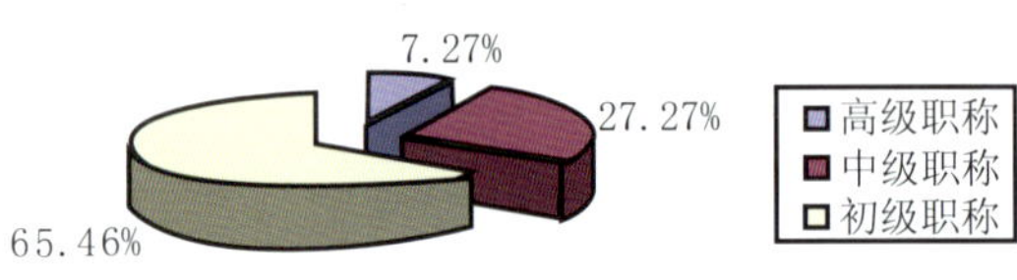

图2 技能人员拥有专业技术职务职称分布情况图

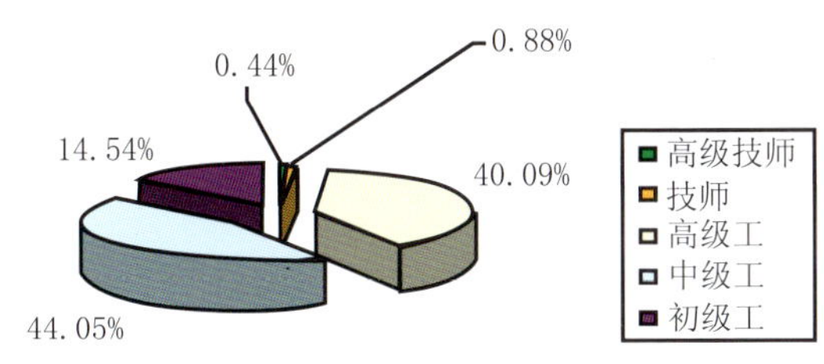

图3　职业技能鉴定持证情况图

4月27日，公司职工参加北京电力公司技能大赛。

【电网规划与建设】 在建立电网规划组织体系的基础上，搭建电网规划数据统计分析平台，结合怀柔区的总体规划功能定位、地区经济发展的电力需求预测、区政府招商引资的项目计划以及怀柔地区配网布局的现状，以抢占资源和市场，逐步采用新技术、新设备，提高输送能力和供电可靠性为目标，编制了《北京市怀柔区配电网"十一五"规划》。贯彻了"建设运行可靠、方式灵活、用的上、落的下"的坚强配网原则，并且为抢占通道、布点适度做了超前安排，与政府相应部门达成了共识，为纳入地区性详规打下了基础。树立规划的龙头地位，坚持"一切电网建设项目均服从规划"的指导原则。充分利用消隐工程、农三期工程、市政迁改和业扩报装工程的资金，加快规划目标的电网建设工作。为有效缓解北房经纬开发区和杨宋国家级小城镇的用电压力，公司于4月26日启动了110kV北房输变电工程。该工程总建筑面积约650m²，安装110kV主变压器（31.5MVA）2台，新建输电线路3.5 km。其中，输电、变电工程由北京电力工程公司承担施工，土建工程由怀建向前公司承担施工。8月31日，该工程竣工，并通过了北京电力公司的达标投产验收，于9月2日一次发电成功，成为北京地区政府垫资建设16项输变电工程中第一个发电运行的变电站。为保证工程的质量、进度和安全，搭建了工程管理的平台，将基建、迁改、生产、业扩工程纳入平台管理，协调各专业人才参加工程建设专责管理。成立了基建前期办公室，以专门应对日益尖锐的工程前期矛盾。成立了设计室，大力开展10kV典型设计，规范了工艺、设计。

【安全生产】 创新引入《安全生产协议书》代替《安全生产责任状》，把自上而下的安全责任落实机制与自下而上的安全环境保障机制有机地结合起来，体现"以人为本"的原则。年内逐级签订安全生产协议书共21种940份，覆盖率达100%，初步建立"目标细化、各司其职、双向互保"的安全责任体系。加大资金投入，应用危险点控制技术，落实反事故计划，确保消除装置性违章和安全装备的隐患，实现设备、安全装备、安全标志及现场安全作业措施的规范化和标准化。进一步完善基础安全制度，成立安全巡回检查组来保证制度的落实。采取分组检查、责任追究、奖金考核、整改复查的有效措施，审视和分析安全生产工作中存在的脱节和交叉环节，弥补缺陷和漏洞。继续开展全专业标准化作业和管理手册的编写工作，并将现场标准化作业手册解析成为标准化工作单、操作票，便于一线工人和干部掌握和执行。细化大修改进工程的组织计划管理，用有限资金解决更多生产中的问题。加大损失供电量的测算和计划考核力度，加强系统停电计划管理，用计划来保证综合检修、合并施工等工作的开展。加强预警应急体系建设，重新明确了事

6月22日，副经理赵化明、总工程师张心阳带队到黄坎变电站检查现场安全工作。

故抢修责任界面，完善了响应机制，并组建了三级应急抢修分队，提高了应急响应速度和抢修效率。完善保电机制，规范保电程序，年内完成了“两会”、世妇会NGO论坛10周年庆典、第55届世界小姐中国赛区总决赛、第三届养生大会等政治保电工作。

■ 输变电工区试点编写的输变电专业标准化作业手册。

【经营管理】 将经营指标的考核合同化、协议化，签订《经营责任协议书》，树立了全员经营意识。继续加强月度经营分析的指导作用，重视对经营目标的过程控制和考核。进一步理顺和规范了业扩报装流程，用“生产流水线”的管理和工作方法来加快报装接电，压低结存容量，快接多供。公司成立了6个专业小组，内稽外查，对客户执行的电价全面进行核对，对单线和单台区统计分析线损升高的客户及地区进行了清查，特别是对娱乐场所采用了警企联手的方式规范其用电行为。2005年，共实现普查收入522万元。在供需紧张的夏季高峰期，制定了科学合理的错峰负荷、高温周休用户和地区拉路序位等需求侧管理措施，使夏季销售基本未受影响。进一步明确各部门资产管理责任，将收入与支出全部纳入财务处统一管理，按照统一领导、归口管理、多级负责、责任到人的要求，理顺了固定资产管理体制。对外加快了用户资产的清查和接收工作，年内共接收用户资产1.1亿元。

【优质服务】 提出了“零责任投诉”的优质服务目标。完善了优质服务的组织保障制度和监督制度，明确了责任，出台了通用服务标准和各部门的责任服务规范。成立了供电服务调查小组，对服务状况和客户的服务需求进行走访调查，并根据调查的结果改进了服务方式。实施了限时服务的“流水线”工作方式，并增设了现场办公等上门服务。发挥损失供电量考核、预警和应急机制的作用，最大限度满足客户的连续可靠供电需求。在农村地区，编制并发放了《村民用电常识》宣传册，并将农村供电所的优质服务责任同样纳入考核。将城区供电所改造成为具有社区服务功能的二级机构。2005年，公司再次被评为“首都文明单位标兵”，实现了全年“零责任投诉”的目标。

■ 5月10日，杨宋开发区居民用户为公司送来优质服务锦旗。

【农电工作】 建立健全了对农村供电所的各项管理制度，初步解决了供电所定位不明、工作界面不清、电费财务管理混乱的问题，做到了工作有标准、行为有规范、考核有依据。开展了供电所典型引路工作，通过对庙城、杨宋等供电所的规范化试点建设，有力推动了农电标准化管理的实施。年内编写的《农村供电所标准化作业指导书》已在全北京电力公司推广应用。开展了安全规程、技术标准、工艺标准、财务管理等涵盖各专业的技能培训。年内针对供电所在优质服务、业务技能、工作配合以及行风建设等方面工作走访了14个乡镇，根据乡镇政府、用户以及村民反馈的信息对供电所进行了综合评价，并对存在的各类问题进行了督办整改。在农网改造工程中，成立了以公司经理和党委书记为组长的农网工程领导小组，同时建立了安全管理、质量检查及验收、设备材料管理、预决算管理、效能监察等涵盖9个专业的工程全面管理体系，以确保工程的安全、质量和工期。年内共完成农网改造二期补充工程14项，总投资3133.34万元。

【科技进步】 年内完成北京电力公司科技项目3

项，并自筹资金277万元在变电站、通信网络、调度自动化、生产应急指挥等领域进行11项科技项目的开发和应用。“怀柔供电公司网络平台技术改造与综合管理”获得北京电力公司科技成果三等奖，另外还有三项成果获得鼓励奖。组织进行了配网自动化系统和配网综合监测系统的研发和改造工作，为三级核算奠定坚实的硬件基础。

北房110kV变电站试点开展了能够提高运行人员的工作效率、对作业现场进行实时监控、对现场的故障处理进行远方诊断和指挥，真正实现变电站无人值守的变电站监视系统的研发和建设。年内组织了科技论文评审，其中《关于按最大需量计收基本电费的调研》和《试述VOIP技术在怀柔供电公司的应用》两篇论文获得了北京电力公司优秀科技论文三等奖。同时，整理、分类、汇总优秀论文33篇并出版《怀柔供电科技论文专刊》。

【党建与精神文明建设】 在完成先进性教育活动各项工作的同时，公司党委以“有作为”为主题开展党建工作。在“争创有作为党支部”和“争当有作为党员”活动中，党支部争相开展创新活动，农电党支部“用电知识进农家”的创新工作被评为北京电力公司党委支部创新活动二等奖。继续加大党风廉政的监督力度，公司建立了处长及以上干部廉政档案，签订了《干部廉政承诺书》，开展廉政谈话。举办廉政警示展览，组织“百名党员誓作反腐倡廉先锋”签名活动。围绕公司工程建设、物资采购、人员招聘等工作进行监督检查，使这些工作可控、在控，透明度高。年内获得了“首都平安示范单位”的称号，保持了“首都文明单位标兵”荣誉，未发生违法事件，没有员工受到政纪、党纪处罚。

（解小林　赵艳霞　许　忠）

6月20日，公司组织“百名党员誓做反腐倡廉先锋”签名活动。

密云供电公司

■ 密云供电公司办公大楼（密云县新中街3号）。

【概况】 密云供电公司（简称公司）负责密云地区2226.5 km^{2}的电力供应、销售和输电、变电、配电设施的建设和运行，担负着密云县委、县政府等重要单位、境内企业和居民生活的安全供电任务。

公司管辖35kV及以上变电站19座，其中，110kV变电站6座，35kV变电站13座。35kV及以上主变压器35台，总容量55.72万kVA。35kV及以上输电线路30条，总长度300.84km。10kV配电线路114条，总长度1690.17 km。10kV配电变压器2932台，总容量33.555万kVA。

密云电网供电人口43万人，总用户58366户，总用电量8.3588亿kWh。有0.4kV用户55586户，总容量26.43万kVA；10kV用户2763户，总容量49.28万kVA；35kV用户17户，总容量2.752万kVA。无一类用户，有二类用户13户。地区最大供电负荷154MW。

■ 密云供电公司领导班子。左起：总工程师张琪，副经理史景坚，副经理金学，经理孙永鑫，党委书记王志慧，副经理黄迅，工会主席杜国成。

售电量完成8.0267亿kWh，同比增长11.52%；地区售电均价完成548.20元/MWh（剔除涨价因素），同比提高53.58元/MWh；电费回收率完成100%；应收电费余额完成721万元；110kV及以下地区线损率完成3.97%，35kV及以下线损率完成4.13%，同比下降31.96%。

利润总额完成−3107.02万元，主营业务收入完成4.094959亿元，固定资产总计4.5796亿元。多经公司实现利润813.3万元。完成3个百日安全生产长周期，截至2005年12月31日累计实现安全生产1964天。

公司设有11个职能处室，5个工区，1个后勤服务中心，1个多经总公司，8个供电所。

（丁亚娟　张　琨）

【人力资源】 公司有全民职工255人，集体职工9人。其中，研究生及以上学历2人，本科学历30人，专科学历78人；拥有高级职称4人，中级职称16人，初级职称47人，其中包括集体工3人；持有各类技能鉴定证书168人；北京电力公司专业技术体系二级工程师6人，其中包括集体工1人；北京电力公司生产技能体系一级技师1人，二级技师2人。

制定并实施了《密云供电公司员工业务能力考核及综合评估管理办法（试行）》，加强日常教育培训管理，职工全员参与各类培训和学习，全年开展培训486期，224人次达到40学时以上。

继续与华北电力大学成教院合作举办用电监察与管理专业大专班，新开设电气工程及自动化专业专升本班，采用在本地办班、学校开设办学点的形式，144名职工参加大专和本科的在职学习。

组织参加北京电力公司生产人员和专业技术人员技术比赛，2人分别荣获电力市场营销专业二、三等奖，1人荣获信息技术专业三等奖。生产人员理论、实操综合成绩前30%的有21人次。配合北京电力公司开展生产岗位普考工作，有44名职工参加5个专业的普考，其中23人取得了80分以上的好成绩，普考合格率93%。组织开展了密云供电公司首届职业技能大赛配电线路工种的技术比赛，共有74名职工参加了比赛。

开展岗位评价工作。10月17日～11月17日，外聘专家对公司所有岗位进行了岗位评价，明确岗位职责，确定各岗位工作的具体内容；规范工作标准，为考核工作提供明确的考评依据；规范任职条件，明确岗位的上岗要求；利用科学的评价方法，衡量每一个岗位在公司内部、部门内部的相对价值，为公司员工收入分配提供科学的依据。

（李　燕）

【电网规划与建设】 修订《重大危险作业、重大安全技术措施审批制度》、《工程建设处安全例会制度》、《密云供电公司工程建设处事故统计、报告制度》、《电网建设工程安全管理办法》等9项基建安全管理制度。

2005年3月，农网二期补充工程以及农网三期工程正式启动。密云供电公司共有项目27项，其中，农网二期补充工程17项，农网三期工程10项。截至2005年底，共竣工、发电农网工程17项；改造35kV变电站4座，增加供电能力20.7MVA；新建10kV架空线路56.35km；更换分装村配电变压器244台；新建村配电台区244个；更换接户线433.32km；更换电能表2248块；户表箱改造7400个；新建低压线路50.307km；更换分装漏电开关167台；新建进、出线电缆47.486km；更换小线号52.755km；装拉线防护管1128套；加装变压器绝缘罩1293个，更换高损耗配电变压器256台。

按要求决算11项，决算资金3211.247901万元，顺利完成2005年考核指标。工程竣工决算率指标达到100%。

（周冬川）

12月16日，举行密云县第一座220kV变电站奠基仪式。密云县副县长王广双，人大常委会主任陈天立，县政协主席郑亚娟和北京电力公司副总经理单业才，副总工程师田璐出席了奠基仪式。

【安全生产】 层层签订安全生产双向互保、交通、防火安全责任书，完善以公司、工区、班组为基础的三级安全生产网，形成安全管理的全过程控制和全过程监督。每月召开月度安全生产分析会及安全网员例会，分析安全情况，制定相应措施。

加强安全教育，开展系列安全活动。针对其他单位发生的变电人身触电事故在全公司范围内开展了为期1周的反装置性违章专项检查活动。组织各部门、单位骨干人员脱产3天进行《国家电网公司电力安全工作规程》的学习和讨论。

开展基建专项安全监督工作和基建专项安全评估工作、营销系统安全评估工作和供电所的安全性评价工作。

加强电网调度运行管理，编制了密云地区《电网事故应急组织预案》和《事故处理应急抢修预案》。8月12日，电网遭到雷暴袭击时有效的指挥调度，使事故在最短的时间内得到处理，保证了电网的安全。完善保政治供电体系，确保了“两会”和“高考”等多项保电任务的完成。

加强设备基础管理，完善了输、变、配电设备台账，建立健全《密云供电公司仪器、仪表台账》、《密云供电公司密度继电器台账》、《密云供电公司压力表台账》等基础资料。加大老旧、淘汰设备改造力度，提高设备健康水平。更换高岭、穆家峪、北庄变电站的直流设备并进行隔离开关完善化改造；更换冯家峪站35kV电压互感器，解决铁磁谐振问题。加强设备运行管理，组织对多条输、配电线路

抢修人员雨中进行抢修。

进行清扫，提高线路运行水平。加强设备运行监视和测温工作，确保设备安全稳定运行。

完善设备管理制度体系建设，制定《密云电网配电设备选型选用原则》、《密云供电公司设备缺陷管理制度（试行）》、《密云供电公司电力设备备品备件管理实施细则（试行）》、《密云供电公司技术监督管理制度（试行）》、《密云供电公司少油断路器故障开断后检修工作管理规定》等规章制度。

（蔡继文　邵欣忠　李继森）

【经营管理】 2005年，公司将各项生产经营工作与《建设一流县供电企业标准》相结合，顺利通过了国家电网公司的验收。修订《密云供电公司责任制考核办法》、《建设一流县供电企业及同业对标管理办法》，在完善制度建设的同时强化制度落实。

完善线损管理体系。按路、按台区统计和考核，有效控制线损，提高了企业的经济效益。2004年12月，由北京电力公司农电工作部推荐，密云供电公司被国家电网公司确定作为县级供电企业线损管理试点单位。公司在2005年开展线损管理试点单位的相关工作。对照《农村电网电能损耗管理模式》，分析研究公司的线损管理工作在管理体系、指标管理、技术管理和资金投入方面存在的主要问题。开展了以下工作：① 建章建制，规范各项线损管理工作。一方面确定线损管理模式，明确线损管理职责，另一方面，修订完善线损相关管理制度。② 在管理降损方面，加强对高低压计量关口建设，补齐计量并加装采集；开展营销电费管理系统建设，提高电量、线损统计分析等功能；加强查处违约窃电工作，下达查处任务，购置专用检查设备；开展分台区抄表考核工作。③ 在技术降损方面，加强电压无功管理工作，开发电力系统无功规划优化软件，在简易站加装高压电容器；编制了密云县中压配电网规划（2005～2010年）；进行计量装置改造工作；开展高、低压理论线损计算工作。④ 在落实考核方面，制订了《2005年密云供电公司线损专项考核办法》（试行）并严格落实考核。在明确各部门线损、电压无功管理专（兼）职人员的基础上，组织进行了线损、电压无功基础知识的培训以及对营销相关部门线损管理人员的营销知识培训。2005年11月25日，通过了北京电力公司专家组的检查验收。

以经营指标分析和同业对标工作为手段，查找管理差距，限期落实整改，形成闭环体系，有效提升管理水平。

开展多经营业项目的预测和多经产值、利润的预测工作。全面做好预算管理工作。截至2005年年底，多经总公司完成销售收入1.5亿元，同比增长47%，实现利润总额813万元，实现净利润413.8万元。

（李　森　周福欣　秦阳生）

【营销与优质服务】 制订并完善《密云供电公司2005年电费回收奖惩实施细则（修订）》等9项营销管理制度。新成立的电费结算中心、客户服务中心和计量中心进行了内部建章建制工作，制订一系列管理制度和考核细则，并对以往的工作标准、岗位职责、工作流程等进行了完善和补充。

电量远采技术逐步推广应用。不老屯等3座临时变电站的考核用关口表、县城地区部分综合公用变压器的台区考核总表，通过采用无线远程数据采集技术实现了电量等运行数据的实时传输；完成了变电站电量采集工程前期设备安装和系统组建。

采取建立电费回收的责任与考核机制、缩短停电时间、对低信誉客户依法收取预交电费、规范计划电费的收取、改进一户一表收费方式、加大违约金收取力度等多项措施，使当年新欠电费得到了遏制。

增加稽查人力，拓宽稽查范围，加大稽查力度，定期通报稽查报告，实现了营销工作的闭环管理。

10月底，全面完成了对9747户进行综合性普查的工作任务。对普查中发现的各类共性问题和个别问题，分别制定了整改措施并逐步落实。同时为杜绝此类问题的发生，完善了相关规章制度和考核办法。

完成15个重点单位的保“两节”及“两会”期间安全用电检查、第七次京津地区风沙源治理工程省部联席暨现场会承办酒店的专项检查、20个防汛重点单位的专项安全检查、12所学校高考中考前安全检查、旅游黄金周前对16个旅游景点的重点安全检查工作、神州六号飞船升空之际对卫星地面接收站进行的安全检查，对发现的问题向客户开具用电检查结果通知书，并对客户给予了技术性的指导。

按照《密云供电公司供电服务规范实施细则

(试行)》的规定,领导班子多次带队对不同层次的客户进行走访,了解客户对公司开展优质服务工作的满意程度及需求意见和建议。针对客户提出的意见和建议制定了相应的措施并做到件件落实。增设客户代表岗位。通过生产岗位竞争,5月24日,2名客户代表正式上岗,对高压自备客户从报装时起进行全过程跟踪,全年共计接待客户199户。对有特殊要求的35户重点关注,协调相关部门尽快办理有关业务,以最短的时间为客户供电。

(周福欣)

【农电工作】 建立农电安全管理保障体系,形成农电安全管理网络,将农电安全管理工作纳入公司管理体系之中。供电所所长、安全网员参加公司安全生产例会,将安全文件、事故案例及时传达到供电所,供电所坚持安全日活动。以供电所为单位,在全县范围内组织了两次安全宣传活动,发放安全用电手册20000份,现场解答安全用电问题。

深化农电体制改革,完成供电所人员定编定岗工作。按照公司三级营销管理模式,完成了供电所定编岗位设置、岗位职责确定及岗位竞聘工作。

实行供电所成本开支预算管理,制定相关标准,规范财务行为,实现了公司对供电所财务的有效监督和供电所成本开支可控再控。

农电处负责农网二期补充完善工程中低压项目的组织实施工作,其中3项工程已完成竣工验收,并配合公司工程建设处、财务处完成了工程的竣工结算工作。

公司领导陪同密云县政府领导视察,协调解决树线矛盾。

各供电所建立了低压资产台账,绘制了低压资产小图,为运行管理、设备改造积累了第一手材料。

协调公司、各供电所、当地政府部门之间的关系,妥善处理投诉、人民来信等问题;协调公司各职能部门与供电所在业务工作中的关系,做好安全管理、电费回收、线损管理考核等项工作。

对供电所200余名员工进行了安规培训考核,保证生产人员持证上岗;针对变压器台区总保护投运率的现状,组织了两期总保护、二次保护的安装、运行维护及管理培训班,共培训50人次。

(肖　兵)

【科技与信息化建设】 调整密云供电公司科技进步领导小组及科技成果评审委员会成员,修订《密云供电公司科技项目管理办法(试行)》等3项管理办法。

申报科技项目5项,立项1项,北京电力公司统一推广项目1项。自筹资金开发两个实用性很强的科技项目:变电试验数据管理系统、电力催费与短信办公系统。其中,电力催费与短信办公系统获得北京电力公司推广应用二等奖。

上交科技论文36篇,评选出8篇优秀科技论文,选送3篇参加北京电力公司的评审,1篇获三等奖,1篇获鼓励奖。

在软件方面,开展公司新版信息平台建设,实现OA系统的升级改造,并在此基础上建设公司文档中心、计算机网上管理系统、厂务公开、党建资料信息平台等应用系统;与华北电力大学合作开发电网经济运行软件。在硬件方面,开展公司计算机机房标准化改造;对公司新办公楼进行防雷改造;对多经办公楼的计算机网络进行了改造和整理,开通了具有两个固定IP地址的互联网出口;建设完成供电所语音电话系统(VOIP),开展电量计量与负荷管理系统建设。

(白　广　刘文军)

【党建与精神文明建设】 扎实推进党建工作。完成了接收银杰劳务派遣党员工作。共接收劳务派遣党员30人,并组建了农电党支部。

在历时半年的保持共产党员先进性教育活动中,公司党委组织广大党员认真参加理论学习,强化措施落实,加大民主评议力度,广泛征求群众意见,认真落实整改提高。

开展党风廉政及纪检监察工作。在党员干部中深入开展以“勤政、廉政，廉洁自律”为主题的系列宣传教育活动，加强领导，落实责任，规范管理，全面完成了党风廉政建设各项工作指标。公司确立了5项效能监察工作。在北京电力公司组织的效能监察评比中，《加强农电财务预算管理》获得了优秀成果奖，《加强电费回收管理》获得了鼓励奖。

公司夺得“全国一流县供电企业”称号，并连续赢得“首都文明单位标兵”称号。公司带电作业班获北京电力公司“青年安全生产示范岗”。

（相英杰）

■ 密云供电公司“青年安全生产示范岗”带电班在作业。

顺义供电公司

【概况】 顺义供电公司（简称公司）是北京电力公司的直属生产单位，座落在被誉为“绿色国际港”的顺义区境内。

顺义供电公司领导班子。左起：工会主席马登祥，副经理范国平，党委书记石宝印，经理李景中，副经理李殿军，副经理王健，总工程师肖文清。

至2005年底，公司固定资产达8亿元。公司管辖110kV变电站14座，35kV变电站15座，变压器总容量1299.95 MVA，输电线路429.671 km，配电线路2171 km，35kV电缆线路4.5 km，10kV电缆线路527 km。

110kV用户站4户，变压器总容量345000 kVA；35kV用户13户，变压器总容量57600 kVA；10kV用户4000户，变压器总容量1550000 kVA；低压用户8919户。

重要政治用电户1户，为首都机场110kV变电站，主供国际机场跑道、指挥塔、航站楼等负荷。双路电源用户88户，总容量为880955kVA，主要集中在天竺和后沙峪地区，用户大多为生产连续性和居民用户。

2005年，公司实现利润3490万元；售电量260416.37kWh；售电均价544.82元/MWh；线损率6.26%；电费回收率100%。

公司设立11个职能处室、2个工区、3个中心、1个多种经营总公司、1个综合服务公司和19个供电所。

【人力资源】 在册318名职工中，大学本科学历55名，大专学历104名，中专学历19名。技术员以上职称74人，其中包括5名高级工程师。

聘任了42名管理人员，改变了过去大车间式的管理模式，推出了以营销为龙头，安全生产、电网建设为基础的运营格局。

在北京电力公司组织的生产岗位10个工种的普考和技术比赛活动中，71名参加普考工种的职工考试全部合格，并有多人获得A级或B级。在生产岗位人员技术比赛中，用电检查员专业知识竞赛获得团体二等奖；在专业技术人员技术比赛中，调度专业获得二等奖。

利用公司的兼职教师资源和聘请技术专家讲课等形式，为变电运行、35kV代管站和用电检查等各专业举办了专题培训班。

公司与保定电力职业技术学院联合开办供用电技术专业成人中专班，70人通过入学考试，参加中专班学习。公司获北京电力公司教育培训先进单位。

8月10日，在公司南大会议室举行供用电技术中专班开学典礼。

【电网规划与建设】 掌握功能分区、负荷需求，开展电网规划工作。2005年度，获北京电力公司开展的6项劳动生产竞赛评比活动中的电网规划及电网建设先进单位。

度夏工程全面告捷：① 米各庄110kV变电站是基建项目的度夏工程，2004年11月中旬变电站土建开工，2005年5月29日全站发电。② 东大孙

35kV变电站增容改造是农网项目的度夏工程，同时也是顺义区人大代表会的提案项目。东大孙2台5MVA主变压器更换为2台10MVA变压器的任务在5月27日竣工投产。

■ 5月29日，米各庄110kV变电站竣工典礼。

基建工程和农网工程建设稳步推进。河津营110kV变电站自2005年4月土建开工，11月29日投产发电；行宫站35kV变电站增容改造，10月28日正式开工，11月26日竣工发电；北大孙35kV变电站更换主变压器工程、楼台35kV临时变电站新建工程按计划开展。

消隐工程按计划开展。公司负责的消隐工程有：110kV天竺、杨镇、仓上站改造和110kV牛上一、怀牛一改造任务，按计划顺利开展。

【安全生产】 2005年，公司顺利完成3个百日安全生产长周期。截至12月31日，累计安全生产长周期达3273天。获北京电力公司开展的6项劳动生产竞赛评比活动中的安全生产管理先进单位，顺义区安全生产工作先进企业、社会综合治理2005年先进单位、2005年度交通安全先进单位、平安单位。

■ 4月7日，全体职工在南大会议室召开顺义供电公司安全生产3000天总结表彰大会。

2005年，公司重点强化基础管理，细化安全管理制度、落实安全生产责任制。对安全管理方面的规章制度进行了补充、完善及修订。年初，公司与部门、班组层层签订安全生产、消防保卫等方面安全责任书，对各项安全指标进行了逐级分解，责任到人。对全体职工和供电所部分人员进行了安全规程制度培训工作，成绩全部合格。4月，对调换到新工作岗位上的部分转岗人员进行了规程制度的培训与考试。

1月，开展了安全需求调查活动。40余个班组280人共提出了65项安全需求，已整改完毕。开展了安全闭环管理工作，从决策、管理、执行三个层面展开工作，使各级人员做到责任到位、压力到位、操作到位、监督到位。

以“五查五防”为重点开展秋季安全生产大检查活动。全面开展“三零”（“零违章、零缺陷、零投诉”）活动，按“三零”要求，公司领导和各职能处室负责人定期深入生产施工现场，检查安全措施落实情况。增大奖惩力度，对有关部门与责任人进行了经济考核与嘉奖，全年扣款共计17100元，奖励15200元。

9月，开展了安全评估工作，对公司范围内的“安全生产方针的贯彻落实和安全目标管理”等7部分内容逐项进行自查评估整改工作。在自查评估的基础上，特邀北京电力行业协会专家组进行安全生产工作评估工作。

每月定期召开安全生产分析会，对公司安全生产形势进行细致分析，制定防范措施；加强承发包工程的安全管理，由安全生产第一责任者授权委托生产技术处、市场营销处和农电管理处等5个部门的责任人办理对外发包工程有关事宜，签订了发包（分包）工程授权委托书，同时在安全监察处备案；加强现场巡检工作，截至年底共检查施工现场654处，检查班组649次，发现问题464项，公司领导参与巡检组现场检查50次。

公司经理与分管领导、分管领导与部门负责人签订了消防责任书，并以文件形式公布。年内，进行两次消防保卫工作培训和演练活动。对公司重点部位的消防设施进行了50余次全面检查，完成

110kV仓上和天竺变电站的自动火灾报警系统改造工程，同时对其他各站消防系统报警系统进行定期检查及抽查，确保设备运行正常。

组织召开了持有准驾证人员参加的遵章守法交通安全大会和《道路交通安全法》普法大会。定期利用OA的形式宣贯交通安全信息和行车常识。

对各保安地点24小时值班情况进行检查及抽查，对离岗脱岗人员严肃处理。对要害部门重点加强检查。将公司视频监控、周界报警系统与区公安局进行了联网，完善了技防措施。

公司配合区政府、发改委、安全生产监督局开展了线下隐患整治工作。公司专门成立检查小组，对各镇线下隐患整治情况进行全面检查。截至12月底，公司组织安全监察处、生产技术处等部门及所属19个供电所，先后共动用人力8000余人次，车辆700余台次，清除输配电线路保护区内各类隐患1000余处。

全年共完成两会、高考、国庆节、开斋（尔代）节、顺义区啤酒节、和谐顺义舞动青春青年文化节等政治保电工作任务，累计34次。其中，重大政治保电工作1次，大型政治保电工作11次，一般性保电工作22次。

【经营管理】 2005年，公司“走出去”，向青岛、山东、上海等先进省市的电力公司学习先进管理经验和优质服务工作。2005年，相继组织完成了部分管理岗人员的调整，中层干部的岗位交流和生产岗位、辅助岗位、新增管理岗位、多经岗位的竞争上岗工作和供电所的改革工作。

将原有的奖金分配制度改为与岗级挂钩，按照不同系数发放奖金，使奖金发放与贡献和责任大小相结合。召开专题考评会议对管理部门和管理人员进行考核，根据所排名次对各部门负责人和管理人员进行了不同的奖励。自11月开始，每月初召开奖金考评会。

2005年，公司完善了财务管理制度，建立了完整的财务管理体系。通过对成本指标的分解，为各部门安装费用查询系统，把公司各项开支纳入预算范围之内。开展了资产的盘点和清查工作；建立了资产平台，公司资产的数据得到共享。2005年度，获北京电力公司开展的6项劳动生产竞赛评比活动中的财务及经营管理先进单位，2005年会计基础工作先进单位、2005年度财务决算和预算编报工作先进单位，同时获得2005年北京电力公司会计知识竞赛第一名。

多经公司全年利润总额9812万元，上交多经处管理费35万元，税后利润41万元。采用关、停、并、转的方式规范所属各公司的经营模式。

【营销与优质服务】 开展了两次线损理论计算工作及低压台区实测工作。完善落实了《顺义供电公司线损管理工作考核办法》，继续实施分压、分线考核制度，并将考核结果进行公示。同时，加强了变电站母线平衡的管理工作，借助电量采集系统的自动化手段，使每日母线电量平衡的统计得以实现。研究丰台计量改造方案，细化改造任务，制定顺义地区的整改措施。继续推广计量装置改造等降损措施，有针对性地对用户计量装置进行改造，采用新式的TA、TV组合系统，利用技术管理措施，降低线损。此举措获北京电力公司低压计量装置改造技术改进三等奖。

制定电费回收奖励考核制度。加强与政府部门的沟通，得到政府的支持，加大电费回收宣传力度。对欠费大户及拆迁地区设专人催收。对临时性用电、违约用电等用户签订电费协议，预收电费，避免了此类用户的欠费问题。顺义地区全年未发生新欠费用户。

截至2005年底，签订资产移交协议57份，开闭站5座；电缆分界室（开闭器）38座；配电小区（箱式变电站、配电室、开闭器）14个。

将原用电工区、计量室等营销部门进行整合改造。细化专业，合理安置，分清责任部门，优化营销口的队伍建设。组织营销、客服人员认真学习优质服务标准，贯彻落实三个“十条”主旨。简化办事程序，实现“无障碍绿色通道”。组织员工观看电力礼仪培训纪录片，实行首问负责制。向社会公开承诺内容，在岗位悬挂统一标志，公开监督电话限时服务制、服务引导制。大力推行“三少四时”服务，即办理业务中让“少等、少跑、少问”和提供“及时、延时、定时、随时”服务，提供“微笑服务”。业扩工程严格按照《业扩管理手册》和招投标管理中心的规定执行，缩短业扩专业、方案设计、组织施工、工程验收、组织发电等各个环节间的流转时间，尽快为用户接电。制定并落实《顺义供电公司营销系统考核管理办法》，将营销工作人员的工作质量考核变为常态机制，纳入日常奖金的管理。完善了营销管理信息系统，将日常工作流程和考核统一上机管理。建设开发了电量远程采集管理系统。

规范电力市场，全面开展需求侧管理工作。加强营销稽查大队的工作管理内容，与顺义公安局合作，成立驻公司办事处，配合公司查处窃电和违章用电。2005年，营销稽核大队查处窃电50起，违约用电62起，挽回电量损失147.7252万kWh，追补违约电费200.11万元。制定了2005年顺义地区夏季电力平衡方案，做好大用户的宣传、指导、协商工作；落实限负荷装置安装、改造和相关协议的签署工作，新装和改造46台负荷控制装置。在普查工作中，发现违约、窃电用户112户，回收电费83.23万元。

加强地域化工作管理，建立三级营销机构。加大了供电所报装、变更用电、营业普查、农网改造等下放业务。2005年，供电所受理的小报装达303户，供电所营业普查发现的窃电、违约用电行为5起。7月，对供电所进行10kV分路考核。

【农电工作】 将21个供电所整合为19个供电所，实行一镇一所。各供电所根据管辖区域设备数量核定人员编制，确定岗位职数，实行了全员竞聘上岗。完成了农电工招聘工作，共招收农电工153人。

完成了农网二期补充工程和部分农网三期工程任务。2005年，共计完成了17项农网二期补充工程，包括加装拉线防护管、加装变压器绝缘罩、供电所信息化建设、村配电变压器新建10kV线路、更换分装村配电变压器、新建村配电台区、更换接户线、更换电能表、户表箱改造、更换分装漏电开关、更换10kV小线号工程、东大孙变电站增容改造工程、杨闫大支线路改造、行宫1号主变压器更换、北大孙1号主变压器更换、楼台临时站、国家计委培训中心外电源工程。12月31日前，完成了农网三期改造工程中的一户一表改造、低压线路工程、更换高损变压器、10kV线路、更换分装柱上变压器、无功补偿、更换分装箱式变电站工程。

【党建与精神文明建设】 按时组织中心组成员进行理论学习，充分发挥党支部独立工作能力，做到每周四党组织都有活动，使理论学习不断。制定了2005年度思想政治工作计划、精神文明建设计划以及党员主题活动计划等。公司党委书记石宝印分别与6个党支部书记签订了《精神文明建设及党风廉政建设责任状》。在党员中开展了“基础管理是关键、党员处处走在前”主题教育活动。与大兴、党校、昌平等供电公司党委进行了经验交流，取长补短。组织全体党员前往西柏坡进行革命传统教育。在团员青年和在一线班组的骨干力量中培养发展对象。深入开展“保持共产党员先进性”和“基础管理是关键、党员处处走在前”主题教育活动，并使之紧密结合起来。3月底至4月初，组织党员和积极分子分3批到中华世纪坛参观反腐倡廉展览。

制定并开始实施《顺义供电公司精神文明建设奖励基金实施办法（试行）》。2005年度，公司获北京电力公司开展的6项劳动生产竞赛评比活动中的文明单位和顺义区思想政治工作先进单位、共建和谐先进单位。每月一期的《绿港供电》，宣传公司的生产经营工作，按期制作播出与顺义电视台共同创办的《绿港电力》专题栏目。

开展效能监察工作和党风廉政教育工作。组织了针对陈欠电费的追缴工作进行效能监察的专题座谈会，此项效能监察工作获得了北京电力公司监察优秀成果奖。组织部分党员、干部收看了宋鱼水先进事迹报告会。生产岗位竞争上岗工作结束后，组织召开了班组长及新聘管理干部任前集体廉政谈话会。对50万元以上的物资采购、工程建设进行招投标订货会，本着“三公”原则对竞标单位资质、招投标过程、评标结果严格把关。聘请了顺义地区各委办局、大电力用户、部队代表共60余名行风监督员。召开两次行风大会，通过汇报、座谈、发放意见征求表、参观等形式，与客户相互了解和沟通。11月17日，北京电力公司特约监督员检查指导公司的行风工作，得到监督员们的认可。

（赵鹏跃）

延庆供电公司

■ 延庆供电公司办公大楼（延庆县新城街1号）。

【概况】 延庆供电公司（简称公司）集输电、变电、配电、电力调度和营销服务于一体，担负着延庆地区1992.5km²、27.7万城乡人口的生产生活用电任务。

截至2005年底，公司有110kV变电站3座，主变压器6台，容量166MVA；35kV变电站8座，主变压器11台，容量67.7MVA。35kV及以上输电线路总长度344km，10kV配电线路1220km，配电变压器1679台，开闭器46座，刀闸小室13座，配电室6座，开闭站2座。110kV用户变电站台1座。截至2005年底，公司资产总额3.1亿元，实现劳动生产率30684元/人年。2005年地区最大负荷11.3万kW。营业区内共有营业户数47275户，其中，卡表用户34105户，一类用户6户，二类用户19户，110 kV用户1户。

利润总额指标为–3561万元，完成–3009万元（排除涨价因素），减亏552万元；售电量指标为53491万kWh，实际完成56637万kWh，同比增长5.88%；售电均价指标为527.59元/MWh，实际完成525.78元/MWh；线损率指标为7.44%，实际完成5.89%，较指标低了1.55个百分点；完成应收电费余额626万元。

公司下设12个职能管理处室、3个业务管理中心、3个生产工区、8个供电所和1个多经总公司。

【人力资源】 公司有全民职工187人，集体工9人，银杰公司员工170人，其他性质的用工人员169人。在全民、集体工中，生产岗位人员持证上岗率达91.7%，本科及以上学历占18%，专科学历占54%。学历分布如图1所示。

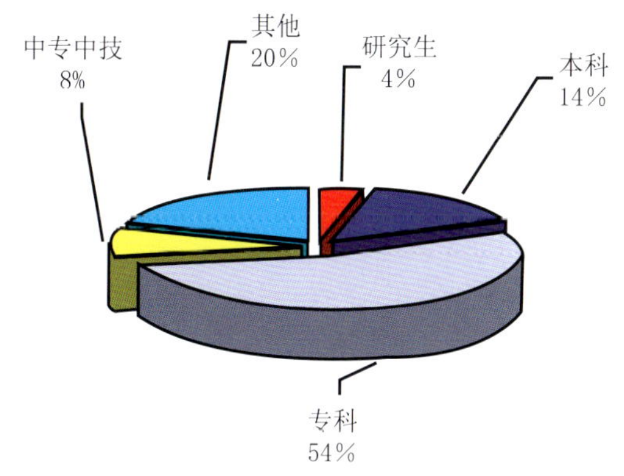

图1 公司人员学历情况简图

公司专业技术人员71名，专业技术职称分布情况如图2所示。

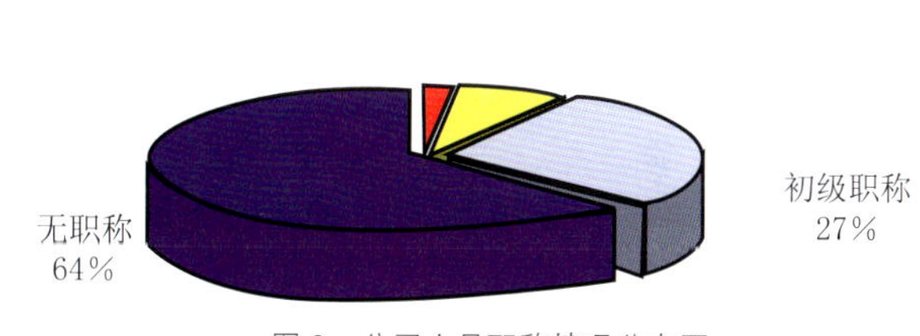

图2 公司人员职称情况分布图

技能人员队伍：公司现有120名生产人员，职业技能鉴定持证情况如图3所示。

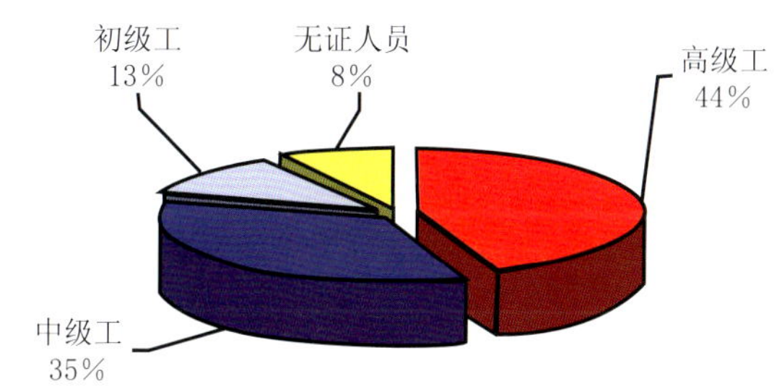

图3 公司生产人员职业技能鉴定情况简图

在干部中履行“一岗双责”（既要抓好业务工作，又要抓好本部门人员的思想工作），落实廉政要求，各级干部没有发生严重违反廉政准则的案件，没有发生职工违法违纪案件。

调整了公司的教育培训组织机构，建立了三级培训网，重新修订了有关教育培训的制度和办法。鼓励职工参加各类培训学习，对职工培训情况进行跟踪管理，全年组织各类培训35期，完成全员培训率75.4%。年初，公司举办了为期4天的中层干部封闭式脱产培训班，还特别对班长和一般管理岗人员进行了“管理与沟通”的专题培训。先后分三个阶段利用两个月的时间培训农电工681人次，人均培训时间达40天。做好农电工持证上岗和专业下放工作。公司被评为北京电力公司的教育先进单位。

推进绩效考核与薪酬改革，与华北电力大学共同完成了公司人力资源项目的开发与应用，形成了一套符合公司实际且科学合理的人力资源管理体系。

【电网规划与建设】 结合延庆地区“十五”期间城网建设现状与地区发展规划，对“十一五”城网规划做出了部分调整，组织编写了《延庆供电公司中压配网规划》。完成了35kV永千线路26km的勘测工作，配合市政部门完成19条街道51km架空线路入地和727盏路灯的改造工程。

完成总投资近9000万元的农网二期补充工程和农网三期工程改造任务。新建配电台区工程66个，完成19612户、490km的接户线更换，更换电能表12743块，表箱改造11135个，新架低压线路工程31.239km，更换分装漏电开关120台，更换高损耗变压器73台、更换分装柱上变压器19台、更换箱式变电站47台，10kV配电室改造1座。35kV张山营站完善第二电源工程竣工发电，完成35kV旧县变电站更换1号主变压器和35kV西红寺变电站改造工程。

【安全生产】 连续实现3个100天安全生产长周期，全年未发生人身轻伤及以上事故，输电事故、变电事故、配电事故、输电一类障碍、变电一类障碍均实现了零指标。2001年2月4日至2005年12月31日累计实现安全生产1792天。

投入资金611万元，开展了11项大修工程和7项技改工程的建设，主要包括配电线路的运行维护和检修、城区低压接户线的改造、配网设备改造等工作，并通过负荷切改等方式调整线路的负荷，提高线路互代能力，提高了电网供电可靠性。

完成10kV消隐工程电缆分界室改造、新建政府开闭站和19条电缆更换纸绝缘的设计工作。开展了树线矛盾和三线搭挂的治理工作，共完成72处三线搭挂治理任务，治理树线矛盾隐患143处，砍伐树木1271棵、去树头4420棵。完成了10kV高速路和大浮坨路的绝缘化设计工作。

■ 110kV东杏园变电站检修工作现场。

完成两会期间的政治保电、市政府领导到延庆视察、中法文化节、热气球比赛和中高考等重大活动、节假日的政治保电工作。

建立了安全管理体系，完善和修订了已有的安全规章制度。开展安全互保工作，落实“三级控制”目标，逐级签订安全责任书，层层落实安全责任。修订、完善了公司各级人员安全生产责任制，人身安全责任书，三不伤害责任书，反习惯性违章措施，防止误调度、误许可、误登带电设备责任书，共签订人身安全责任书358份。

组织开展了安全需求调查活动，公司120人参加了此次活动，占公司职工总数69.3%，整理出安全需求问题40项，对各项问题制定了有效的解决措施。在安全性评价工作中查出问题38件，完成整改38件。

8月，公司自筹资金邀请了北京电力行业协会进行了安全评估工作，完成、完善作业指导书、现场临时电源管理31项问题的整改，制定了《安全预警管理制度》、《反违章管理办法》等7项管理制度。

坚持开好安全生产分析会和安全网员例会，成立了以公司安全第一负责人为主线的安全生产委员会和以各分管领导为主线的监督检查动态巡检组。开展春季、秋季安全大检查以及反事故斗争和安全闭环检查、安全性评价工作。公司同时将安全性评价工作融入到大检查活动中，从计划、布置、检查、培训、总结到考评整改过程，建立明确的考核体系和保证体系，将各项工作纳入规范化的管理轨道。从严查处各类违规违章事件，全面实行闭环式管理。针对安全闭环检查出的安全日活动不规范、工作票填写不规范、生产现场存在习惯性违章现象等10项问题，组织安全员、计划员集中培训、观看反习惯性违章录像。

加强生产现场安全动态检查，加大奖惩力度。对公司110kV输电线路改造，农网二、三期工程，春检预试，市政改造工程等重点工作现场加强了动态检查力度，共下现场监督检查686人次，其中，公司领导现场监督检查432人次；检查工作票987张，签订发包、承包电气工程安全生产管理协议书44份。安全奖励1085700元（延庆公司奖励856600元，北京电力公司奖励229100元），累计扣款12500元。

【经营管理】 结合北京电力公司工作要求，将调度室和自动化工区合并成立了调度所，完成了从单一的调度生产向职能管理的过渡。编写了《变电一次设备检修》、《高压试验》等10本涵盖变电、线路两个工种多个专业的作业指导书。

公司财务处牵头，生技处、调度所、行政处、变电、线路工区等部门密切配合，历时两个月，对公司所有资产进行了盘点，核实了资产的账面价值，完善了账卡物信息，明晰了公司资产的实际情况。

加强电费管理，取消供电所电费核算账户，为进一步实现电费集中核算做好了前期的准备工作。完善经营活动分析，找出了影响营销工作的客观因素。通过异动分析，检查出TA故障3处、错接线6处，全部予以了及时处理。

做好综合性评价工作。公司共进行2次自查评分、2次内部整改。对专家组检查出的17个问题，均制定了切实可行的整改措施。针对综合性评价暴露出的漏洞和薄弱环节，公司制定、完善了《延庆供电公司计量管理规定》、《延庆供电公司保密工作规定》等37项制度，行文印发了《延庆供电公司突发事件应急预案》、《延庆供电公司供电服务投诉、举报考核办法》等15个管理办法，补充完成了《农网二期报废设备说明》等12个管理制度。

按照北京电力公司的统一部署，公司开展同业对标工作。每月都完成了同业对标指标累计值评价报告，对变化幅度（上升、下降）较大、近期（3个月）连续下降以及长期落后（北京电力公司）的指标进行深入分析，查找指标变化原因，提出具体改进方法和措施。

多经公司完成产值9700万元，实现利润413.7万元。广聚源出租汽车公司更新了32辆伊兰特出租车，龙苑宾馆先后将厨房、楼道等设施进行了改造，多种经营工作稳步推进。

【营销与优质服务】 加强需求侧管理的技术手段，安装负荷控制装置20台，制定了《延庆县2005夏季电力需求侧管理方案》，采取了高温休假、轮流周休等各项应对措施，确保北京地区电网平稳度夏。

整合、规范营销各专业基础数据，促进了营销管理信息系统建设。组织营销人员参加礼仪培训，规范服务行为，提高服务质量。新成立了抢修班，规范了报修服务流程，严格履行服务承诺。全年组织优质服务大型上街宣传活动10次，发放各类宣传材料53000余份，接待用户2600余人次，为用户解答各类问题112件。组织完成了开闭站、配电室、箱式变电站、台区关口调查，为缩小营业区域，实行分站、分线、分台区考核，安装关口计量装置，进行三级核算奠定了基础。

6月11日，开展节能宣传活动。

开展了综合性营业普查和居民一户一表零购电户的检查活动，打击了窃电、违章用电行为。完成386户的普查工作，查出非普工业违章用电2户、商业用电1户；查处窃电13户，其中，居民4户和商业8户，非普工业1户。累计追补电量5.48万kWh，累计追补电费3.76万元，收取违约用电费14.23万元。

受理客户新装、增容291户，容量5.5万kVA，接电277户，容量6.37万kVA。共签订供用电合同230户，办理轮换表、赔表业务405项，校验表业务52户，签订负荷控制协议55份、资产移交协议25份。

■ 9月14日，郭要斌(右三)、人力资源部主任张俊利（右四）慰问营业厅工作人员。

【农电工作】 农电管理处下设5个中心供电所，2个直属供电所，8个基层供电所，共有员工158名。对公开竞聘上岗的供电所所长、专责工等供电所管理人员进行了财务、线路、用电、营销等专业培训，全体员工参加了北京电力公司农电工作部组织的初、中、高级农网配电营业工和抄表收费工的培训，参培人员达681人次。

组织完成农网二期补充工程，加装拉线防护管5744组，加装变压器绝缘罩366台，新建10kV线路3km，更换分装村配电变压器30台，共4285kVA，新建村配电台区69个，更换接户线19612户490km，更换电能表12743块，改造表箱11385个，新架低压线路31.2km，更换分装漏电开关120台。

新建延庆供电所和永宁供电所，延庆供电所已经竣工剪彩，永宁供电所地下室部分已经封顶。为康庄、张山营、旧县、沈家营、香营、大庄科、刘斌堡、千家店供电所营业厅、财务室、材料库等重要场所安装了技防设施。

■ 新落成的延庆供电所。

【科技与信息化建设】 完成2005年度科技成果和科技论文的汇总申报工作，织织公司35kV输电线路防雷科技推广应用项目和分段计量科技项目的实施。完成公司信息平台和OA系统升级改造，系统进入试运行阶段；配合信息中心安装网络防火墙，安装诺顿网络版杀毒软件，完成物资管理信息化工程、供电所语音通信工程和物资光纤通信改造工程。完善了后勤、多经公司、图书室、客服抢修、营销和负荷控制机房等部门接入局域网络的工作。

【党建与精神文明建设】 7～10月，公司开展了保持共产党员先进性教育活动，公司全体党员参加了活动。公司纪委继续开展行之有效的党风廉政建设工作，没有发生一起违法违纪案件。荣获北京电力公司效能监察优秀成果奖1项，北京电力公司精神文明创新提名奖1项。继续荣获“首都文明单位”称号。公司线路工区获得北京电力公司青年安全生产示范岗。

■ 北京电力公司青年安全生产示范岗延庆供电公司线路工区作业现场。

生产单位

SHENG CHAN DAN WEI

变 电 公 司

【概况】 变电公司(简称公司)作为北京电力公司主网生产单位，承担着北京电网220kV变电站的运行管理工作及220kV变电站的开关、刀闸、直流设备、自动化设备、继电保护自动装置等设备的检修、维护工作，同时接受各区县供电公司变电站设备检修维护任务。

变电公司领导班子。左起：工会主席王兵志，副经理盛宇军，党委副书记兼纪委书记郑丽红，北京电力公司副总工程师（主持变电公司工作）杨超，党委书记陶晋生，副经理周松霖，副经理吕广耀，总工程师唐涛南。（张向东 摄）

管理变电站38座，其中，220kV变电站36座，110kV变电站2座；枢纽变电站22座，负荷变电站16座；有人职守变电站27座，无人职守变电站11座；集控站1座，临时集控站2座。固定资产46.5亿元。

管理主变压器94台，容量16519MVA，其中，220kV主变压器85台，容量16100MVA；110kV主变压器9台，容量419MVA。管理220kV断路器325台，110kV断路器452台、10kV开关柜1853面。

实现了3个100天的安全生产长周期记录，实现了全年无责任事故，超额完成年度安全指标，发生一类障碍13起。内部模拟利润3799万元，为全年计划的161%。工程竣工决算率100%。

公司设有10个管理处室，1个多经总公司，3个变电运行管理处（南郊运行管理处、北郊运行管理处、西便门运行管理处），西便门运行管理处为集控化运行处，4个检修单位（变电检修处、辅助设施检修处、自动化处、京电变电工程处）。

【人力资源】截至2005年12月31日，公司全部职工总数804人，其中，全民职工总数690人，在岗职工671人，不在岗职工19人；集体职工总数114人。

优化组合公司职工队伍，使生产岗位流动起来。2005年3月，公司对生产岗位定员622人进行全面竞聘和选拔工作，最后有590人上岗，在6月份的岗位工资中进行了兑现。从2005年开始从生产需要出发，在北京电力公司指定的银杰公司雇用劳务人员，激活企业用人机制。

339人参加北京电力公司生产岗位人员普考，90分以上81人，80~90分151人。参加北京电力公司举办的专业技术比赛，取得优异成绩，53人参加比赛，有12人获奖，其中，一等奖3名、二等奖3名、三等奖6名。参加北京电力公司举办的变电站值班员、变电检修工、电气试验工、电测仪表工的生产人员技能比赛，取得优异的成绩。开办了两期变电运行专业生产骨干培训班，共有80多人次参加。荣获北京电力公司2005年度教育培训先进单位。

变电检修工技术比赛。（张向东 摄）

（魏 麟）

【安全生产】 全年未发生人身伤害事故；发生设备

一般事故1起；发生设备一类障碍10起；实现百日安全生产无事故记录3个。

全年共完成安全措施项目13项，投入资金125.22万元。主要项目有：购置防止检修人员高空摔跌用的脚手架；配置中置式开关用升降车；更换部分变电站调度牌和临时安全围栏；配备带防雨罩绝缘杆及验电器等。根据《变电公司安全生产突出事迹奖励规定》，对在安全生产上作出突出贡献的职工给予重奖，对危及安全生产的违章现象给予重罚。全年安全生产累计奖励共计121450元，同比增加近4倍。

配合北京电力公司开展多项安全活动。在春季安全生产大检查活动中，落实安全生产责任，将年度安全生产目标逐级分解到每位生产一线职工。自下而上明确各级安全生产双向互保责任制，形成了上下级间的互动关系。在整个活动中重点加强安全基础管理工作，共对610人进行了不同类型的安全规程、触电救护的年度考试，完成了各类外聘、临时以及联营队伍人员的年度安全培训工作。开展安全生产评估检查活动，在专家评估的基础上进行综合查评，推动了老旧变电站改造的进程，解决了长期困扰公司的生产设备严重隐患。运用循环系统新理念，按照计划、执行、检查、改进四个步骤，开展安全闭环管理活动。公司配合“反事故斗争”和“反违章”活动，进行2004年事故回头看活动。重点从各级管理、从各级领导的角度，对2004年所发生的8起事故进行深刻反思和回头看活动。将有关活动内容制作成流动宣传教育展板，在公司各单位及变电站间进行巡回展览。根据北京电力公司京电基[2005]160号文件，在公司所属各检修施工单位范围内，开展电网建设安全生产月大检查活动。各单位在自查中，共发现问题30个，整改问题30个。在自查的基础上公司专项工作领导小组，组织有关人员针对目前公司内正在进行施工项目的回龙观、顺义河津营变电站工作现场以及对各施工单位本部进行抽查，共发现问题10个，进行了整改落实。

东北郊消隐作业现场。（张向东　摄）

全年共计完成操作任务21063项，操作步骤201710步，正确率100%。

编写、完善变电运行专业标准化作业指导书。公司正式下发了《变电站停、发电倒闸操作标准化作业指导书（试行）》；编写并下发了《220kV变电站巡视标准化作业指导书（范本·试行）》，同时组织各变电站编写了本站的巡视指导书，并进行了审核；编写了变电运行专业的《新建变电站投产交接验收作业指导书》。完成了变电站现场运行规程的修编、审核工作。

制定并下发了《变电公司防汛管理制度》等10余项管理制度，对公司防汛、度夏、测温、可靠性、计算机管理等各方面生产工作进行了要求，实现了规范化管理。编制并下发了《变电公司绝缘及化学专业技术监督管理实施细则》等10余项技术原则，对绝缘、化学、电测、计量、热工等各专业明确了技术要求。对《北京电力公司变电站管理规范》进行了宣传贯彻，并结合公司制定了执行细则。

建立了公司生产值班室，并完善了值班室工作职责及上岗条件。建立了公司突发事件应急体系，并编制了相应预案。培训、安装、推广了可靠性软件网络版，并编制了《变电公司输变电可靠性管理制度》、《变电站设备编码原则》等制度，在变电公司建立了可靠性管理体系。

完成2005年站用电额度的申请和核算，并与相关11个区县供电公司签署了《变电公司所辖变电站的站用电协议》。

完成了智能操作票软件的推广工作。在各站实现了操作票的计算机出票，并下发相应的管理规定。开发工作票软件，并进行了试运行。

建立并完善了设备缺陷管理体系和工作流程。完成了2005年设备评估。组织对部分站部分型号的断路器、隔离开关存在问题进行了专题分析，并制定了相应措施，组织进行了实施。

■ “五一”长假，变电公司春检工作按计划进行。
（张向东 摄）

完成了110kV富力城变电站、220kV宝山变电站的发电投产工作；完成了西—上—六变电工程上庄220kV变电站、八里庄220kV变电站、知春里220kV变电站间隔投产发电工作；完成门头沟—宝山双回220kV间隔、石景山—八里庄220kV线路破入宝山220kV间隔投产发电工作。

■ 宝山变电站顺利发电。（张向东 摄）

（王泽懿 李 杰）

【经营管理】 落实双向互保责任制，开展安全评估及“反事故斗争”工作，实施了安全生产突出事迹奖励制度、风险抵押制度等一系列措施，全年完成“两措”计划共28项，投入资金累计1057万元。开展各种形式的业务能力培训、职业道德教育，采用全面的绩效考核及公开公正的晋升方法，企业凝聚力得到加强。以综合性评价、同业对标为载体，对管理程序、生产流程进行了调整和改进，细化了岗位职责，建立健全了各项规章制度，基本形成了用制度规范和管理生产的方法。

（王奕奕）

【工程管理】 2005年，由变电公司负责的度夏工程主要有知春里220kV变电站更换57面10kV开关柜工程、太阳宫变电站72面10kV开关柜增容及全站改造工程、长椿街扩建3号主变压器工程、西直门2号主变压器升压工程。莲花池2号变压器升压工程、榆管营变电站扩建间隔、芦城变电站扩建间隔、回龙观加装临时变电站工程。此外，还有朝阳供电公司委托的东湖、花家地扩建主变压器工程、太阳宫扩建三元间隔。丰台供电公司委托的西罗园更换62面10kV开关柜工程以及顺义供电公司的110kV米各庄建站工程。全部工程均按规定时间完成并投产运行。

工程进行期间，实行项目经理负责制，组织召开协调会、启动会、施工方案审核会及安全措施审核会等；组织签订施工安全协议及工程合同；施工现场成立项目经理部，明确总负责人，成立监理办公室，定期召开监理会议；资金管理上根据工程进度情况编制用款计划，申请工程进度款，召开资金平衡会；物资管理上根据工程物资供需要求编制采购计划，协调供货时间；工程概预算审核严格执行电力行业造价管理要求，以定额为依据进行编制，按规定时间完成工程结算、决算工作，全年竣工决算率达到100%。

至2005年底，修订了《变电公司工程管理制度》，编制了《变电公司物资采购管理办法》、《变电公司报废物资管理办法》、《变电公司大修更改项目及资金管理制度》。明确了部门责任，规范了处理流程，加强了监督力度。

■ 度夏工程韩村河变电站工作现场。（张向东 摄）

回龙观变电站改造施工现场。(张向东 摄)

(陈 晨)

【纪检监察】 公司制定了《变电公司大额资金使用决策的有关规定(试行)》,该规定明确了大额资金使用决策的议事程序和办法,对变电公司大额资金使用决策的范围、实施程序和责任追究等进行了详细规定,完善了公司资金管理制度,增强了变电公司大额资金使用决策制度的可操作性。印发了《变电公司关于建立健全教育、制度、监督并重的惩治和预防腐败体系实施细则(试行)》,明确提出了"力争用3年时间,初步形成惩治和预防腐败体系的基本框架"的工作目标。2005年初在所属基层单位开展调研活动,围绕安全生产中心工作、管理中的薄弱环节确定了立项题目,上报了3项成果。其中,"承压锅炉无压改造"项目和"实施专业化检修"项目,分别获得了北京电力公司效能监察优秀成果奖和效能监察成果奖。"承压锅炉无压改造"项目还被选编在《北京市国资委效能监察成果》一书中。创办了《纪检监察工作简报》和《纪检监察信息》。全年共印发纪检监察信息25期。

(程振华)

【科技进步】 完成北京电力公司科技项目5项:微机五防仿真培训多媒体软件的开发;超前控制违章行为综合管理系统;变电运行操作票系统的推广应用;北京电力公司工作票管理系统的开发;集控站微机防误操作系统的开发。

取得北京电力公司科技成果5项:软件VQC程序的开发;西大望空压机组技术改造;具有体系功能的电压监测仪的研制;监控系统拷盘安全软件的开发;GW7-220型隔离开关检修平台的研制。

"软件VQC程序的开发"还荣获华北电网有限公司科技成果二等奖。参与了《北京电力公司十一五科技发展规划》的编写,并荣获北京电力公司2005年度科技工作先进单位。

制定了办公自动化系统运行管理规定;完成数据库及IIS服务器双机备用工作;完成变电公司本部OA升级工作;完成各运行处投影会议室的安装工作;完成电视电话会议室升级工作。

(韩京哲)

【党建与精神文明建设】 以领导班子建设为重点,加强干部队伍建设。加强中心组学习,在内容和形式上不断改进;贯彻民主集中制,"三重一大"问题实行民主决策制度,民主生活制度化,班子成员认真参加民主生活会,开展批评与自我批评;建立领导接待日制度,沟通信息渠道,密切联系群众,加强领导班子的作风形象建设。4月9日,召开公司党委第一次党员代表大会,完成新一届党委、纪委的选举工作。

7月20日~10月21日,开展了保持共产党员先进性教育活动。重点完善党风廉政反腐体系的超前防范的基本职能,健全体系管理的有关工作规则。

在反腐倡廉教育活动中,公司党委组织各单位党政正职和处室处长观看"宋鱼水同志先进事迹报告会",在党员干部中加强正面教育。4月6日,公司党委组织公司领导班子、本部管理人员以及基层领导班子共72人,到世纪坛参观了北京市反腐倡廉警示教育展览。组织干部职工参加了北京电力公司"廉政文化大家谈"征文活动,并获得了优秀组织奖。举办了为期四周的"预防职务犯罪"教育展。

把廉政教育宣传融入到先进性教育活动宣传之中,共制作了7期先进性教育活动宣传展板,在公司本部和7个基层单位巡回展出56次。员工受教育率达96%以上。

公司党委对工作调整后的5名干部进行了任前廉政谈话。

2005年,公司党委获得华北电网有限公司先进基层党委、北京电力公司先进基层党组织、北京电力公司文明单位、北京电力公司精神文明创新成果优秀组织奖;荣获政研工作优秀组织奖、宣传工作先进单位等多项荣誉。公司团委获得"国家电网公司五四红旗团委"称号,自动化处获得"华北电网有限公司青年安全生产示范岗"称号。徐建义获得"全国劳动模范"称号,王府井变电站获得全国妇女"巾帼文明岗"称号。

(李春华)

输 电 公 司

■ 输电公司办公大楼（丰台区洋桥72号院）。

【概况】 输电公司（简称公司）作为北京电力公司主网生产单位，担负着北京电网主网架35～220kV输电线路的巡视、缺陷处理、设备测试、停电检修、大修改进、带电作业、季节性工作、事故处理以及保电工作。作为主网输电资产管理单位，承担所辖输电资产保值增值的经营责任，是北京市应急体系电力事故的抢修队伍之一，承担着北京电力公司所属主网输电线路的紧急事故抢修任务。

■ 输电公司领导班子。左起：工会主席阎长起，副经理洪延风，党委副书记兼纪委书记李继东，党委书记牛磊，经理孙绍兴，副经理郭谊力，副经理戴宝生，总工程师常立智。

所辖的35～220kV输电线路共有377条，总长度为3835.542km，其中，220kV117条，2204km；110kV208条，1398km；35kV52条，233km。一类线路共计1730.158km，二类线路共计1084.3km，三类线路共计1021.09km，一类率为45.1%，线路的可用率为99.87%。

公司完成北京电力公司下达固定资产原值保值率指标114.48%。完成可控成本4702万元，完成全年指标的100%。固定资产原值由年初17.88亿增加到年末23.59亿元，增长比例达32%，其中度夏工程增资1.82亿元，北京电力公司下放资产3.88亿元。

2005年未发生人身轻伤以上事故，未发生重大电网事故，未发生重大设备事故，未发生有人员责任的设备事故，未发生性质严重的或造成较大社会影响的停电事故，未发生火灾事故。实现3个100天安全生产长周期，安全行车1900天。

完成度夏工程新建线路167km，大修项目37项，更改项目5项，竣工决算率100%。完成保电任务29项，其中，完成全国及北京市“两会”、“财富论坛”等政治保电任务18项，工程保电11项，涉及线路达436路次，保电人员9400人次，特巡5110.415km，特巡天数245天。完成防汛工程项目30项，完成率100%。

领导班子成员8人，副总经济师1人，副总工程师1人，下设9个管理处室，3个工区，1个汽车队，1个多经总公司及1个带电作业技术中心。

【人力资源】 公司共有职工339人，其中，全民职工309人，集体职工30人。职工的平均年龄为40.8岁，三个生产工区的主要生产岗位平均年龄为40.6岁，主业管理岗位人员61人，其中，领导班子成员8人，站队级干部15人，一般管理岗38人。共有北京电力公司专家体系工程师11人，其中，首席工程师1人，一级工程师4人，二级工程师6人，技能专家体系技师5人。在职职工中取得高级职称人员为4人，中级职称25人，初级职称49人。取得国家职业技能鉴定技师资格人员为6人，高级工154人，中级工122人。在职职工中研究生以上学历人员2人，大专以上学历106人。

2005年公司举办培训班共116次。制定了《输电公司兼职教师聘任管理办法(试行)》、《输电公司教育经费使用管理办法（试行）》、《输电公司职工职业技能鉴定管理办法（试行）》、《输电公司生产人员培训实施细则（试行）》、《输电公司安全培训管理办法（试行）》、《输电公司新入企员工培训管理办法（试行）》、《输电公司技术比赛管理办法》。

组织公司专业技术人员和专家体系人员进行《2005年北京电网度夏方式》和《继电保护知识》的培训。安排专家体系人员为公司生产一线职工授课50余次。组织中层干部参加北京电力公司中层干部培训班8期。在北京电力公司送电线路工种技术比赛中，公司123名一线生产人员参加了初级、中级和高级三个级别的比赛。

4月13日，组织开展了生产岗位公开选拔、竞争上岗工作，192名职工竞聘到了相应的生产岗位。

【安全生产】 开展以“平稳度夏、防汛保电、遏制事故、确保安全”为目的的春季安全生产大检查活动，组织各单位和班组学习安全措施，落实安全责任制，对所查找出的问题制定切实可行的整改措施，并严格落实执行。加大安全检查的力度，开展反事故措施工作。针对度夏工程、防汛工程、设备检修、预试、基建改造工程等，开展了安全闭环工作和春秋季安全生产大检查活动。

成立了公司安全委员会和安全生产保障监督委员会。层层签订了“安全责任书”，逐级签订了“安全双向互保责任书”，建立了目标一致、责权对等、各司其职、双向互保的安全保障机制。

强化了现场监督机制，成立了公司安全巡回检查组，制定《现场安全巡检管理办法》，对检修维护、生产施工现场进行巡回检查。加强安全教育培训，通过对班组长的安全轮训，提高了班组长及全体职工的安全意识和安全管理能力。

全年现场检查1390人次，发现违章137次，制止严重违章5次。在整个工程中未发生人身事故和施工质量事故。

对北京电网线下隐患进行细致地排摸，整理出了194处线下重大隐患上报市政府。从2005年6月15日开始，启动线下隐患清除工作，成立了8个隐患整治小组，建立了每周碰头会制度，制定了《北京电网安全环境隐患整治标准》等一系列规章制度。截至12月底已经清除线下隐患125处，正在解决当中的69处；在统计的78万棵线下基建遗留树木中，已经去除64.8万余棵。结合设备定级工作，重新梳理出149处隐患，涉及13个区县、单位、部队和天津市蓟县、河北三河市，结合194处线下隐患消除工作，将149处线下隐患一并解决。

公司作为消除隐患工程的建设单位，承担了220kV老北、110kV管伏等13项消除隐患工程，线路全长577km，涉及线路24条，途经12个区县及天津市蓟县，可研估算7.7亿元，组立铁塔1000余基。输电公司成立了消除隐患工程指挥部、下设8个专业组，召开了消除隐患工程动员大会，签订了输电公司13项消除隐患工程责任书，建立了下班后的碰头会制度，制定了《输电公司消除隐患工程工作方案》等规章制度。截至12月底已有一项工程竣工发电，其他工程陆续进入停电施工阶段。

2月28日，公司召开2005年度夏工程大干100天及“保两会、迎春检”全体职工动员大会，保证度夏工程顺利竣工和全国“两会”的安全供电。截至10月27日，实现3个100天安全长周期。

输电公司召开度夏工程大干100天及“保两会”、“迎春检”动员大会。

11月14日，公司实现连续47天无故障跳闸记录，创造了自1988年以来安全生产最高记录。

【电网建设与运行】 加强线路反外力破坏工作，重点深入到施工现场，进行普法宣传教育，安装灯箱广告，重点输电线路沿线设立电力警示标志1000余块，配合新闻媒体进行现场报道3次。加强了电网运行环境的专项整治和线路巡视的规范化管理，保证了巡视到位率。开展了数据化分析和比较工作，研究电网薄弱环节，指导生产运行维护工作。完善了应急体系指挥功能，增强了应对电网突发事件能力。

完成了2005年度夏工程任务。度夏工程共涉及6项、11条输电线路的更新改造任务，新建线路全长167km，施工线路总长170km；更换耐热导线8.5km；线路撤旧133.6km；架设光缆5路87.5km，组立铁塔共计312基。制订了度夏工程17项相关管理制度和预控措施，成立了度夏指挥部，下设10个专业组，对各施工单位进行了现场安全工作规程，跨越架的搭设，第一、二种工作票的填写等安全培训累计达1700多人次。现场安全检查591路次，发现违章现场67次，未发生人员人身轻伤以上事故和施工质量事故，确保工程顺利竣工。5月23日，2005年度夏线路改造工程提前8天全部竣工。

■ 2005年第五个竣工发电的220kV聂清增容改造工程。

【经营管理】 完善了预算管理，制定了《输电公司预算管理办法》、《输电公司2005年度资金预算》，做到了事事有预算、资金有审批，提高了预算管理的约束力。建立并实施了《输电公司固定资产管理办法》，做到了账、卡、物相符，确保国有资产的增值保值。定期召开经济活动分析会，制订了《输电公司经济活动分析工作实施办法》。对财务状况、生产设备运营状况、工程管理、人力资源管理以及后勤行政资金管理等经济活动进行分析控制。

组织开展了固定资产清查工作，盘亏输电线路67条475.94km，总价值1.3亿余元。盘盈输电线路91条694.0275km，估计总价值1.8亿余元。

【科技进步】 制定了《输电公司科技管理办法（试行）》，召开科技项目协调会11次，保证了项目的实施效果。公司被评为北京电力公司2005年度科技先进单位。完成了科技档案归档工作，对5年以来获得的科技成果进行了整理，申报了北京市金桥工程。在北京电力公司专家技术比赛中，输电公司获得输电专业等级奖励前4名（等级奖励共5名）。

【党建与精神文明建设】 开展保持共产党员先进性教育活动。建立了教育、制度、监督并重的党风廉政反腐败体系。公司领导与各单位签订了《党风廉政建设责任书》，开展“四个一”活动，组织党员参观了北京市市委举办的反腐倡廉教育展览，参加了宋鱼水先进事迹电视电话会议，观看《高速腐败，人生路上亮红灯》，组织《两个条例》的学习和知识答卷，撰写加强廉政建设征文40篇。

加强民主管理，推进厂务公开，明确了公开的内容和标准，使员工参与企业管理的渠道得到拓宽。完成共青团换届改选工作。加强工会班组建设，开展劳动竞赛，落实职工代表提出的议案，组织职工为企业的发展献计献策，努力为职工排忧解难。

（卫光荣　冯　航）

电缆公司

【概况】 电缆公司是北京电力公司直属专业管理单位，承担着北京电网中全部110kV、220kV电缆线路和城近郊区内35kV电缆，以及除独立小区隧道以外的全部电力隧道的运行、维护、检修和基建工作。截至2005年底，共管辖35kV及以上电缆设备493路，电缆总长度为1867.507km(110kV以上电缆线路按三相单芯长度计算)，电力隧道367.404km。电缆线路遍布全市，是北京电网的重要组成部分，涉及变电站电源电缆、变压器电缆、重要政治用户及隧道资源等。

7月26日，电缆公司召开“打造精品公司”论文讨论会。

（刘媛　摄）

电缆公司领导班子。左起：总工程师李华春，副经理陈平，经理金健民，党委副书记郝永林，副经理李钢，工会主席范京生。

（吴艳云　摄）

电缆公司下设8个职能处室(5个管理职能处室和3个生产职能处室)、3个工区、设计所、多种经营公司(即京供公司)。管理职能处室包括经理办公室、政治工作办公室、监察室、劳动人事处、财务处；生产职能处室包括安全监察处、生产技术处、工程管理处；工区包括高压运行工区、高压检修工区、后勤机械工区。高压运行工区下设3个高压运行班，高压检修工区下设4个检修班组和1个材料班，后勤机械工区下设行政班和车管班。

（马富强　刘　媛　吴艳云　邢　青）

【战略运作】 电缆公司提出了“打造精品公司”的目标。11月5日，召开了打造精品公司工作会议，“以安全生产为前提，以一流的电缆网络为核心，以高效的团队为保证，以技术创新为手段，以严细的管理为基础，以优质服务为宗旨，以共同的核心价值观为纽带的具有可持续发展能力的电缆专业公司”的精品公司理念在全公司得到了宣贯。《打造精品电缆公司　建设一流电缆网络》一文，荣获了电力公司政策研究论文一等奖。

本着“缺什么，补什么”的原则，围绕在110kV GIS终端技术和220kV接头技术方面实现“两个突破”的目标，电缆公司领导派技术人员到厂家学习实操技术，并开展了专业技术培训。使一线员工全面掌握了这两项技术，并且在三元工程、东管头工程以及西王工程中成功应用。

（吴艳云　刘　媛）

【主营业务】 2005年电缆公司未发生人身死亡、重伤、3人及以上群伤事故和恶性轻伤事故；未发生重大电网、重大设备事故；未发生110kV及以上设备接头事故和输电设备污闪事故；未发生生产火灾事故，未发生甲方交通责任事故；未发生重大施工机械设备损坏事故；未发生性质恶劣、社会影响较大的责任事故；未发生110kV及以上电缆外力事故；实现了3个100天安全生产长周期；110kV及以上电缆线路强迫停运率为2次/百公里年；110kV及以上电缆线路可用系数为99.752%；网损率为1.42%，实现不大于1.7%的指标；工程项目竣工结算率完成100%；可控成本完成374万元，完成率100%；固定资产保值增值率为106.33%，完成了总公司下达的106.29%的指标；完成内部利润1351万元，超额完成总公司下达的630万元的指标；多种经营完成产值40038万元，实现利润3753万元；全面兑现了安全生产责任状、经营责任状、精神文明及党风廉政建设责任状的各项条款。

整治后面貌一新的隧道环境。（薛强　摄）

在电缆网建设方面，对电缆网及其沟道的现状和问题，提出了“存量整改、增量达标、管理智能”的要求。

电缆公司完成了220kV石八一、二改造和110kV阜西充油电缆改造两项度夏工程任务。完成了220kV西大望电缆终端接头改造工程、慈云寺变电站出线隧道防水治理等14项、813万元资金大修改造工程。完成白家庄变电站出线电力隧道防水综合整治等14项、510万元资金的电缆沟道专项整治任务。全年新投入电缆线路326.73km(35～220kV)，新增隧道30km。

完成2005年沟道及电缆线路改造任务，其中，

紧张有序的电缆放线施工现场。（刘志国　摄）

电缆改造部分已发电4项，分别为南前、西直门至北城，大北窑至永安里一、二路110kV充油电缆改造工程；电力沟道改造任务竣工1项，为西便门电力沟道改造工程。

（吴艳云　韩京荣　薛　强）

【人力资源】 截至2005年底，电缆公司共有全民职工117人，集体职工41人，大专及以上学历共81人，占职工总数的51.27%。公司共有技师2人，具有初级及以上专业技术资格人员60人，其中，专业技术体系二级工程师4人，生产技能专家体系二级技师4人。

3月，举办一般管理干部以及中层领导干部述职测评会。13名一般管理人员和17名中层干部依次宣读了述职报告并接受了群众的评分。

2005年初，电缆公司召开了培训工作会议，建立了完备的培训网络。开展运行人员沟道验收、土建培训以及新型设备仪器使用培训、管理人员公文培训、计算机培训等培训，全年培训达1376人次，全员培训率达94.33%。

6月30日～7月9日，电缆公司高压检修人员在日本VISCAS电缆厂进行技术培训。（李上国　摄）

电缆公司在北京电力公司2005年生产岗位人员电力电缆工技术比赛以及专业技术人员电力电缆专业技术比赛中，分别获得了两项比赛的一、二、三等奖，公司于5月27日召开了庆功表彰大会。

（邢　青）

【安全生产】 安全无事故天数累计365天。与所属各部门签订了《安全生产责任书》、《交通安全责任书》、《消防治安安全责任书》。

8月16～23日，北京电力行业协会组织上海市电力公司、天津市电力公司、武汉高压研究所、陕西电力公司的专家共5人，对电缆公司进行了安全评估，对7大部分、80个子项目内容逐一查评。

8月，电缆公司召开安全评估工作会。

修订了《安全生产风险抵押金考核管理办法》，用奖励机制提高职工安全意识。修订了《外力故障考核办法》，全面落实施工现场安全保护协议书各项条款，取得了"连续三年主网无外力事件"的成绩。发布了"保护电力设施是全社会的共同责任"的广告，向社会进行电力设施保护公益宣传。

11月8日，与北京电力公司保卫部在小红门地区联合主办了隧道灭火演习，北京市消防局、公安局内保局、以及北京电力公司领导共同参加了演习活动。

2005年11月8日，北京电力公司保卫部、电缆公司在小红门地区联合主办隧道灭火演习。（王燕泽　摄）

实现了3个100天安全生产长周期，完成了包括"两节"、北京市"两会"、全国"两会"、财富全球论坛、抗日战争胜利60周年、神州6号飞船发射等28项政治保电任务，累计安排了近1100路次、1800km重要电缆设备的巡视检查工作，累计保电时间256天。

（马富强　韩京荣　刘　媛）

【经营管理】 完成了《电缆公司制度汇编》的编写工作，从安全管理、生产技术管理、工程管理、劳动人事、财务审计、行政事务管理、后勤管理以及党群工作八个方面，将143项管理制度汇集成册，加强了政策透明和厂务公开，实现了"以人管人管事"向"以制度管人管事"的转变。

6月17日，北京电力公司综合评价工作组对电缆公司进行了综合性评价。评价小组从安全生产等六个方面进行了检查、评价，对电缆公司工作中存在的问题作出指导。

开展同业对标活动。4个对标小组分赴广州、上海、西安等地，围绕安全管理、资产经营、电网运行、工程管理、人力资源等42个指标深入调研，取得了第一手的资料，找出了在同行业当中的优势和不足，为跻身一流专业公司充分准备。

电缆公司抓住北京电力公司打造电力服务品牌的契机，适时提出了打造具有电缆公司特色服务品牌的理念。分阶段、分步骤将服务品牌的理念贯彻

内容详尽的制度汇编。（吴艳云　摄）

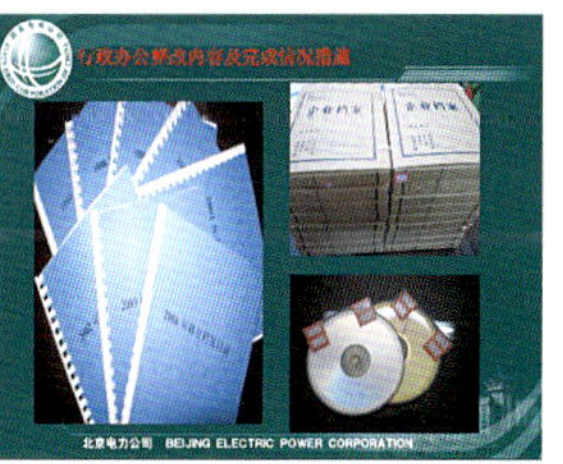

行政办公体系整改成果。（刘媛　摄）

隆重召开服务品牌演讲大会。（曹海艳　摄）

到全公司，开展了创建精品专业公司服务品牌大讨论和征文活动，召开了宣传大会。撰写了题为《诚信友爱　追求卓越　开拓创新　爱岗敬业——努力打造具有电缆公司特色服务品牌》的报告，推广了企业文化。

（曹海艳　刘　媛）

【科技进步】“新型防腐电缆支架的开发与应用”项目获得北京电力公司科技成果奖，并已在工程中应用。电缆公司超高压电缆技改QC小组的《降低电缆支架发热横档温度》获得北京电力公司二等奖。热像仪的推广使用、局放设备的引进和应用、线路测温技术的可研和实施，使新技术、新设备在保障电缆网稳定运行方面发挥了重要的作用。在组织北京电力公司科技项目申报工作的5个项目中，单芯高压电缆外护套接地故障在线测寻技术和单芯高压电缆故障分段指示器的研制获得了批准。

电缆公司引进新设备、新工艺，多次组织专题技术谈判和技术交流，内容涉及高压电缆变频谐振设备，高压电缆故障测寻设备、电缆线路测温技术以及电力隧道火灾报警系统技术等，为电缆公司交流变频谐振试验设备和故障测寻设备的购置以及电缆网络自动化监控系统的安装做好了技术准备。

（吴艳云　薛　强　王　立）

【多种经营】2005年，电缆公司多种经营工作实现产值40038万元，利润3753万元。电缆公司所属京供公司通过多经机构改革实现了所有人、财、物的可控、在控，形成了1个公司、5个部、8个班组的整体结构。实现了资质升级，具备了承担220kV及以下送变电工程的资质；进入了10kV配电室及110kV电缆沟道设计领域；完成了质量、环境、安全三大体系的贯标工作，取得了三项管理体系认证证书。2005年京供公司被评为市级守信企业及纳税信誉A级企业。

（许　颖　刘　媛）

【党建与精神文明建设】2005年，电缆公司将开展先进性教育活动和实现公司超常规发展、保证迎峰度夏安全供电、全面完成全年重点工作紧密结合起来，做到了“两不误、两促进”，职工对全体党员的满意率达100%。

创建了《保持共产党员先进性教育活动》网页，创办了《电缆公司党委先教活动简报》，及时向上级党委和各党支部反馈学习情况。开展综合评价，落实《党支部目标管理考核办法》，年初进行了党委和纪委的换届选举。

电缆公司的效能监察工作形成了组织协调、各部门参与的基本工作格局，“西阜110kV充油电缆改造工程”效能监察项目获得了北京电力公司2005年度效能监察优秀成果奖。

公司团委组建了“青年突击队”，完成了对220kV张莲二路电缆的局放测试工作。7月8日～8月21日，电缆公司共组织了6期118人职工休养活动。组织了植物园竞走、健康咨询、体检等活动，全面关注职工的身心健康。

电缆公司领导全面兑现了职代会为职工办实事、办好事的承诺。在电力公司为职工办实事排名中，电缆公司职工满意度测评在北京电力公司所属二级单位中位居前列。

（曹海艳　钱　华　荣剑峰　范京生　刘　媛）

【获奖情况】2005年电缆公司获得的荣誉有：

北京电力公司财务及经营管理先进单位

北京电力公司教育培训先进单位

北京电力公司清产核资先进单位

北京电力公司效能监察先进单位

北京电力公司政策研究论文一等奖

北京电力公司优秀科技论文一、二、三等奖

北京电力公司第二次QC成果二等奖

北京市公安局集体荣誉嘉奖

北京市公安局内保系统集体嘉奖

北京市地税局2005~2006年度纳税信誉A级企业（京供公司）

北京市工商行政管理局守信企业（京供公司）

朝阳区交通安全先进单位

海淀区龙翔路社区先进小组

（吴艳云　刘　媛）

调度通信中心

北京电力调度指挥中心。（车金桥 摄）

【概况】 截至2005年底，北京地区统调电厂14座，发电机组42台，总装机容量4629MW，其中，火电厂8座，发电机组26台，装机容量3584MW；水电厂5座，发电机组12台，装机容量245MW；抽水蓄能电厂1座，发电机组4台，装机容量800MW。北京地区10kV及以上用户自备电厂18座，发电机组42台，总装机容量383MW。

220kV网损指标完成情况：220kV综合网损指标1.7%，全年完成1.38%。

2004年12月30日，原市调相关调度业务分别下放到城区调度和海淀调度。至此，北京电力公司两级调度机构层次分明，职责更加清晰。随后，原北京区调正式更名为北京市调，作为直辖市的电力公司，北京市调也首次跨入省级调度的行列。2005年初，各供电公司完善二级调度机构，分别成立调度所，并完善调度、方式、继电保护、自动化及通信五大专业，各供电公司调度也正式命名为区调。

2005年市调开始进行大范围的调度范围调整工作，截止到2005年底，将全部35kV电网及相关设备下放到各区调调度管理。各公司所属110kV变电站设备及远郊10个供电公司的110kV线路也将逐步下放到各区调调度管理。

（金广厚 刘玉红 郑广君）

【科学调度保电网安全运行】 2005年，北京电网运行总体平稳，没有发生大面积停电事故，各项检修工作及基改建工程均较为顺利地完成，主网共安排计划检修工作3804项，并实现了操作票合格率100%。公司调度专业未发生误调度、误判断、误下令、扩大事故范围、违反调度纪律等人为事故，实现了调度机构误调度事故零目标，完成了全年安全生产任务。

2005年夏季，京津唐电网最大负荷达到2630万kW，北京地区瞬时最大负荷首次突破1000万kW，在8月15日达到了1065万kW，比2004年最大负荷增长了12.8%，创北京地区瞬间负荷的历史纪录。8月15日11时17分，北京市调依据华北中调拉路限电命令，在10个远郊区县拉路限电10.2万kW，缓解了京津唐电网电力供应不足的压力。

（张绍峰）

【提高电网输送能力一期工程】 北京电网提高电网输送能力第一期项目共13项，提高电网输送能力1419MW。220kV电压等级包括石八线电缆、孙北双回线、苑老双回线、聂清双回线、长椿街站加装3号变压器、新建田村站等6项，提高电网输送能力996MW；110kV电压等级包括110kV西阜线电缆，110kV管东双回线，增容、建造9座110kV变电站（度夏工程），110kV北新、北安线路改造等4项，提高电网输送能力385MW；35、10kV电压等级包括35kV磁灰线改造、35kV平房站改造、延庆站10kV镇二路3项，提高电网输送能力38MW。

（张绍峰）

【线损及电压质量管理】 2005年是16个供电公司线损关口上移至110kV的第一年。开发了电量采集新系统的母线电量平衡等应用分析功能，加强了16个供电公司线损电量的分析手段；与相关部门配合按时完成了两个典型日220kV和110kV的理论线损计算分析工作；配合北京电力公司综合计划部完成了3年降损规划中各级线损供电量的预测等工作以及重新划归了16个公司110kV及以下关口计量点；对线损电量进行了全面分析和预测；10月，进行了各级线损供电量计量关口的核对工作；完成了各月220kV站146带路和下移站合母联断路器操作情况统计；针对二级单位线损管理工作中遇到的计量关口设置、电量分析等问题开办了专题讲座。

北京地区主网电压运行情况良好，主网无功潮流分布较为合理，满足了首都电网电压质量的要求。2005年北京电网先后经历了春节小负荷、夏季大负荷的严峻考验，主网电压控制情况好于往年；日低谷负荷时段和高峰负荷时段均能将电压控制在电压曲线的限值以内。2005年日高峰与日低谷负荷的电压差大大减小，电压调整工作取得了一定的进步，确保了北京电网的安全、稳定和经济运行。1～12月电网电压合格率累计完成99.94%。

（刘玉红　王　卫）

【调度管理】 2005年，调度通信中心先后开展了国家电网公司同业对标、国家电网公司调度系统同业对标和北京电力公司同业对标工作。具体指标及全年完成情况见表1。

表1　调度通信中心参加国家电网公司创一流同业对标指标

对标指标	单位	报送周期	全年完成情况
年度最高用电负荷	万kW	年度	1053.8
220kV及以上继电保护及自动装置微机化率	%	年度	75.48
中枢点电压合格率	%	月度	99.94
日均负荷预测准确率	%	月度	97.54
220kV电网继电保护正确动作率	%	半年度	98.84

5月26日，调度通信中心成立“创一流同业对标责任网络”。对于国家电网公司调度系统同业对标，调度通信中心参加指标体系中的15项指标的对标，具体指标设置和全年完成情况见表2。

表2　调度通信中心参加国家电网公司调度系统创一流同业对标指标

对标指标	单位	报送周期	全年完成情况
调度责任事故	次	月度	0
考核点电压合格率	%	月度	99.94
220kV保护正确动作率	%	月度	98.84
220kV及以上电网故障快速切除率	%	月度	100
通信网络覆盖率	%	月度	81.57
通信保障率（调度电话）	%	月度	99.9944
通信保障率（继电保护）	%	月度	99.9991
通信保障率（自动化通道）	%	月度	99.9927
状态估计月可用率	%	月度	99.34

续表

对标指标	单位	报送周期	全年完成情况
遥测估计合格率	%	月度	92.10
调度员潮流月合格率	%	月度	99.69
远动系统可用率	%	月度	99.80
事故遥信正确动作率	%	月度	100
日负荷预测准确率	%	月度	97.54
日最高（最低）负荷预测准确率	%	月度	97.70

5月，北京电力公司同业对标工作启动，公司下属的16个供电公司参加对标，调度通信中心作为北京电力公司的调度职能管理部门，负责16个供电公司总共11项指标（8项月度指标，3项年度指标）的统计、汇总和报送工作，每月8日前报送总经理工作部政策研究室。

（赵　钢）

【自动化系统建设】 2005年，启动了两级调度自动化系统的建设（一个市调加十六个区调）。制定了《北京电力调度自动化系统运行管理规程》、《北京电力公司调度自动化系统配置原则》、《北京电力公司变电站自动化技术配置原则》等自动化专业管理的规章制度。制定了北京市调调度自动化系统与各区调调度自动化系统之间实现实时数据、电力系统模型和参数、图形交换的相关标准。制定了两级调度自动化系统建设的组织管理办法，理顺了工程管理流程。截止到6月底，北京市调和朝阳、海淀等16个区调调度自动化系统SCADA功能正式投入运行。

北京电力公司两级调度自动化系统由支持平台系统及电力系统应用软件组成，支持平台基于先进的开放式分布应用环境，采用先进的数据库技术、面向对象技术、中间件技术、网络通信技术、Web技术、JAVA技术。

（何　莹）

【负荷管理系统】 完成了对电力负荷管理系统（专网）主站的升级改造和16个供电公司的GPRS子站的建设，在北京电力公司科技成果评比中获北京电力公司技术改进二等奖。

改造后的负荷管理系统由1个主站（北京电力公司）、16个子站（各供电公司）及1687台专网终端和2000台公网终端组成，系统容量最终可达4万个用户终端。通过覆盖北京地区的混合通信网，实现对包括远郊区县在内的500kVA及以上客户用电负荷的实时监控；在用电高峰期间，可利用当地闭环控制功能对用户的用电负荷进行有效控制。系统可监视北京地区电力负荷300万kW，控制能力在50万kW以上。

负荷管理系统改造后，在7～8月分别对10万、15万方案先后进行了两次限电操作，共计限下负荷21.8万kW，有效缓解了电网压力。

（张宝田）

【建立公司应急指挥系统】 北京电力公司应急指挥系统从2005年4月1日开始建设，于2005年5月30日投入运行，并在2005年6月国家电网公司和北京市政府联合组织的首次电网应急演习以及2005年迎峰度夏工作中正式使用。

应急指挥系统由四部分组成：视频会议系统；卫星移动通信系统；大屏幕投影系统；应急指挥软件支持系统。系统建设工作主要包括：应急指挥通信系统建设；应急指挥系统会场建设；应急指挥中心系统硬件安装与调试；应急指挥系统软件系统开发。

北京市市长张茅在应急指挥中心指导工作。（车金桥　摄）

（何　莹）

【电力通信】 调度通信中心通信专业分通信管理、机务运行和线路运行三部分。发布专业管理制度和文件12个，编制了公司总体规划、3年规划、16个公司的分区规划。

2005年，通信专业被首次纳入国家电网公司11项技术监督范围之列，编制了通信专业现场作业指导书，开展了通信专业技能鉴定工作，参加了华北电网通信技术比武，有4名选手进入前十名。

组织实施了行政交换机改造工程、调度交换机改造工程、卫星应急系统工程等3项专项工程，并制定了新建变电站的电路配置标准和实施办法。

在行政交换机改造工程实施后，扩大各分公司的DID直播号源至1000部。调度交换机工程改造了运行多年的调度台和录音机。线路运行专业巡视线路45000皮长km，布放光缆35km，完成部分城区配网自动化光缆工程熔接工作，做好1500km代维线路的运行工作。

线务运行工作现场。（车金桥　摄）

机务运行工作现场。（车金桥　摄）

（张小亚）

【继电保护】 2005年，对所管辖的继电保护设备进行了调试和运行维护工作；完成所管辖继电保护装置的正常运行维护和年度校验工作，保证各继电保护设备的稳定可靠运行；参加了新建及扩建工程保护装置的选型、设计、审核，并对新投继电保护设备进行了调试、验收工作；完成电力系统事故从继电保护角度的分析，并完成电力系统事故后的继电保护设备的部分校验工作；编制继电保护设备运行注意事项；定期对继电保护动作情况及运行情况进行统计分析和总结。

2005年继电保护专业主要生产指标：①220kV继电保护装置微机化率75.5%，全部保护装置微机化率60.6%；②220kV继电保护装置正确动作率98.84%,110kV及以上保护装置正动率98.97%，全部保护装置正动率99.91%。

（孙伯龙）

【信息化建设】 2005年，分别对西罗园、西便门、北城、和平门以及公司院内旧楼五层的继电保护运行处等办公地点进行了网络建设，并通过光缆与公司网络连接，实现了调度通信中心所有部门及班组与公司网络的互联互通。2005年，调度通信中心管理信息平台将办公系统内的工作计划、日志与早汇报系统有机结合。同时，在办公系统内增加任务督办，完善任务分发及统计功能，并将其结果作为管理考核的依据。

2005年，调度通信中心建制进行了调整，信息化建设工作由调度通信中心统一领导，自动化处负责具体实施，同时在各个部门设置信息管理员，用于加强信息化建设的管理，确保调度通信中心的信息系统建设实现统一领导、统一规划、统一标准、统一组织实施。先后起草制定了《调度通信中心信息化建设管理办法》、《调度通信中心管理信息系统使用及维护管理办法》、《调度通信中心计算机及网络管理办法》、《应急指挥技术支持系统运行维护管理规定》以及《调度通信中心办公自动化系统(OA)管理办法》，发挥信息系统在生产工作中的作用。

（龚念恩）

继电保护工作现场。（车金桥　摄）

北京电力电能计量中心

【概况】 北京电力电能计量中心（简称计量中心）是北京电力公司直属的生产单位，是北京电力公司内部电能计量专业的技术支撑部门。计量中心主要负责公司关口电能计量装置安装验收、运行管理；负责电能计量标准器具的量值传递、周期检定；负责本专业的封、印、钳、模的统一管理和全公司计量资产的管理、报废、淘汰工作；负责对各供电公司电能计量工作进行业务指导、技术监督；同时承担着全公司电能计量装置及配件的检定、配送、回收工作。

计量中心领导班子。左起：工会主席吴宝山，副主任杨一坚，党总支书记张伟，主任邵晓明，副主任李文增，总工程师李飞。

2005年初，计量中心确定了自身的定位和指导思想是：确定一个定位，即“全国一流的计量检定中心”；树立一种观念，即“计量中心就是权威”的观念；增强一种意识，即“创新意识”；建立一个体系，即“建立北京电力公司电能计量管理体系”；提高一种认识，即“计量工作在公司营销系统起支柱作用”；实现一个目标，即“构建和谐的团队和外部环境”。

计量中心领导班子成员共有7人，目前下设7个处室，4个工区，1个直属部门、1个多经总公司。

【人力资源】 截止到12月底共有职工141人，其中主业职工103人，集体职工38人。

改变传统的人事管理模式，建立动态的人力资源管理体系。从改革岗位管理入手，实行《计量中心管理岗位动态管理办法》。分专业制定了考核办法，加强对工作绩效的考核评价，并与奖励挂钩，形成了完善的约束与激励机制。开展培训需求调研，加强了培训工作的针对性。

【经营管理】 计量中心大楼改造、政府授权及夯实管理基础是2005年的三项重点工作。

计量中心对生产办公大楼北半部分的二、四层进行了改造，于12月完工，打造出具有国内先进水平的单、三相电能表检定试验室。

计量中心与质量技术监督部门，共同筹划北京电力公司电能计量器具检定管理方案，通过学习、研讨，编制大量质量文件，对当时的管理模式、生产流程进行了重新审视，使得计量中心各项工作满足了授权的要求。2005年12月，计量中心经北京市质量技术监督局授权为北京市电能表计量检定中心。

通过同业对标、竞争上岗等有效措施，提高员工积极性，使员工认识到计量中心同国内外先进单位的差距，进一步理解了“一流计量检定中心”的内涵，明确了努力方向。

计量中心圆满完成经营指标如下：

利润总额：北京电力公司下达的年度预算为−1486万元，实际完成−2440.8万元。

固定资产原值增值率：北京电力公司下达的指标计划为100%，实际完成了100%。

可控成本：北京电力公司下达的考核指标为325万元，实际完成1279.8万元。

检定试验室。

【主营业务】 在电能表及互感器检定方面，用全新的检定设备，完善检定环节，规范表计检定工作，提高检定工作质量。

在关口管理方面，计量中心对关口点设置进行技术分析，制定了调整方案。计量中心装试工区利用电量采集系统，建立了变电站计量装置监视系统，实现计量装置的实时监控和计量故障的自动报警，及时发现故障，将电量差错的影响降到最小的目的。2005年共完成电量采集改造40个变电站共207具表，更换四费率电能表共计347具，完成110kV、220kV变电站计量方式改换601路，更换电压互感器二次熔断器为空气断路器495个，协助丰台供电公司计量试点换表，共计420具，完成新装、改建19个站195路。

2005年，计量中心成立了配送工区，规范了配送工区的各岗位职责。中心配送电能表（含单、三相）共372059具，低压电流互感器26600具。

在表计检定方面，单相表检定304445具，三相表检定67614具，标准表校验177具；在互感器检定方面，低压电流互感器检定28287具，高压电流互感器检定3317具，高压电压互感器检定2866具，检定互感器标准6具，完成电能表标准装置检定28台；在关口管理方面，表计现场校验2978路，电压互感器二次导线压降测试546路，母线电量平衡每月3次，共35个站。

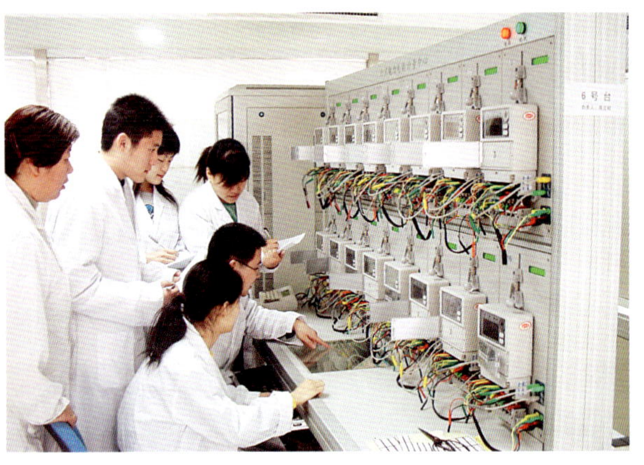

表计检定工区技术人员进行技术研究。

【安全生产】 未发生人身轻伤及以上事故；未发生设备事故；未发生重大交通事故；未发生火灾、火警事故。

强化安全生产管理，整合了各项安全责任制，完善了安全生产保障和监督体系。加大了考核力度，定期召开安全生产分析会和安全网员工作会，及时研究解决安全生产中存在的问题；组织生产岗位职工和管理岗位职工过好安全日，避免出现安全监督管理侧重生产忽略管理的现象。开展春检、保两会、安全互保需求、安全月、反事故措施、安全评估、秋检、安全闭环等重点工作。编制各种作业指导书，并在电力公司计量专业进行推广，同时组织各类安全培训和考试。

【科技进步】 成立了表计研究室，对计量器具特别是居民卡表（一户一表）系统做了深入的研究分析，搭建了卡表模拟测试平台，为故障处理、系统升级提供了技术支持。

2005年，北京市发改委率先在北京地区部分商业用户中实行四费率的电价政策，传统的费率、时段和通信规约都发生了变化，计量中心于3月15日出台了《多功能电能表技术规范和通信规约》，将四费率表计的外观和显示项目统一规范，细化了各项功能的技术参数、元器件。

7月，通过开展非四费率多功能电能表向四费率多功能电能表改造的课题研究，出台了成型的改造技术方案。2005年12月，已将10个厂家的10余种型号的非四费率电能表改造完毕并顺利通过功能检测，共改造1万多具。

实行一户一表后，至2005年底共安装近260万具居民单相电能表，将居民用户也纳入到削峰填谷的合理用电规划。计量中心从4月开始研制居民卡式峰谷表，提出了卡式峰谷表研制过程中发现的预付费方式、时钟、卡表修改费率和时段破口的安全性等问题。经过论证、调研确定了新表型满足全电子式、预付费方式、加采集功能、可以通过介质或银行调整参数的条件，同时制定了《北京电力公司单相卡式复费率电能表技术规范（草案）》。

【党建与精神文明建设】 计量中心党总支、各党支部开展保持共产党员先进性教育活动。在党风廉政建设方面，从加强法制教育和监督入手，建立健全防范机制，严格规范人、财、物的管理，注意发挥制度措施的约束、规范和惩戒功能。相继出台了《北京电力电能计量中心违反十个不准处罚规定》、《北京电力电能计量中心党风廉政建设责任制责任追究办法》等规章制度，形成了结构合理、配置科学、程序严密、制约有效的监督制约机制，防止各种不规范行为的发生。

（丁 宁）

客户服务中心

【概况】 北京电力客户服务中心通过95598热线电话、95598网站、需求侧展示中心、DSM网站为北京地区电力客户提供优质的信息支持服务，建设具有首都特色、现代化、专业化、多元化的客户信息互动中心和信息支持中心。主要业务有营销业务受理、信息咨询、信息查询、故障报修、举报、投诉与建议、信息发布、催缴电费、市场调查、信息维护等功能。同时，与市政府管理平台、政府热线12345相互联动，实现信息开发与共享。

北京电力需求侧管理展示中心。

客户服务中心主要机构有95598服务工区、综合管理处、需求侧管理处、办公室、财务处。

客户服务中心领导班子。左起：副主任纪洪，主任李顺平，党总支书记王家维，副主任任自勇。

2005年底在册职工人数39人，值班员57人。全员培训率95%，客户信用风险评估获科技进步二等奖。

【主要指标】 95598热线共受理客户报修、咨询电话58.6423万次，处理故障报修工作单6.2147万件。据统计，2005年客户服务中心95598服务工区电话量总呼入次数590682次，总接话次数586426次，总接话时长23556.61h，总工作时长110511.93h。其中受理报修业务75790件，占总接话量比例12.39%。报修业务包括：计量装置占比8.42%；低压线路占比1.24%；高压线路占比0.92%；变压器占比0.26%；低压电缆占比0.29%；高压电缆占比0.5%；站内设备占比0.72%，路灯故障占比0.04%。

受理投诉举报业务3187件，占总接话量比例0.52%。其中投诉783件,占比0.13%；举报1514件，占比0.25%；建议236件，占比0.04%；表扬654件，占比0.11%。

受理咨询类电话300941件，占总接话量比例49.21%。

95598热线一户一表客户回访7288件，客户满意率达到99.95%。回访内容包括IC卡表小开关坏、IC卡表熔断器坏、IC卡故障、IC卡表坏、表箱故障、校表、表计接线、机械表故障、TA故障等问题。

受理有责任投诉261件，受表扬633件。客户服务中心全年未发生责任投诉，受表扬195件。

审批并对社会发布高压停电计划526路次，低压停电计划1002次。

没有发生安全生产事故，没有发生95598客户服务系统瓦解故障。

完善了客户服务体系应急方案，建立起常态管理运行机制，全面完成了重要政治供电和度夏期间的保电任务。

2005年需求侧展示中心第六期展览对外开放，累计接待参观6000余人次，咨询1571次。配合度夏形势要求召开“迎峰度夏—记者行动”新闻宣传活动启动会，新华社、中央电视台等17家媒体参加了会议。

完成网站三期建设任务，在度夏前及时开通了短信服务平台，完善了视频点播功能，开辟了迎峰度夏专栏，推出了企业用电服务信箱，建立起会员制系统。

■ 95598工作现场。

【主要工作流程】 95598电力事故报修采取了规范的业务流程。客户服务中心值班员接到客户报修电话先作记录，对事故性质进行判断。对正在处理的事故电话询问，值班员通知客户预计恢复供电的时间；对新发生的电力事故，填写工作票转送值长。值长对值班员发来的工作票进行筛选，将新事故的工作票通过计算机网络，传给客户所在地的属地公司事故处理指挥中心，由事故处理指挥中心安排相应专业急修班组进行处理。在事故处理完毕后，事故处理指挥中心将实际处理完成时间和结果录入计算机数据库。客户咨询、查询有关电量、电费、用电政策法规等问题，可以通过95598人工或语音自动查询电话，利用标准答案或通过查询系统数据库及时予以答复。

【经营管理】 修订岗位工作标准，明确各项工作责任。在财务管理、优质服务管理、系统运行管理、工程建设管理、行政管理、党群管理六个方面建立了全方位的制度体系，初步建立健全各项基础性管理制度30多个。

把公司考核的三项责任制和五个劳动竞赛进行了指标和工作内容分解，完善了经济责任制考核办法。编辑完成《客户服务实用手册》和《客户服务常用业务文件汇编》，并下发到供电所。

落实国网公司十项承诺，完成投诉举报系统的升级改造。全年完成2541件客户投诉与建议的受理、下达、催办、回访任务，完成了每周一次的总结、汇报和4个月一次的总经理工作会汇报任务，加强了信息的反馈和用电矛盾的化解。客户表扬同比增加52.16%。

开展"三个十条"贯彻活动。组织值班员参加国家电网公司优质服务普考和调考，并取得了较好的成绩；对照十项承诺找差距，制定《关于95598工单发派超时保障机制与整改考核的通知》；明确值班长的组织、管理、考核、反馈的责任。

全面启动迁址新建工程，研讨"总值班室95598"的模式方案。2005年9月5日，完成95598客户服务系统升级改造。

■ 度夏期间全体党员签订倡议书。

【故障处理应急体制】 针对1070万kW最大负荷及100万kW电力缺口的预测，客户服务中心制定2005年95598热线度夏工作预案。6月14日下发客服[2005]27号文件，启动了95598服务热线度夏工作预案，保证95598热线电话7 × 24小时畅通无阻。明确启动应急预案的四个条件：接到上级命令、10kV线路故障停电超过10路以上、气温连续3天超过36℃、坐席占满达到10min。同时，形成了与市政平台、12345、110、119等热线电话的联动机制，并制定了《2005年度夏客户服务信息系统安全运行措施》、《关于2005年度夏95598热线应急备班管理方案的通知》。

8月15日，地区负荷达到1065万kW。客户服务中心提前完成IVR系统升级改造，对报修服务两级网络系统进行安全防范检查和维护，修订了热线度夏方案，对应急预案进行演练。当8月15日限电方案执行时，95598热线人工受理电话达到了4027个，完成了度夏任务。

历时3个月的度夏期间，每天为400个大客户和200个各级领导，发送电网负荷预测情况及电力供需指数63107条。

【党建与精神文明建设】 开展保持共产党员先进性

教育活动，完成了保持共产党员先进性教育的学习动员、分析评议、整改提高三个阶段的任务。在党风廉政教育活动中，开展了“反腐育人、思廉铭志”警示格言征集活动。在先进性教育活动中组织党员到抗日战争纪念馆参观。塑造以95598服务工区为代表的优秀集体。为95598一线值班员颁发“委屈奖”。中心党总支再次被评为华北电网公司优秀基层党组织。

（王亚稚）

9月12日，北京电力公司客户服务“委屈奖”颁奖大会。（彭志军　摄）

北京电力公司培训中心（党校）

■ 北京电力公司培训中心校景（石景山区模式口三号院）。

【概况】 北京电力公司培训中心（党校）（简称培训中心）隶属北京电力公司，是北京电力公司职工教育、人才培养的基地，也是面向北京市社会办学的综合性培训中心。培训中心是经北京电力公司批准，在原北京供电公司管理人员培训中心和北京供电培训基地的基础上于2004年3月正式成立的。培训中心现分为西、北两校区，总部设在西校区石景山区模式口。

■ 北京电力公司培训中心领导班子。左起：工会主席王立平，党委副书记（纪委书记）刘玉良，主任吴建明，党委书记成志锋，副主任赵天旺，副主任张明军。

培训中心作为北京电力公司唯一的培训中心，担负北京电力公司党校、职工技能鉴定、职工健康指导工作及北京电力工作会议服务功能。

全面完成了公司下达的安全生产、资产经营、党风廉政、精神文明各项指标和工作任务。无人身重伤事故；无恶性人身轻伤事故；无火灾事故；无重大责任交通事故；无重大事故。公司下达的经费指标为2852.9万元，实际支出为2852.9万元。

中心内部机构有校长办公室、政治工作办公室（工会）、监察室、劳动人事处、财务处、管理人员培训处、生产人员培训处、技能鉴定办公室、教务处、行政处、基建处、对外联络处、职工健康指导中心办公室。校办企业有北京翠微山矿泉水有限公司、华光电力工程公司等。

（王绍云　张　琪）

【人力资源】 培训中心职工总人数181人，其中，主业146人，多经35人，集体24人。按文化程度，大专占总人数30%、本科占28%。管理岗位有38人，从事各种管理工作。生产人员从事教学培训、维修电工、锅炉工、驾驶员、炊事员等工作。

完成了党委委员和纪委委员的换届选举。全年党委理论中心组组织理论学习28次，累计完成112学时，党政一把手平均出勤率97%。9月召开了领导班子主题民主生活会，针对存在问题研究制定了整改措施和方案。

教育培训工作开展情况：召开了教育委员会会议和培训网员会议。加强师资队伍建设，有计划地选派部分教学人员参加“企业培训师”资格鉴定培训、教法交流会学习观摩等社会培训，举办了“培训学员信息管理系统”培训学习等校内培训活动。有计划地选派职工参加了物业管理、企业人力资源师等职业资格培训学习。开展了文明礼仪培训、商务礼仪讲座等活动，提高职工岗位职业资格和岗位技能。有计划地组织职工听课学习，组织多次针对全体职工的培训和专题培训。

（王绍云　李淑霞）

【培训工作】 全年完成培训、会议、鉴定共计319期（个）31896人次。其中培训和会议275期，是2004年的1.35倍；共计20164人次，是2004年的1.36倍。培训中心2005年共承办各级各类培训班（各层领导干部培训、管理人员专业培训、生产人员鉴定前培训、进网作业电工培训、入党积极分子培训、新软件及新技术应用培训、新员工入企教育培训、供电所所长培训、农网电工培训、多种经营培训、大赛前强化培训等）213期，培训15921人次。

承办了在全公司开展的“岗位大练兵，向岗位标准看齐，争当岗位排头兵”系列活动。对生产岗位人员进行普考，组织了生产岗位技能竞赛，开展了专业技术人员比赛，有16个基层单位15个专业的523名专业技术人员参加了比赛。3036人参加10个工种的专业技能赛和全国供电所所长大赛等。全年共有3715人次参加各项赛事，承办了“5·17”公司周年庆典和4个工种的技术表演赛。

2005年培训有三个特点：一是领导干部培训从轮训转向有针对性的培训，在理论学习结束后，增加了课题调研，课题答辩。二是中层干部和班组长培训成为公司基础工作年抓队伍、打基础的一大特色。三是工人培训注重技能，实操课程比例逐渐增大。

承办公司成立1周年庆典暨技能表演大赛。

（王绍云）

【管理工作】 新修订、下发了行政办公、劳动人事、教学管理、档案管理、效能监察、工程管理等各类制度51个。开展综合评价工作。将和培训中心有关的指标归纳为5大类（否决性指标、综合管理工作、科研工作、精神文明党风廉政建设及安全生产工作、工作职责及重点工作）和50项指标（计划总结、教育培训、工作职责建设、公文管理、预算管理、交通安全教育、科技组织管理、科技项目研究、安全生产管理、综合治理、党风廉政宣传教育机制建设工作、党支部班子建设、重点工作完成情况等）。初步建立培训中心综合评价考核体系。

全面推行单班核算制，在校内推行以部门为基础的全面预算管理，召开全年资金平衡会，对2005年可控费用实行预算指标管理。对大额资金使用、大型修理、更改项目、大宗物品采购进行效能监察跟踪管理，完成涉及基建工程和5万元以上大宗物品采购监察项目10个，涉及资金项目的监察项目20个。从8月开始实行了月度经济活动分析会制度，通过分析经营成果，发现经营问题，调整经营策略，加强经济运营管理，提高经济运营效益，强化内部基础管理。

（王绍云　张　琪）

【教学与科研】 召开了培训中心科技工作会议，修订并下发了《科技项目管理办法》等管理制度，将科研工作的考核纳入到中心的综合评价体系中，开展了科研项目和科研论文的征集工作，并进行了科研项目审定和论文评审，对“培训管理系统”项目进行了验收，完成了“500kV线路及变电站费用预算定额标准制定”和“员工培训发展手册”两个科研项目的结题。

各部门申报校内科研项目13个，经审定后立项13个，当年结题11个。征集论文91篇，经过培训中心科研成果评审委员会评审，最终选出一等奖4篇，二等奖8篇，三等奖10篇。上报北京电力公司3篇，上报北京市职教学会6篇，对外推荐论文4篇，并推荐1个项目参加公司的科技成果展。

（腾　龙　王绍云）

【基础建设】 完善会议、培训功能的配套设施。完成了贵宾休息室、多功能厅、会议室等5项工程改造，成立了会议服务部，制定了服务规范，明确了服务流程，培训了服务人员，餐厅制定了会议用餐的服务方案，培训中心已初步具备接待公司260人以下大、中、小型会议的条件。

为配合清河集资建房前期工作，完成清河校区内拆除资产的注销工作。完成培训中心园区规划方案。确立了规划原则和实现的目标，对校园建筑进行了整体设计，提出了园区建设规划实施的步骤。

（王绍云）

【效能监察】 制定了监察制度、监察流程，健全警示教育机制。建立了兼职监察员网络，组织兼职监察员对部门履行职责情况和大赛、物资处理等专项工作进行监察。完成了上报公司的两项效能监察项目。贵宾休息室改造工程项目获公司效能监察成果奖；中水改造工程项目获效能监察鼓励奖。

（王绍云）

【党建与精神文明建设】 开展保持共产党员先进性教育活动，建立保持党员先进性长效机制。举办了宣传、信息员培训班，提高了宣传、信息员的水平。加强对各部门宣传、信息工作的考核。政办、校办、教务处加大宣传力度，《北京电力培训》杂志共出版电子版11期，文字版5期。

（王绍云　宋东霖）

■ 培训中心多功能厅。

物资公司

【概况】 物资公司（简称公司）成立于2004年，是北京电力公司的关联单位，是北京电力公司大宗物资的招标中心、采购中心、储运配送中心。公司主要服务于北京电力公司各生产建设单位和用户工程，为用户提供高质量的电力物资和高质量的服务。

2005年，公司未发生人身重伤以上事故，未发生火灾事故，未发生甲方责任重大交通事故，未发生重大机械设备事故。全面完成了北京电力公司下达的经营指标。实际销售收入8252万元，完成净利润889万元，资产保值增值率102%，资产负债率29.3%，财经违纪指数为1。没有发生领导班子违纪事件，没有发生干部职工严重违纪和违法案件，没有发生影响企业形象的恶劣事件，完成了A类、B类的各项规定指标。

公司设有10个处室和2个序列外机构。设立了中心库1个工区。

公司多经系统有北京远能电力线材厂、北京华光电力设备运输公司、北京明科开关控制设备制造公司、北京市供电物资电气工程公司、北京今佳物业管理中心、北京鸿运鑫宾馆等6个经营实体。

物资公司领导班子。左起：副经理彭勇，工会主席马殿敏，副经理马凤铁，党委书记兼纪委书记王冠荣，经理林克，副经理曾翼，总工程师张学哲。

（韩　伟　陆志一）

【人力资源】 截至12月31日，公司员工总数为276人，其中集体工53人，大专以上学历人员51人，中级以上技术职称人员13人。

4月，公司进行了生产岗位的调整工作，经北京电力公司人资部批准共设生产岗位49个，通过竞聘有43名职工上岗工作。引入劳务派遣用工机制，劳务派遣员工共计20名。

4月，公司组织完善和修订考核实施办法，几出台了1个办法和6个实施细则。

全年，公司在职职工80%以上年培训达到人均40课时以上；公司级领导年内培训全部超过120课时，完成总课时2180课时，人均242课时；公司中层干部（处长、主任）人均培训超过90课时，完成总课时3042课时，人均完成349课时；公司管理处室人员人均培训全部超过60课时，完成总课时11347课时，人均完成186课时；各工种技术工人的职业技能鉴定培训，通过率达到北京电力公司规定的指标；特殊工种持证上岗率100%；一线人员安规考试率和触电急救培训率100%。

北京电力公司大宗物资评标专家培训班。

（陆志一）

【安全管理】 以宣传贯彻《中华人民共和国安全生产法》、《中华人民共和国道路交通安全法》为核心，开展了安全大检查、安全性评价、安全月活动和安全闭环管理活动。全公司未发生人身轻伤以上事故、火灾事故、重大交通事故和设备事故。

层层签订责任书，落实逐级责任制，公司安全第一责任者与二级单位、各部门行政负责人签订了安全、交通、防火治安责任书共54份，并与二级单位、公司各部门有关行政负责人签订了承发包工程、出租房屋、基建施工等授权委托书13份。

公司和二级单位坚持每月安全生产分析会，安全网员会每月一次，安全简报每月一期，做到各班组安全日活动有记录、有检查，电传文件员工有签字，使全公司的安全目标三级管理真正落到实处。

加强安全巡回检查制度，及时消除安全隐患。加大安全投入，强化技防措施。筹资安排了安装红外电视监控系统、周界报警装置、燕郊库围墙改造等12项安全措施，全年投入安全工作费用209万元。

对防火组织机构和义务消防队以及公司消防通信、组织机构网络图，防火治安应急预案进行修订完善。完成了2005年交通违章次数未超标，无重大交通事故，无上报交通事故，无车辆机械事故的“四无”任务。

公司针对年度安全隐患采取的整改措施如下：

(1) 针对全年的安全目标，要达到三级控制零指标、零违章。公司对职工进行铁制度管理，要求各二级单位与领导、与班组，班组与职工要签订三级安全责任书，明确责任制，逐项落实。

(2) 一线职工要签订人身安全责任书，结合本岗位工种，月度定期进行检查，落实整改措施。

(3) 贯彻电力公司安全闭环工作，做到人人进行本岗位对照检查，整改不安全隐患。

(4) 以仓库防火工作为重点，针对700具干粉灭火器进行维修、更换，做好消防预案工作。针对库区消防隐患，采取各库消防应急预案并进行演练。

(5) 针对公司特种设备、安全工器具、特种作业操作人员安全培训等，定期进行安全检查、报废、更换安全工器具，保证人员、设备符合安全有关规定，杜绝在施工中发生事故。

(6) 安全检查中发现问题采取措施，燕郊库配电室地面低，下雨容易淹没电器设备，造成短路停电事故。针对不安全隐患，加高配电室电器器材底座，避免被水淹没。

(7) 在防火安全大检查中，燕郊库消防水带16条出现损坏和断裂，及时进行更换。

(8) 针对公司交通安全违法行为出现超标现象。依据北京电力公司交通安全“六条禁令”，采取每个人进行签字的措施，并要求二级单位针对工作特点，制定单位交通安全措施，减少交通违法行为，防止交通事故的发生。

（丁福才）

【经营管理】 在公司范围内实行全面预算管理，将各项经营指标和可控成本费用支出指标分解下达给各责任处室，并与各责任处室签订了经营责任状，有效地实现了全员、全面、全过程的成本费用和利润管理。

增强企业经济效益，降低经营风险，通过税收筹划为企业创造效益。2005年度申报工效挂钩退税和企业坏账损失节约税费近300万元。做好企业税务筹划工作，直接为公司创造经济效益200多万元。做好清欠工作。经过专人催欠和委托律师催欠，清理回华龙公司债权，现金及抵款物资共计846万元。在北京电力公司2005年度“财务及经营管理劳动竞赛”工作中荣获先进单位称号。

（林子霞）

【物资供应】 2005年，招标工作量409327万元，累计签订采购合同总标的额329219万元，支付采购资金282135万元，已结转领票156056万元，待结转领票109245万元，结转工程项目数204项，配送物资累计1977批次。

共组织招标、评标会议149次，编制标书8577份，中标金额为409327万元。中标价与平均价相比节约资金率2.76%，节约资金共计11286元。

共签订采购合同3241份，合同金额329219万元，支付采购资金282135万元，组织监造70多次，组织处理现场质量和服务问题940多件。组织配送工作新建站1764次，运行站213次，现场交验设备拆箱1万多箱，组织供应商的售后服务人员配合安装和调试工作940多次。

开展退运报废物资招标出售工作，会同有关部门审查了40多家回收商的资质，起草了退运报废物资招标出售管理办法等文件。到2005年末已经招标竞价出售退运物资312万元。

开展非电力物资采购工作。自9月起以北京电力公司机关服务中心为试点，对办公用品采取招标供应商，实行网上集中采购，定期配送到门。累计到年末完成251份订单，74.5160万元。与中石化北京分公司签订了车用燃油集中采购协议，共计有16个单位1405辆车，实现了按车号使用IC卡加油。

（闫　阳　杨美华　宋安愣）

【诚信服务】 公司领导带队走访了北京电力公司电网建设部、海淀供电公司等11个建设单位，征求服务意见，制定改进服务措施，提高服务与管理水平。

对招标过程、采购配送、监造验收、会议服务和后勤保障等28项服务内容，以满意、一般和不满意的标准，向有关职能部门和建设单位发出征求意见函（表）78件，共收到意见反馈46份，满意的内容有19项，不满意的意见函（表）有4份。其中，认为资料移交不及时2票，工程结算不及时1票，对配送服务有意见的1票。同时收到改进建议16条。归结出以下15条建议：①对没有按招标供货计划供货的设备没有反馈信息；②对急需的设备能否特事特办，建立绿色通道；③对设备监造、考察应多考虑建设单位意见；④邀请评标时能否按专业选定专家或专业人员；⑤打捆招标时应将改造站与新建站分开，提高工程专业技术水平；⑥多项评标综合安排，单项评标时间缩短（流水作业）；⑦厂家回标资料，可否电子化，提倡节约和环保意识；⑧遵守法定条款和国内、国际惯例确保公正；⑨提醒建设单位，按照工程进度提前申报设备采购计划；⑩建议在加强服务业务水平的同时，加强专业知识水平，特别是对设备材料的特性、特点，物资市场的变化预测，价格空间的分析，以及法律事务的解释等，提供有价值的建设性建议；⑪招投标会结束后，能否将中标结果及时通知各投标方；⑫投标评分方法能否在招标文件中予以公布；⑬建议不符合招标文件的部分适当扣分；⑭关于工程结算及时性的建议；⑮关于配送服务质量的建议。公司两次召开党政联席会议，监察室会同政治工作办公室、经理办公室落实了此项工作，就各处室讨论后的整改措施及时反馈到电力公司本部各职能部室及各建设单位。

公司2005年服务创新工作：2004年底公司党委提出“安全、廉政、规范、服务”八字方针和诚信服务优质服务是物资公司生命线理念。2005年在职代会上正式通过。

公司为给建设单位提高更加高效优质的服务，由班子成员带队主动走访建设单位，征询意见形成常态机制。

为了营造良好的招投标工作环境，改造公司招投标会议室、监控室、接待大厅，添置了应有的软、硬件设施。在大厅设置电子大屏，滚动发布各种会议通知、会议导向，宣贯招投标法、招投标工作纪律及供应商须知等内容。

物资公司领导在主变压器调试现场。

（邓　华）

【物资信息平台建设】 从2005年初开始进行物资信息系统的建设工作。在实际业务工作中已经录入了56个工程的基础信息，有28个标段通过物资管理信息系统完成了评标工作，后续的各个环节也已经应用本系统。已进入物资管理信息系统试运行阶段。公司加强了科技工作管理，健全了科技信息网络，保障了物资平台的顺畅运行。

（安德夫）

【党建与精神文明建设】 以先进性教育活动为契机，搞好党风廉政建设，开展了形势教育和革命传统教育。开展了“文明礼仪·和谐电力”的主题活动，推动了企业文明建设和规范服务行为。

开展了“十个一”特色活动和“四要四不要”（即：不要内讧，要包容；不要内耗，要沟通；不要本位主义，要换位思考；不要只看别人缺点，要经常反省自己）的活动，有效地提升了全体员工的团队精神和责任意识，同时也提高了物资公司整体精神文明水平。

坚持把党风廉政建设责任制度融于各项管理工作之中。建立健全了反腐败的工作机制，规范了监督程序，提高了监督实效，强化了“一岗双责”责任制的落实。在2005年初职代会上，公司党委、纪委与公司所属各处室、单位签订了《精神文明建设与党风廉政建设责任书》，确保公司不出现违反党风廉政纪律的问题。

（黄连英）

多种经营管理处

【概况】 多种经营管理处（简称多经处）是北京电力公司多种经营工作归口管理部门。多经处主要负责对基层多经部门的经营活动进行指导、统计、经营指标考核，全面负责北京电力实业开发总公司的工作，管理直属10个公司。

多种经营管理处领导班子。左起：副主任孙一民，党委书记兼纪委书记魏胜利，主任王宝华，副主任张家华，工会主席杜红旗。

北京电力公司共有203个多种经营企业，其中，事业单位4个，全民所有制企业18个，集体所有制企业129个，股份制企业52个。其主营业务涉及电力施工、工程监理、设备制造、电网自动化、教育培训、宾馆饭店等诸多产业。

全年多经系统完成产值68.45亿元，利润计划指标3.23亿元，实际完成6.06亿元。

多经处下设7个部门，管理直属10个公司。

【人力资源】 多经处共有在职职工421人，退休人员141人，其中，在职全民职工220人、集体职工201人，并负责电力公司多经系统1302名集体职工的管理工作。

2005年7月，多经处对职能管理部门进行了调整，由原来的9个部室调整为7个部室。从部门主任到一般员工进行了全员竞争上岗，共有44人报名参与，最终27人通过竞争上岗，其中有7人由直属公司进入了机关工作。

3月，对直属10个公司进行了领导班子民主测评工作。6月和12月分别进行了两个公司领导班子竞争上岗工作。

【安全生产】 全年未发生上级考核的人身伤害、人员责任、火灾火险事故。

实业开发总公司全面落实安全生产责任制，制定全员安全生产职责，落实安全管理“三级控制”的原则，全公司逐级签订“生产、消防、交通、保卫”四位一体安全责任书，签订“安全双向互保”责任书，建立双向互保机制。同时，加强内部季度安全指标和工作落实的考核，分级控制安全目标。

重点针对施工企业积极开展反违章专项工作，制定了反违章管理规范。生产一线职工认真开展违章分析，制定本岗位控制违章措施并加以落实，各级加强反违章教育和查禁违章工作。

开展安全评估和闭环管理，强化了安全管理基础，逐步向标准化、规范化看齐。组织实业开发总公司第二次QC成果发布。

直属公司进行消防演练培训。

【职能管理】 组织召开了2005年多种经营工作会。会议就公司即将启动的主多分离工作做了说明分析，印发了《关于建立多种经营企业储备基金的通知》和《关于进一步规范多种经营管理若干问题的通知》，部署了应对改革形势发展、规范多经企业经营行为的重点工作。

全年多次接待国家电网公司及北京电力公司领导针对主多分离工作的调研，并多次到基层单位调研、指导多经工作。

组织召开北京电力公司多种经营工作会。

【经营管理】 在北京电力公司范围内建立多种经营企业储备金，共建立储备基金9391万元。由北京电力实业开发总公司财务部牵头，培训部配合，共同组织了2005年北京电力公司多经系统财务人员继续教育培训，共有260人参加了培训。

9月7日，北京电力公司副总经理陈当到诚信公司视察。

【党建与精神文明建设】 2005年，在党建工作方面，实业开发总公司党委获得2005～2006年度北京电力公司先进基层党组织。在思想政治工作研究方面，《关于多种经营企业职工队伍稳定问题的调研报告》获得政研成果一等奖。在北京电力公司2005年度精神文明建设创新成果方面，实业开发总公司党委推荐的《和谐企业为根基，创新求变显活力》获得三等奖，《诚信哲语》获得优秀奖。京电电气工程总公司党支部获得北京电力公司先进党支部。京电电气工程总公司党支部《和谐企业为根基，创新求变显活力》获得北京电力公司2005年党支部创新成果一等奖。

组织拓展训练活动，有271名职工参加。关心职工健康，请健康专家赵之心讲课，有200人参加。关心弱势群体职工的利益，从源头上为职工把关。华商宇辰公司倒闭，工会在班子会、生活会上多次表态维护职工的利益，从制定买断方案到实施细则，工会自始至终全部参与，充当职工的代言人。

（李振广）

北京电力试验研究中心

■ 北京电力试验研究中心办公大楼(丰台区南三环路30号)。

【概况】 北京电力试验研究中心（简称试研中心），其前身是成立于20世纪50年代的北京供电局修配厂。随着业务范围的变化，自1997年开始单位名称先后由修配厂更名为修试处、修试公司，逐步发展成为北京电力公司的五大主网单位之一，并具备了承担500kV及以下电压等级主变压器安装、检修、试验的能力。2004年3月，与原北京供电公司科技处合并，组建成立北京电力试验研究中心。在担负原有生产任务的同时，开始筹建高压和配网等专业研究室；为北京电力公司的生产、基建等提供技术支持，对公司内部和社会电力用户开展技术监督和技术服务工作。截至2005年底，试研中心承担着北京电力公司全网630台，主变压器的检修、维护和事故抢修等工作；负责所有220kV变电站内一次设备的电气试验、油气化验、电测热工仪表的校验和电压、电流互感器及其他充油设备的检修、维护工作；负责北京电力公司范围内所有设备的油务化验工作；并在北京电力公司的电网建设过程中承担着部分基建任务，参与新建、扩建、改建工程的设计审查、设备监造、技术监督和质量验收等工作。同时，作为北京电力公司技术监督的执行机构，试研中心还受公司职能部室委托，负责在绝缘、化学、电能质量、电测热工、电网环境六大专业开展技术监督工作，对北京电力公司内部和社会电力用户提供技术支持和技术服务，是北京电力公司技术管理体系和技术监督体系的重要组成部分。

■ 北京电力试验研究中心领导班子。左起：总工程师常晓旗，副主任金小岗，中心主任刘维刚，党委书记顾联军，副主任姜绿先，副主任韩国庆，工会主席周毅。

2005年，试研中心完成利润577万元，超额完成利润150万元。可控成本完成率100%，修理费完成率100%，技改项目完成率100%。

试研中心为中心、处室（工区）、班组三级管理模式。2005年，试研中心组建了试验研究处、配网技术研究室、高压研究室、电能质量及环境室，建成了电缆及绝缘材料试验室。有10个职能处室，3个生产工区，2个专业室。

【人力资源】 试研中心现有职工318人，其中，全民职工262人、集体职工56人；博士学历2人，研究生学历14人，大学本科学历38人；高级职称11人，中级职称26人，初级职称63人；高级技师4人，技师5人。

制定了主变压器检修、电气试验等4个专业的培训方案以及高压室、配网室、电能质量室的

■ 9月12日，新入企大学生现场安全培训。

人才规划。完成了竞聘上岗、专业技术及生产技能专家考核工作，以及变电检修、变电试验和电气设备安装3个专业二级工程师的申报、资格审核和竞聘答辩工作。

举办了北京电力公司电气试验工、变压器检修工、电测仪表工技术比赛；代表北京电力公司参加了华北电网电气试验工技术比赛，取得团体第三名。

■ 技术比赛现场。

【安全生产】 2005年，试研中心未发生人身轻伤及以上事故；未发生重大及特大设备事故；未发生交通事故和火灾事故；发生设备事故2次，发生一类障碍3次，实现3个100天安全生产长周期。试研中心完成了变压器工程项目52个，安装变压器81台，总容量达到3211.5MVA；完成变压器大修19台、变压器有载开关检修85台，变压器小修401台次；设备高压预防性试验2366件，设备色谱分析2000多台次、油质分析及SF_6气体分析1600台次；校验重要盘表1346块；完成变压器运输和起重就位90台次；完成政治保电任务8次。

■ 八里庄变电站事故演习现场。

■ 度夏工程紧张施工。

【经营管理】 在基础管理方面，完成综合性评价工作，制定管理制度29项。重新修订制度5项，完成各类整改建议20项。开展同业对标工作，建立了同业对标数据库。

在安全管理方面，逐级签订安全生产双向互保责任书。邀请电力行业的安全专家进行安全评估工作。制定了《试研中心安全评估检查发现问题及整改措施》，修改、制订17项安全管理制度和规定。

在生产管理方面，完成了试研中心生产管理三级体系建设，完善了生产管理、应急组织的体系建设。印发了有关生产和技术的各类办法、制度等共计16项。组织编写了4项变压器安装、检修类标准化作业指导书范本，7项变压器试验等电气试验标准化作业指导书范本。

【对奥运场馆服务项目】 积极参与奥运电力建设，从设备选型开始，以"首都标准"参与设备选型、订货及验收工作。2005年，试研中心参与多项奥运工程的设备订货、监造，协助公司职能部门完成朝阳500kV变压器的订货技术条件等。同时，开展设备入网监测，从2005年开始逐步开展配电变压器、电力电缆等设备的入网监测工作，为奥运电力安全提供技术服务。

【试验研究】 完成度夏工程招标电缆的入网检测工作；组装开发了110kV电缆户外电气试验装置，解决了36轴原威克瑞电缆的试验难题；完成了张莲一事故调查分析工作等16项测试研究工作。

完成了《北京地区配网建设发展模式的研究》和《用户产权分界点研究》两项政研课题的撰写工作，以及《北京地区电网无功研究》课题的前期准备工作。

完成了电能质量综合管理系统的开发项目，实现对各测试仪器测试数据的网上上传、查询和统计等功能；研制了适用于10回输电线路工频电磁场理论计算的Excel模板，并对环评单位有关理论计算数据进行了核算。

起草了《北京电力公司变电站厂界噪声测试规范（试行）》和《北京电力公司工频电磁场测试规范（试行）》，并由公司职能部门发布。

针对北京电视台“生活面对面”节目关于石景山模式口《一座石桥带电》的报道，电能质量室开展有关测试分析后认为人体在高压线下由于电场影响产生感应电压和感应电流是正常的，但感应电流远低于人体安全电流值。通过记者的采访、报纸的刊登及电视台的播出，消除了老百姓的恐慌。

【技术监督】 配合北京电力公司职能部门组织各责任单位对电网谐波、谐波源用户、变电站及输电线路工频电磁场及噪声影响、建设项目环评及验收等方面开展了技术监督工作。组织各供电公司和变电公司对502段220kV及以下电压等级供电母线进行了测试，合格率为99.4%。组织完成了工频电磁场和噪声测试等22项工作。组织各供电公司对47个谐波源用户进行了入网管理。完成地铁5号线东单总配电室等22个用户的评估报告，对密云建华铸钢厂和西普耐火材料有限公司谐波治理效果进行了核查。对用户——门头沟某部队送来的10kV和1kV电缆试样进行了检测，发现多项基本指标不合格，及时向用户进行了反映。

【科技进步】 2005年，试研中心经北京电力公司批准立项的科技项目共6项，自安排科技项目4项。其中，4项获北京电力公司科技成果奖；“110kV电缆户外试验装置的开发”获华北电网有限公司科技成果二等奖；“低压配电母线谐波治理技术对策”项目获北京电力公司二等奖和华北电网有限公司三等奖。4篇科技论文获得北京电力公司优秀科技论文奖。软性橡胶材料切片装置的开发获得2005年“海电杯”QC成果一等奖，获得北京市第四十八次QC小组成果发表会金奖。

【党建与精神文明建设】 开展先进性教育活动，推出并完成了“十个一”系列活动。加强基层党支部和党员队伍建设，开展了“争优创先”活动、“立足本职岗位，发挥先进作用，争当排头兵”的主题教育活动和以“明理诚信，和谐电力”为主题的文明礼仪宣传教育活动。

加强党风廉政建设，开展反嫌疑腐败工作，制订了《党风廉政建设宣传教育管理办法》等新的制度，修订了《党风廉政建设与精神文明建设考核奖励办法》等相关制度。开展效能监察工作，成立效能监察工作领导小组，实现了对党风廉政的有效监察。

加强企业文化建设，组织班组长培训、开展劳动竞赛活动等职工文化活动，增强了企业的凝聚力和向心力。

（师恩洁）

北京电力设计院（北京电力经济研究中心）

北京电力设计院办公大楼（宣武区广安门车站西街15号）。

【概况】 北京电力设计院（简称设计院）是全民所有制企业，具有电力行业（送变电）设计、咨询甲级资质、建筑工程乙级设计资质、电子通信广电行业通信工程类乙级资质、工程勘察专业类（工程测量）乙级、电力行业（送变电）设计、咨询乙级资质、工程监理丙级资质、招投标代理乙级资质、送变电工程三级专业施工资质。主要从事500kV及以下电压等级的送变电工程设计、咨询和城乡电网的规划设计、咨询工作，1999年取得ISO9001质量体系认证，2002年完成质量体系2000版转版工作，2005年完成2000版质量体系复评认证工作。设计院是国家科技企业档案管理一级达标单位，是中国电力规划设计协会常务理事单位，曾荣获全国电力行业质量效益型企业。

北京电力设计院领导班子。左起：总工程师夏泉，副院长李蕴，副院长郑利纺，院长阎澥党委书记王心宁，副院长杨志，工会主席王江。

截至2005年底，设计院拥有员工174人，固定资产591万元，拥有先进的计算机网络系统和绘图仪、电子经纬仪、红外测距仪、GPS卫星定位仪、大型晒图机等各类设备。5月，设计院迁入新址：北京市宣武区广安门车站西街15号。

全年未发生任何人身、设备、火灾、交通等各方面安全事故；未发生任何因设计质量原因造成的事故，实现了240天安全生产长周期。产值16208万元，实现利润5424万元。

【人力资源】 截至2005年12月底，全院共有职工174人，全民职工144人，集体职工30人，其中高级工程师33人，工程师55人，初级职称43人，无职称人员43人。研究生及以上学历15人，本科学历73人，专科学历43人，其他学历43人。

具有国家或建设部认可的执业资格资质的人员共有38人（一级注册结构工程师5人，二级注册建筑工程师3人，国家注册监理工程师5人，全国消防专业资格工程师3人，咨询师7人，造价师5人，注册电气师10人），占职工总数的23.1%。通过职业技能鉴定具有执业资格证书25人，占全院总数的14.8%。

颁布实施了设计师等级评定制度。在2005年的设计师评比工作中，共评出二级设计师21名，三级设计师5名。

7月，设计院举办质量管理体系知识竞赛。

【优化管理】 2005年，对104项管理制度进行了梳理、修改和完善，对原来遗漏的方面制定了新的管理制度，内容涉及行政管理、财务管理、经营管理

北京电力工程公司

总部基地商业办公区(丰台区南三环西路188号)。

【概况】 北京电力工程公司（简称工程公司）是北京电力公司的全资子公司，是以送变电工程安装施工为主，具有送变电专业一级资质和承装（修、试）电力设施许可证一级资质，并拥有国家商务部批准的对外经济合作经营资格的施工企业。注册资金为5000万元。

截至2005年12月底，工程公司共有15个职能处室和12家分公司、2家全资子公司和1家关联公司。年末在岗人数为492人，各类专业技术人员200余人，具有一级项目经理34人、二级项目经理19人。

北京电力工程公司领导班子。前排左起 经理陶延黎，党委书记成志锋，党委副书记兼纪委书记赵龙；后排左起：总工程师张志良，副经理孙长清，副经理戴富华，工会主席陈临年，副经理戴宁。

（拍摄时间：2006年8月）

【人力资源】 2005年4月，启动了岗位评价工作，形成了组织机构框架和岗位设置方案，整理并审议通过了各部门及具体岗位的工作标准。专项培训技术技能骨干；采取技能认定、内部设立首席技师等方式，适时提拔任用技术技能人员。

完善用工制度改革，逐步推行开放式用人机制，优化员工队伍结构，先后进行了职工内部退养、选拔考核中层干部、薪酬体系建设等一系列工作，建立了紫都超市、洗衣店、旅游公司等后勤服务，使公司的劳动用工机制和人员结构更趋合理。

【实物工程量】 完成输电架空线路198.50km。其中，500kV线路105.80km；220kV线路30km；110kV及以下线路62.70km。完成改扩建500kV变电站1座；新建及改造220kV变电站6座；新建及改造110kV变电站21座。敷设电力电缆291km，其中，220kV电缆70km；110kV及以下电缆221km。

2005年，工程公司承担了以北京为主战场的主要电网建设工程，同时也分别承建了华北、内蒙、广西和蒙古国等地工程项目。上半年公司围绕田村和西上六两个220kV输变电度夏工程。下半年以保北、浑霸、城北、张顺Ⅲ 500kV输变电工程和顺平、黄

送电安装作业现场。

220kV黄寺变电站。

2005年工程公司重点工程情况

工程名称	工程规模	开竣工日期
门宝220kV线路工程	全线72基塔，17余km	开工：2004年 竣工：2005年6月
浑霸500kV线路工程	全线99基塔，40余km	开工：2005年4月 竣工：2005年10月
布乌500kV线路工程	全线30余km	开工：2004年9月 竣工：2005年6月
昌顺北500kV线路工程	全线23基塔	开工：2005年10月 竣工：2006年6月
昌下220kV线路工程	全线10km	开工：2003年8月 竣工：2005年12月
顺平220kV线路工程	全线36km	开工：2005年3月 竣工：2006年7月
王校庄220kV变电站工程	220kV主变压器：终期规划建设180MVA主变压器3台，电压等级为220/110/10kV，电压比为220 ± 8 × 1.25%/115.5/10.5kV。本期装设180MVA主变压器2台	开工：2005年10月25日 竣工：2006年5月17日
下庄220kV变电站工程	220kV主变压器：本期装设120MVA主变压器2台，电压等级为220/110/10kV，电压比为220 ± 8 × 1.5%/121/10.5kV	开工：2005年10月10日 竣工：2006年3月21日
西峰路220kV变电站工程	调用新设备安装于新门聂一间隔。新门聂一线路两侧本期新上线路保护装置。门头沟站新门聂二间隔使用原门聂一线路保护装置，新高门二间隔使用原门聂二线路保护装置，新高门一间隔使用原高门二线路保护装置（需移动保护屏）。田村间隔新上线路保护屏	开工：2005年3月5日 竣工：2005年6月27日
宝山220kV变电站工程	工程安装180MVA/220kV主变压器2台，终期安装主变压器4台。 电气主接线：本期和终期220kV侧、110kV侧均为双母线接线，10kV侧为单母线分段接线。终期1号、2号主变压器的10kV侧与3号、4号主变压器的10kV侧不设联络	开工：2005年3月19日 竣工：2005年6月27日
保北500kV变电站工程	本期安装750MVA/500kV（3 × 250MVA）2号主变压器及相应的三侧进线，扩建220kV配电装置母线双分段间隔及另一母联间隔，并完善相应的母线设备；扩建2号主变压器低压侧2 × 60Mvar容性及1 × 60Mvar感性无功补偿装置；扩建2号所用变压器（1000kVA/35kV）1台。 电气部分：①主变压器容量及电压等。500kV主变压器：本期扩建750MVA（3 × 250MVA）主变压器1组，电压等级为500/220/35kV，电压比为$500/\sqrt{3}$ / 230 / $\sqrt{3}$ ± 8 × 1.25%/36。② 500kV部分。本期只扩建2号主变压器进线间隔。③ 220kV部分。本期扩建2号主变压器220kV侧进线间隔。④ 35kV无功补偿及所用电系统。本期扩建2号主变压器35kV侧进线间隔。改扩建2号所内变压器系统。⑤电气二次部分。本期在原控制、保护室内安装控制、保护盘等共计19面；新敷设控制电缆70km；新敷设电力电缆约3150m	开工：2005年7月10日 竣工：2005年11月16日

浑霸500kV紧凑型输电线路施工现场。

寺、下庄等220kV输变电工程为重点，同时对动物园、马驹桥等一批110kV输变电工程展开施工。一批重点工程的工作取得突破性进展。

【安全生产】 重新调整和充实了工程公司安全生产委员会，制定了《安全工作指导意见》，把原有的安全管理职能提升为安全监督管理职能，对安全生产

制。研制业扩报装系统和地理信息系统，开发适用于10个远郊区县的经营系统，投入运行，方便各属地公司信息沟通和数据传送。

【党建与精神文明建设】 完成本年度党员发展工作，2名入党积极分子加入了党组织，2名预备党员按期转为正式党员。3月，整合原有3个支部，组建了管理党支部和业务党支部，完成2个党支部的改选工作；4月，党总支改选工作完成。5月，对通过建制调整重新聘任上岗人员进行半年考核，民主测评中层领导干部，在职工中反映良好。9月21日，各支部召开民主生活会，逐个对照检查、相互评议，开展批评与自我批评，荣获2005年度北京电力公司党支部创新工作优秀成果奖。中心深入开展先进性教育活动，党总支组织党员集中学习共计15次，其中党课和专题辅导6次，组织党员大讨论3次，大会交流1次，组织党员活动1次。在此基础上，安排党员每周自学2小时，全体党员共撰写学习心得31篇，每个党员学习时间达到了40个学时以上，保证党员学习覆盖面100%。

（吴红晏）

■ 群众送来优质服务锦旗。

北京市路灯管理中心

北京市路灯管理中心办公大楼（丰台区方庄路2号）。

【概况】 北京市路灯管理中心（简称中心）是北京电力公司和北京市市政管理委员会共同领导下的事业单位，实行企业化管理。负责北京市城八区路灯的规划、设计、施工、运行维护与管理工作，为首都提供安全可靠的路灯照明保障。固定资产88955.29万元。

在用设备：路灯157901盏；路灯专用线3046.4km（含架空线、电缆）；变压器1464台（含单相、三相），柱上变压器963台；路灯专用配电室68座，箱式变压器429台。

2005年指标完成情况：未发生人身轻伤及以上事故，未发生设备事故，未发生火灾事故，未发生造成社会影响的各类事故；完成路灯政治保电任务10次；平均亮灯率98.08%；全年完成多经综合利润3627万元；完成市政府为民办实事100条街道路灯照明工程；全面完成北京电力公司对路灯中心安全生产、资产经营、党风廉政建设、精神文明建设的责任考核目标。

路灯管理中心领导班子。左起：工会主席张连山，副主任孙怡璞，主任王阿镳，党委书记李云山，副主任李维仁。

中心机构设置16个处室；2005年底在册人数233人，集体职工30人，具有大专及以上学历的职工68人，具有中级及以上专业技术职称的职工33人。

【人力资源】 完成了规范生产岗位系列及竞争上岗工作。完成了北京电力公司人力资源部教育处下达的各项培训任务，完成全员培训率91.32%。举办了电缆施工工艺、路灯控制箱（带三遥）接线、路灯监控系统实操培训等18项培训班。举办了10kV带电工作技术及理论、路灯安装质量标准及工艺技术标准等各类培训班共8次。举办了驾驶技术、车辆维修培训班。

2005年4月，中心开展了第一届职工技能比赛，所有生产岗位人员192人全部参加。在5月北京电力公司举办的配电线路比赛中，施工管理处分别取得了全公司第二名和第三名的好成绩。

在2005年底对涉及8个部门、40%的中层干部进行了岗位调整，从知识结构、专业特长、工作经历和年龄梯次等方面进行了有效整合。

路灯管理中心第一届职工技能比赛。

【安全管理】 安全生产无事故1339天，连续5854天无重伤及以上人身伤害事故，安全行车无甲方责任事故20年。与中心所属各部门签订了安全生产目标责任状、交通安全目标责任状及消防治安目标责任状。

制定了《北京市路灯管理中心电力生产发包承包电力工程等对外经营项目安全管理规定（试行）》等8项管理规定，修订了《路灯管理中心安全生产管理办法》等12项管理制度，完成了危险点分析与控制措施的修订工作并汇集成册。

以2005年初北京电力公司开展的安全需求调查活动为起点，在中心范围内开展了“建立目标一致、责权对等、各司其职、双向互保的安全责任体系”的活动。共汇总归类安全需求46项，涉及资金380万元，已全部落实完成。

借助生产岗位竞聘工作，重新调整了站队级专职安全网员和班组兼职安全员，强化了中心的安全网络。完善了处（室）、班组各级各类人员的安全生产责任制，逐级分解安全目标，细化安全责任。生产一线人员重新修订了保人身安全责任书，明确了各岗位的安全管理职责；中心全体人员分别和各自的安全生产第一责任者签订了安全生产风险抵押责任书，逐级落实安全生产责任制。

坚持安全两会制度，即每月一次的月度分析会和每月一次的安全网员例会。举办了两次全体职工参加的安全规程考试，组织特种作业人员进行专业培训取证。进行了安全大检查和安全评估、现场规章制度落实情况的检查、施工现场的安全巡查、安全生产月等活动。为配合“11·9”消防日，举办了以消防为主题的小型运动会。

【生产任务】 组立、更换灯杆6300基；组立庭院灯950基；敷设低压电缆140km；新装箱式变压器67台，柱上变压器11台。

完成市政府55件为民办实事的第八项，即总投资8000万元共100条道路的路灯建设工作。主要有西南二环西便门至西直门路、机场辅路二期、大红门西路、香山南路等路段。

夜巡修更换大、小灯泡49000只；查线1400余组，处理各种缺陷238件；巡视电缆线路6800km，处理各种缺陷357件；巡视变压器、箱式变电站、配电室1500台/座，处理各种缺陷106件；处理各种路灯故障1795件；处理电话报修灭灯3636次；处理汽车撞杆事故546起；补装被盗路灯工井井盖2163套，补装被盗变压器5台。

全年在利用旧灯具、变压器上节约资金约42万元；全年修旧利废，节约资金约18万元；在车辆保养、节油等方面节约资金19.85万元；在提倡绿色奥运的同时，加强了节能的宣传教育与落实，巩固了中水二次利用的成果。

■ 检修高杆灯。

【企业管理】 中心对现行104项管理制度进行了全面修订，并以此强化三级管理，利用关键岗位党政“一岗双责”的优势，提高管理工作效率和水平。

全年进行了3次动态检查工作。在全面落实经济考核责任制的同时，对原有的经济责任制考核办法进行了修订，调整了指标考核的幅度，以此为依据对各部门进行月度追踪考评。坚持班组“一日一题”活动。

■ 北京市政管委主任陈文占（左四）在北京电力公司副总经理王守东（左五）陪同下在路灯管理中心检查指导工作。

【政治保电和迎峰度夏】 完成了“两节”、“两会”、“世界财富论坛”以及“国庆节”和“十六届五中全会”等各项政治活动保电任务。结合路灯的实际情况制定并实施责任到人的具体保电方案。特别是对天安门广场、东西长安街的每基华灯进行认真检查，完善每个灯台挂锁；在重大节日前，配合天安门管理委员会摘除天安门广场高杆灯、华灯上的残破风筝。

中心成立了迎峰度夏安全供电工作领导小组，建立了路灯故障抢修、路灯电源保障等8个专业工作组，并制定了《迎峰度夏错峰保电预案》。按照北京市政府7月13日的要求，路灯也要采取节能措施。中心合理利用“三遥”（遥测、遥信、遥控）设备，三遥设备所控制的半夜灯主要集中在三环和四环的干路上。降低部分路段路灯负荷，保证了北京电网高峰用电时的错峰保电。

三环路主路灯盏数为7082盏，其中半夜灯为2365盏；四环路主路灯盏数为13592盏，其中半夜灯为4531盏。则三遥控制的半夜灯合计为6896盏。2005年全年通过三遥停发的半夜灯所节省下来的电能为314.635万kWh，节省电费224.1774万元。

■ 天安门广场夜景。

【优质服务】 迎峰度夏期间，结合保持共产党员先进性教育活动，运行管理处开展了“共产党员连心卡”活动。中心组织共产党员和青年骨干，利用周末休息时间开展义务劳动，先后为方庄社区和潘家园社区安装路灯19盏，解决了居民出行不便问题。

全年共收到市民报修灭灯电话3636次，报修路灯故障1795次，全部在承诺时限内处理完毕。

召开两次行风监督员大会，主动接受社会监督。2005年共收到代表提案、建议和人民来信218件，均在规定时限内处理完毕，处理率100%。

【科技进步】 撰写论文41篇，向北京电力公司推荐4篇工程技术类论文参加优秀论文评选活动。对太阳能路灯进行了实地跟踪测试，对其在不同天气下连续工作的可靠性、供电质量进行了全面测试，为2008年奥运会前部分地区太阳能路灯的应用奠定了技术基础。利用政府专项资金推广路灯远程监控系统的实际应用，安装路灯远程监控设备305台。组织编写路灯中心的“十一五”发展规划的初稿。

【多种经营】 取得了10kV及以下送变电工程的丙级设计资质。5月，3个电力安装企业取得了ISO9000质量标准认证证书。加强了对灯箱广告和管道租赁业务的管理，对全市城区所有接路灯电源的落地式广告灯箱进行了普查，追缴广告牌私接路灯电源421处。左安门宾馆经营工作稳步发展。广告和管道租赁总收入1119万元。多经总公司完成利润3627万元。

【党建与精神文明建设】 制订了《北京市路灯管理中心干部管理办法（试行）》等三项管理考核制度，制定并下发党委文件42件。

完成了保持共产党员先进性教育活动。组织党员进行了人均48学时的集中学习，通过收看录像、参观、组织讲座、党员义务劳动等一系列活动，以及先进集体和先进人物演讲活动，取得了好的教育效果。开展“共产党员连心卡”和为“无职党员定岗定责”两项支部创新。中心在三个阶段的各项活动中上报简报67期，编辑或指导印发了先进性教育制度汇编、《保持共产党员先进性教育活动学习问答》、《学习重点》电子版、《先进性教育活动手册》以及《保持共产党员先进性教育学习成果汇编》。

制定并实施了《路灯管理中心党风廉政建设、行风建设、优质服务措施》等9项党风廉政建设、行风建设规章制度。贯彻落实《实施纲要》，推进党风廉政反腐体系建设。

■ 路灯管理中心青年安全生产示范岗在天安门广场换华灯。

（佟岩冰　曾礼英）

先进集体及人物

XIAN JIN JI TI JI REN WU

北京电力公司荣获先进荣誉称号

全国精神文明建设工作先进单位
首都文明单位标兵
全国群众体育先进单位
北京市献血先进单位
北京市消防先进单位
北京市人口和计划生育先进集体
北京市“安康杯”竞赛优胜单位
北京市“经济技术创新”先进企业
北京市职工体育先进集体
北京市信访排查调处工作先进集体
北京市国资委纪检监察信息工作先进单位
国家电网公司效能监察项目“十佳”成果奖
北京市先进治保会
全国企业信息工作先进单位
全国电力行业优秀政策调研单位
先进省级电力行业协会
西长安街地区精神文明建设先进单位
西城区社会治安综合治理和平安创建先进单位
西城区计划生育先进集体
西城区婚育新风进万家活动先进集体
京津唐电网调度自动化调考：团体第一名
京津唐电网通信电源调考：团体第一名
京津唐电网供电客户服务普调考：团体第二名
第十一届北京市工业职业技能竞赛变电检修、电气试验技术比赛：优秀组织奖
全国劳动模范：徐建义（变电公司）
北京市劳动模范：彭新立（密云供电公司）
　　龙　飞（城区供电公司）
　　白　晶［电力调度（交易）中心］
国家电网公司供电营业十佳服务之星：
　　李顺平（客户服务中心）
国家电网公司供电营业服务之星：
　　李向昕（丰台供电公司）
　　张海生（平谷供电公司）
2005年度全国质量管理小组活动卓越领导者：
　　李百顺
华北电网有限公司优秀党支部书记：张俊利
北京市公安局内保系统个人三等功：
　　李国华　戴　宁
北京市国家安全局先进个人：代玉坤
电力行业固定资产投资生产统计先进个人：
　　关　涛　臧　源　邢　金
国家电网公司清产核资工作先进个人：王文利
国家电网公司援藏工作先进工作者：汪海涛
全国企业信息工作先进个人：叶　妍　解巴江
　　王晓飞　官　丽　彭　京
国家电网公司清产核资效能监察先进个人：胡新参
北京市国资委纪检监察信息工作优秀领导人员：
　　陈　爽
国家电网公司优秀共青团员：赵俊颖
华北电网有限公司纪检监察工作先进个人：
　　赵　红　马书魁　杜仲荣
京津唐电网通信电源调考第一名：朱博智
京津唐电网调度自动化调考第一名：刘艳生
华北电网电气试验技术比武能手：杭　洋
华北电网电气试验技术比武优秀选手：叶　宽
第十一届北京市工业职工技能竞赛变电检修、电气试验技术比赛优秀教练员：董风宇
推荐北京市“经济技术创新”标兵：肖永立
　　石海源　魏中秋　龙　飞　马俊彪　李顺平
推荐北京市“经济技术创新”优秀班组：
　　电力工程公司　送电一公司北线项目部
推荐华北电网有限公司先进工作者：
　　张晓君　蔡思平　陈　南　李红岩　王铁龙
　　杨安林　董福贵　田福明　薛　强　李绍鹏
　　李广平　王　鹏　姬殿臣　樊秋海　刘金凤
　　王亚利　王月鹏　龙国标　赵新历　池建峰
推荐华北电网有限公司先进集体：
　　变电公司　西便门运行处王府井220kV变电站
　　电力试验研究中心　主变工区检修二班
　　电力调度（交易）中心　市调

公司本部

北京市公安局先进治保会：机关服务中心
北京市公安局内保系统集体三等功：保卫部
北京市政府系统优秀督查承办奖：督办处
华北电网有限公司纪检监察先进集体：监察室
华北电网有限公司审计精品活动优秀组织奖：

审计部

北京市国资委纪检监察优秀信息员：史珊玫
北京市公安局先进治保积极分子：郭正怀
北京市职工体育先进工作者：李　建
北京市献血先进个人：张　敬
北京市公安局内保系统个人嘉奖：陈有军
北京市消防先进个人：王滑敏　李　杰
北京市国家安全局个人嘉奖：刘慧敏
第十五届北京优秀青年工程师：李汉成
国家电网公司档案先进个人：刘志欣
华北电网有限公司优秀党支部书记：吕　彬
国家电网公司2004年度好新闻作品一等奖：周　宏
第十三届北京市优秀青年工程师：张　凯
华北电网有限公司优秀青年工程师：林立新
华北电网有限公司优秀党员：王士华
华北电网有限公司2005年度工资管理工作先进个人：宋丽萍
华北电网有限公司先进财务工作者：
周　斌　胡　伟
华北电网有限公司人口和计划生育先进个人：
崔津平
华北电力行业好文章一等奖：曹　瑾
华北电力行业好文章一等奖：王晶莹
华北电网有限公司职工优秀摄影作品奖：
陈长岭　陈　洁
全国内部审计理论研讨“舞弊防范与检查”二等奖：
杜爱霞

城区供电公司

北京市卫生先进单位
北京市消防先进单位
朝阳区交通安全先进单位
西城区扶贫济困奉献爱心先进单位
华北电网有限公司青年文明号：调度所调度室
国家电网公司优秀团干部：魏建云
北京市公安局内保系统个人嘉奖：梁　伟
华北电网有限公司优秀党支部书记：罗　春
华北电网有限公司优秀党务工作者：魏　明
华北电网有限公司优秀党员：龙　飞　高建辉

朝阳供电公司

北京市消防先进单位
朝阳区精神文明共建先进单位
朝阳区计划生育先进集体
朝阳区节水先进单位
华北电网有限公司青年文明号：华威营业站
北京市公安局内保系统个人嘉奖：曹伯均
北京市消防先进个人：李先欣
华北电网有限公司优秀党支部书记：李广平

海淀供电公司

国家电网公司文明单位（2003～2004年度）
华北电网有限公司先进基层党委
海淀区文明单位
海淀区2005年度防讯抗旱优秀单位
全国优秀质量管理小组：变电工区会城门变电站
全国青年文明号：客服大厅
国家电网公司“青年安全示范岗”：配电工区
北京市质量管理发布会成果银奖：
变电工区QC小组
华北电网有限公司先进党支部：生产党支部
华北电网有限公司优秀党委书记：胡克军
北京市公安局内保系统个人嘉奖：俞　滨
北京市2005年国标舞大赛成年组第三名：陈晓琳
华北电网有限公司“五四”红旗团委：
王　鹏　俞　滨
华北电网有限公司优秀党支部书记：吴　刚
华北电网有限公司优秀团干部：丁　健

丰台供电公司

2004年度首都文明单位标兵
国家电网公司文明单位（2003～2004年度）
华北电网有限公司先进基层党委
北京市消防先进个人：辛　放

石景山供电公司

石景山区卫生先进单位
华北电网有限公司优秀党支部：用电工区党支部

亦庄供电公司

北京经济技术开发区文明单位
华北电网有限公司青年文明号：客户服务中心
北京经济技术开发区治保先进个人：周同义

通州供电公司

2004年度首都文明单位
北京市交通安全先进单位
华北电网系统交通监察成果奖
通州区文明行业
通州区绿化美化先进单位
通州区安全生产先进企业
北京市消防先进个人：李　海

昌平供电公司

2004年度首都文明单位标兵
昌平区绿化美化先进单位
昌平区交通安全先进单位
北京市科学技术协会金桥工程奖
昌平区信访排查调处工作优秀单位

门头沟供电公司

2004年度首都文明单位标兵
门头沟区文明单位
门头沟区交通安全先进单位

房山供电公司

2004年度首都文明单位
首都绿化美化花园式单位
房山区文明单位
房山区四五普法先进单位

大兴供电公司

2004年度首都文明单位标兵
北京市交通安全先进单位
2004年度大兴区军（警）民共建先进单位
2004年度大兴区精神文明建设先进单位
华北电网有限公司优秀共产党员：席长安
华北电网有限公司优秀党务工作者：于　斌
北京市公安局个人嘉奖：赵金江
北京市消防先进个人：赵金江

平谷供电公司

2004年度首都文明单位标兵
国家电网公司文明单位（2003～2004年度）
国家电网公司清产核资效能监察工作先进单位
北京市绿化美化花园式单位
北京市治安先进单位
北京市交通安全先进单位
北京市卫生红旗单位
北京市无偿献血先进单位
北京市节水先进单位
北京市贴心人服务队先进集体
华北电网有限公司文明单位
华北电网有限公司先进基层党委
平谷区安全保卫先进单位

怀柔供电公司

2004年度首都文明单位标兵
首都平安示范单位
北京市交通安全先进单位
北京市爱国卫生红旗单位
治安防范集体三等功
怀柔区经济建设贡献先进单位
怀柔区精神文明建设先进单位
怀柔区联乡帮村先进单位
怀柔区经济贡献百佳企业

密云供电公司

2004年度首都文明单位标兵
国家电网公司文明单位（2003～2004年度）
国家电网公司“一流县供电企业”
华北电网有限公司先进基层党委
华北电网有限公司“青年安全生产示范岗”：
带电作业班
国家电网公司“企业会计制度知识竞赛”优秀选手：
赵小军

顺义供电公司

2004年度首都文明单位标兵
国家电网公司文明单位（2003～2004年度）
华北电网有限公司先进基层党委
顺义区交通安全先进单位
顺义区交通安全文明单位

延庆供电公司

2004年度首都文明单位
延庆县先进单位

变电公司

北京市消防先进单位
北京市爱国卫生先进单位
2005年度市级交通安全先进单位
全国妇女“巾帼文明岗”：王府井220kV变电站
国家电网公司五四红旗团委：变电公司团委
新世纪北京首届职业技能大赛贡献奖
华北电网有限公司先进基层党委
华北电网有限公司优秀党支部：检修管理处党支部
华北电网有限公司青年安全生产示范岗：自动化处
北京市消防先进个人：沙　斌
2005年度市级交通安全优秀管理干部：庞　杰

输电公司

北京市公安局内保系统集体嘉奖
北京市公安局内保系统个人嘉奖：岳　旺

电缆公司

北京市公安局集体荣誉嘉奖
北京市公安局内保系统集体嘉奖
朝阳区交通安全先进单位
北京市第十五届北京优秀青年工程师：陈　平
北京市消防先进个人：韩京荣
华北电网有限公司优秀共产党员：金健民
华北电网有限公司青年岗位能手：黄鹤鸣
华北电网有限公司优秀团员：程傲鹰

电力试验研究中心

北京市卫生先进单位
华北电网有限公司2005年电气试验工技术大赛团体三等奖
华北电网有限公司优秀党支部书记：刘　鹏
华北电网有限公司优秀党员：李红岩
华北电网有限公司党务工作者：赵建勇
华北电网有限公司青年岗位能手：刘　鹏
华北电网有限公司优秀青年工程师：武光宇
丰台区交通安全先进单位

电力调度（交易）中心

国家电网公司文明单位（2003～2004年度）
华北电网有限公司先进基层党委
华北电网有限公司纪检监察工作先进集体
北京市模范集体：区调
北京市调度自动化网络安全系统科学技术二等奖
华北电网有限公司先进党支部：线务党支部
华北电网通信知识竞赛个人二等奖：
　　高　鹏　王萍萍
华北电网通信知识竞赛个人三等奖：
李俊芹　李金友
京津唐电网通信光纤专业技术比武第二名：温明时

客户服务中心

国家电网公司　巾帼文明岗
华北电网有限公司先进党支部
华北电网有限公司优秀红旗团支部
宣武区文明单位

北京电力培训中心

北京市爱国卫生红旗单位
北京市花园式单位
北京职教协会先进会员单位
石景山区文明单位
石景山区献血先进单位

物资公司

2005年度全国优秀质量管理活动小组：
　　“联合舰队”QC小组
华北电网有限公司“五四”红旗团支部
宣武区交通安全先进单位
华北电网有限公司优秀党员：朱光生
华北电网有限公司优秀党支部书记：陆志一
宣武区安全先进个人：王励明

北电物业管理公司

西城区文明单位

北京电力实业开发总公司（多种经营管理处）

北京市管理优秀企业：北京京电电气工程总公司
北京市纳税信用A级企业：京电电气工程总公司
北京市用户满意企业：
　　北京京供诚信电力工程有限公司
华北电网有限公司先进支部：

北京京电电气工程总公司党支部

2004 年度守信企业：

北京京供诚信电力工程有限公司

中国经济诚信之星：于文革

电力经济研究中心

华北电网有限公司先进基层党委

华北电网有限公司先进党支部：变电党支部

华北电网有限公司科技进步科技成果一等奖：

110kV 大截面联络电缆的优化布置

第十五届北京市优秀青年工程师：韩晓鹏

华北电网有限公司优秀党委书记：王心宁

华北电网有限公司优秀党支部书记：韩晓鹏

华北电网有限公司优秀共产党员：李　伟

华北电网有限公司优秀党务工作者：周　欣

第五届输配电技术国际会议优秀论文奖：

夏　泉　韩晓鹏　舒　彬

电力工程公司

国家电网公司文明单位（2003～2004 年度）

国家电网公司“电力建设安全生产活动年”先进单位

华北电网有限公司先进基层党委

北京市交通安全先进单位

北京市个人所得税代扣代缴先进单位

北京市公安局内保系统集体嘉奖

2005 年度全国优秀质量管理活动小组：

送电安装公司 QC 小组

北京市消防先进个人：杨长海

电力工程管理中心

华北电网有限公司财务工作先进单位

路灯管理中心

2004 年度首都文明单位

国家电网公司文明单位（2003～2004 年度）

北京市绿化先进单位

北京市爱国卫生先进单位

华北电网有限公司先进基层党委

华北电网有限公司纪检监察工作先进集体

华北电网有限公司先进党支部：运行管理处党支部

北京电力公司先进单位、先进集体和先进个人

文明单位（10 个）

海淀供电公司	丰台供电公司
昌平供电公司	平谷供电公司
顺义供电公司	变电公司
电力调度（交易）中心	客户服务中心
电力经济研究中心	路灯管理中心

安全生产管理先进单位（11 个）

城区供电公司	亦庄供电公司
平谷供电公司	怀柔供电公司
密云供电公司	顺义供电公司
延庆供电公司	变电公司
输电公司	电力调度（交易）中心
路灯管理中心	

优质服务先进单位（6 个）

亦庄供电公司	昌平供电公司
门头沟供电公司	怀柔供电公司
密云供电公司	客户服务中心

科技进步先进单位（10 个）

城区供电公司	通州供电公司
昌平供电公司	房山供电公司
怀柔供电公司	变电公司
输电公司	电力试验研究中心
电力调度（交易）中心	客户服务中心

财务及经营管理先进单位（10 个）

城区供电公司	海淀供电公司
通州供电公司	怀柔供电公司
密云供电公司	顺义供电公司
输电公司	电缆公司
物资公司	电力工程管理中心

电网规划及电网建设先进单位（6 个）

城区供电公司	海淀供电公司
丰台供电公司	通州供电公司
平谷供电公司	顺义供电公司

平谷供电公司：张爱青
怀柔供电公司：曹晓钢
密云供电公司：仇彦军
顺义供电公司：石宝印
延庆供电公司：张吉庆
变 电 公 司：郑丽红　程振华
输 电 公 司：赵建国　张　林
电 缆 公 司：钱　华
电力试验研究中心：顾联军
电力调度（交易）中心：马书魁　张福义
电能计量中心：费迎生
客户服务中心：魏鸿芸
北京电力培训中心：王汝祥
物 资 公 司：邓　华
北电物业管理公司：陈若星
北京电力实业开发总公司（多种经营管理处）：
童建敏　彭　涛
电力经济研究中心：顾彩霞
电力工程公司：付　莉　楚济祥
电力工程管理中心：傅蕴霞
路灯管理中心：赵贵元

北京电力公司优秀教育培训管理工作者（43名）

公 司 本 部：赵海峰　万翠霞　赵　勇
赵进科　宋燕霖　刘新民
王滑敏　史珊玫　张　凯
岳国荣
城区供电公司：左智强
朝阳供电公司：柳　燕
海淀供电公司：徐　东
丰台供电公司：张　翔
石景山供电公司：王　晶
亦庄供电公司：杜　佳
通州供电公司：卢　莹
昌平供电公司：白　玲
门头供电公司：周　宇
房山供电公司：李兆辉
大兴供电公司：杨丽娜
平谷供电公司：陈悦红
怀柔供电公司：张心阳
密云供电公司：张　琪
顺义供电公司：刘宁宁
延庆供电公司：徐　洪
变 电 公 司：韩京哲　李熙钦
输 电 公 司：崔　薇
电 缆 公 司：陈燕玲
电力试验研究中心：张俊平
电力调度（交易）中心：陆醒晔
电能计量中心：袁慧萍
客户服务中心：岳　兵
北京电力培训中心：腾　龙　王　深
物 资 公 司：张惠敏
北电物业管理公司：黄玉芬
北京电力实业开发总公司（多种经营管理处）：
梁立成
电力经济研究中心：孙国庆
电力工程公司：杨艳晖
电力工程管理中心：朱秀华
路灯管理中心：刘嵩生

北京电力公司优秀教师（53名）

公 司 本 部：周　斌　范广栋　马银山
陶志军　陈廷华
城区供电公司：张会隽　唐尚武
朝阳供电公司：庞瑞平　王建辉
海淀供电公司：尹亚军　李春光
丰台供电公司：庄　恺
石景山供电公司：陈红顺
亦庄供电公司：李建民
通州供电公司：王亚利
昌平供电公司：宋文明
门头沟供电公司：王景荣
房山供电公司：王利民
大兴供电公司：马亚民
平谷供电公司：任建军
怀柔供电公司：孙　诚
密云供电公司：李　燕
顺义供电公司：李孟东
延庆供电公司：张敬财
变 电 公 司：郭鹏武　陈利飞　方华林
输 电 公 司：刘立祥　赵亚平
电 缆 公 司：李华春　李进杰
电力试验研究中心：杨清华　王晋昌　李红岩
电力调度（交易）中心：郑广君　董　宁

电 计 量 中 心：刘国跃　刘成海
客户服务中心：许　睿
北京电力培训中心：刘　丰　张明军　李瑞容
马大兴　赵天旺　王惠农
物 资 公 司：程　萍
北电物业管理公司：潘根生
北京电力实业开发总公司（多种经营管理处）：
吴宝礼
电力经济研究中心：张正平
电力工程公司：高国中　陈　林
电力工程管理中心：潘建平
路灯管理中心：韩存智

北京电力公司工会先进集体和先进个人

北京电力公司先进基层工会（5 个）

城区供电公司工会　海淀供电公司工会
平谷供电公司工会　电力调度（交易）中心工会
物资公司工会

北京电力公司工会优秀工作者（12 人）

郑　雪　马　强　马殿敏　冯立祥
屈桂琴　朱　青　姚　红　陈临年
周　毅　张风坚　范京生　周东福

北京电力公司工会积极分子(66 人）

公 司 本 部 工 会：苏　丽　高天宝
朝阳供电公司工会：庞红华　王爱芝　杨　云
吴　欣
海淀供电公司工会：陈晓琳　殷大伟　骆宝平
张　萍
丰台供电公司工会：赵继平　章春芬　熊兰香
城区供电公司工会：朱德重　张月莉　王荣生
王广林
石景山供电公司工会：薛　洲
通州供电公司工会：肖希元　杨宝生
昌平供电公司工会：纪士凯　李艳滨
门头沟供电公司工会：张卫东
房山供电公司工会：李立新　陈永生
大兴供电公司工会：王　涛　陈　琦
平谷供电公司工会：李甡屾　孙　刚
司工会：孙　诚　谢福革
密云供电公司工会：王家勇　孙青山
顺义供电公司工会：雷　键　张　军
延庆供电公司工会：武永军
亦庄供电公司工会：郭惠娟
变 电 公 司 工 会：张　侠　王　洵　张荣华
丹笑平
输 电 公 司 工 会：李聪轩　张立全
电 缆 公 司 工 会：蒋丽娜
电力试验研究中心工会：张　伟　刘燕英
电力调度（交易）中心工会：丁　仂　骆　娜
电能计量中心工会：贾　佳
客户服务中心工会：费　晨
北京电力培训中心工会：杜增梅　宋晓红
物 资 公 司 工 会：陶崇明　张凤琴
北电物业管理公司工会：董淑七　安文卓
北京电力实业开发总公司(多种经营管理处)工会：
高　芡　陈雪红　彭　涛
电力经济研究中心工会：张金忠
电力工程公司工会：马世新　于贵荣　扈建啟
陈　丽
路灯管理中心工会：曹毓娟　洪建国
电力工程管理中心工会：郭文磊

北京电力公司工会职工之友(34 人）

李一凡　郭要斌　问和平　朱　岩　孙绍兴
陶晋生　周艳艳　林　克　顾联军　王阿麃
刘润生　邵晓明　阎　满　蹇爱民　魏胜利
金健民　吴建明　薛　峰　张贺庆　胡克军
张玉海　高玉春　方建国　王风雷　穆怀山
韩庆河　刘大龙　陈若俯　李建生　卢康铭
孙永鑫　李景中　王春燕　王家维

续表

姓　名	单位（部门）名称	处（室）名称	岗　位　名　称
陈斌发	战略规划部	战略规划处	处长
李　岩	战略规划部	项目前期处	处长
张　凯	战略规划部	电网规划处	处长
王士华	人力资源部		副主任
王淑平	人力资源部		副主任
李　伟	人力资源部	领导干部处	处长
张铁恒	人力资源部	组织人事处	处长
冀　强	人力资源部	业绩考核与分配处	处长
李　岷	人力资源部	教育处	处长
陈　钊	人力资源部	社会保险处	处长
邹伟平	财务部		主任
王文利	财务部		副主任
俞学军	财务部		主任会计师
张　钺	财务部	预算管理处	处长
王　晖	财务部	会计信息处	处长
张荣强	财务部	资产及产权管理处	处长
周　斌	财务部	资金结算及管理处	处长
邓　雪	财务部	综合价格处	处长
安郁敏	审计部		主任
佟　欣	审计部		副主任
杜爱霞	审计部	一处	处长
陈　颖	审计部	三处	处长
张　强	审计部	四处	处长
高迎君	安全监督部		主任
黄德弟	安全监督部		副主任
马银山	安全监督部	安全监督处	处长
安守俊	安全监督部	安全管理处	处长
于银辉	生产技术部		安全隐患整改办公室主任兼生产技术部副主任
韩　良	生产技术部		副主任
孙　白	生产技术部	技术管理处	处长
徐　林	生产技术部	生产管理处	处长
杨建利	生产技术部	计划工程处	处长
竺懋渝	生产技术部	政治供电处	处长
刘　磊	生产技术部	配电管理处	处长
张兴义	电网建设部		副主任
李　捷	电网建设部	设计计划处	处长
袁国强	电网建设部	工程管理处	处长
岳国荣	电网建设部	技经处	处长
刘玉珍	电网建设部	综合处	处长
程晓春	电网建设部	500kV 工程管理处	处长
金江远	市场营销部		主任
杨云峰	市场营销部		副主任

续表

姓　名	单位（部门）名称	处（室）名称	岗　位　名　称
赵　磊	市场营销部		副主任
张　瑜	市场营销部	市场开发处	处长
秦　帅	市场营销部	业扩管理处	处长
宋　鹏	市场营销部	用电检查处	处长
黄　磊	市场营销部	电费管理处	处长
洪沅伸	市场营销部	计量管理处	处长
刘　彬	市场营销部	综合处	处长
陈竹华	市场营销部		二线
谢　迎	科技信息部		主任
邴冬燕	科技信息部		副主任
汪兴盛	科技信息部	科技处	处长
何其伟	科技信息部	信息综合处	处长
郭建府	农电工作部		副主任
朱　洁	农电工作部	经营计划处	处长
许　岩	农电工作部	安全生产处	处长
张建国	农电工作部	农电管理处	处长
马继泉	行政管理部		主任
李　梅	行政管理部	房产处	处长
高宏杉	行政管理部	车管处	处长
彭　勇	行政管理部	综合处	处长
代玉坤	保卫部		主任
王宏智	保卫部	安全生产处	处长
陈有军	保卫部	综合管理处	处长
曹新社	监察室		主任
陈　爽	监察室		副主任
史珊玫	监察室	一处	处长
胡新参	监察室	二处	处长
胡蕴鑫	监察室	纠风办	主任
张路加	公司工会		副主席
刘凤臣	公司工会		副主席
周　游	公司工会		副主席
刘新民	公司工会	办公室	主任
徐瑞华	公司工会	生活女工部	主任
田守江	公司工会	生产保护部	主任
张铁英	公司工会	宣教文体部	主任
王　纯	公司工会	退休办公室	主任
田仲有	公司工会		二线
问和平	机关服务中心		主任、机关党委副书记兼纪委书记
曲启春	机关服务中心		副主任、机关工会主席
李晓辉	机关服务中心		正处级待遇（借调奥组委工程部能源处工作）
赵俊颖	机关服务中心	综合办公室	主任
姚京生	机关服务中心	行政处	处长
李咏新	机关服务中心	劳动人事处	处长
常　青	机关服务中心	财务处	处长
周　宏	新闻中心		副主任

续表

姓　名	单位（部门）名称	处（室）名称	岗　位　名　称
谢连富	房山供电公司		副经理
李爱民	房山供电公司		工会主席
马林峰	房山供电公司		总工程师
臧　勇	大兴供电公司		经理
陈若颍	大兴供电公司		党委书记
张丽萍	大兴供电公司		党委副书记兼纪委书记
林　泉	大兴供电公司		副经理
罗　准	大兴供电公司		副经理
宋振秋	大兴供电公司		副经理
王继永	大兴供电公司		工会主席
王学军	大兴供电公司		总工程师
越海军	平谷供电公司		经理
李建生	平谷供电公司		党委书记兼纪委书记
刘　恒	平谷供电公司		副经理
蔡小京	平谷供电公司		副经理
马延民	平谷供电公司		副经理
冯立祥	平谷供电公司		工会主席
祝秀山	平谷供电公司		总工程师
郭　炬	怀柔供电公司		经理
卢康铭	怀柔供电公司		党委书记兼纪委书记
赵化明	怀柔供电公司		副经理
杨　青	怀柔供电公司		副经理
邱建军	怀柔供电公司		副经理
张凤坚	怀柔供电公司		工会主席
张心阳	怀柔供电公司		总工程师
孙永鑫	密云供电公司		经理
王志慧	密云供电公司		党委书记兼纪委书记
金　学	密云供电公司		副经理
史景坚	密云供电公司		副经理
黄　迅	密云供电公司		副经理
杜国成	密云供电公司		工会主席
张　琪	密云供电公司		总工程师
李景中	顺义供电公司		经理
石宝印	顺义供电公司		党委书记兼纪委书记
李殿军	顺义供电公司		副经理
范国平	顺义供电公司		副经理
王　健	顺义供电公司		副经理
马登祥	顺义供电公司		工会主席
肖文清	顺义供电公司		总工程师
路国德	顺义供电公司		二线
王春燕	延庆供电公司		经理
史宝钢	延庆供电公司		党委书记兼纪委书记
郭国平	延庆供电公司		副经理
张宏宾	延庆供电公司		副经理
王　罡	延庆供电公司		副经理
宋永强	延庆供电公司		工会主席

续表

姓　名	单位（部门）名称	处（室）名称	岗　位　名　称
吕永生	延庆供电公司		总工程师
孙绍兴	输电公司		经理兼华北带电作业技术中心主任
牛　磊	输电公司		党委书记
李继东	输电公司		党委副书记兼纪委书记
郭谊力	输电公司		副经理
戴宝生	输电公司		副经理
洪延风	输电公司		副经理
闫长起	输电公司		工会主席
常立智	输电公司		总工程师
王晓希	变电公司		经理（国网运行有限公司挂职锻炼）
陶晋生	变电公司		党委书记兼副经理
郑丽红	变电公司		党委副书记兼纪委书记
吕广耀	变电公司		副经理
周松霖	变电公司		副经理
盛宇军	变电公司		副经理
王兵志	变电公司		工会主席
唐涛南	变电公司		总工程师
郭鹏武	变电公司		二线
刘润生	调度通信中心		主任
马书魁	调度通信中心		党委书记兼纪委书记
付军美	调度通信中心		副主任
邹跃中	调度通信中心		副主任
王　鹏	调度通信中心		副主任
郑　雪	调度通信中心		工会主席
刘维刚	北京电力试验研究中心		主任
顾联军	北京电力试验研究中心		党委书记兼纪委书记
姜绿先	北京电力试验研究中心		副主任
韩国庆	北京电力试验研究中心		副主任
金小岗	北京电力试验研究中心		副主任
周　毅	北京电力试验研究中心		工会主席
常晓旗	北京电力试验研究中心		总工程师
金建民	电缆公司		经理
郝永林	电缆公司		党委副书记
陈　平	电缆公司		副经理
李　钢	电缆公司		副经理
范京生	电缆公司		工会主席
李华春	电缆公司		总工程师
邵晓明	北京电力电能计量中心		主任
张　伟	北京电力电能计量中心		党总支书记
李文增	北京电力电能计量中心		副主任
杨一坚	北京电力电能计量中心		副主任
吴宝山	北京电力电能计量中心		工会主席
李　飞	北京电力电能计量中心		总工程师
李顺平	客户服务中心		主任
王家维	客户服务中心		党总支书记
任自勇	客户服务中心		副主任

续表

姓　名	单位（部门）名称	处（室）名称	岗　位　名　称
纪　洪	客户服务中心		副主任
吴建明	培训中心（党校）		主任（常务副校长）
成志锋	培训中心（党校）		培训中心党委书记（党校党委副书记）
刘玉良	培训中心（党校）		党委副书记兼纪委书记
赵天旺	培训中心（党校）		副主任（副校长）
张明军	培训中心（党校）		副主任（副校长）
王立平	培训中心（党校）		工会主席
张玉太	培训中心（党校）		二线
林　克	物资公司		经理
王冠荣	物资公司		党委书记兼纪委书记
马凤铁	物资公司		副经理
曾　翼	物资公司		副经理
彭　勇	物资公司		副经理
马殿敏	物资公司		工会主席
张学哲	物资公司		总工程师
马文月	物资公司		二线
梁和平	物业管理公司		经理
周艳艳	物业管理公司		党委书记
陈若星	物业管理公司		党委副书记兼纪委书记
潘根生	物业管理公司		副经理
张伟生	物业管理公司		副经理
张书欣	物业管理公司		副经理
丁占营	物业管理公司		工会主席
王宝华	多种经营管理处（北京电力实业开发总公司）		主任（总经理）
魏胜利	多种经营管理处（北京电力实业开发总公司）		党委书记兼纪委书记兼副主任（副总经理）
张家华	多种经营管理处（北京电力实业开发总公司）		副主任（副总经理）
孙一民	多种经营管理处（北京电力实业开发总公司）		副主任（副总经理）
杜红旗	多种经营管理处（北京电力实业开发总公司）		工会主席
单长怀	多种经营管理处（北京电力实业开发总公司）		二线
阎　澍	北京电力设计院（北京电力经济研究中心）		院长（主任）
王心宁	北京电力设计院（北京电力经济研究中心）		党委书记兼纪委书记
郑利纺	北京电力设计院（北京电力经济研究中心）		副院长（副主任）
杨　志	北京电力设计院（北京电力经济研究中心）		副院长（副主任）
李　蕴	北京电力设计院（北京电力经济研究中心）		副院长（副主任）
王　江	北京电力设计院（北京电力经济研究中心）		工会主席
夏　泉	北京电力设计院（北京电力经济研究中心）		总工程师
谷志强	北京电力设计院（北京电力经济研究中心）		二线
张绍清	北京电力设计院（北京动力经济研究中心）		二线
陶延黎	北京电力工程公司		经理
朱　岩	北京电力工程公司		党委书记、副经理
赵　龙	北京电力工程公司		党委副书记兼纪委书记
孙长清	北京电力工程公司		副经理
戴　宁	北京电力工程公司		副经理
戴富华	北京电力工程公司		副经理
陈临年	北京电力工程公司		工会主席
张志良	北京电力工程公司		总工程师

续表

姓名	单位（部门）名称	处（室）名称	岗位名称
王学周	北京电力工程公司		二线
路俊海	电力工程管理中心（北京市供用电承发包公司）		主任（经理）
蹇爱民	电力工程管理中心（北京市供用电承发包公司）		党总支书记
孙树泉	电力工程管理中心（北京市供用电承发包公司）		副主任（副经理）
郝长智	电力工程管理中心（北京市供用电承发包公司）		工会主席
卢立军	电力工程管理中心（北京市供用电承发包公司）		总工程师
王阿镳	北京市路灯管理中心		主任
李云山	北京市路灯管理中心		党委书记兼纪委书记
李维仁	北京市路灯管理中心		副主任
孙怡璞	北京市路灯管理中心		副主任
张连山	北京市路灯管理中心		工会主席

先 进 人 物

工人专家——全国劳动模范徐建义

2005年4月26日，国务院发布《关于表彰全国劳动模范和先进工作者的决定》，北京电力变电公司工人徐建义（图中左）被授予全国劳动模范荣誉称号。

徐建义1970年参加工作，从事变电检修专业工作长达35年。他勤奋实干，钻研技术，勇于创新，练就了一身过硬的专业本领，攻克了许多工作中遇到的技术难题，成为北京电力公司的工人专家。

近几年来，徐建义先后被授予北京市经济技术创新标兵、首都劳动奖章、全国“五一”劳动奖章、华北电力技术院技能专家等荣誉称号。

追求卓越的人——北京市劳动模范彭新立

2005年4月29日，在北京市劳动模范和先进工作者表彰大会上，北京电力密云供电公司供用电工程公司副经理彭新立被授予北京市劳动模范称号。

彭新立在密云供电公司从事输配电线路检修工作12年，曾担任输配电线路检修班副班长、带电作业班班长，他工作勤恳踏实、钻研业务、坚持学习，在生产实践中总结出一整套成熟的线路操作规范，有效地提高了工作质量和效率。2004年，彭新立在管理岗位工作中，努力超越自我，不断实践着他的追求——“学最好的，做最出色的”。

近几年来，彭新立先后被授予全国技术能手、全国青年岗位能手、首都“五一”劳动奖章、北京市国资委优秀共产党员等荣誉称号。

能打硬仗的带头人——北京市劳动模范龙飞

2005年4月29日，在北京市劳动模范和先进工作者表彰大会上，北京电力城区供电公司生产技术处处长龙飞（图中右二）被授予北京市劳动模范称号。

龙飞1978年参加工作，曾担任城区供电公司配电工区中南海基地站站长，配电工区副主任、主任，工作岗位一直与政治保电密不可分。他爱岗敬业，忠于职守；作风严谨，精益求精；主动学习，与时俱进，20多年来，始终以高度的政治责任感，为首都城区供电的安全稳定辛勤地奉献着智慧和汗水。

近几年来，龙飞先后被授予首都“五一”劳动奖章，北京市爱国立功标兵，保申奥、大运会安全供电先进个人，保“十六大”安全供电标兵等荣誉称号。

电网哨兵——北京市劳动模范白晶

2005年4月29日，在北京市劳动模范和先进工作者表彰大会上，北京电力公司电力调度(交易)中心继电器保护运行处处长白晶被授予北京市劳动模范称号。

白晶毕业于武汉水利电力大学电力系统及自动化专业，1995年7月参加工作。他理论联系实际，勤于钻研、乐于实践、勇于创新，在不长的时间内成长为专业技术能手，在工作中做出了突出的贡献，被誉为“电网哨兵”。2004年初，白晶走上继电保护运行处处长的工作岗位，提出了“快乐保护”的工作理念，带领团队共同进步。

近几年来，白晶先后被授予北京市新长征突击手，北京市工人高级技术能手、北京市高级操作技术能手、北京市经济技术创新标兵等荣誉称号。

理想的实践者 ——国家电网公司供电营业十佳“服务之星”李顺平

2005年12月15～16日，在“真诚服务，岗位创新-争创国家电网公司供电营业‘服务之星’劳动竞赛”决赛中，北京电力公司客户服务中心主任李顺平同志，经过工作业绩评比、综合业务笔试、现场展示与答辩等环节的激烈竞争，获得总分前十名，被授予“国家电网公司供电营业十佳服务之星”荣誉称号。

2001年，李顺平受命组建公司客户服务中心，2002年1月，95598供电服务热线在华北电网率先开通。她组织建立了公司服务“信息资源库”，构建了以人为本的服务网络和管理模式，确立了建设国际一流客户服务中心的发展目标，并为之不懈地努力。

近几年来，李顺平先后被授予国家电网公司优质服务先进个人、全国用户满意服务明星、全国电力行业用户满意服务明星、2005年北京市“经济技术创新”标兵等荣誉称号。

重要讲话和重要文件

ZHONG YAO JIANG HUA HE
ZHONG YAO WEN JIAN

重要讲话

把握发展机遇　夯实工作基础
为创建一流电力公司而努力

——北京电力公司第一届一次职代会暨2005年工作会行政工作报告（摘要）

（2005年1月28日）

一、2004年工作回顾

2004年主要指标完成情况：

——未发生特大电网、设备事故；未发生重大电网、设备事故；未发生重大火灾事故，未发生造成重大社会影响的事故；未发生有人员责任的重伤及以上人身事故，发生一起非责任人身死亡事故。

——利润总额3.03亿元。

——资产负债率60.21%。

——净资产收益率1.69%。

——应收电费余额7.69亿元。

——流动资产周转次数5.03次。

——上缴投资收益2500万元。

——关口电费上缴率100%。

——线损率7.78%。

——售电量436.07亿kWh（扣除十三陵蓄能电站抽水电量，累计售电量完成432.27亿kWh）

——目录口径售电均价536.29元/MWh。

——全面履行国家电网公司党风廉政建设责任制和精神文明建设考核办法的各项要求，没有发生影响北京电力公司形象和稳定的重大事件。

2004年公司全面超额完成了上级下达的三项责任制考核指标。

（一）安全生产形势继续保持稳定

公司坚持“安全第一，预防为主”的方针，充分贯彻“管生产必须管安全”的原则，着力建设各专业工作的安全保证体系，使安全管理与各专业工作更加紧密结合。在健全体系的基础上，强化监督职能作用，深入开展安全大检查和安全性评价工作；以朝阳供电公司为试点，全方位评估和完善体系建设及实施情况。公司安全生产形势保持了比较稳定的局面，并圆满完成了“两会”、亚洲杯足球赛、中法文化年等251项保电任务，为首都的政治文化活动提供了安全可靠的电力供应。

公司从规范管理、健全制度、强化能力入手，建立了分层分级的生产运行管理体系，生产运行能力得到了进一步提升。完成了调度本部化工作，制定了调度范围划分方案，为理清两级电网调度衔接界面创造了条件。强化设备管理，制定了7大类125项设备的选用技术条件，明确了电力设备大修和技改技术原则。加强二次系统建设，编制了通信、自动化、保护“十一五”发展规划。以城区供电公司为试点，制定并实施了配网自动化建设方案。编制了各类应急预案，初步形成了比较完整的安全预警及应急预案体系。

（二）采取有力措施，确保电网安全度夏

公司高度重视电网度夏工作，提早分析电网度夏形势，先后开辟了多个战场应对夏季大负荷的挑战。一是加大电网基建和改造力度，新建了9座110kV及以上变电站，完成了11条35kV及以上输电线路增容改造工程，更换和加装了6台变压器，实施了12类146项分倒路工程，提高了网架结构可靠性和电网供电能力；二是合理安排电网运行方式，强化电网统一调度，做到了科学指挥、精心调度；三是严格按照设备大修和改造标准进行检修、预试，确保夏季大负荷期间电网各类设备处于健康运行状态；四是针对不同程度的电力缺口，制定了预控措施、紧急措施和事故措施三类需求侧管理方案，保证了电力有序供应。通过公司上下的共同努力，电网在943.6万kW的历史最大负荷情况下，安全度过了2004年夏季负荷高峰。

（三）电网建设取得显著成效

公司构建了电网规划和建设分层负责的管理模式，有效调动了公司和基层单位两个层面的积极性，主网和地区电网的规划、建设能力得到显著增强。编制了北京电网“十一五”发展规划及2020年远景目标，确定了电网发展的中长期目标。公司集中力量抓开工、抓投产、抓前期，做好项目储备，强化工程管理。全年共完成基建综合投资20.56亿元，投产输变电工程25项，土建开工18项，土建竣工17项，开、竣工项目数量均达到历史最好水平；动物园、北新桥等一批电网急需但长期没有得到解决的项目取得了突破性进展，并为今后的电网建设储备了一定数量的项目。公司认真开展农网二期工程“回头看”工作，实施了农网工程一、二期补充项目计划，完成了农网三期工程可研审核及批复工作，北京地区农村电网的供电可靠性明显增强。

（四）经营管理水平稳步提高

为了适应建制调整的需要，公司转变经营管理模式，建立了内部模拟核算指标考核体系，突出了各供电公司作为经济效益中心、服务中心、安全管理中心和电网建设中心的作用。建立了经济活动分析常态机制，适时监控公司的经营状况，保证各项指标的全面完成。在投融资管理方面，做好项目可行性分析，优化投资项目；积极探索新的融资渠道，尝试采取用户垫资等方式为电网建设与发展提供资金保障。在内部经营管理方面，积极开展内控审计试点，强化自我约束机制，贯彻依法治企的观念，有效防范了经营风险；建立了物资招投标采购平台，实现了大宗物资的统一招标采购，有效发挥了公司物资的规模效益。新的经营管理模式有效提升了公司的整体经营能力，各单位经营状况均好于往年。其中，怀柔供电公司实现扭亏为盈。公司积极探索多经企业的改革方向，规范其经营行为，全年公司多经系统实现产值52.44亿元，实现利润4.06亿元。

（五）财务管理工作迈上新台阶

公司初步理清了与基层单位之间的财务管理关系，新的财务核算体系已经确立，财务管理基本实现了由记账核算型向经营管理型的转变。公司全面清查银行账户，开通网上银行业务，构建了资金流资源平台，实现了对电费资金的集中管理、统一运作和有效监控，资金流转速度和使用效率显著提高，财务费用大幅降低。公司以机关本部为试点推行全面预算管理，有效控制了成本的增长。我们把握国家宏观经济调控的有利时机和全国电力供应紧张的突出特点，促成了北京市电价的调整和季节性电价的出台，提高了公司的经济效益。在资产管理方面，利用清产核资，核实了公司资产数量和质量，并在政策允许范围内，核销了不良资产，优化了公司资产结构，明确界定了各类资产的产权关系；采取签订资产经营责任书的形式，明晰了基层单位对所辖资产承担的保值增值责任。

（六）市场营销和优质服务工作取得新成绩

公司建立了新的营销管理模式，实现了营销业务属地化管理，形成了“快接、早卖、多售”的营销工作机制。全年累计接电4270MVA，同比增幅达20.7%。狠抓电费回收工作，在确保当年电费足额回收的基础上，积极追缴陈欠电费，使陈欠电费回收率达到53.93%，其中房山供电公司实现连续20年电费结零。下大力气堵漏增收，对近14万用电客户开展了营业普查，为公司挽回损失4700余万元。在丰台供电公司开展计量试点工作，积极推进计量改革和计量装置的改造。在全市范围内推广安装和换装峰谷电能表，引导用户科学、合理用电。

公司以客户为中心，按照“一口对外”的原则对客户服务流程实施再造，方便了客户用电业务的办理。不断拓宽服务渠道，增设服务网点，利用GPS等科技手段加快故障处理速度。以海淀供电公司为试点，缩小服务半径，统一服务标识和服务内容，推动了服务的标准化、规范化建设。我们主动接受社会监督，认真处理人大代表提案、政协委员建议和人民群众来信来访，进一步推动了工作作风的转变，年初制定的6项社会服务承诺和5件社会实事计划得到了认真落实。经95598热线对6000余户客户回访，客户满意率达到99.74%。

（七）科技发展与人才建设实现新突破

公司启动了信息化“十一五”发展规划的编制工作，在机关本部初步建立了统一的信息应用基础平台，为实现信息资源共享创造了条件。在科技管理方面，公司通过科技活动周等形式不断提高工程技术人员钻研新技术、学习新工艺的热情；逐步规范科技项目管理，加大了科研和科技成果推广力度，2004年公司共有3项成果获得国家电网公司科技进步奖，4项获得北京市科技成果奖。

公司创新人才培养机制，初步构建了干部队伍、管理人员、专业技术人才和技能人才“四支人才队伍”，并采取集中轮训、专题培训、技术比武等多种形式强化对“四支人才队伍”的教育和培养。在公司本部及基层单位实施了岗位动态考核，较好地实现了评价、沟通、激励的多重功效。打破单一用工机制，引入劳务派遣机制，解决了部分岗位缺员问题。公司人员结构和素质初步得到改善。

（八）各项改革得到全面推进

我们以建立省级电力公司的管理结构为目标，大力推进内部机构改革，对原有科技研究、后勤服务、教育培训等机构分别进行了重组，对调度、变电、业扩、电缆、计量、客服等业务在一定范围内进行了下放。为适应公司经营管理模式的变化，着力建设资产、资金、信息等六个资源平台和战略发展、安全生产、财务核算等十三个管理体系，依托平台在全公司范围内优化了资源的配置，借助体系进一步理顺了各项工作流程。我们深入开展政策研究工作，积极与国际知名电力公司进行“对标”，健全规章制度，创新奖惩机制，加大督办力度，提高了工作的计划性和协调性。

（九）党风廉政建设和精神文明建设取得丰硕成果

公司党委加强党组织建设，制定了党建三年规划，顺利完成了公司党组织关系划转、基层党组织机构调整以及基层党委、总支换届选举工作。采取主题教育、专题讨论、特色活动等多种形式，加强各级领导干部的思想政治建设，加强党员和职工的思想教育，党组织的创造力、凝聚力和战斗力不断增强。加强对共青团的领导，以党建带团建，发挥了团员青年在企业各项工作中的生力军作用。制定了精神文明建设五年规划，积极开展精神文明建设创新成果评选活动，形成了统一协调的精神文明建设常态管理机制。加强宣传工作，开辟了网络视频、动态新闻等精神文明宣教阵地。2004年，公司党委被评为“北京市思想政治工作优秀单位”，并涌现出了王府井变电站、太阳宫变电站、调通中心区调等一大批荣获国家级先进荣誉称号的光荣集体。

公司建立健全三级廉政教育工作机制，努力从源头预防和治理腐败，初步构建了“以人为本，预防监督，超前防范”的党风廉政反腐体系。通过警示教育、任前谈话、反“嫌疑腐败”主题活动等方式，广泛深入地开展党风廉政宣传教育；规范监察工作程序，从重点岗位、重大经营活动和信访案件几方面入手，监督权力的运作；对职工关心的热点和难点问题开展效能监察，规范了人、财、物、工程等重要事项的管理。

公司充分体现职工的民主权利，完成了基层工会组织换届选举工作；积极推进厂务公开，广泛征集职工合理化建议，认真解决职工代表的提案；深入开展企业文化活动，培育企业理念。努力为职工办实事，实施集资建房6.7万m^2，职工住房货币化补贴工作取得阶段性成果。妥善处理群众来信、来访344件次，解决了职工关心的问题，维护了企业的稳定。

2004年，我们抓住建制调整的有利契机，把握大局，锐意进取，励精图治，谋求发展，使公司各项改革措施顺利实施到位，各方面工作得到全面推进。这些成绩的取得，得益于国家电网公司和华北电网有限公司的高度重视和正确领导，得益于北京市各级政府的大力支持，得益于公司每一名员工的无私奉献。

成绩来之不易，但我们也必须正视面临的困难和问题。一是安全生产基础仍不牢固。部分人员安全意识淡漠，安全技能欠缺，违章现象时有发生；因设备质量引发的事故没有得到有效控制，甚至发生一起由于设备质量问题致人死亡的人身事故，令人警醒；安全生产尚没有实现闭环管理，安全监督体系和保证体系建设还需加强。二是电网建设压力较大。迎峰度夏任务依然艰巨；规划、生产、营销之间还没有建立顺畅的协调机制；配网建设缺乏正常的资金筹措渠道，没有掌握配网规划和建设的主动权。三是经营管理工作存在差距。经营考核的引导作用发挥不充分，考核指标体系有待完善；公司理财水平不高，部分单位在执行财经纪律上缺乏严肃性；防范经营风险意识不强，内控措施还不健全。四是人员观念需要尽快转变。部分干部职工的市场意识、竞争意识和服务意识还没有真正确立，缺乏紧迫感和危机感；部分单位一方面人员富余，人浮于事，另一方面一线生产人员和技术、管理骨干缺乏。对这些问题，我们要坚持用改革和发展的办法，采取综合措施，努力加以解决。

二、认清形势，应对挑战，为公司发展提供持久动力

从当前国家宏观经济形势来看，中央采取一系列有效措施，抑制了经济运行中的不健康、不稳定因素，使国民经济保持了平稳、较快增长。从当前北京市地方经济形势来看，在奥运经济的带动下，首都经济进入了新一轮快速增长期，工业、外贸都持续高位运行，电力需求旺盛。从电力行业发展的现状来看，电力行业的垄断格局逐步被打破，新的竞争性的电力市场平台正在形成。从公司所处的发展阶段来看，建制调整一年来，公司初步构建了省级电力公司的管理框架，新的经营模式已经开始运作。

分析公司当前面临的内外部环境，既有机遇又有挑战，机遇大于挑战；既有希望又有困难，希望多于困难。对前进中存在的各种问题，我们必须予以高度重视，全面科学地分析和判断形势，沉着应对挑战，准确把握机遇，要更好地利用北京举办2008年奥运会这个有利契机，去谋求新的发展。

（一）把握形势，应对挑战

突出的供需矛盾对电网安全度夏提出挑战。2005年夏季，北京地区电力供需形势依然严峻。我们要本着“早计划、早部署、早宣传、早落实”的原则，将度夏应急战转变为常规战，积极开辟三个战场，重点解决三个问题，以应对2005年夏季大负荷的挑战。一是加快电网建设与发展，解决电网总体供电能力不足的问题，保证电力接得住、落得下、用得上。二是加紧生产改造，优化网架结构，解决局部地区电力供应“卡脖子”的问题，确保电网安全稳定运行。三是加强需求侧管理，准确掌握用户信息，根据实际情况制定“措施完善、执行灵活”的需求侧工作方案，解决需求侧措施对高峰负荷限制总量不足的问题，有效转移高峰负荷。

日益完善的市场经济体制对公司经营提出挑战。随着市场经济体制的不断完善，配套的法律、法规正在逐步健全，市场规则的约束力日益增强。我们必须摒弃计划经济体制下形成的落后观念，主动适应市场经济规则的要求，增强法律意识、市场意识和竞争意识。对外要主动适应行业竞争，规范经营行为，在新的竞争性电力市场平台上，拓展赢利空间。对内要引入竞争机制，创造单位间、岗位间相互竞争的环境，提高企业整体工作效率和人员素质。

不断深化的电力体制改革对公司发展提出挑战。从近期来看，主辅、主多分离是当前电力体制改革的主要任务；从长远来看，在输配和配售环节引入竞争将是未来电力改革的必然走势。我们要本着实事求是、与时俱进的态度，转变观念，创新体制，增强实力，积极应对改革大局。对“两个分离”，我们要坚持“三个维护”和“三个确保”的原则，积极稳妥地操作。对电力市场化改革趋势，我们要加强有关政策和法律法规的研究，不断强化电网核心业务。

农电体制改革对公司管理提出挑战。目前，北京市的农电资产及人员已划归公司管理，但是农村电力设施基础薄弱，农电工素质普遍较低，农电管理亟待规范。我们要按照统筹兼顾、分类指导、因地制宜的原则，积极稳妥地推进农电管理体制改革。一方面将各项改革措施按要求落实到位；另一方面要从农村供电所的组织机构、管理方式、经营模式以及纳入公司综合管理四个方面制定具体措施，加强和规范供电所管理。最终实现北京地区城乡电网统一规划、统一管理、协调发展。

社会发展与进步对优质服务提出挑战。随着社会的发展和人民生活水平的不断提高，电力客户对供电服务提出越来越高的要求，优质服务已经成为公司生存和发展的客观需要。我们必须把优质服务作为企业的核心价值观，以市场为导向，以客户为中心，仔细研究和细分市场，拓展服务功能，深化服务内涵，以优质的服务赢得用户、开拓市场。依托“北京电力”的优质服务品牌树立公司负责任、可信赖的良好形象，为公司创造良好的生存和发展空间。

创建一流电力企业的目标对建设高素质人才队伍提出挑战。分析公司目前的人力资源总体情况，人才匮乏问题不容忽视，特别是高素质管理人才、高水平技术专家和高级技术工人，吸收和培养刻不容缓。我们要把人才资源作为企业的第一资源来看待，实施人才强企战略，不断优化人才结构。要建立以能力为核心的人才培养体系，增强培训的针对性和实用性。要进一步打破平均主义观念，在考核中区分岗位间的差异和业绩上的优劣，形成有效的激励机制。

（二）实施基础工作年，为公司发展提供持久动力

为了推动国家电网公司“一强三优”战略目标

在北京电力公司的实现，公司将2005年定位为基础工作年，力求通过深入、细致的基础工作，夯实安全生产、电网建设、优质服务和经营管理等各方面的工作基础，为公司的长远发展提供持久动力。基础工作年的总体目标是：在2004年各项工作已经取得初步成效的基础上，优化管控模式，健全规章制度，理顺工作流程，完善指标体系，提高人员素质，全面提升公司参与市场竞争能力和可持续发展能力。

我们要紧紧围绕基础工作年的总体目标，树立“五个观念”。树立科学的发展观，要充分认识电力在社会、经济发展中的先导性和基础性作用，科学规划、适度超前建设电网，以电网发展促进公司发展，以公司发展带动电网发展。树立持久的安全观，要深刻理解安全生产是全员、全局性的工作，对安全工作做到常抓不懈，建立安全管理长效机制，形成全员关注安全、全方位管理安全、全过程控制安全的良好氛围。树立务实的服务观，要深入研究市场，对市场进行细分，针对不同客户群体的服务需求，完善相应的服务手段，注重服务的实际效果，寻求公司利益与用户利益的最佳结合点。树立全面的人才观，要坚持以人为本的管理理念，从多角度引进、培养和使用人才，建立合理的竞争机制，促进人员有序流动，有效发挥每个人的特长。树立正确的业绩观，要把是否有利于公司可持续发展作为衡量业绩的基本准则，找准公司作为电力企业的基本定位，围绕电力供应和销售两项主营业务，加快发展，提高效益。

全面完成基础工作年的各项目标，要统一对关系到公司经营、管理和发展等重大问题的认识，为此，我们应把握和处理好四个关系。

一是把握和处理好夯实基础与提升层次间的关系。公司将2005年定位为基础工作年，是立足当前，着眼未来，为谋求公司长远发展作出的慎重决策。夯实工作基础与提升管理层次体现的是管理工作由量变到质变的过程，我们要筑牢各方面工作的基础，为提升管理层次创造条件。为此，在基础工作年，一方面，要加强机关的建设，努力把机关本部塑造成为公司的战略决策中心、经营管理中心和电网调度中心；另一方面，要借助综合性评价工作，提高基层单位的管理水平，实现公司管理体系的全面、联动、有序、闭环。

二是把握和处理好分层管理与集中管理间的关系。公司作为一个经营主体，始终强调整体效益最大化，为此，公司在下放管理权限的同时搭建了六个资源平台和十三个管理体系，体现了分层管理和统一管理相结合的原则。在下一步的经营管理工作中，一方面对应该由属地供电公司负责的工作，要坚决下放给属地供电公司管理，使属地供电公司“四个中心”的定位更加突出；另一方面要更加注重有效发挥公司资源的集中优势，充分整合，共享公司人、财、物等各类资源。

三是把握和处理好专业化与属地化间的关系。公司在整体建制调整后，确立了分级分层的专业管理模式，并用一年多的时间，将属地供电公司与专业公司间的管理范围基本调整到位。在今后的专业工作中，生产单位要专心致志地抓好主网的安全稳定运行，增强北京电网主网的可靠性，同时为各属地供电公司提供技术支持和专业服务；属地供电公司要把主要精力投入到主营业务上来，加快专业队伍的建设，尽快完善专业管理规章制度，切实承担起维护本地区电网安全稳定运行的职责。

四是把握和处理好做大与做强间的关系。抓住机遇加快发展是公司当前和今后一段时期要始终坚持的工作方针。我们要在科学发展观的指导下，做到效率和效益并重，在发展的进程中，既要实现量的增长，更要突出质的提升，在不断扩大公司资产规模、经营规模的同时，提高优良资产的比重，提升运营能力，增强公司的实力，使公司实现由大到强的转变。

三、2005年工作指导思想和工作重点

2005年是国家电网公司建设“一强三优”现代公司的起步之年，也是公司夯实管理基础，推动企业全面发展的关键一年。在2004年省级电力公司管理模式初步建立的基础上，公司将2005年确立为基础工作年。

2005年的工作指导思想是：以邓小平理论和“三个代表”重要思想为指导，认真贯彻党的十六大和十六届三中、四中全会精神，全面落实国家电网公司和华北电网有限公司2005年工作会议的各项部署，以安全生产为基础，以企业发展为第一要务，以经济效益为中心，以优质服务为生命线，以基础工作年为载体，以人为本，强化基础管理，强化运

营能力，强化电网建设，创建一流电力公司。

公司2005年的主要工作目标：

——不发生人身死亡事故；不发生特大电网、设备事故；不发生有人员责任的重大电网、设备事故；不发生重大火灾事故；不发生重大施工机械设备损坏事故；不发生性质严重或造成较大社会影响的停电事故。

——利润总额4亿元。

——售电均价552.5元／MWh。

售电量470亿kWh。

——资产负债率小于58%。

——净资产收益率1.5%。

——购网电费上缴率100%。

——达到国家电网公司和华北电网有限公司党风廉政建设责任制各项要求，不发生影响北京电力公司形象和稳定的重大事件，全面完成2005年党风廉政建设责任书规定的年度责任目标。

为圆满完成既定工作目标，我们需要在安全生产、电网建设、经营管理和营销服务等方面做大量深入、细致的基础工作，具体工作计划如下。

（一）强化安全工作基础，提高电网安全运行能力

完善安全监督和保证体系。总结朝阳供电公司安全评估工作经验，扩大试点范围，对公司安全监督和保证体系进行全面评估，找出影响安全生产的共性问题及其深层原因，完善安全管理模式。重点做好两项工作，一是在自上而下逐级分解、量化安全目标的同时，自下而上逐级摸清员工、班组、工区的安全保障需求，形成安全管理双向“互保”机制；二是进一步下沉安全管理重心，落实工作现场安全措施、组织措施和技术措施，使现场作业实现规范化、标准化。

强化生产管理基础工作。按照决策、管理和执行三个层次进一步明晰生产管理接口，分清权责关系。职能部门要加强生产分析预测，组织完善规程、标准，强化技术监督，做好生产协调；基层单位生产管理处室要结合实际，细化规程要求，提高生产综合管理能力，组织好生产运行工作；站、队、班组要体现责任到位，保证工作落实。要推动生产管理信息化、网络化，夯实电网生产管理基础工作。

增强电网安全运行能力。完善设备选型标准，加强设备运行动态监控，科学调整检修维护周期，保证主要设备安全稳定运行。继续做好城区供电公司配网自动化试点工作，提高城市中心区域和重要用户的供电可靠性。完善公司应急指挥中心的功能，抓好抢修队伍和装备建设，加强各类应急预案演练，提高预案的执行能力。加大电力设施保护力度，完善技防措施，建立与政府的沟通、协调机制，形成全方位、多层次的保护格局。

提高调度专业管理水平。以提升基层单位调度专业管理水平为重点，做好调度范围调整工作。从制度、技术、管理三方面基础工作入手，修编《北京地区电力系统调度管理规程》，加快调度自动化系统建设，健全基层单位调度部门各专业管理职能，使基层单位调度和二次专业管理水平尽快适应其调度级别、范围和责任的需要。要着力解决小区调度和操作不分的问题，彻底消除不安全隐患。

（二）加快电网建设，夯实公司发展的物质基础

发挥规划龙头作用。要深入分析北京电网建设面临的经济和社会环境，做好220kV主网规划工作，满足公司滚动发展的需要；要突出各属地供电公司在110kV电网规划上的主体地位，抓好各地区电网“十一五”发展规划的修编工作；要理清配网规划现存问题，掌握配网规划的主动权，明确今后一段时期10kV配网发展规划原则。要深入进行项目可行性研究，提高规划项目的综合经济效益。

完善电网建设体系。电网建设职能部门要理清与基层单位之间的分工和责任，找准具体工作的接口，在此基础上，完善制度，规范流程，认真行使考核、指导和服务职能；各单位要尽快建立与公司电网建设体系相对应的工程组织管理体系，提高工程管理水平。公司和基层单位要共同加强基建安全管理体系建设，加大工程安全管理力度，夯实电网建设的安全基础。

提高工程管理水平。要大力推行变电站典型设计；规范和运作好物资和电力工程招投标平台；严格执行达标投产，在建设单位之间开展互评互查，通过上述措施提高工程组织工作效率，提高设备质量，保证工程建设水平。生产和基建要加强协调，使基建项目与配网切改同步进行，保证基建项目尽快发挥效用。

加快电网建设速度。继续坚持按照“抓开工、抓投产、抓前期，做好项目储备”的既定方针，增强前期工作预见性，强化工程计划管理，增强项目储备深度。2005年公司计划完成度夏项目12项，土

建开工26项，竣工发电38项，并着手开展22个项目的规划前期工作，计划完成基建投资30亿元。为确保电网安全度夏，91项度夏工程务必于2005年6月30日前全部投产发电。

（三）强化科学经营，努力提高公司经济效益

完善经济责任制考核体系。总结2004年经济责任制考核体系运行情况，从三个角度调整考核指标，完善经济责任制考核办法，充分发挥考核体系的引导作用和激励作用。一要突出主营业务，明确对基层单位经营工作的总体要求；二要综合考虑各个指标间的相关性，弱化对小指标的考核，增强指标体系的合理性；三要将过程考核与结果考核相结合，跟踪和促进指标的全面、真实完成。

深化经济活动分析。通过经济活动分析不仅要善于发现经营工作中的问题，还要不断增强解决问题的能力。要在分析中增加区县供电公司、生产单位的经营评估内容，并将关联单位纳入分析范围，全面掌握公司经营状况。要改进分析技术手段，提高综合分析能力，及时发现问题并提出解决措施。要健全统计分析制度，完善综合统计管理体系，为公司生产经营决策提供统计数据支持。

加强投融资管理。投资管理重点要加强项目跟踪审计，优化投资方案，合理控制工程造价，使有限的资金发挥最大的投资效益。要努力拓宽融资渠道，对国家政策支持的县城电网和五城市城网三期改造项目，争取开行软贷款和国债资金作为资本金；继续推动用户垫资建设电网项目，促使项目资金尽快到位，为电网建设和发展提供资金保障。

规范公司经营工作。做好审计成果转化工作，跟踪分析城区供电公司内部控制制度实施情况，总结经验，在公司范围内加以推广。要完善内部控制体系，研究将内控制度和激励考核机制相结合的方案。选取部分基层单位进行年度经营情况审计，全面反映其经营状况和存在的问题，规范经营行为，防范经营风险。

（四）夯实财务基础，全面提升财务管理水平

理顺财务管理关系。公司财务工作要更新观念，找准定位，明确公司与上级单位以及基层单位之间的财务管理关系，建立层次清晰、涵盖全面、内容严谨、执行顺畅的财务制度体系。各基层单位要加强财务管理，严格执行国家有关财经纪律和公司的财务管理规定，做到依法理财、规范理财。

严格资金管理。要依托资金流资源平台进一步整合分散资金，研究建立公司账务中心的可行性，保证资金的集中管理。要加强资金运作分析，建立风险预警和控制系统，寻求最佳的资金运作方案，逐步建立高效的资金运营机制。要深化全面预算管理，科学核定资源耗费标准，建立成本评价体系，完善成本管理办法，严格控制非生产性支出，有效降低管理成本。

强化资产管理。以优化公司资产结构为目标，以配网资产为突破口，有选择地接收用户资产，扩大公司资产规模，提高优良资产比重。要通过资产资源平台规范资产的管理，做到账、卡、物相符，确保国有资产的保值增值。要通过建立规范的财务报告制度，加强对全资、控股和参股公司的财务监控，保证企业积累和国有资产的完整。

积极开展财务政策研究。要充分认识国家政策对提高公司经济效益的重要作用，深入研究经营性收费项目和标准、高可靠性电价政策、农电附加费和郊区路灯费收取、住宅小区配电网建设统一收费等相关问题，加强与政府部门和社会各界的沟通，争取促成有利政策的出台，为公司发展拓宽资金渠道。

（五）提高营销服务水平，树立企业品牌形象

完善营销服务体系。要加强对电力销售市场的研究，落实责任，完善营销体系功能。要整合营销服务专业各类信息系统，规范客户资料管理，为体系运转提供技术和数据支持。要依据客户服务流程再造方案确定的流程和标准，强化对基层单位的监督和指导，尽快建立全公司统一、规范的营销服务体系，真正体现“一口对外”的服务原则。

加强电力营销工作。要建立以经济效益为中心的营销理念，围绕增供扩销、堵漏增收开展工作。在增供方面，要建立营销与电网规划、建设及改造相互协调的工作机制，加快报装接电速度。在堵漏方面，一要建立电费回收责任体系和电费回收快速反应与预警机制，确保电费足额回收；二要推广丰台供电公司电能计量试点成果，规范电能计量管理；三要坚持做好营业普查工作，防止窃电行为。

加强需求侧管理。要在摸清用户生产、设备及负荷情况的基础上，科学制定错避峰方案。要突出经济手段在需求侧管理中的作用，配合政府部门出台峰谷电价、季节性电价调整方案，并研究制定尖峰电价和可中断电价的实施方案，利用经济杠杆实

现移峰填谷。完善需求侧管理技术支持手段，落实负控系统改造方案，努力提高负荷控制能力。要实施分级管理，公司层面积极向政府争取政策支持，充分发挥宏观协调能力；基层单位层面发挥属地优势，保障各项需求侧调控措施落实到位。

提升优质服务水平。要认真贯彻《供电服务规范》，推广海淀社区服务试点经验，推动服务工作的标准化、规范化，充分发挥行风监督员的作用，主动接受社会监督，严格履行服务承诺，树立公司良好的社会形象。要进一步转变服务观念，细分电力市场，满足不同客户群体的服务需求，以方便客户为前提，优化服务流程，为公司争取良好的市场空间。

（六）深化农电体制改革，加快农村电网建设

严格农村供电所管理。进一步调整供电所的机构设置，分清生产、营销工作界面。建立和完善各项规章制度，规范供电所管理。制定《供电所财务管理办法》，将供电所财务纳入公司统一管理。建立规范的用工机制和分配制度，加强人员培训，提高农电人员整体素质。制定并落实供电所党、团及工会组织建设方案。

加强农电安全管理。按照统一管理、共同监督、分级考核的原则，完善农电安全管理体系，建立安全监督网络，落实安全生产责任制。加强农电职工的安全教育与培训工作，提高农电工作人员的安全意识和业务水平。加大农村安全用电宣传力度，运用《安全生产法》等相关法律法规，处理好农电安全管理中遇到的困难和问题。

加快农村电网建设。尽快完成农网二期工程结余资金的可研立项、设计审核和工程组织工作。加快农网三期工程建设进度，解决郊区居民“一户一表”问题，年底完成全部工程项目的建设任务。全力以赴确保农网度夏项目按期顺利投产，为远郊区县安全度夏打下良好基础。

（七）实施科教兴企战略，为企业发展提供技术和人才储备

提高公司科技应用水平。要将公司科技管理、科研工作与公司的生产紧密结合起来，充分利用公司专家的专业理论知识和技术人员的实践经验，解决安全生产和经营管理中的技术难题。加强科技项目跟踪管理，注重科技项目的实际应用效果，对具有普遍适用性的科技成果要加大推广力度，利用科技成果为公司创造经济效益。

加强信息管理工作。按照“切合实际、适度超前、信息共享”的原则，继续做好公司“十一五”信息发展规划。在信息资源平台初步构建的基础上，搭建专业管理信息平台，有效整合公司的信息资源。要加强信息安全管理，建立信息安全技术体系，制定相关管理制度和技术规范，确保公司信息安全。

加强人才培养工作。做好公司人员结构分析，制定公司人力资源开发三年规划。建设好公司教育培训资源，丰富教育培训手段，继续围绕“四支队伍”建设开展人才培养。重点要指导管理人员针对岗位工作标准进行职业生涯设计，同时稳步推动生产岗位资格准入制度的实施，通过技术比武、技能大赛提高生产经营一线员工的技术、技能水平，并使之形成传统，成为公司的固定节日。

加强人员动态管理。要着眼于打破平均主义、拉开收入档次，发挥薪酬制度的激励作用，提高公司整体工作效率。以岗位需求为核心，引进社会优秀人才，优化公司人才结构。做好机关管理人员两年任职期满后的考核和交流，以及全公司范围内重点岗位人员交流工作。引入多种用工形式，解决生产一线缺员和年龄老化问题，满足公司对多层次人员的需求。

（八）积极推进党风廉政和精神文明建设，为公司发展创造良好的内部条件

加强和改进党的建设。要紧紧围绕公司中心任务和发展目标，深入贯彻落实党的十六大和十六届四中全会精神，以加强党的领导能力建设为重点，加强和改进党的建设。重点要加强领导班子和领导干部思想政治建设，不断提高领导者的综合素质和领导能力。从理论、能力、作风和制度入手，把领导干部队伍建设成为政治素质好、经营业绩好、团结协作好、作风形象好的坚强领导集体。上半年，要重点做好领导干部的专项培训工作，内容要进一步优化和充实，结合目前领导干部队伍现状，要加强政治理论、经营管理、法律法规、现代企业管理等方面的学习，为企业培养更多的复合型人才。要深入开展以实践“三个代表”重要思想为主要内容的保持党员先进性的教育活动，学习贯彻党章，坚定理想信念，坚持党的宗旨，增强党的观念，发扬优良传统，认真解决党员在思想、组织、作风以及工作方面存在的突出问题，保持党

员队伍的先进性。广大党员要按照要求，积极投入到这一活动中来，通过学习教育，深刻理解和准确把握新时期共产党员保持先进性的基本要求，提高思想认识，围绕公司的中心工作，更好地发挥先锋模范作用。

加大党风廉政和反腐败工作力度。进一步提高监察工作人员专业素质，完善党风廉政反腐体系的超前防范功能。开展以“反腐思廉”为主题的党风廉政系列宣传教育活动，坚持领导干部任前廉政谈话制度，加大权力运作的监督力度、制度执行的督促力度和工作效能的监察力度，促进公司领导干部廉洁从政。要重点查处以电谋私、权钱交易等各类供电服务违规行为，积极拓宽各种有效的社会监督渠道，进一步规范职工从业行为。

加强精神文明建设。加强对职工的形势任务教育、职业道德教育和法制教育，提高职工的综合素质；继续开展共青团“号、手、队”活动，调动和发挥青年人才服务企业的积极性；扎实推进企业文化建设，把“以人为本”理念渗透进企业文化建设中，提炼具有公司特点的企业精神和企业理念；挖掘公司员工的先进事迹，充分发挥先进典型的示范作用；加大对外宣传力度，充分发挥舆论导向作用，树立企业形象；以精神文明建设创新成果评比、文明单位考核以及精神文明建设考核为载体，推动公司精神文明建设再上新台阶。

全心全意依靠职工办企业。要充分发挥工会组织在企业改革、发展和稳定中的重要作用，丰富职工参与企业管理的形式，采取厂务公开、总经理联络员会议、合理化建议、职工座谈、职工代表提案等形式，广泛听取职工的建议和意见，主动接受职工监督，推进企业民主管理。要努力营造和谐的企业工作氛围，实现企业与员工个人的共同进步。要真心实意地为职工办实事，继续做好清河培训基地集资建房工作，力争年内开工。

构建首都标准　夯实工作基础
推动公司持续快速健康发展

——北京电力公司第一届二次职工代表大会
暨2006年工作会行政工作报告（摘要）

（2006年1月23日）

一、2005年工作回顾

（一）安全形势保持稳定

公司坚持“安全第一，预防为主”的方针，认真贯彻国家电网公司《关于加强安全生产工作的决定》，全面落实反事故斗争二十五条重点措施和十八项电网重大反事故措施。加强三级安全监督体系建设，完善安全奖惩制度，明确由各级行政正职主管安全监督，提高了安全监督的有效性和权威性。在全公司范围内开展安全需求调查的基础上，逐级签订了安全生产双向互保责任书，层层落实安全责任，建立了安全双向互保机制。对基建、营销两个专业工作体系和输电公司等4个基层单位进行了安全评估，对公司发生的事故、障碍和安全管理中存在的问题进行了全面分析和总结，制定和落实了整改措施。从决策、管理和执行三个层面深入开展了安全闭环管理工作，提升了公司安全管理整体水平。以人身安全为重点，强化了日常安全管理，规范了现场作业环境。加强安全教育培训，对1079名班组长进行了安全轮训。2005年公司未发生重、特大电网、设备事故；未发生重大火灾事故，未发生造成重大社会影响的事故；未发生重伤及以上人身事故；安全形势保持了稳定局面。

（二）生产管理水平明显提高

公司加强生产管理制度建设，编制完成了输电、变电、配电标准化作业指导书范本，健全了各类设备运行管理规范和技术数据库，统一了电网设备选用和电网调度的技术原则，建立了技术监督制度体系。从应急预案、技术支持系统和抢修队伍三方面完善了公司应急指挥体系，提高了事故应急指挥能力。规范两级调度管理，进一步理清了两级调度专业管理界面，完成了市调自动化升级改造、10

个供电公司调度自动化建设以及城区供电公司配网自动化一期工程。积极应对夏季高峰负荷，加强电网运行监控，及时完成设备检修、预试，强化需求侧管理工作，保证了电网的安全平稳度夏。公司吸取莫斯科大停电教训，及时向北京市政府汇报首都电网隐患情况，在市政府大力支持下，启动了电网消隐工程，对电网设备隐患、输电线路线下隐患和三线搭挂问题进行了整改，取得了阶段性成果，有效改善了电网运行的物质基础和外部环境。2005年，北京电网供电可靠性达到99.982%，公司圆满完成政治保电任务222项，保证了十六届五中全会、“神舟”六号载人飞船发射和回收等重大政治活动的安全可靠供电。

（三）电网规划与建设成效显著

公司以规划为先导，从总体发展目标、网架构建原则、设计原则和设备选型原则四个方面明确了电网规划建设的首都标准。优化调整了北京电网“十一五”发展规划，确立了500kV变电站深入市区的规划方案，启动了朝阳、海淀、城南500kV输变电项目的可研编制和选址、选线工作，编制了中压配电网规划和“十一五”城近郊沟道规划，积极开展了北京电网分区供电方案、大用户变电站建设运营模式等重大问题的研究，主、配网规划能力显著增强。积极开展典型设计工作，完成了220kV、110kV变电站典型设计，110kV变电站典型设计在电网建设中得到了推广应用。强化工程管理，加强了工程计划管理和过程控制，严格执行达标投产，工程组织效率和质量都有明显提高。2005年公司共完成基建投资36.6亿元，土建开工52项，竣工发电31项，新增变电容量246万kVA，新增输电线路204.8km，电网建设步伐进一步加快。同时落实了66项工程的立项批复和64项工程的规划意见书，西苑、红军营、南泥沟、奥运村等重点工程的前期工作取得了突破性进展，为实现电网发展的良性循环储备了较为充足的项目。

（四）经营管理水平稳步提升

公司以经济效益为中心，进一步加强经营管理。一是强化集约经营。依托清产核资成果，全面完成了资产资源平台搭建工作，实现了资产数据的集中管理；在海淀供电公司电费资金集中试点的基础上，加强了资金的统一调度，严格资金使用申请流程，减少了资金沉淀，提高了资金的归集程度；规范物资和工程招投标管理，进一步扩大了上平台招标的物资和工程范围。二是降低经营成本。积极促成公司购网电价合理下调了17元/MWh，为公司筹集发展资本金7亿余元；加强预算管理，有效控制了非生产性成本支出；强化线损管理，编制了3年降损计划，提高了线损预控水平，线损率指标完成7.3%，与2004年相比下降0.48个百分点；合理进行资金运作，通过提前还贷、延迟借款等方式节约财务费用4500余万元。三是科学监控考核。进一步完善了经济责任制考核体系，合理调整了考核指标；强化经济活动分析，增加了对基层单位的经营评估，加强了对异动指标的分析和控制；充分发挥内部审计作用，开展了工程全过程审计、领导干部离任审计和15个基层单位资产经营情况审计，提高了公司经营运作和规避风险的能力。积极推进配网用户资产接收工作，明确了配网资产移交的工作流程和资产接收后的管理标准，全年接收用户资产18.5亿元。2005年公司的经营形势良好，实现利润总额4.1亿元。

（五）营销服务工作再上新台阶

公司修订了市场营销3年规划，明确了近期营销服务的工作方向。按照三级营销考核的总体思路，大力开展供电所建设，规范了供电所机构设置和业务范围。在以丰台供电公司为试点规范计量管理和完善计量关口的基础上，开展了分台区承包考核试点工作，并开始在城近郊5个供电公司和顺义供电公司推广，为全面实现三级营销考核奠定了基础。加强营销信息系统建设，完成了业扩报装信息系统开发试点工作，为提高营销工作效率和管理水平提供了技术支持。强化电费回收管理，完善电费回收责任与考核机制，大力开展综合性营业普查，追补电费和收取违约使用电费4332.7万元。2005年公司营销成果显著，售电量达488.92亿kWh，在2004年10个供电公司陈欠电费回收结零的基础上又有3个供电公司实现陈欠电费回收结零。

公司严格贯彻落实国家电网公司供电服务“十项承诺”和员工服务“十个不准”的要求，定期分析投诉举报情况，并针对服务质量、一户一表等反映突出的问题及时进行了整改。进一步完善城八区抢修车辆GPS定位系统，有效缩短了抢修时间。建立了优质服务责任制考核办法，开展了“首都电力质量行”优质服务检查活动，设立了专项社会监督奖励基金，有力促进了公司优质服务水平的提高。全年受理客户报修咨询电话58万余次，经95598热线对7259户一户一表客户进行回访，客户满意率达到99.96%。

（六）管理基础得到有效夯实

公司2005年以子公司运营模式为目标，不断夯实基础、谋求发展，在管理水平的提升上迈出了坚实的步伐。公司组织开展了对16个属地供电公司和5个主网生产单位的综合评价工作，从规章制度、业务流程、工作标准、责任界面等方面查找了各基层单位在基础管理工作中的共性问题和薄弱环节，并在全公司范围内进行了整改，有效提升了各基层单位的基础管理水平，促进了平台体系建设向基层单位的延伸。在综合评价的基础上，公司深入开展创一流同业对标工作，一方面积极参加国家电网公司系统网省公司同业对标，认真查找与国内先进水平的差距；另一方面在公司内部进行各属地供电公司之间的对标工作，初步确立了覆盖安全管理、资产经营、电网运行等7个方面的指标体系，通过指标的公布、分析、诊断，使公司各方面管理工作得到持续改进和提高。公司总结城区供电公司内控制度试点经验，编制了内控制度体系设计方案，并在全公司范围内推广内控制度建设。强化依法治企工作，规避在经营活动中的法律风险，积极应对市场经济环境下电网发展面临的新矛盾，取得了220kV西—上—六输电线路建设纠纷等诉讼案件的胜诉，有效维护了企业的合法权益。

（七）科技信息与人才建设取得新成绩

公司将信息系统建设作为生产、经营、管理的重要支撑，强化信息基础管理，编制了公司信息化“十一五”规划，规范了信息平台接入标准，开展了电费卡表售电系统、调度SCADA系统、本部信息资源基础平台3个系统安全风险评估。加快基础平台建设，初步形成了面向各专业的共享平台，并完成了16个基层单位信息平台的同步升级和接入工作，为建立公司数据中心创造了条件。加强专业应用系统建设，完成了物资管理系统、人力资源管理信息系统和营销信息系统业扩子系统主要功能模块的开发工作，促进了专业管理水平的提升。以解决生产、经营实际问题为目标，加大科研投入，充分发挥电力经济和配网技术两个研究机构的作用，加快了科研成果向生产实际的转化。

公司充分利用培训中心等各类教学资源，按照“缺什么，补什么”的原则，对领导干部进行专项培训，加强后备干部的锻炼培养，提升了干部队伍的能力和整体素质。加大对专业技术人才培养力度，建立了审计、工程评审等5类专家库，择优选拔了176名各类专家，同时完善了专家竞聘、管理和考核机制，为专业技术人才成长搭建了舞台。规范了生产岗位系列设置，采取技能鉴定、技术比赛等多种形式提高一线人员业务技能水平，全年完成技能鉴定3161人、岗位技能培训3451人，生产岗位持证上岗率达到96%。

（八）党风廉政和精神文明建设成绩显著

公司党委加强党的建设，认真开展了保持共产党员先进性教育活动，高质量地完成了集中学习教育阶段的全部规定任务，达到了“提高党员素质，加强基层组织，服务人民群众，促进各项工作”的目的，切实做到了“两不误、两促进”，群众测评满意率达99.52%。深入开展精神文明创新工作，以“平凡孕育伟大”为主题，大力宣传模范人物的先进事迹，弘扬敬业奉献精神。共青团组织深入开展“争手创号”、“争优创先”系列活动，进一步调动了广大青年为企业建功立业的热情。2005年我公司被中央精神文明委员会授予“全国精神文明建设工作先进单位”称号，公司团委被中央企业团工委表彰为红旗团委创建单位。

公司大力创建教育、制度、监督并重的惩治和预防腐败体系，落实党风廉政建设责任制，深入开展反“嫌疑腐败”工作和以“反腐思廉”为主题的系列教育活动，进一步增强了广大干部职工廉洁自律意识。查评结合，多渠道监督，开展了服务纠风、效能监察工作，认真处理各类信访案件，实现了对党风廉政的有效监督。

公司深化“四级厂务公开”，开展《集体合同》履行检查，建立职工安全保障监督机制，保障了职工的民主权益和切身利益。以健康指导和职工互助会等形式关心职工的身体健康，解决职工实际困难。公司针对企业改革发展中的难点问题，提前分析，按政策及时化解各种内部矛盾。2005年公司没有出现由于不稳定引发的各种问题，企业职工队伍保持稳定。

二、总结经验，认清形势，实施“基础考究年”

（一）认真总结经验和不足，认清公司发展内外部形势

一是始终坚持把加快发展作为公司立足市场的第一要务。

二是始终坚持把安全生产作为公司保障发展的重要基础。

三是始终坚持把强化管理作为公司提升实力的有效手段。

四是始终坚持把以人为本作为公司制定政策的基本方针。

五是始终坚持把市场化运作作为公司经营管理的主导方向。

六是始终坚持把优质服务作为公司树立形象的根本途径。

七是始终坚持把思想政治工作作为公司健康发展的重要保障。

以上这些经验和规律已经成为公司一笔宝贵的财富，将对指导公司各级责任主体提高工作水平，促进各级电网的建设和发展起到重要作用。

全面分析公司当前所处的外部环境，可以看到：党和国家全面建设小康社会的进程正在稳步推进，十六届五中全会描绘了国民经济可持续发展的新蓝图，为电力企业发展创造了良好的政治经济大环境，为公司的快速发展提供了难得的历史机遇。北京市“十一五”规划建议提出“紧紧抓住办好有特色、高水平奥运会这一难得机遇，推进经济增长方式转变和结构调整，全面推进城镇化进程，着力构建社会主义和谐社会首善之区”，指明了北京市未来几年经济建设快速健康发展的方向。北京市市委、市政府高度重视北京电力的发展建设，在电网消隐工程、电网发展资金、重点工程建设机制等方面给予公司有力支持。国家电网公司提出要加大城市电网投资力度，尤其要抓好北京、上海等31个重点城市电网建设。这将有利于公司做好北京电网的“十一五”规划，将北京电网打造成一张“供需和谐有序、系统安全稳定、网络坚强可靠、设备先进规范、技经指标优良”的世界一流城市电网，充分满足北京市经济发展和人民生活的需要。

同时，我们也应该认识到：机遇的现实化也预示着挑战的明朗化。一是社会经济蓬勃发展带来旺盛电力需求的同时，也使电力供需紧张的矛盾日益突出，2006年迎峰度夏形势仍将非常严峻，公司在电网发展、安全生产、政治供电、优质服务等方面的工作任务也将非常繁重。二是和谐社会建设、经济增长方式的转变对电力供应和服务提出了更高的标准，《电力监管条例》的颁布施行对公司依法合规经营提出了更严的要求。三是电力体制改革的不断深化、主多分离的实施可能给公司的组织机构、劳动关系以及员工收入带来冲击；建设电力市场、调整电价机制、实行大客户直供等改革措施的提出使公司面临前所未有的经营压力。四是按照科学发展观的要求，国家产业结构不断调整，一些高耗能的企业相继转产，对部分地区的售电量增长造成一定影响；能源新技术和新能源不断推广应用，使各种优质能源在终端能源市场的竞争日益激烈，也将挤占电力企业的市场份额。这些都不可避免地对公司的准备工作和承受能力提出了挑战。

难得的机遇和现实的挑战对公司各项工作提出了更高的要求，认真审视公司的现状，我们必须清醒地看到在以下几方面的差距：

首先，人员整体素质还不能完全适应公司快速发展的要求。总体上看，公司尚未形成优秀的企业文化。

其次，经营考核模式还比较粗放。公司目前不适应向子公司管理模式推进的要求。

第三，管理基础依然比较薄弱。经过两年多的努力，公司建立了由6个资源平台和13个管理体系组成的管理架构，并制定了配套的制度和流程，但平台、体系运转的基础还不扎实。一是运转不协调，体系与体系、层级与层级之间的业务接口还未完全明确，存在体系各自为政、业务上下脱节的现象；二是信息支持系统作用发挥不到位，体系的流程设计未能充分考虑平台数据的基础作用，“数据孤岛”的现象仍然存在；三是基础资料缺失，标准和制度未能做到随工作变化补充和修订，资产数据、设备台账、客户信息等不能及时进行维护更新。

（二）把握“考究”内涵，实施“基础考究年”

国家电网公司总经理刘振亚在2005年视察公司工作时指出：北京在供用电问题上要越来越“考究”。这是在准确判断公司经营管理现状和内在发展需求的基础上提出的殷切希望，既充分肯定了建制调整以来我们在全力加快发展、认真夯实基础等方面初步取得的成绩，又为我们下一阶段抓好基础

工作指明了方向。

“考究”应该包括如下内涵：第一，“考究”是一种思维观念。就是“对工作精益求精，对企业高度负责”的观念，就是“努力超越，追求卓越”的思想意识。第二，“考究”是一种管理方法。就是要在工作中做到提前分析、精心筹划、过程控制、完善优化、监督考核，是注重细节，反复实践，追求真理的行之有效的管理方法。第三，“考究”是一种工作标准。从总体上讲是与公司的发展目标和战略规划相适应的标准，是“国内领先、国际一流”的标准；从具体上讲是覆盖全方位、涉及全过程、深入各环节的首都标准，是权责清晰、利于执行的标准。第四，“考究”是一种业务能力。就是自觉、积极地发现问题、分析问题和解决问题，开创性的开展工作，并不断地在实践中实现自我突破，推动企业发展的能力。第五，“考究”是一种品牌形象。是整体优秀，细节无暇、诚实守信、服务优质，经得起所有客户“考究”的品牌。第六，“考究”是一种文化素养。当公司绝大部分员工都具备“考究”的素质，树立了“考究”的观念和标准，自觉运用“考究”的工作方法，“考究”就会成为企业共同的价值观和行为规范，成为企业文化的一个重要组成部分。

结合公司基础工作整体水平不高的现状，按照“考究”的要求，公司以科学发展观为指导，将2006年定位为“基础考究年”，力求以“考究”的观念、标准和方法，完善和提升公司基础工作水平，并以基础工作为依托不断创新、发展、进取、争先，促进公司全面协调可持续发展。

“基础考究年”工作的指导思想是：以邓小平理论和“三个代表”重要思想为指导，认真贯彻党的十六届五中全会精神，全面落实国家电网公司2006年工作会的各项部署，坚持科学发展观，以安全稳定为基础，以企业发展为第一要务，以经济效益为中心，以优质服务为生命线，以“基础考究年”为载体，以人为本，提高220、110（35）、10kV三级电网的建设和运营水平，提高北京电力公司、属地供电公司和供电所三级核算的建设和管理水平，提高管理干部、技术人才和技能人才三支队伍的建设和能力水平，创建一流电力公司。

深刻理解公司“基础考究年”的指导思想，我们必须牢牢把握和认真落实“一本三高创一流”的总体工作思路。

以人为本，就是企业的发展要与员工的发展相结合，形成有利于人才成长的机制；企业的利益要与全体员工的根本利益相协调，创造员工与企业同心同德、共同成长的氛围；企业的目标要与全体客户对电力的需求相一致，树立企业为客户服务的核心价值观。

提高三级电网的建设和运营水平，就是形成清晰的220、110（35）、10kV三级电网结构，明确各级电网的责任主体及其业务范围，实现电网的分层管理，保证各级电网都能合理规划、科学管理、协调发展。北京电力公司按照子公司管理模式，以各专业公司为主承担北京地区220kV电网的建设和运营责任；各属地供电公司按照分公司管理模式，承担110（35）kV和10kV电网的建设、管理和运行维护责任。

提高三级核算的建设与管理水平，就是建立北京电力公司对属地供电公司、属地供电公司对供电所、供电所对员工个人的逐级核算体系，明确组织机构，完善基础资料，健全计量关口，落实人员责任，合理制定各级考核指标，强化经营管理监控，实现在公司主导下的模拟市场运营，保证公司经营效益的最大化。

提高三支队伍的建设和能力水平，就是以能力建设为着眼点，加强对管理干部队伍的个性化培训和绩效考核，提高领导干部的管理驾驭能力；从使用和考核入手，创造有利于技术人才发挥所长的机制，提高技术人员队伍的自主创新能力；从岗位要求入手，加强技能鉴定和业务培训，提高技能人才队伍的岗位履职能力。

创建一流电力公司，就是要建立涵盖规划建设、安全生产、经营管理、营销服务、科技进步、人力资源、党风廉政、企业文化等各个方面，符合公司发展要求，具备首都特色的“首都标准管理体系”，同时全面深入开展同业对标工作，各个专业领域都与国内领先水平看齐，各项业务都要不断实践“努力超越、追求卓越”的理念。

三、2006年重点工作

2006年是国家“十一五”规划的开局之年，也是公司进一步夯实工作基础，完善经营管理模式，推进电网快速发展的关键一年。

公司2006年的主要工作目标：

——不发生人身死亡事故；不发生特大电网、设备事故；不发生有人员责任的重大电网、设备事故；不发生重大火灾事故；不发生重大施工机械设备损坏事故；不发生性质严重或造成重大社会影响的停电事故。

——利润总额6亿元。

——售电均价591元／MWh。

——售电量530.5亿kWh。

——资产负债率小于66%。

——净资产收益率1.9%。

——达到国家电网公司党风廉政建设责任制各项要求，不发生影响北京电力公司形象和稳定的重大事件，全面完成《2006年党风廉政建设责任书》规定的年度责任目标。

（一）以安全为基础，提高三级电网的建设和运营水平

1. 提高安全管理水平

夯实安全基础工作。实施“平安工程”，全面落实《关于加强安全生产工作的决定》。深化安全双向互保机制建设，分解安全目标和安全需求，完善安全考核指标体系，充分发挥安全保障监督委员会的作用，保证各级各类人员安全责任和各项安全措施的有效落实。进一步推动安全闭环管理工作，确保安全管理从分析评估、整改提高到监督检查程序上的闭环和各项安全组织措施、技术措施在业务工作中的闭环。开展安全规范化试点工作，实现安全管理规范化、安全设施规范化、作业行为规范化。

加大安全监督力度。完成生产体系安全评估工作，对生产、基建、营销等专业工作体系安全评估后的整改落实情况进行专项监督，同时针对公司安全生产中的薄弱环节，开展农电安全管理、标准化作业和反事故措施落实情况等方面的专项监督。大力开展季节性安全大检查工作，认真落实安全事故“四不放过”原则，逐步形成常态监督、专项监督和事故监察相结合的安全监督机制。

狠抓班组安全管理。以生产现场安全和人身安全为重点，增强一线班组安全教育的针对性和日常安全活动的实效性。开展“无违章班组”宣传和“无违章单位”创建活动，按照以“三铁”反“三违”的原则，从现场作业行为和管理指挥行为两方面入手，严格查禁作业现场违章。建立鼓励暴露未遂的管理机制，通过对未遂的分析，吸取教训，举一反三地加以改进，达到控制未遂、杜绝违章的目的。

2. 提高生产运营水平

夯实生产管理基础。推进生产流程再造，分清各级电网管理界面，形成公司、基层单位、工区三级职责清晰、运转顺畅的生产运行管理层次，理顺电网建设、生产运行和营销服务之间的工作流程衔接。以配电网基础管理工作为重点，进一步完善生产管理制度，统一技术标准。推进标准化作业工作，健全和完善标准化作业规范，加强培训和考核，促进标准化作业指导书的实用化。

推进消隐工程建设。确保“急需消除类”隐患整治工程在2006年6月30日前务期必成，并按照“早立项、早设计、早订货、早开工”的方针，加快进行“抓紧改造类”和“制约发展类”电网隐患的整治工作，挖掘供电潜力，增强电网发展能力。同时进一步加大对线下隐患和三线搭挂现象的清理和整顿力度，改善电网运行环境。

强化电网运行管理。提高电网稳定性分析水平，增强掌控电网的能力。加大设备运行管理和技术监督力度，实现对重点设备的可控、在控。加强综合检修，减少重复停电次数，提高供电可靠性。强化调度专业管理，完成两级调度负荷预测分析管理系统和两级调度自动化系统建设，提高两级调度工作水平。确保电网安全、稳定、经济运行，圆满完成各项政治保电工作任务。

确保电网安全度夏。各级领导要充分认识2006年迎峰度夏形势的严峻性，按照“高度重视、提前动手、精心谋划、统筹部署、严格落实”的原则，做好各项准备工作，确保电网安全度夏。一要确保度夏工程务期必成；二要针对重点地区和电网薄弱环节，提前进行设备检修、技术改造，并做好相应的抢修和服务应急预案；三要积极配合市政府做好需求侧管理工作，保证需求侧管理方案有效落实。

3. 提高电网建设水平

发挥规划龙头作用。贯彻电网协调发展原则，提高各级规划人员工作水平，深入、细致做好三级电网尤其是10kV电网规划的滚动修编，实现三级电网的合理衔接和协调发展；结合北京市“十一五”规划，将电网规划纳入城市总体规划和区域控制性详规中，实现电网规划与城市规划的有机结合；合理调整郊区电网规划，促进城乡电网协调发展。加

强规划前期工作，全力推进朝阳、海淀、城南500kV输变电工程规划前期工作进度，落实变电站站址和线路路径，以确保2006年开工建设，2008年奥运前投产发电两个站；同时加快落实规划220kV项目和燕化等独立供电区域周边规划项目的前期工作，为电网进一步发展做好项目储备。

按期完成建设任务。大力推广变电站典型设计，提高变电站典型设计的应用率，开展输电线路典型设计及应用方案研究，实现设计的标准化和系列化。理顺工程前期工作流程，充分利用奥运工程、北京市重点工程和实事工程加快工程前期工作进度，加强工程计划管理，加快电网建设步伐。全年计划投资71.5亿元，完成35kV及以上输变电工程63项，新增变电站44座，增加变电容量675.4万kVA，新建输电线路819km、电缆线路142km。

提高工程建设质量。建立涵盖职能部门、专业公司和建设单位的电网建设质量管理体系，进一步明确质量管理程序和相关单位的责任。把握设计审核、施工监理、运行单位验收和质量监督站监察等关键环节，细化设计和施工工艺标准，严格执行达标投产和零缺陷移交，开展质量创优活动，建设“精品工程”。2006年要实现220kV工程基本达到优质工程标准，每个建设单位至少有1个110kV项目创优的目标。

（二）以效益为中心，提高三级核算的建设和管理水平

1. 提高经营管理水平

建立三级核算体系。分清三级电网资产管理界面，合理确定各属地供电公司的资产、负债和模拟价格空间；根据资产管理责任完善各级关口核算条件。在此基础上健全、完善各级考核指标，突出主营业务，做到对各级电网责任主体经营管理活动的科学评价和有效监督。

推行全面预算管理。将工程投资纳入成本管理范畴，从四个方面强化公司对成本的控制。一是完善成本定额管理，提高预算编制的科学性和准确性；二是层层分解预算指标，责任到人，突出预算执行的刚性原则；三是强化工程造价管理，提高投资效益；四是加强预算差异分析，科学评估各单位成本额度和预算执行情况。

加强集约化经营。依托资金流资源平台，实现公司电费资金、基建投资、经费支出的一级账户管理。完善资产资源平台功能，实现资产价值的集中管理，做到资产异动、报废、处置统一审批；加大配网资产接收工作力度，解决农村电管站资产遗留问题，不断拓展有效资产。进一步规范物资和工程招投标平台建设，加大物资框架招标、打捆招标力度，将业扩工程全部纳入工程招投标平台运作。通过资源集约化经营实现公司整体效益的最大化。

增强经营管控能力。增强计划工作的预见性、全局性和权威性，保证计划有效执行。建立三级经营统计数据上传系统，健全统计分析制度，动态掌握、快速反映公司整体和各基层单位生产经营状况，实现经济活动分析对公司经营活动的过程控制。推进经营审计常态化，分层积累审计数据，定期进行公司和各基层单位经营情况分析，查找经营问题，预防经营风险，完善内控制度。推进依法治企进程，保障决策和经营活动的合法性，积极利用法律手段解决经营管理中的问题和矛盾，有效规避法律风险，维护企业合法权益。

争取有利政策环境。加强与政府有关部门的沟通，推动新建小区配套电力设施建设费、经营性收费政策和政府贴息贷款资金的尽快落实。开展电价政策研究和输配电价测算工作，力争年内促成电价调整政策的出台。加大政策研究工作力度，做好政研成果转化工作。拓宽外联渠道，为公司的发展营造良好的外部环境。

2. 提高营销服务水平

完善营销管理体系。结合三级电网管理和三级核算体系建设要求，综合分析电网结构和区域特点，合理确定供电所布局，健全第三级营销组织机构。推广丰台供电公司分台区考核工作经验，确保营销工作责任落实到人。以三级营销网络为依托，理顺营销业务流程，积极开拓电力市场，加强对售电量及售电收入的稽核和控制，降低管理线损，实现增供扩销和堵漏增收。

打造优质服务品牌。健全客户资料，明确对各类客户的服务内容和服务标准；以客户为中心理顺业务流程，完善服务手段，规范服务行为，提高服务响应速度。深入贯彻国家电网公司“三个十条”的要求，完善和落实优质服务责任制，加强对违反服务承诺现象和投诉举报问题的考核。主动了解客户的服务需求，积极解决施工带永久等客户反映强烈的问题。建立公司“危机”管理机制，加强与客

户、媒体和政府的沟通，强化服务宣传，树立良好的企业形象。

（三）以人为本，提高三支队伍的建设和能力水平

1. 提高人力资源管理水平

加强人员动态管理。实施以岗位需求为核心的竞争上岗和人员引进制度，形成“岗位要竞争、竞争靠实力”的良好用人机制。加强岗位交流力度，研究制定一线人员的补充机制和办法，缓解生产一线缺员问题。搭建公司层面的人员交流服务平台，建立合理的人员退出机制。

建设三支人才队伍。加强管理干部队伍建设，建立公司不同类型、不同岗位干部的能力模型、评价体系和培养机制，分层分类采取多种培训方式提升领导干部胜任岗位工作能力。加强技术人才队伍建设，完善专家竞聘、培训、教学、交流、考核等一系列制度，为技术人才的成长和发挥作用创造条件。加强技能人才队伍建设，全面推行生产岗位资格准入制度，大力开展技能鉴定、技术比赛和岗位普考工作，力争在年内培养出一批高技能人才。

加强岗位绩效考核。一方面要根据公司战略和年度经营指标，完善二级单位负责人业绩考核机制，另一方面要层层分解关键业绩指标，实行全员绩效考核评价，将考核结果与员工晋升、转岗和淘汰挂钩。同时要全面改革和完善现有薪酬体系，建立和实施岗位绩效薪酬制度，使薪酬管理与绩效管理配套同步运行。

2. 提高思想政治工作水平

加强党建工作。巩固和扩大先进性教育活动成果，建立先进性教育活动长效机制。全面推进“四好”领导班子创建活动，增强领导干部战略决策、经营管理、市场竞争、开拓创新、风险防范和驾驭复杂局面的能力。创新工作方法、工作内容和工作机制，提高基层党组织的战斗力。关注党员成长，加强党员教育，提升党员政治理论水平、业务素质和服务意识。以党建带团建，深入开展“党在我心中”、“争优创先”等活动，发挥青年员工的生力军作用。

加强精神文明建设。结合公司的发展，制定“精神文明建设三年规划”。加强员工素质教育，建设学习型企业，形成员工在学习中工作，在工作中学习的氛围。积极开展群众性的精神文明创建活动，弘扬“努力超越，追求卓越”的企业精神。加强对先进典型的总结与宣传，在员工中树立“平凡孕育伟大”、“劳动、奉献光荣”的理念。总结公司各方面工作理念，逐步形成具有公司自身特点的企业文化。

推进党风廉政建设。健全和完善思想道德教育的长效机制和反腐倡廉的制度体系。发挥纪检、审计和信访的作用，多方位、多渠道开展领导干部廉政监督。以防止职务犯罪、弘扬职业道德为目标，继续推进“反嫌疑腐败”工作。开展以“廉洁从业”为主题的廉洁文化建设，增强各级干部职工廉洁从业意识，培育公司员工共同的廉洁文化价值观。

依靠职工办企业。深入开展“四级厂务公开”工作，增加厂务公开的透明度和执行力，推广实施《职工事业发展手册》、《职工劳动安全手册》、《职工健康成长手册》“三本手册”工作，保障员工参与企业民主管理的权利。认真分析和妥善处理员工反映的热点问题，保障员工切身利益；开展“爱心活动”，创建员工和企业共同和谐发展的氛围，维护企业稳定。扎实做好离退休人员管理和统战工作，认真落实相关政策，为离退休人员服好务。

（四）以管理为先导，创建一流电力公司

建立“首都标准管理体系”。着眼于“国内领先、国际一流”的战略发展定位，突出首都特点，总结公司管理工作取得的经验，同时借鉴国内外先进电力公司的最佳业务实践，建立“全面量化、分段实施、持续改进、不断超越”的首都标准。以国际管理标准为参考，以体现和落实首都标准为目标，对现有的资源平台和管理体系进行整合和优化，最终建立一套系统化、规范化、综合全面的“首都标准管理体系”，使公司管理具备自我约束、自我改进、自我完善的机制，向“考究”的层次不断推进。

提高科技和信息化管理水平。坚持“科技是第一生产力”的观念，推动技术创新，充分发挥公司研究机构和技术人员的作用，加快新技术、新工艺、新设备和科技成果的推广应用，解决电网建设和电力生产中的安全技术问题。加快公司通信网络建设，整合各类信息系统，完善公司信息基础平台，推进生产运营、物资管理、营销服务、人力资源等专业信息系统建设，充分发挥信息化手段支撑作用，强化资源共享，提高管理效率。

积极稳妥实施改革。在国家电网公司指导下，调整、精简和优化机构设置，制定岗位定员标准，使组织机构和岗位设置更趋合理、高效。同时按照

国家电网公司的统一部署，落实《关于加强和规范多种经营企业管理的意见》等文件的要求，按照“先规范、后分离，先公司、后基层”的原则，积极稳妥地推进“主多分开”的改革，主业与多经要做到“资产分开，人事分开，管理分开”。

深入开展同业对标。健全对标工作机制，将同业对标与专业日常管理有机结合起来，通过对标提高专业管理水平。完善对标指标体系，优化指标结构，扩充指标的专业涵盖面，使对标评价更加全面。加大指标分析力度，引入科学的分析方法，选取关键指标开展两维分析。建立公司最佳实践库，推广先进典型经验。

四、统一思想，提高认识，圆满完成2006年各项工作任务

展望2006年，我们的工作任务依然非常繁重，仍有许多复杂的矛盾需要我们去努力解决，为此，我们首先要强化六种意识。

要强化全局意识。一是要深刻理解公司的发展战略，从长远和全局高度思考问题，在行动上与公司保持一致，为推动公司实现子公司管理模式服务，为公司整体利益最大化服务。二是要学会系统思维，以涵盖全面、流程清晰、权责明确为目标优化组织机构，建立科学合理、高度共享的资源调配机制，推动公司管理架构形成完整、简洁、高效、协调的整体。

要强化责任意识。领导干部要有干事业的使命感和时不我待的紧迫感，克服保守思想和短期行为，锐意进取，勇挑重担；要树立“负责到底”的精神，提高执行能力，确保自己所负责的工作落到实处，收到实效。广大员工要增强首都电力员工的荣誉感、敬业履职的责任感和岗位来之不易的压力感，克服敷衍塞责的心态，高标准、高质量地完成本职工作。

要强化安全意识。从“维护员工生命健康、维护首都政治稳定、维护企业发展环境”的角度理解和重视安全工作；按照“谁主管，谁负责”的原则加强安全工作领导；贯彻“监督和保证体系各司其责”、“上下级双向互保”、“安全闭环管理”的理念，健全安全管理体系，落实各级各类人员责任。

要强化市场意识。时刻保持对竞争的敏感性，主动适应地区经济发展对能源的需求，巩固和拓展市场空间。当前尤其是要紧紧把握2008年奥运会一天天临近的契机，通过服务奥运提高电网规划建设、生产运营和优质服务水平，以坚强的电网和高标准的服务充分满足奥运需求，同时围绕奥运主题做好宣传工作，树立公司讲大局、负责任的良好形象。

要强化效益意识。坚持集约化管理，进一步优化资金、物资等资源的配置，体现各类资源的规模效益。要注重投资回报，加强对项目技术经济指标的分析，逐步形成一套科学的投资回报测算方法。要学会精打细算，注重内部挖潜，严格成本管理，向管理要效益。

要强化服务意识。一是克服垄断观念，用“国家电网”和“北京电力”的品牌形象去巩固和争取市场空间；二是树立全员服务的理念，上一个环节为下一个环节服务，上一级电网为下一级电网服务，三级电网共同为客户服务；三是服务要从细节做起，明确各级各类客户的服务内容和服务标准，对服务行为能够进行跟踪和反馈。

在强化六种意识的基础上，要确保全年各项工作圆满完成，我们还必须把握和处理好四个关系。

要把握和处理好发展外延和内涵的关系。建制调整以来，公司投入大量的人力、物力和财力用于电网建设，以弥补电网结构缺陷和供电能力不足问题，这是一种外延方式的发展。公司目前依然面临着快速发展的重任，要继续坚持外延式的发展。但是我们也应该认识到，提高设备水平、挖掘供电潜力同样也是一种发展。尤其是在当前电网设备老旧、安全隐患突出的问题已经开始制约发展的情况下，我们应该重视发展的内涵，抓好电网隐患整治工作，增强现状电网的发展能力。从另一个角度来看，过去在公司的管理基础非常薄弱的情况下，不得不依靠高投入来换取建设的速度，这种粗放的发展方式带来了较大的资源浪费，随着公司经营管理水平的日渐改善和基础工作的不断夯实，要对投入产出的效益问题进行认真分析，通过典型设计、集中采购、优化工程建设模式、推行全面预算管理等方式为企业发展节约有限的资金。

要把握和处理好集中和授权的关系。集中和授权的把握取决于公司的管理需要，服务于公司整体效益的最大化。截止到目前，公司已经对业扩、电缆、计量、调度、变电等方面的业务进行了一定程度的下放，2006年公司要形成清晰的三级电网管理结构，科学划分各级电网的资产界面，将会为各属地供电公司形成完整的电网管理体系创造条件，有利于其发挥在业务工作中的地域优势。同时，公司还要加强资金、物资、工程等资源的集约化管理，发挥公司在资源配置、经营决策方面的优势，提高资源的规模效益。

要把握和处理好经营者、管理者和维护者的关系。北京电力公司作为电网的经营者，要做好主网的规划建设和经济运行，做好资产、资金、物资等各类资源的调配，同时要通过评估和考核对属地供电公司业务开展情况进行科学监控；属地供电公司作为地区电网的管理者，要强化成本控制，合理规划、建设地区电网，优化地区电网运行方式，开拓区域电力市场；工区和班组作为电网的维护者，要注重质量，强调细节，严格执行，高效完成各项业务工作，保证各级电网的安全稳定运行。

要把握和处理好改革、发展和稳定的关系。面对主辅、主多分离的必然趋势和紧迫形势，我们必须转变观念，尊重现实，与时俱进，扎实推进改革进程。在改革过程中，要规范劳动关系和员工投资行为，确保员工队伍稳定；要规范资产占用关系和财务管理关系，确保国有资产不流失；要规范主营业务范围和市场交易关系，确保主营业务效益。各级领导都要充分认识到：只有做大做强主营业务，增强公司实力，才能减少分离带来的冲击，保证平稳过渡，因此，主营业务的发展壮大才是企业员工的根本利益所在，是解决改革、发展和稳定之间矛盾的根本办法，把工作重点放到主营业务上来，提高主营业务盈利能力，才是真正对事业负责，对员工负责。

提高党的领导能力
为公司持续发展奠定坚实的基础

——北京电力公司2005年政治工作会议报告（摘要）

（2005年1月29日）

2004年工作回顾

——建立了思想政治工作体系，初步形成机构健全的组织领导机制、规范管理的制度建设机制、严细协调的科学管理机制、责权明晰的责任考核机制，为构建网省级公司全新的思想政治工作管理体制奠定了良好基础。

——各级党组织发挥了政治核心作用，党组织的创造力、凝聚力和战斗力进一步加强，“三提高”主题教育和党支部工作创新活动取得了可喜成果，广大党员在全年工作中发挥了先锋模范作用。

——强化党风廉政建设，深入贯彻落实中纪委三次全会精神和两个《条例》，建立了党风廉政反腐体系，健全和完善监督制约管理机制，促进了各级领导班子的思想政治和作风建设，广大领导干部努力开拓，积极进取，呈现出讲学习、讲政治、讲纪律、讲廉洁、讲大局、讲奉献的精神面貌。

——紧密围绕公司的中心任务，着眼公司的长远发展，坚持以人为本，加强和改进宣传思想工作，建立了企业文化建设体系，推进了精神文明建设，进一步提高了职工队伍思想政治素质，保证了职工队伍稳定，为公司赢得良好开局创造了和谐氛围。

——紧紧依靠广大职工，深入开展安全生产管理等6项劳动竞赛，充分发挥广大职工的聪明才智和工作积极性，全面超额完成了华北电网有限公司下达的各项指标。

——努力转变观念，以创新为动力，为打造公司党建工作、思想政治工作和精神文明建设新格局，取得新经验，进行了有效尝试，取得了一批新成果。

这些努力，保证公司完成了全年各项任务和三项责任制考核指标，为公司建制调整后迈出卓有成效的第一步提供了有力的思想组织保证、精神动力与智力支持。公司首次获得中共北京市委授予的“思想政治工作优秀单位”称号。

回顾一年来，公司党委主要抓了以下工作：

一、加强党组织基础建设，强化政治核心作用

一是加强基层党组织建设。随着公司生产、经营和管理模式发生根本性转变，以及行政机构设置的较大规模调整和重组，公司党委对公司所属单位党组织机构的设置做出了全面的重新调整，健全了各级党组织机构，理顺了党组织隶属关系，配备了各级党组织的领导班子，明确了各级党组织的工作职责与权限，使党的组织建设与公司的调整改革同步发展，为公司中心任务的完成提供了有力的组织保证。同时，将公司党的关系整建制由北京市电力工业局党委转移到北京市国资委党委，及时调整了党员基本信息数据库，完善了党务管理的基本工作制度，制定了《北京电力公司党委加强党的建设三年（2004～2006年）规划》和《北京电力公司基层党委工作条例（试行）》，使公司党的组织管理工作更加规范化、制度化。根据《北京市基层党组织换届选举工作暂行规定》，在公司党委统一部署下，圆满完成了22个基层党委和174个基层党支部的换届选举工作。

二是加强领导班子和干部队伍建设。公司党委以转变观念、统一思想为重点，加强了对领导干部学习的指导和考核。两级中心组坚持学习制度，坚持理论联系实际，促进了各级领导班子的思想观念转变，提高了统揽全局、推动工作的能力。为了使领导干部素质适应公司建设发展的要求，通过举办7期、共计300多名中层领导干部参加的培训班，系统进行了党的基本理论、路线、纲领和“三个代表”重要思想的教育，马克思主义的群众观、科学的发展观和正确的政绩观教育，以及领导科学和现代企业管理知识的教育。为了加强各级班子建设，公司党委进一步完善了“三重一大”决策程序，认真执行领导班子民主生活会制度和领导干部参加双重组织生活制度，使各级领导班子整体战斗力，以及依靠自身力量解决问题和矛盾的能力有了进一步提高。面对公司建制调整后60%的新政工人员和近50%的新党支部书记，公司党委有针对性地加强了培训工作，先后举办了政工办人员、党支部书记、党内信息管理系统、发展党员工作等培训班。

三是加强基层党支部建设。公司党委把创新工作作为加强基层党支部建设的着力点，认真贯彻执行《党支部工作条例（试行）》和《党支部目标管理考核办法》，使基层党支部工作在公司建制调整后做到不断不乱，不软不散。面对夏季严峻的缺电紧张形势，公司党委在党内深入开展了“迎峰度夏保供电，安全生产当先锋”主题活动，以基层党支部为主体，充分发挥了党支部的创新力、凝聚力和战斗力。通过广泛宣传先进典型，及时交流各基层党支部开展活动的经验，普遍提高了基层党支部的工作水平。一年来，基层党支部紧密围绕公司安全生产、优质服务、提高效益等中心任务，积极开展创新活动，推出了35项党支部创新工作成果。

四是加强党员队伍建设。面对公司建制调整的新形势，公司党委在全体党员中开展了“做提高学习能力、实践能力、创新能力的模范”的主题教育活动。各级党组织紧密结合实际，教育和鼓励广大党员不断提高学习政治、学习业务的能力，不断提高做好本职工作的能力，不断提高创造性地开展工作的能力，对全面提高党员的政治业务素质起到了促进作用。公司党委将共产党员先进性教育活动的准备工作、民主评议工作、争优创先、纪念中国共产党成立83周年活动有机结合起来，基层单位党组织也通过树立党员先锋岗、党员示范岗等多种形式，充分发挥党员的先锋模范作用，使公司全年各项工作创造了历史最好水平。机关党委在建制调整后，狠抓机关作风建设，使人员精神面貌焕然一新，为推动公司整体工作带了一个好头。一年来，全公司评选出优秀共产党员110名、优秀党支部书记27名、优秀党务工作者28名和28个先进党支部。同时，为了把好党员队伍入口关，公司党委共举办两期入党积极分子培训班，全年共发展党员149名。

二、加强党风廉政建设，保证公司健康稳定发展

公司党委站在讲政治、讲大局、保证首都电网健康发展的高度，以开展反嫌疑腐败工作为主线，组建了公司和所属单位两级纪检监察机构，初步构建了公司党风廉政反腐体系，建立了教育警示机制、制度规范机制、程序管理机制和监督制约机制，全面完成了党风廉政建设责任制各项目标，取得了新的阶段成果。

公司建制调整后，公司党委按照领导干部任前廉政谈话的有关规定，以“既要干事又要干净是对领导干部的基本要求”为题，对竞聘走上领导岗位的年青同志进行了2次集体廉政谈话，对公司机关136名处长以上干部和对调整到新岗位的189名所属单位中层领导干部进行了专题教育。

公司纪委、各级纪检监察部门认真组织各单位学习宣传贯彻中纪委三次全会精神和两个《条例》，开展了以反嫌疑腐败重大意义为主题的党风廉政建设专题教育活动；在全公司干部、党员中开展了以“求真务实，勤廉为民”为主题的党风廉政宣传教育月活动。通过教育月活动，弘扬正气，进一步提高了广大党员干部拒腐防变的自觉性，有利地推动了反“嫌疑腐败”工作深入开展。

通过加强效能监察，以规范管理为重心，有力地推进了公司行业作风建设，提高了企业经济效益、社会效益和管理水平。认真处理群众来信来访，未发生有案不查、瞒案不报、查案不处的问题。加强纪检监察队伍自身建设，提高了纪检监察人员的思想政治理论水平和业务工作水平，取得了显著成果，维护了改革发展稳定的大局，保证了公司健康发展。

三、加强精神文明建设，奠定公司协调发展基础

一是完善体系，全面规划。公司党委按照企业建设发展的总体要求，成立了精神文明建设指导委员会，修订了《精神文明建设五年（2001～2005年）规划》，制定了《企业文化建设三年（2004～2006年）规划》，以及有关制度、办法、规定。

二是加强考核，努力创新。公司党委遵循“两手抓、两手都要硬”的方针和“一岗两责”的原则，制定了精神文明建设与党风廉政建设责任制考核办法，从公司党政领导到各单位逐级签订了《精神文明建设与党风廉政建设责任书》，层层落实、季度考核；修订了文明单位劳动生产竞赛评比考核办法和实施细则，与安全生产、经营指标一起作为对公司所属各单位的主要考核内容，有力地推动了全公司的精神文明建设工作，全年未发生重大考核事故。为了不断探索精神文明建设的新途径、新方法，开展了精神文明建设创新成果评选活动，共评选出创新成果68项，展现了职工参与精神文明建设的积极性和创造性，促进了公司精神文明建设水平的提高。同时，公司所属各单位积极参与公司系统及所在地区的文明单位和文明行业建设活动。公司所属丰台供电公司等7个单位获得首都文明单位标兵称号，通州供电公司等7个单位获得首都文明单位称号。公司思想政治工作研究会紧密围绕企业建设发展，坚持组织开展专题调研活动，使政研工作取得新的进展。

三是强化宣传，建设队伍。公司党委十分重视宣传思想工作，提出“内强素质，外树形象”的宣传思想工作新思路，制订了《宣传工作管理办法》和《宣传工作应急预案》，制定了八项具体措施，充分发挥公司新闻中心的职能作用，建立了公司三级宣传网员队伍，扩大了宣传工作的覆盖面，特别是加大对外宣传力度，打造“北京电力”服务品牌，树立了企业良好的社会形象。公司党委坚持以改革的精神加强宣传思想工作，对公司一报一刊进行改版，实施电子报刊和视频工程，充分发挥网络宣传功能，取得了明显的成效。在企业改革、重大举措出台和企业重点工作中，有针对性地开展职工思想政治工作，坚持在职工中开展社会道德、职业道德、家庭美德、法制法规和维护稳定教育，认真开展职工思想调查分析，有针对性地超前做好宣传思想工作，解疑释惑，稳定人心。公司党委十分重视并认真抓好老干部工作和统战工作，开展了多种形式学习教育活动，从而保持了职工队伍稳定，为公司完成全年各项任务提供了有力的思想保证和舆论氛围。

四、加强对群众组织的领导，发挥了广大职工积极性

公司党委加强对工会、共青团组织的领导，充分发挥工会组织的“桥梁”和“纽带”作用、共青团组织的助手作用，真诚依靠广大职工，有力调动了职工群众的积极性，打开了公司建制调整的新局面，保证了公司全年各项任务的完成。

各级工会组织在党组织领导下，认真履行参与、建设、维护、教育四项职能，坚持职工代表大会制度和厂务公开制度，带领职工积极参与企业民主管理，建立起和谐的劳动管理机制；保证了公司建制调整和体制改革的顺利进行；坚持开展劳动竞赛，调动了广大职工的积极性；努力建设学习型班组，开展合理化建议和全面质量管理活动；推动企业文化建设，编制了《北京电力公司视觉识别系统推广手册》并进行试点推广，举办职工文明服务行为规范演示竞赛及企业理念演讲比赛等活动；关心职工生活，维护了职工群众切身利益；加强工会组织自身建设，提高了工会整体工作水平和创造力。

坚持党建带团建的方针，在公司党委领导下，共青团组织健全机构、理顺关系、完善制度、严格考核，加强了自身建设。各级团组织深入学习贯彻共青团十五大精神和新《团章》，坚持开展创建"青年文明号"、争当"青年岗位能手"、争当"青年突击队"活动，以及创建"青年安全生产示范岗"活动，发挥了生力军和突击队作用。通过开展"安全永恒、青春无悔"的安全系列教育、"扬青春风采，送真情服务"服务咨询日及"五个一"等富有青年特色的活动，展现了广大团员青年"讲奉献，追求工作卓越；树形象，企业荣誉至上"的精神风尚，涌现出一批先进青年个人和先进青年集体，打开了青年工作新局面。

回顾公司开局之年取得的成绩时，我们也必须清醒地看到工作中存在的差距和不足，主要表现为：

一是有的领导干部大局意识、责任意识、市场意识、竞争意识和忧患意识不强，不能适应形势的变化和发展，跟不上公司建制调整后对领导干部能力和水平的要求，存在理想信念淡化、急功近利、工作浮躁、脱离群众的现象，在思想观念、工作作风、综合素质等方面还需进一步转变和提高。

二是在党组织自身建设上，有的党员模范作用不突出，政治意识、大局意识、责任意识淡薄，自我要求标准不高，把自己混同于一般群众；有的基层党组织基础建设薄弱，凝聚力、创新力不强，影响党组织战斗力的发挥。

三是在深化改革过程中，少数职工在工作上不思进取，思想观念上仍然抱着"铁饭碗"不放，不能适应日益激烈的竞争环境，怨天尤人，患得患失。职工思想教育的针对性、超前性和有效性还需要进一步增强。

2005年主要任务

2005年思想政治工作的指导思想是：深入贯彻落实党的十六届四中全会精神，以邓小平理论和"三个代表"重要思想为指导，紧密围绕公司总体工作目标，以理论建设为根本，能力建设为重点，作风建设为基础，制度建设为保证，加强党的领导能力建设，为提升企业核心竞争力，实现国有资产保值增值，为公司全面协调可持续发展创造和谐的环境。

2005年思想政治工作的目标和任务是：努力把各级党组织建设成为贯彻"三个代表"重要思想的组织者、推动者和实践者，成为坚决执行党的路线方针政策，推动企业改革发展稳定的坚强政治核心和战斗堡垒。坚持以人为本，完善三个体系；建设三支队伍；提高三个能力，为全面实现公司基础工作年的各项目标，为企业深化改革提供坚强的思想和组织保证。三个体系即思想政治工作体系、党风廉政反腐体系、企业文化建设体系；三支队伍即干部队伍、党员队伍、职工队伍；三个能力即领导的能力、建设先进文化的能力、建设和谐工作环境的能力。完善三个体系是实现建设好三支队伍、提高三个能力的基础和途径；建设好三支队伍是实施以人为本，实现企业做大做强的关键；提高三个能力是推动企业健康可持续发展的保证。为此，公司党委2005年要重点做好以下几方面工作。

一、以加强领导干部队伍建设和党的组织建设为基础，提高党的领导能力

1. 加强领导班子思想政治建设，提高各级领导干部的政治理论水平

全面贯彻党的十六届四中全会精神，我们要坚持把加强各级领导干部的思想政治建设放在首位，不断把学习贯彻邓小平理论和"三个代表"重要思想引向深入，把理论学习与推进企业改革、发展和稳定结合起来，与改造世界观结合起来。落实领导干部的学习考核和激励机制，坚持和完善党委中心组学习制度，坚持集体学习与个人学习相结合，不断探讨新的学习方式。通过学习，夯实马克思主义理论基础，提高政治素养和政治敏锐性，增强驾驭全局的领导能力。

2. 把各级领导班子建设成为政治素质好、经营业绩好、团结协作好、作风形象好的坚强领导集体

各级领导班子要增强政治意识，坚持党对企业的政治领导，充分发挥党组织的政治核心作用；增强大局意识，始终牢记国家利益至上，坚持在大局下行动；增强责任意识，努力做到对国家、对社会、对企业、对职工负责。认真贯彻民主集中制，严格按决策程序办事，增加决策的透明度，防止重大决

策失误。要形成靠制度管人、按程序办事的工作机制。认真开展批评与自我批评，自觉接受监督，不断提高解决自身问题的能力。

努力提高各级领导班子战略决策、经营管理、市场竞争、企业创新和应对复杂局面的能力。一切从实际出发，重实际、说实话、办实事、求实效，坚决杜绝弄虚作假、虚报浮夸、急功近利。建立健全激励各级领导班子求真务实的机制，把贯彻落实科学的发展观和正确的业绩观作为考核各级领导班子的重要内容。

加强各级领导干部思想教育，加大培训力度，创新培训方法，提高培训质量。加强政治理论、经营管理、专业知识等方面的学习，使各级领导干部不仅具有坚定的政治方向和理论基础，同时又是经营管理、专业技术的专家，成为公司做大做强的中坚力量。基层党组织也要开展干部培训工作，结合实际，确定重点，提高基层干部的思想和工作水平。

3. 树立和落实科学的人才观，建设高素质的人才队伍

加强人才队伍建设，对于巩固和扩大党的执政基础，提高党的执政能力具有深远的影响。各级党组织要坚持党管干部、党管人才的原则，按照管宏观、管政策、管协调、管服务的要求，重点抓好培养、吸引和使用三个环节，建立健全以品德、知识、能力和业绩为导向的考核评价体系和选用标准。树立人才资源是第一资源的观念，重点做好营造环境、整合力量的工作，实现人才信息资源共享。拓宽中青年干部培养、锻炼的渠道，保证后备干部、专业技术、高技能人才健康成长。同时还要注重建设一支梯次合理、懂生产经营管理的复合型党务人才队伍。各级党组织要结合实际，努力营造尊重劳动、尊重知识、尊重人才、尊重创造的良好氛围，不断创新党管人才的方式和方法，把人才工作提高到一个新水平。

4. 加强和改进党的组织建设，实现党建工作的创新

党建工作创新，一是要在坚持围绕中心，服务大局，在发挥作用、提供坚强保证上实现工作创新；二是要在坚持适应形势任务的变化，改进工作方式，在探索发挥党组织政治核心作用的实现形式和途径上实现创新；三是要在坚持拓宽领域，强化功能，在探索建立党建工作新机制上实现创新；四是要在坚持夯实基础，强化管理，在加强党组织自身建设，增强党组织战斗力、凝聚力和影响力上实现创新。

各级党组织在实施《北京电力公司党的建设三年规划》的过程中，要将创新工作贯穿始终，不断完善和加强，在新形势下赋予新的思想和内容。在基础工作年中，思想政治工作要努力夯实制度建设，狠抓贯彻落实，做到责任到位，职责到人，使思想政治工作业务流程更加科学化、规范化，日常工作标准化。注重和加强党支部建设，继续开展争优创先活动，落实《党支部目标管理考核办法》，创新活动载体，增强工作活力，将安全生产、经营管理、优质服务等工作与党支部建设紧密结合起来，充分发挥党支部的战斗堡垒作用。

5. 加强党员队伍建设，深入开展保持共产党员先进性教育活动

根据党的十六大和十六届四中全会精神，为进一步加强党的执政能力建设，全面推进党建设新的伟大工程，中央决定在全党开展以实践“三个代表”重要思想为主要内容的保持共产党员先进性教育活动。公司党委将根据市国资委党委的统一部署，有计划地组织进行。

开展保持共产党员先进性教育活动是2005年全党政治生活中的一件大事，各级党组织要切实加强领导，精心部署实施。要认真贯彻教育活动的指导原则，落实“提高党员素质、加强基层组织、服务人民群众、促进各项工作”的目标。要建立领导责任制，把先进性教育作为2005年党建工作中的头等大事来抓，同推动全年工作紧密结合，努力探索在新的历史条件下使党员长期受教育、永葆先进性的长效机制。各级党员领导干部都要以普通党员的身份带头参加教育活动，带头学习，带头查摆问题，带头开展批评与自我批评，带头搞好整改，给广大党员作出示范。广大共产党员要按照要求，积极投入到这一活动中来，通过学习教育，深刻理解和准确把握新时期共产党员保持先进性的基本要求，提高思想认识，围绕公司的中心工作，更好地发挥先锋模范作用。

各级党组织要努力探索党员教育管理工作的新机制，进一步发展党内民主，认真贯彻《中国共产党党员权利保障条例》，建立和完善党内情况通报制度、情况反映制度、重大决策征求意见制度，逐

步推进党务公开，使党员更好地了解和参与党内事务。鼓励和保护党员讲真话、讲心里话，努力探索党员发挥先锋模范作用的方法和途径。

按照“坚持标准、保证质量、改善结构、慎重发展”的方针，认真做好党员发展工作，努力把符合条件的生产经营技术骨干培养成党员，把党员培养成生产经营技术骨干，使党员成为企业的优秀人力资源。公司将继续举办入党积极分子培训班，为基层党组织进一步做好党员发展工作创造条件。

6. 落实责任、超前防范，加强党风廉政建设

认真贯彻中共中央关于《建立健全教育、制度、监督并重的惩治和预防腐败体系实施纲要》和中纪委五次全会精神，落实《北京电力公司党风廉政建设和反腐败工作三年规划》，通过创新体制，从源头上预防和解决腐败问题。建立起思想道德教育的长效机制、反腐倡廉的制度体系，建立与现代企业制度相适应的教育、制度、监督并重的惩治与预防腐败的体制机制。

各级党组织要继续做好反嫌疑腐败工作，深入开展党规党纪教育，运用正反两方面典型，开展示范教育和警示教育。对工程招投标、重要设备、项目、物资采购、大额度资金使用等开展效能监察，完善规章制度，维护国有资产安全。

落实党风廉政建设责任制，进一步完善横向到边、纵向到底的党风廉政建设责任制体系。各级党组织要加强对领导干部，特别是党员领导干部遵守政治纪律、组织纪律、经济纪律、群众工作纪律情况的监督，教育和引导党员干部自觉服从党内监督、行政监督、法律监督、群众监督和社会监督。建立和完善领导干部述职述廉、重大事项报告、谈话诫免制度，以及任前公示、任职和公务回避制度。建立领导干部任期经济责任审计和责任追究制度，强化对领导干部用权行为的监督。加强对重点环节和部位的监督，进一步完善结构合理、配置科学、程序严密、制约有力、运转高效的权力运行机制。

二、以提高建设先进文化的能力为重点，加强和改进宣传思想工作

1. 努力探索新的方式、方法，加强和改进思想政治工作

进一步完善思想政治工作体系，在2004年搭建、运行的基础上，结合党的十六届四中全会精神和公司2005年的中心工作，不断丰富、充实新的内容。通过公司综合评价体系工作的落实，完成公司所属各单位的思想政治工作保证体系建立工作，实现公司与二级单位的体系贯通，进一步发挥思想政治工作体系的优势，调动广大干部职工的积极性和创造力。

随着电力体制改革进一步深入，经营机制的转化，主辅分离、主多分离，对职工长期固有的传统观念是一次更加严峻的挑战，必然会带来一系列思想问题。我们要努力探索新方式新方法，坚持尊重人、理解人、关心人，既要解决思想问题又要解决实际问题，要把工作做深、做细、做实，把大多数人的利益作为开展工作的出发点和落脚点，高度重视和维护干部职工最现实、最关心、最直接的利益，最大限度地保持队伍的稳定。

各单位党组织要切实加强对思想政治工作研究会的领导，加强政研会的组织建设，发挥政研会在思想政治工作中的前沿和基础作用，深入开展调查研究，努力推出新的成果，并应用于公司党的建设与精神文明建设的实践。

2. 牢牢把握正确的舆论导向，加快宣传网络建设

为了更好地把握正确的舆论导向，我们要坚持党管新闻宣传的原则，牢牢掌握宣传工作的主动权，为公司改革、发展和稳定提供正确的舆论导向。我们要紧密结合公司改革和发展的实际需要，以团结、稳定、鼓劲的正面宣传为主，不断提高新闻宣传工作的政治意识、大局意识和社会责任感。坚持弘扬主旋律，通过不断树立生产标兵、安全模范、服务明星等各类先进典型，打造“北京电力”的形象工程，努力营造积极向上的精神氛围。

为进一步加大新闻宣传工作的力度，公司将加快宣传网络建设。在实现《北京电力报》、《北京电力》杂志网络电子版后，全面推广视频工程，实现网络终端用户可视新闻的普及。加大思想政治工作科技含量的投入，结合不同时期思想政治工作的形势和任务，用贴近实际、贴进基层、贴近职工的形式和内容，开展网络思想政治工作。

3. 提高宣传网员队伍素质，完善宣传应急信息系统

为提高新闻宣传质量，通过开展分类指导、培训、研讨、交流等方法，进行新闻专业知识培训，提高宣传网员队伍素质和公司新闻宣传整体水平。

完善宣传应急体系、加强与社会媒体的联系沟通。建立新闻发言人制度，努力提高应对突发和危机事件的能力。整合企业内部资源，借助社会媒体的广泛影响力，因势利导，发挥新闻宣传的优势。努力争取政府与上级主管部门的支持，共同化解社会舆论风险，维护企业形象和社会稳定。

三、以提高建设和谐工作环境的能力为重点，加强精神文明建设

2005年是实施《北京电力公司精神文明建设五年规划》的最后一年，为了全面落实规划的工作目标，我们要认真总结以往的工作，检查各项工作的落实情况。继续落实精神文明与党风廉政建设责任制，坚持“两手抓，两手都要硬”的方针，以提高建设和谐工作环境的能力为重点，全面提高精神文明建设水平。

1. 提高全员思想道德、科学文化水平，推动建立学习型企业

各级党组织要将邓小平理论和“三个代表”重要思想纳入职工学习培训教材，推动“三个代表”重要思想的普及。要加强对干部职工科学文化和理想信念教育，弘扬以爱国主义为核心的民族精神和以改革创新为核心的时代精神，弘扬集体主义、社会主义思想，使全体干部、职工始终保持昂扬向上的精神状态。教育引导职工正确处理个人利益和集体利益、局部利益和整体利益、当前利益和长远利益的关系，增强主人翁意识和社会责任感，培养一支有理想、有道德、有文化、有纪律，能够熟练掌握相关技术和技能的职工队伍。

各级党组织要紧紧围绕安全生产、优质服务等主营业务，开展主题教育活动。以人为本，通过充满人文关怀的互动教育活动，增强职工的安全意识、服务意识、责任意识，提高员工的综合素质。我们要将学理论、学文化、学技术有机地结合起来，努力营造一个人人学习、终身学习的浓厚学习氛围，推动建立学习型企业。

2. 加强精神文明建设工作考核，深入开展创新工作

公司制定的《精神文明建设考核暂行办法》是精神文明建设考核评价的重要依据。各级党组织要认真组织学习，切实落实好“一岗双责”，保证两个文明建设同步发展。

深入开展精神文明建设创新活动，转变观念，开拓思路，向安全生产、优质服务等更广阔领域延伸。精神文明建设创新成果评选工作要在总结2004年经验的基础上，进一步规范标准，提高层次，树立典型，通过精神文明建设创新活动，提升公司精神文明建设的整体水平。

3. 深化文明单位评选活动，巩固文明行业建设成果，努力打造优质服务品牌

为了进一步深化文明单位创建活动，公司制定了《北京电力公司文明单位劳动生产竞赛评比考核办法及实施细则（修订）》。结合新标准，各单位要认真学习，深刻理解，贯彻落实。文明单位创建活动要坚持“以人为本，重在建设，实事求是，注重实效”的原则，重在广大职工的积极参与，文明单位创建活动要有广泛的群众基础，通过有效的载体，达到全员文明素质的提高。

继续巩固首都文明行业成果，努力打造优质服务品牌。全体干部职工要从尊重开始，将“客户至上”贯穿在电力供应与使用的全过程，售电的同时也在售服务，要树立大局意识、责任意识和服务意识，努力做到服务理念追求真诚，服务内容追求规范，服务形象追求完美，服务品质追求一流，自觉维护“北京电力”良好的社会形象。

4. 加强企业文化建设

落实《北京电力公司企业文化建设三年规划》，进一步完善企业文化建设体系。各级党组织要加强对企业文化建设的领导，将企业文化建设融入到思想政治工作和精神文明建设的全过程。发挥党的组织资源的优势，整合企业文化建设的力量和资源。创新企业文化建设，要不断丰富和升华内容，为企业改革和发展创造良好的氛围，提供强大的精神动力。我们要以爱国奉献为追求，以人本管理为核心，以服务发展为宗旨，以学习创新为动力，建设具有时代气息、健康向上、公司特色的企业文化。通过总结提炼为广大职工认同的企业精神、经营理念、价值观念和行为准则，增强企业凝聚力，激发职工创造力，形成诚实守信、服务优良、行为规范、道德高尚的企业精神。

5. 健全工作机制，维护企业稳定

随着电力体制改革的深化，影响稳定的因素也在增加，各级党组织要科学把握改革力度和发展速度，充分考虑职工的承受能力。各级领导干部要深

入基层，深入一线，及时了解新情况、新问题、新矛盾，努力把影响稳定的各种矛盾和问题消除在萌芽状态、解决在单位内部。各单位要制定、落实稳定工作责任制，制定应对和处理突发事件的预案，建立健全应急机制，确保稳定工作万无一失。

四、加强和改进对群众组织的领导，充分发挥桥梁和纽带作用

1. 加强和改进对工会组织的领导

各级党组织要努力探索现代企业制度下加强和改进对工会组织的领导，发挥职工民主管理作用、维护职工合法权益的有效途径。各级党组织要把尊重和实现职工的民主管理、民主监督作为一项重要的政治责任。坚持和完善以职代会为主要形式的民主管理制度，深化厂务公开工作，探索建立和不断完善职工管理企业的参与机制，不断丰富和发展民主管理的内容和方式，畅通职工群众利益诉求和民主管理渠道，调动职工的积极性。各级党组织要把加强民主管理与维护职工合法权益有机结合起来，重大决策要及时向职工代表通报，重大改革措施要广泛征求职工意见，涉及职工切身利益的重大事项要提请职代会审议通过。

各级党组织要监督劳动合同制度的执行，推行平等协商和集体合同制度，建立协调稳定的劳动关系和劳动关系预警协调机制。探索完善维权和帮困救助工作机制，注意倾听职工呼声，落实帮困救助各项措施，帮助特困职工解决工作生活上的实际困难。

各级党组织要认真贯彻《工会法》，支持工会依法独立自主地开展工作。定期听取工会工作汇报，及时研究解决工作中的问题，充分发挥群众组织联系广大职工的桥梁和纽带作用，使工会成为构建企业和谐环境的积极力量。

2. 加强对共青团和青年工作的领导

各级党组织要加强对共青团组织的领导，坚持党建带团建的工作原则，将团的建设纳入党的建设总体规划。开拓思路、创新方法，带领和团结广大团员青年发挥突击队和生力军的作用。

各级团组织要进一步健全、完善团组织制度建设，贯彻、执行《北京电力公司团委工作制度》、《北京电力公司团支部工作制度》等一系列制度办法。在调整机构、落实人员的基础上，进行基层团组织选举工作，适时召开北京电力公司第一届团代会。

各级团组织要为团员青年创造多种学习机会，开展与安全生产、市场营销、企业管理等公司主营业务有关的培训，提高团员青年的理论和业务水平，拓宽知识面，培养高素质的青年职工队伍。继续开展形式多样的青年“号、手、队”等项活动，充分调动广大团员青年的聪明智慧和创新能力。

各级党组织要通过多种渠道，为广大团员青年搭建展示能力和才华的平台，调动和发挥青年人才服务企业的积极性，在青年职工中建立个人进步与企业整体发展的良性互动格局，为企业储备长期发展的人才资源。

全面贯彻落实科学发展观
为构建和谐企业而努力奋斗

——北京电力公司2006年政治工作会议政治工作报告（摘要）

（2006年1月24日）

2005年工作回顾

——坚持以邓小平理论和“三个代表”重要思想为指导，落实科学的发展观，始终把推进公司发展作为党委工作的第一要务，着眼提高党的领导能力，立足加强领导班子和基层党组织建设，才能打牢公司稳定可持续发展的思想政治基础。

——坚持解放思想、实事求是、与时俱进的思想路线，着眼党的建设自我完善，立足加强思想政治工作、党风廉政反腐和企业文化三个体系建设，才能增强和焕发各级党组织的生机和创新力。

——坚持全心全意为人民服务的根本宗旨，始终保持党的先进性，着眼建立保持先进性长效机制，立足充分发挥党支部的战斗堡垒作用和共产党员的先锋模范作用，才能成为引领职工推进公司发展的坚强政治核心。

——坚持以人为本，加强和改进思想政治工作，不断推进精神文明建设，着眼建设高素质职工队伍，开发人才资源，立足用先进的思想武装人，用先进的典型引导人，才能鼓舞和激励职工努力超越、追求卓越。

——坚持依靠群众、联系群众，不断推进企业民主管理建设，着眼充分发挥工会、共青团组织的积极作用，立足实现好、维护好、发展好职工群众的根本利益，才能保持职工队伍的稳定，保证公司和谐快速发展。

所有这些，应该成为我们加强党的建设和思想政治工作，充分发挥党委政治核心作用的重要指导原则，并在建设"一强三优"现代公司和落实"一本三高创一流"总体工作思路的实践中继续加以丰富和完善。

我们一年来的工作，之所以能够取得显著成果，基于抓了以下主要工作。

一、加强各级领导班子和干部队伍建设，党的领导能力得到提高

一是加强领导班子思想政治建设不放松。公司党委认真贯彻落实党的十六届四中全会，深入学习贯彻五中全会精神，以思想政治建设为核心，坚持把政治理论学习与推动公司的改革发展稳定结合起来，着眼建设"四好"坚强领导集体，取得了明显成效。特别是抓住开展先进性教育活动的有利契机，使各级党政领导干部增强了对提高党的执政能力建设重要性的认识，对科学发展观和正确的政绩观的认识。通过带头讲党课、讲形势任务，促进理论联系实际和解决自身问题的能力得到进一步提高。

二是干部队伍综合素质进一步提高。为适应公司快速发展的需要，公司党委加大了干部培训的针对性和力度，以"缺什么，补什么"为原则，全年组织了8期领导干部培训班，共有333名中层干部参加了不同专业的培训，提高了各级领导干部的思想理论水平和履职能力。

三是整体推进了党风廉政建设。按照公司基础工作年的各项要求，公司党委加强对党风廉政建设的领导，以学习贯彻落实《建立健全教育、制度、监督并重的惩治和预防腐败体系实施纲要》为主线，以完善党风廉政反腐体系建设为中心，坚持贯彻上级精神，强化责任制落实，完善党风廉政反腐体系；坚持反腐倡廉宣传教育，营造"以廉为荣、以贪为耻"的从业氛围，增强全员廉洁自律意识；坚持检查考核评比结合，加强整改指导，完善制度程序建设；坚持广开监督渠道，发挥群众监督作用，建立长效监督机制；坚持改进作风，密切了党群、干群关系；坚持深入调查研究，整体推进了党风廉政建设和反腐败工作，提高应对复杂形势的能力，为公司发展提供了有力的政治保障，全面完成了2005年党风廉政建设责任制的各项任务。

二、先进性教育活动卓有成效，基层党组织战斗力明显增强

根据中央在全党开展以实践"三个代表"重要思想为主要内容的保持共产党员先进性教育活动的部署，公司党委认真贯彻落实北京市委、市国资委党委、国家电网公司党组的要求，全面部署，精心组织，于2005年7月至10月在全公司党员中开展了先进性教育活动，圆满完成了集中学习教育阶段的各项任务，党员受教育覆盖面达到99.9%，党支部覆盖面达到100%，实现了提高党员素质、加强基层组织、服务人民群众、促进各项工作的目标要求。

一是党员素质明显提高。通过先进性教育活动，广大党员的党性观念和实践"三个代表"重要思想的自觉性得到增强，对落实科学发展观，加快公司发展，建设坚强电网的认识更加深入，思想更加坚定；先进性意识和履行岗位职责能力进一步增强，立足岗位，把工作当作事业，努力做到干一行、爱一行、专一行，在公司的各项重点工作中发挥了先锋模范作用。

二是党的基层组织建设得到加强。通过先进性教育活动，各级党组织拓展了党建工作思路和形式，提高了党支部的战斗力，扩大了党的工作的覆盖面和影响力，入党积极分子队伍不断扩大，全年共有236人申请入党，发展党员174名。

三是全员优质服务意识进一步增强。在开展先进性教育活动中，通过对基层服务窗口工作调研，召开优质服务工作大会，建立服务质量监督制度和优质服务考核评价机制，落实“三个十条”和社会服务承诺内容，开展“首都电力服务质量行”大检查活动，进一步提高了供电服务质量。基层党组织通过开展“党员示范岗”、“党员连心卡”等多种形式活动，让客户实实在在看到了供电服务工作的新变化。

四是促进了公司各项工作的开展。公司党委始终坚持“两不误，两促进”，以先进性教育活动促进公司中心工作，以工作成果检验先进性教育活动的成效，确保了公司各项任务的完成。

经过测评，公司党委保持共产党员先进性教育活动的综合群众满意率为99.52%。

一年来，基层党组织机构进一步健全和完善，有7个单位党组织完成了换届选举工作，23个单位增补了党委委员。为进一步加强基层党支部建设，以落实《基层党支部目标管理考核办法》为重点，对公司所属12个单位的64个基层党支部进行了工作调研，了解和掌握了公司建制调整以来基层党支部建设的实际情况。党委制定了劳务派遣人员党、团组织关系管理意见，加强了党费管理工作，开通了党费网上电子银行的管理系统，进一步规范了各项基础管理工作。

通过开展“争优创先”活动，有16个先进基层党组织、30个先进党支部、16名优秀党委（总支）书记、26名优秀党务工作者、29名优秀党支部书记和112名优秀共产党员受到公司党委表彰。基层党支部紧密围绕中心工作，深入开展创新工作，全年共推出优秀成果32项。

三、加强政工体系建设，初步形成思想政治工作新机制

按照公司基础工作年的定位要求，为了进一步完善思想政治工作体系、党风廉政反腐体系和企业文化建设体系，公司党委结合公司管理体系综合评价工作，用半年时间对16个供电公司和5个主网生产单位进行了政工体系评价工作。经过体系评价，各基层单位针对基础建设不实、管理不到位等问题，认真按照公司党委各项工作管理制度要求进行了整改，使制度化、规范化建设水平进一步提高，基础管理工作取得长足进步。为了巩固体系评价工作的成果，党委又在四季度进行了体系评价“回头看”工作，检查各基层单位落实体系评价整改措施的情况，基本形成了责任明确、工作规范的政工体系和工作机制，从而保证了党建工作、精神文明建设和企业文化建设各项工作的落实。

四、推进精神文明建设，营造了公司和谐发展环境

一是公司党委加强精神文明建设和党风廉政建设责任制考核，狠抓落实，全面完成了《北京电力公司精神文明建设五年规划（2001～2005年）》。

二是倡导“平凡孕育伟大”的理念，以先进典型引路，在全公司开展“先进为榜样，岗位作贡献”主题教育、“明礼诚信，和谐电力”文明礼仪宣传教育等活动，使广大职工的思想道德水平得到提高，焕发了新时代的精神风貌。公司先进模范事迹巡回演讲团共为32个单位作了31场演讲，有6600多名职工听取了演讲；党委编印了《劳动者之歌》、《奉献者之歌》、《理想者之歌》先进事迹和报告集锦，大力宣传了一批先进集体、先进个人的典型事迹，激励广大职工爱岗敬业、勇于奉献，在公司内营造了良好的思想政治氛围。同时，也涌现了张树贵、刘丽艳等反映北京电力职工高尚道德风貌的一批好党员好职工，为公司树立了良好的社会形象。

三是以创新为动力，精神文明建设取得新成绩。公司所属各单位努力开展精神文明创新工作，共申报创新成果123项，其中有20项获得创新成果奖。公司召开了首次思想政治工作研究会年会，各会员单位共报送论文（调研报告）68篇，有18篇获奖。公司坚持开展精神文明创建活动，2005年共有丰台供电公司等8个基层单位被地方推荐为首都文明单位标兵，石景山供电公司等4个单位被推荐为首都文明单位。

四是新闻宣传工作坚持为公司发展服务，充分发挥了正确的舆论导向作用，营造了积极向上的政治舆论氛围，树立了“北京电力”良好社会形象。

五是认真落实“三个十条”，优质服务工作取得新成效。党委下发了《关于开展优质服务宣传教育工作的意见》，在全公司开展了落实国家电网公司“三公”调度暨供电优质服务专题宣传教育活动，确保优质服务各项工作要求落到实处。充分发挥社会

监督作用，坚持组织特邀监督员开展明查暗访和专题检查调研活动，有效地促进了行业作风的改进和服务质量的提高。

六是深入细致地开展思想教育工作，营造了公司和谐发展环境。公司党委强化了维稳工作责任考核，建立了常态工作机制。各级党组织按照公司党委要求，针对企业改革发展中尤其是体制改革引发的思想问题，深入细致地进行了大量思想政治工作，保持了职工队伍稳定，保证了安全生产形势稳定。全公司没有出现由于不稳定引发的各种问题，没有发生考核指标内的集体上访、越级上访及其他不稳定问题。

五、加强对群众组织的领导，广泛调动了职工积极性

各级党组织加强对工会、共青团工作的领导，充分发挥工会组织的“桥梁”和“纽带”作用，以及共青团的助手作用。坚持职工代表大会制度，维护职工合法权益，充分发挥职工参与企业民主管理作用，深化厂务公开工作，充分调动了广大职工的积极性。各级工会组织在党组织的领导下，进一步加强组织建设和基础管理，紧密围绕公司中心任务开展各项具有特色的活动，带领广大职工为推进公司发展，全面完成全年生产经营任务作出了贡献。

公司所属各单位团组织顺利完成换届选举工作，进一步完善了基层团组织工作制度，加强了基层团组织基础建设。通过开展“弘扬奉献精神，立志岗位成才”主题教育活动，建立青年诚信服务岗，创建青年安全生产示范岗，激发了广大青年职工的工作热情，使广大青年职工在生产建设、经营服务工作中发挥了突击队和生力军作用。公司团委被评为中央企业团工委“五四”红旗团委创建单位。

过去的一年，留下了我们奋斗的业绩。但是着眼公司的长远发展，我们的工作仍然需要在以下主要方面给予加强和改进：一是按照建立“四好班子”的考核要求，各级领导班子的整体素质和领导能力仍需全面提高；二是按照中央关于加强执政能力建设和先进性建设的要求，保持党的先进性长效机制要进一步完善；三是按照建设“一强三优”现代公司，实现“一本三高创一流”总体工作思路，打造安全可靠首都电网，保证企业和谐、快速、持续发展的要求，稳定职工队伍的任务依然艰巨，要进一步加强和改进思想政治工作。

2006年主要任务

2006年是北京市实施“十一五”规划的第一年。办好2008年奥运会，对北京地区电网建设提出了更高的要求。根据国家电网公司刘振亚总经理关于“北京供用电问题要考究”的指示精神，我公司将2006年定位为基础考究年。我们必须用考究的观念、标准和方法，制定出具有北京特色的“首都标准”，提高三张电网、三级核算、三支队伍的建设水平，强化管理，加快发展，创建“一强三优”现代公司的示范窗口。

2006年公司思想政治工作的指导思想是：深入贯彻落实党的十六大、十六届五中全会精神，以邓小平理论和“三个代表”重要思想为指导，坚持科学发展观，巩固扩大先进性教育活动成果，落实“三抓一创”工作思路，紧紧围绕公司发展和建设目标，以“基础考究年”工作为重点，加强党的领导能力建设，提高各级领导班子和基层党组织的执行能力。以人为本，为公司健康、持续、快速发展，创造和谐与稳定的环境。

2006年思想政治工作的目标和任务：巩固全国精神文明建设工作先进单位和首都文明单位标兵创建成果，全面落实公司建制调整以来第一个“党的建设、党风廉政建设和反腐败工作、企业文化建设”三年规划，以“内质外形”建设为载体，实现思想政治工作、党风廉政反腐、企业文化三个体系完善的高标准；领导干部、党员、员工队伍建设的高素质；党建、思想政治工作、精神文明建设创新成果的高水平。为完成公司全年各项工作目标，建设“一强三优”现代公司，构建和谐企业提供可靠的思想和组织保证。

一、全面落实科学的发展观，加强和改进党的建设

1. 坚持用邓小平理论和“三个代表”重要思想武装全党，加强党的领导能力建设

深入学习贯彻邓小平理论和“三个代表”重要思想，加强对科学发展观的领会和把握，坚持解放思想、实事求是、与时俱进，进一步弘扬理论联系实际的学风，提高理论思维和战略思维水平，提高

运用马克思主义立场、观点、方法分析问题、指导实践的本领。坚持用时代发展的要求审视自己，以改革的精神加强和完善自己，充分发挥党在改革发展中的政治核心作用。

2. 以“四好”为标准，把各级领导班子建设成为坚强的领导集体

创建“四好”领导班子要按照党的执政能力建设和先进性建设的要求，加强各级领导干部的思想作风建设，不断增强政治意识、大局意识、责任意识和忧患意识，不断提高思想政治素质；坚持科学发展观，不断提高经营管理水平；坚持民主集中制原则，不断增强团结和活力；坚持为民、务实、清廉，真正在职工群众中树立起威信，切实提高领导班子的集体领导能力和执行能力。

创建“四好”领导班子，要坚持和落实党委中心组学习制度，不断改进学习形式和方法，提高实际学习效果。各级领导干部都要牢固树立马克思主义的世界观、人生观、价值观、权力观、地位观、利益观，坚持正确的发展观、政绩观、人才观、群众观。各级领导干部要围绕基础考究年的要求，带头转变观念，适应公司快速发展的形势，提高自主创新能力。尤其是青年领导干部更要注重加强党的基本理论、基本路线、基本纲领、基本经验的学习，注重政治理论水平和政策水平的提高，注重思想品格的锻炼。要加大领导干部培训力度，坚持以人为本、全面发展的原则，围绕增强领导意识，提高领导能力，创新培训思路，使广大领导干部通过培训，学会用发展的思路、改革的办法解决工作中的实际问题。要加强对党务干部和政工干部的培训，提高综合素质以及对思想政治工作的理解力和执行力，建立一支政治强、业务精、作风正、梯次合理、素质优良的复合型政工干部队伍，为实现公司全面、协调、可持续发展，提供强大的后劲。

3. 建立先进性教育长效机制，加强党的先进性建设

党的先进性建设是马克思主义政党自身建设的根本任务，也是保持党的先进性的根本途径。2005年在全党开展的以实践“三个代表”重要思想为主要内容的保持共产党员先进性教育活动取得了很好的效果。2006年，我们要通过建立长效机制和保持共产党员先进性教育活动与党的先进性建设理论研讨活动，将党的先进性建设推向一个新台阶。

加强党的先进性建设，就是要通过推进思想建设、组织建设、作风建设和制度建设，使各级党组织不断提高创造力、凝聚力和战斗力，始终发挥政治核心作用和战斗堡垒作用；使广大党员不断提高自身素质，始终发挥先锋模范作用；使我们党保持与时俱进的品质、始终走在时代前列，不断提高执政能力、巩固执政地位、完成执政使命。

加强共产党员的先进性建设，就是要通过建立先进性教育长效机制来体现。建立党员学习教育机制，提高党员素质，增强党员意识；建立党员管理机制，加强基层组织建设，提高党组织的凝聚力；建立党员激励机制，增强责任意识，激发党员队伍的活力；建立联系群众机制，改善党群、干群关系，密切党联系群众的作风；建立民主生活机制，严肃党内生活，坚持批评与自我批评的作风；建立党员约束监督机制，严格党内纪律，提高拒腐防变的能力。我们要通过巩固扩大先进性教育成果，永葆共产党员的先进性，永葆党的先进性。

4. 坚持党管人才的原则，实施“人才强企”战略

加强党的领导能力建设，必须牢固树立人才是第一资源的观念，坚持党管人才原则，对人才工作进行总体规划和协调，切实做好各类人才的培养、选拔、使用和管理等工作，实施“人才强企”战略。

完善人才管理体制，抓紧培养适应公司建设和发展需要的各类人才，形成企业需要的人才队伍。加大人才选拔工作力度，建立健全有利于优秀人才脱颖而出、充分施展才能的选拔任用机制，创造优秀人才发展的环境。要尊重劳动，尊重知识，尊重人才，尊重创造，通过制定政策、营造环境、提供服务，为一切有志成才的人提供机遇和发展空间。充分发挥人才资源开发在公司发展中的基础性、战略性和决定性作用，为公司发展提供强有力的人才支撑。

5. 加强和改进党的组织建设，增强自主创新能力

加强党的基层组织建设，使党的基层组织真正成为贯彻“三个代表”重要思想的组织者、推动者、实践者。在新形势下，各级党组织要紧紧围绕公司确定的“基础考究年”的工作目标和要求，不断探

索新方法、完善新机制，不断提高基层党组织的创造力、凝聚力和战斗力。

增强自主创新能力，一是要适应新形势，提高创造力。推进工作方法与内容的改革创新，总结新的经验，不断增强党组织的创造活力。二是探索新形式，增强凝聚力。牢固树立服务基层、服务党员、服务群众的工作理念，做好事、办实事、解难事，进一步凝聚党心、民心。三是落实新要求，发挥战斗力。按照围绕中心、服务大局、拓宽领域、强化功能的要求，努力扩大党组织的覆盖面，在企业发展、安全生产、经营管理、优质服务、和谐稳定等方面充分发挥党组织的政治核心作用和党支部的战斗堡垒作用。

各级党组织要将实施《北京电力公司党的建设三年规划》，落实《党支部目标管理考核办法》，开展争优创先、支部创新等项活动，作为提高自主创新能力的实践过程，分析新情况，把握新特点，提出新思路，结合实际创造性地开展工作，使2006年的各项创新成果达到高水平。

党员教育要继续以学习和遵守党章为重点，紧密与公司发展形势结合起来，使全体党员热爱企业、关心企业，不仅有改革创新的意识，爱岗敬业品格，还要成为企业急需的人才，具备较高的专业技术水平和较好的履行岗位职责的能力，成为岗位能手。通过多种形式的主题教育活动，形成一个“学理论、学技术、学先进、争做岗位模范”的热潮，使更多的共产党员成为本专业的专家和骨干，成为公司发展的中坚力量。

扩大党内民主、严格党内组织生活制度，贯彻《中国共产党党员权利保障条例》，逐步推进党务公开，拓宽党员参与党内事务的渠道，落实党员的知情权、选举权、参与权和监督权等民主权利，更好地调动党员的积极性。

按照“坚持标准、保证质量、改善结构、慎重发展”的方针，继续做好发展党员工作，把经过长期考验，符合条件的入党积极分子培养成党员，把党员培养成生产经营技术骨干，使党员成为企业的优秀人力资源。公司将继续举办入党积极分子培训班，为基层党组织进一步做好发展党员工作创造条件。

6. 加强党风廉政建设和反腐败工作，为企业发展提供有力的保障

认真贯彻党的十六届五中全会和中纪委六次全会精神，加强对党风廉政建设和反腐败工作的领导，落实国家电网公司党风廉政建设考核制度，全面完成《北京电力公司党风廉政建设和反腐败工作三年规划》，完善公司教育、制度、监督并重的惩治和预防腐败体系，维护企业的政治安全、经济安全和形象安全。坚持标本兼治、综合治理、惩防并举、注重预防的方针，坚决纠正行业不正之风，为公司发展和稳定创造良好的环境。

党风廉政建设是党的建设的重要组成部分，是党的执政能力建设和先进性建设的重要内容。落实《北京电力公司关于建立健全教育、制度、监督并重的惩治和预防腐败体系的实施意见》，紧密联系现实工作需要，认真学习党章，自觉遵守党章，切实贯彻党章，坚决维护党章，提高拒腐防变和抵御风险能力。坚持教育、制度、监督并重，教育是基础，制度是保证，监督是关键。坚持三者并重和相互促进，形成严密的惩治和预防腐败体系。各级党组织要继续在加强教育上下功夫，积极开展廉洁文化建设活动，使领导干部和广大党员自觉拒腐防变，带头廉洁自律；继续在完善制度上下功夫，推进反腐倡廉工作的制度化、法制化，发挥法规制度的规范和保障作用；继续在强化监督上下功夫，加强效能监察工作力度，提高效能监察的广泛性和工作过程的透明度，维护国有资产的安全，保证权力的正确行使。

各级党组织要认真落实党风廉政建设责任制，以改革统揽预防腐败的各项工作，正确处理预防和惩治的关系，从严治党，坚决克服各种消极腐败现象，从源头上预防和解决腐败问题。

二、创新机制和方法，加强和改进思想政治工作

1. 以“首都标准”夯实基础管理

结合“基础考究年”的工作要求，思想政治工作体系、党风廉政反腐体系、企业文化建设体系要在完善机制、夯实体系、规范管理的基础上，形成闭环管理，做到工作有标准、办事有程序、过程有监督、结果有痕迹、事后有考核，使其在更高管理层面上发挥更加突出的效果。通过学习先进经验、管理方法和模式，认真开展同业对标活动，进一步提高思想政治工作的效能。实现全方位覆盖、全过

程控制，科学化、规范化、程序化、系统化管理的目的。

各级党组织要加强对思想政治工作研究会的领导，完善组织机构，确定研究课题，深入调查研究，推出创新成果，理论联系实际，发挥政研会在思想政治工作中的示范和推动作用。

2. 内强素质外树形象，做好“四个服务”

在电力市场竞争日益激烈的形势下，以“首都标准”强化全员优质服务意识已迫在眉睫。企业要赢得理想的经济效益和社会效益，一切工作就要围绕市场、围绕服务下功夫。根据“基础考究年”的要求，结合北京工作特点，制定优质服务的“首都标准”。通过内强素质外树形象建设，不断推出新举措，创出新方法，进一步提升服务品质。要继续落实好“四个服务”，更好地服务首都社会发展，确保首都改革发展稳定协调推进；更好地服务电力客户，把满足公司的发展和人民群众生活的用电需求，作为服务的出发点，通过强化“三个十条”和社会服务承诺内容的落实，强化“服务从尊重开始”、“停电就是灾难”、“客户是衣食父母”、“客户购电的同时购买了服务”的服务理念，打造“北京电力”服务品牌；更好地服务基层，深入调查研究，为基层办实事，为基层工作创造更好的发展空间；更好地服务群众，坚持“群众利益无小事”，始终把群众利益摆在第一位，通过优质服务创造企业最佳业绩。

3. 从公司发展的战略高度，重视和加强新闻宣传工作

新闻宣传是公司工作不可分割的部分，作为一种无形资产也是生产力，是我们进行内质外形建设不可或缺的重要手段和载体，因此要从公司发展的战略高度，重视和加强新闻宣传工作。要创新工作机制，加快建立定位明确、责任清晰、沟通顺畅、运转高效的内部工作机制，拓宽宣传载体，充分发挥网络政工的优势，形成宣传合力。要加强新闻宣传策划与安全防范，强化新闻安全预警机制，加强工作成效考核，将新闻宣传工作纳入各单位工作业绩考核体系。要坚持“正面宣传为主，团结稳定鼓劲”的宣传方针，坚持“三贴近”的原则，唱响主旋律，加强新闻宣传工作队伍建设，把握正确的舆论导向，为公司发展创造宽松和谐的舆论环境。

三、构建和谐企业，全面推进精神文明建设

党的十六届五中全会对加强社会主义精神文明建设提出了新的任务和要求。我们一定要把思想统一到五中全会精神上来，按照五中全会提出的要求，进一步明确任务，理清思路，调整部署，改进创新。我们要以获得全国精神文明建设工作先进单位为契机，以“基础考究年”和实现国网公司“一强三优”现代公司示范窗口目标为起点，进一步加强内质外形建设，使精神文明建设更加符合科学发展观的要求，符合公司的实际需要，符合广大员工的利益和愿望，为构建和谐企业提供强大的思想、精神和智力支持。

1. 搞好规划建设，完善精神文明建设机制

制定精神文明建设三年规划，实现精神文明建设的科学化、制度化、规范化。各级党组织要坚持“两手抓、两手都要硬”、“一岗双责”的方针，切实加强精神文明建设。要坚持党委统一领导、党政工团齐抓共管、各部门各负其责、积极参与的领导体制和工作机制。要把在实践中行之有效的经验做法转化为制度、规定，形成有效的监督和激励机制，达到全员文明素质的提高。

2. 加强职业道德教育，提高全员素质，建设学习型企业

加强全员职业道德教育和思想道德建设，提高全员素质，是企业发展的基础，是精神文明建设长期的战略任务。加强员工思想教育，要在转变思想观念上下功夫，在提高员工职业道德和从业能力上下功夫。要强化全局意识、责任意识、安全意识、市场意识、效益意识、服务意识，引导职工关心企业、热爱岗位、参与竞争、顺应改革、遵章守纪、勤俭自强。要以先进典型引路，使“平凡孕育伟大，劳动奉献光荣”的理念在公司蔚然成风，进一步彰显奋发向上的企业精神。落实《公民道德建设实施纲要》，把爱国主义教育与集体主义、社会主义教育有机统一起来，引导员工树立与社会主义市场经济相适应的思想道德观念。通过开展多种形式的主题教育活动，在广大员工中形成和谐健康、诚信友爱的新风尚。推动建设全员学习、终身学习的学习型企业，激发全体员工的创造活力。

3. 积极开展，努力创新群众性的精神文明创建活动

精神文明建设要以人为本，一切体现群众性，体现广大群众的意志，满足广大群众的需求，维护广大群众的根本利益，把服务群众、实现人的全面发展作为精神文明建设的核心，作为检验工作成效的根本标准。无论是创建文明单位、文明行业活动，还是精神文明创新活动，都要尊重群众的主体地位，在工作中更多地体现尊重人、理解人、关心人，充分调动广大群众的积极性和创造性，吸引广大群众自觉主动地参与到创新活动中来。要坚持面向基层、面向群众，从实际需要出发，开展群众便于参与、乐于参与的各项活动，满足广大群众多层次、多方面、多样性的精神文化需求，使精神文明建设更加深入持久地开展下去。

4. 加强对企业文化建设的领导，加快企业文化建设的步伐

落实《北京电力公司企业文化建设三年规划》，加强对企业文化建设的领导，将企业文化建设纳入到思想政治工作和精神文明建设之中，发挥党的组织资源的优势，整合企业文化建设的力量和资源，使企业文化建设成为企业发展的重要组成部分。企业文化建设要与企业的发展和员工素质的提高同步进行，要不断丰富和升华内容，为企业改革和发展注入强大的精神动力。按照国家电网公司统一部署，深入开展以“爱心活动”和“平安工程”为主题的和谐企业教育活动，营造适应公司发展的文化环境，培育和谐的团队精神，形成员工与企业共同发展的和谐氛围。

企业文化建设是个系统工程，包括安全文化、服务文化、廉洁文化等等，“内质外形”建设是其中的重要组成部分。2006年我们要在以往学习宣传的基础上，对先进典型的精神世界进行深层次的挖掘，提炼出具有时代精神、北京特色的首都电力先进文化，形成诚实守信、服务优质、行为规范、道德高尚、奉献社会的企业精神，推动公司向一流电力企业迈进。

5. 维护稳定大局，建设和谐企业

加快建设和谐企业，是贯彻、落实科学发展观的要求。要从全局和战略的高度，充分认识做好维护公司稳定的极端重要性、迫切性。目前公司正处在改革发展的重要战略机遇期，公司开展的各项工作都需要稳定的内外部环境，要正确认识当前公司稳定工作形势，切实增强政治责任感和工作主动性，把维护企业利益与维护企业稳定统一起来。

随着深化电力体制改革出现的新矛盾、新特点，要坚持以人为本，形成一套不断解决问题、化解矛盾、规避冲突，促进企业和谐的运行机制。畅通群众意愿表达渠道，引导群众以理性、合法的形式表达利益要求，自觉维护安定团结。各级领导干部要深入调查研究，及时了解情况，努力把影响稳定的各种矛盾和问题解决在事前和内部。各单位要建立健全敏感的内部预警和应急机制，提高应对和处理突发事件的能力，确保稳定工作万无一失。

四、加强和改进对群众组织的领导，充分发挥工会和共青团组织的积极作用

1. 加强和改进对工会组织的领导

各级党组织要认真贯彻全心全意依靠职工办企业的方针，充分发挥以职代会为基础的企业民主参与、民主管理、民主监督制度。按照“组织起来、切实维权”的工作方针，维护职工的政治、经济、文化、劳动、安全、卫生等权益。深化厂务公开工作，建立和完善党委统一领导，行政主体到位，工会主动配合，纪委监督检查，职工积极参与的厂务公开领导体制和工作机制。扩大职工的知情权，努力营造民主管理的文化氛围，不断丰富和发展民主管理的内容和方式，畅通职工利益诉求和民主管理渠道。各级党组织要把加强民主管理与维护职工合法权益有机结合起来，重大决策要及时向职工代表通报，重大改革措施要广泛征求职工意见，涉及职工切身利益的重大事项要提请职代会审议通过。各级党组织要支持工会监督劳动合同制度的执行，落实集体协商、集体合同制度，建立协调稳定的劳动关系和劳动关系预警协调机制。认真倾听职工呼声，帮助特困职工解决工作生活上的实际困难。

各级党组织要支持工会依法独立自主地开展工作，发挥安全生产保证监督委员会的作用。定期听取汇报，解决工作中的问题，发挥群众组织联系广大职工的桥梁和纽带作用，使工会成为构建和谐企业的积极力量。

2. 加强对共青团和青年工作的领导

各级党组织要加强对共青团组织的领导，党建带团建，将团的建设纳入党的建设总体规划。创新

思路、与时俱进，带领和团结广大团员青年，为“北京电力”品牌建设做出贡献。

各级团组织要围绕企业中心任务，服务企业、服务青年。发挥团组织的优势，通过团员意识教育，开展争优创先、“号、手、队”、青年安全生产示范岗、青年诚信服务岗、创新创效等活动，教育引导广大团员青年树立共产主义理想和信念，推进团组织自身建设。各级团组织要为团员青年创造更多的业务学习和技能培训的机会，形成立足岗位成才的良好氛围，继续推进“双推”工作。各级党组织要结合当代青年思想活跃的特点，及时开展有针对性的思想工作，充分发挥青年同志们有朝气、最富有生机和活力的优势，为公司发展培养更多的德才兼备的后备力量。

落实责任　夯实基础
加大源头防腐工作力度

——北京电力公司2005年政治工作会议纪委工作报告（摘要）

（2005年1月29日）

第一部分　2004年工作回顾

2004年是公司建制调整后的开局之年，也是公司建立健全两级纪检监察机构后全新开展工作的起步之年。公司党风廉政建设和反腐败工作在上级纪检监察部门的指导下和公司党委的领导下，紧紧围绕公司“一本三抓创一流”的工作指导思想，突出从源头预防和治理腐败，以落实党风廉政建设责任制为主线，积极开展反嫌疑腐败工作，初步构建了“以人为本，预防监督，超前防范”的党风廉政反腐体系。为公司深化改革、加快发展提供了有力的政治保证。

一年来，在公司广大干部职工的共同努力下，全面完成了年初确定的党风廉政建设工作目标。全公司没有出现违反政治纪律、影响稳定的重大和突发事件，没有发生影响企业形象的重大事件，没有发生有案不查、瞒案不报、查案不处的问题。公司本部及所属单位领导班子成员没有发生违法违纪问题。在组织人事工作中，没有发生违反干部选拔任用程序的问题。在城乡电网建设与改造及工程建设项目中，没有发生违法违纪问题。党风廉政反腐体系初见成效。

一、宣传教育广泛深入

一是认真组织学习贯彻中纪委三次、四次全会精神和两个《条例》。广大党员干部重点学习了胡锦涛总书记的讲话精神、领导干部廉洁自律“四大纪律八项要求”和“三个不得”的规定。公司领导组织了专题学习，写出了11篇心得体会。对公司324名中层领导干部和140余名中青年干部，在轮训班上进行了党风廉政建设和反腐败斗争形势的专题教育。各单位按照上级和公司党委、纪委的要求，结合公司发展的实际，开展了形式多样的学习教育活动。

二是积极开展以反嫌疑腐败重大意义为主题的教育活动。公司召开了警示教育大会，公司本部处长以上领导干部、所属单位领导班子成员共300余人参加了会议。会上剖析了10年案例，分析了问题，发放了廉政提示卡。各单位也相继开展了以查找根源、引以为戒为主要内容的警示教育，通过印发廉政建设专刊、发放音像材料、制作廉政警示卡、走访监狱、组织法律知识讲座等形式，开展了生动的教育活动，取得了一定成效。

各单位对反嫌疑腐败工作进行了周密部署、精心安排、广泛宣传，使党风廉政反腐体系四个机制深入人心。2004年公司按照《成效评价细则》，开展了检查评比，评出优秀奖单位13个，成效奖单位18个。

结合建制调整的需要，公司对本部136名处长以上干部、所属单位189名调整到新岗位的公司中层领导干部和18名新提职的中层领导干部开展了任前廉政谈话。各单位对站队级干部和重点岗位管理人员进行廉政谈话1663人次。

在公司范围内组织开展了以“求真务实，勤廉为民”为主题的党风廉政宣传教育月活动。各单位广泛发动，广大干部职工积极支持和参与，印发宣传材料4000多份，进行专题党课49次，收到征文172篇，参加知识测试活动3914人。扩大了廉政宣传的教育面和影响面，营造了“既干事又干净”的廉政氛围。

三是建制度、推经验。公司纪委制定了《北京电力公司党风廉政宣传教育管理办法（试行）》，使宣教工作走向制度化、规范化。公司纪委及时总结推广经验，组织了工作交流会和成果展示会；以“求真务实、勤廉为民”为主题，编印了《2004年党风廉政宣传教育纪实》画册，推动了宣传教育工作不断深入。通过广泛深入的宣传教育，进一步筑牢了全公司广大党员干部思想道德防线。

二、制度建设稳步推进

一是抓好党风廉政反腐体系制度建设。在学习借鉴兄弟单位先进经验的基础上，制定了《北京电力公司党风廉政建设和反腐败工作三年（2004～2006）规划》，完成了党风廉政反腐体系13项基本制度，编印了《北京电力公司党风廉政反腐体系文件汇编》。

二是将廉政建设融于管理，推进制度建设。由于宣传到位，公司所属各单位不等不靠、积极主动开展建章建制工作。我们及时组织召开了经验交流会，通过总结、交流、提高，公司两级制度建设得到不断加强。

三是健全和完善党风廉政建设责任制考核制度。公司党委从实际出发，建立并认真执行了责任制季度考评制度，完善了党风廉政建设责任制考核、责任追究等制度，加大了考核和奖惩力度。各单位高度重视党风廉政建设责任制工作，坚持开展分析研究，按季度进行自查和报告。全年各单位党风廉政建设责任制领导小组研究工作197次，保证各项工作得到贯彻落实。

通过稳步推动制度建设，有效地将廉政融于管理，进一步规范了生产、经营、管理活动行为。

三、程序管理系统全面

一是以落实“三重一大”为重点，进一步规范议事规则和决策程序。公司党委、领导班子带头以会议集体讨论的形式决定重大事项。各单位都结合实际建立了“三重一大”制度，从三季度上报汇总的情况看，各单位召开“三重一大”决策会议560次，其中讨论人事问题162次，涉及946人次；讨论大额度资金95次，涉及金额3.5亿多元；讨论决定重要项目安排113项。

二是加强对重要物资采购、工程项目招投标和在建项目管理、职工关心的热点问题处理等环节的程序管理。公司制定了招标监督管理办法，组建了招标监督小组，对招标工作进行全过程监督，协助规范工作流程、完善相关制度。全年监督小组共参加公司大规模设备评标会85次，设备中标总金额14.78亿元，累计节约资金8986万元。参加了职工住房货币化补贴和公司集资建房等职工关心的重大事项的程序管理工作；参加农网一期、二期改造工程“回头看”验收和基层供电所人员招聘工作程序的监督。通过系统全面地规范程序管理，确保了公司两级重大事项决策程序规范、科学。

四、权力行使监督规范

一是加强对各级干部行使权力的监督。公司纪委认真研究，多方征求意见，反复讨论，起草了《北京电力公司权力行使监督制约办法（试行）》，并进行深入宣传。各单位依据公司规定，结合实际，制定了相应的细则、措施、办法，加强了对“重大决策、重要人事任免、重要项目安排和大额度资金使用”以及国有资产的重组并购等重要事项决策与操作的监督制约。

二是认真办理信访案件。一年来，公司纪检监察系统共接到信访88件，涉及人员75名，包括中层干部29人，站队级干部15人，一般干部职工31人。从反映问题的性质看，反映经济问题的43件，占总数的48.86%；反映工作作风问题的28件，占总数的31.82%；反映组织人事问题的4件，占总数的4.55%；反映其他问题的13件，占总数的14.77%。按照归口管理，分级办理的原则，进行了及时准确的处理。2004年，公司系统自办案件3件，给予政纪处分3人；被司法机关逮捕1人，正在调查处理中。

三是落实群众监督，加强纠风力度。各单位充分利用企务公开的形式开展监督,及时通报各项工作部署、重要工作进展情况及各项重大决策，特别是在住房货币化补贴、集资建房等与职工切身利益密切相关的重大问题上，不仅坚持以职代会团组长会表决的方式进行民主决策，更加大了公开公示的力度。

为进一步加强纠风工作，公司制定了供电服务违规处罚规定，起草了《供电服务质量投诉和建议处理工作监督考核办法（讨论稿)》，制定了供电服务作风监督员办法，完成了两级社会监督员换届工作。2004年，窗口单位对服务质量（行风建设）调查问卷满意率均在98%以上。通过有效监督，促进了工作作风转变，干群关系更加和谐，增进了电力与政府、电力与客户的沟通和理解，树立了良好的社会形象。

五、效能监察成果明显

公司制定了效能监察实施细则，加强对效能监察工作的组织管理。2004年，公司立项66个，涉及企业生产经营管理的各个方面。积极开展清产核资效能监察，查找经营管理中的薄弱环节，提出改进工作建议。一年来，各单位在实施效能监察过程中，共提出建议98件，协助建章立制199项，组织理论研讨50余次，撰写论文20余篇，为企业节约资金和避免经济损失1467万元。公司及时总结交流经验，开展效能监察优秀成果评比活动，12个单位获优秀成果奖，12个单位获成果奖。

六、队伍建设充实加强

一是完成了公司两级监察室的组建工作，按照公司党委统一要求，完成了部分单位纪委选举工作。二是加强纪检干部教育，开展了向梁雨润、张建国同志学习的活动，提高纪检干部的责任心和事业心。三是强化纪检干部综合培训和专题培训，不仅完成了上级下达的培训任务，培训面达到100%，还积极开展了纪检监察干部在职业务自学活动。一年来，各级纪检干部围绕党风廉政建设工作的实际，边学习、边调研、边交流，全年共撰写调研报告31篇。通过对纪检干部的教育培训，提高了理论水平和业务水平。

回顾全年工作我们的体会是：第一，党委高度重视，纪委加强协调落实，是2004年公司党风廉政建设和反腐败工作取得成效的关键。第二，要保证党风廉政建设宣传教育广泛深入，就要充分依靠广大干部职工的积极参与，才能取得实效。第三，只有将廉政融于管理，以关心、爱护和帮助广大干部职工为出发点，才能促进企业健康发展。第四，要提高党风廉政建设的保障力，必须提高纪检监察部门有效监督的能力，提高协助党委加强党风廉政建设和组织协调反腐败工作的能力。

在肯定取得成效的同时，我们还必须清醒地看到工作中的缺点和不足，必须引起高度重视。一是党风廉政建设和反腐败工作发展还不平衡。个别单位党风廉政建设的保障力还有待进一步加强。二是各级领导干部党风廉政建设责任制的执行意识还需进一步强化。责任制可持续约束力和监督作用有待进一步加强。三是效能监察与企业中心工作结合还不够紧密。

对此，我们要在今后工作中采取有效措施，加以解决。

第二部分　2005年主要工作任务

2005年党风廉政建设工作指导思想是：认真落实中纪委五次全会精神以及上级纪检监察部门的要求，充分发挥纪检监察职能作用，积极服务和融入于公司基础管理年各项工作，坚持标本兼治、综合治理、惩防并举、注重预防，强化党风廉政反腐体系建设，不断夯实基础，突出重点，整体推进党风廉政建设和反腐败工作。

一、2005年党风廉政建设和反腐败工作目标

——紧紧围绕公司中心工作，夯实纪检监察各项工作基础，推进党风廉政反腐体系建设。反腐败领导体制和工作机制健全并发挥作用。

——公司本部及所属单位领导班子成员不发生违法违纪问题。

——不发生瞒案不报、压案不查或责任追究不到位的问题。

——不发生影响和损害公司形象的重大事件。

——严格执行党风廉政建设责任制，完成国家电网公司2005年党风廉政建设各项任务。

二、2005年主要工作

（一）严格落实责任制，保障企业健康发展

党风廉政建设责任制是深入推进反腐倡廉工作

的有效措施和重要制度保障。要落实“一岗双责”，坚持业务工作抓到哪里，廉政就管到哪里，将党风廉政建设融于各项管理工作。

一要继续层层签订党风廉政建设责任书，健全责任体系，完善责任制领导机构和工作机制，进一步细化责任目标。各单位党政主要负责人要对本单位的党风廉政建设和反腐败工作负总责，责任制领导小组其他成员要充分发挥直接责任人作用，坚持“谁主管、谁负责”的原则，认真落实“一岗双责”，切实将廉政工作与行政工作紧密结合，做到同部署、同落实、同检查、同考核。

二要加大责任制考核奖惩力度。2005年，公司纪委将进一步规范党风廉政建设责任制考核工作，加大对领导干部落实“一岗双责”的监督检查力度，对各单位落实责任追究情况进行检查。要建立和完善基层单位领导班子执行“三重一大”情况报告制度，各单位每半年要向公司纪委报告一次，公司纪委将定期进行通报检查。

三要按照公司党风廉政建设和反腐败三年规划，将贯彻落实党风廉政建设责任制工作与反嫌疑腐败专项工作有机融合。各单位要继续开展反嫌疑腐败行为界定和纠正工作，对违反公司各类规章制度、纪律和规定，有可能造成腐败的行为进行坚决制止并积极纠正，制定切实可行的措施，将预防的关口前移，深入推进公司党风廉政建设和反腐败工作。

（二）广泛宣传教育，增强廉洁自律意识

深入推进党风廉政建设和反腐败工作，要切实抓好宣传教育这个基础，使反腐倡廉渗透到广大干部职工的心中。

一要认真学习、宣传和贯彻中纪委五次全会精神。重点学习胡锦涛总书记在中纪委五次全会上的重要讲话、《建立健全教育、制度、监督并重的惩治和预防腐败体系实施纲要》和《“三个代表”重要思想反腐倡廉理论学习纲要》一书。要将学习与开展共产党员先进性教育结合起来，与解决本单位党风廉政建设的突出问题结合起来。通过理论学习，使各级领导干部认真遵守《国有企业领导人员廉洁从业若干规定（试行）》，做到依法经营，廉洁从业，诚实守信。

二要在全公司范围内开展以“反腐思廉”为主题的党风廉政系列宣传教育活动。各单位要根据实际情况，认真研究制定实施计划。要结合实际有针对性地开展教育，对领导干部要突出廉洁自律、科学政绩观和群众观教育；对人、财、物、工程等方面掌握一定权力的重要岗位职工要突出权力观和人生观教育；对一般职工要突出法纪、法规、企业规章制度教育，不断深化以人为本的教育警示机制的超前防范作用。同时要贯彻上级关于开展党风廉政宣传教育月的部署和要求，结合公司“反腐思廉”主题教育，充分利用纪检监察调研成果，开展有特色的教育月活动，做到抓住关键、突出重点、不断深化，努力取得新成效。

三要全面开展廉政谈话教育活动。依照《北京电力公司党风廉政建设谈话实施细则（试行）》的规定，坚持按干部管理权限，分级开展廉政谈话。要对职代会民主测评干部结果、审计过程中反映问题、群众来信来访情况加强分析，充分利用分析结果，提高廉政谈话教育的针对性。坚持干部交流调整、提拔任用时的任前谈话。通过廉政谈话，整体推进领导干部队伍的政治素质、工作作风和业务能力，促进领导干部廉洁从政。

要大力倡导廉政文化。吴官正要求：“要大力推进廉政文化建设，积极倡导以廉为荣、以贪为耻的社会风尚。”廉政文化建设搞好了，可以增强反腐倡廉教育的渗透力和影响力。各单位要将廉政文化纳入企业文化建设工作当中，倡导先进思想，宣传先进典型。同时还要及时总结经验，积极探索用各种群众喜闻乐见的形式，营造健康向上的廉政氛围。

（三）完善制度程序，规范从业行为

依靠制度惩治和预防腐败，是依法治企的有效措施，也是做好反腐倡廉的根本途径。

一要健全完善各级领导班子议事规则，规范决策程序。对重要工作安排、大额度资金使用、干部人事任免、大宗物资采购等要明确议事程序和办法，实行集体决策。二要完善专业工作流程，严格工作要求，规范行为，按章办事。三要抓好相关制度和程序的建立。随着农电体制改革的不断深入，要积极推进农电系统的制度建设，完善程序管理，夯实基础工作，特别要关注农村供电所的制度完善，防止不规范行为的发生。四要积极应对主多、主辅分离的形势，开展调研，研究制定有效的制度和程序。

公司监察室要结合公司对基层单位综合评价

工作，对各级制度程序贯彻落实情况进行有计划、有重点、分阶段的调查了解和分析研讨。以“两查两评”为重点，即：查制度程序健全，评制度程序落实情况；查制度程序质量，评制度程序的可操作性。通过“两查两评”，查找制度程序在制定方面的漏洞和落实方面的偏差，提出加强和完善制度程序的建议，确保各项制度程序得以完善并有效地贯彻执行。所属各单位也要对重点制度执行情况开展调研，广泛宣传建立制度程序的重要性，加强监督检查，保证制度健全，责任明确，工作规范，群众满意。

（四）深化效能监察，提高管理水平

开展效能监察工作是搞好企业党风廉政建设和反腐败工作的一项重要措施，也是提高企业经济效益的有效环节。一是建立健全效能监察领导机构和工作机制。要继续强化各单位行政主要领导作为本单位效能监察工作第一责任人的意识，切实负起对效能监察工作的领导责任，支持监察部门履行职责，把效能监察工作纳入到企业生产经营管理活动之中。二是各单位在做好2004年效能监察成果推广的基础上，积极围绕企业经济效益的增长点、生产经营活动的关键点、各项管理工作的薄弱点立项，保证质量，开展好2005年的效能监察工作。

通过开展效能监察工作，规范各种生产经营行为，夯实各项工作基础，做到事前监察定“规矩”，事中监察抓“规范”，事后监察纠“违规”，为提升公司经营管理水平作出贡献。

（五）拓宽各种渠道，发挥监督合力作用

要从源头上预防腐败，必须形成监督的合力。要按照《北京电力公司权力行使监督制约办法（试行）》的规定，加强对人、财、物、工程等重点岗位所使用的规则和操作程序实施有效监督。

一要加强组织监督。认真落实关于领导干部民主生活会的各项规定和要求，公司纪委对各单位要重点加强征求群众意见、开展批评与自我批评、制定整改措施等环节的检查和指导，进一步提高民主生活会质量。积极探索对领导干部开展廉政民主测评的方法，重点对各单位执行党风廉政建设责任制执行情况、开展党风廉政反腐体系建设等工作成效进行测评，各单位要依据测评反馈意见积极进行整改。根据国网公司廉政档案管理信息化工作的部署，建立并规范两级廉政档案，研究干部廉政档案层次管理。坚持领导干部在履行党风廉政建设职责方面的述职述廉。

二要加强群众监督。公司纪委要进一步加强信访及案件的基础管理工作；完善案件检查、审理工作的程序化及规范化；开展信访案件排查，加强总结和分析，使信访及案件查办工作起到保护干部职工，惩处违纪行为的作用。

三要加强社会监督。要积极拓宽各种有效的社会监督渠道，发挥两级行风监督员的作用，组织好明查暗访活动。各单位要认真贯彻落实《北京电力公司供电服务违规处罚办法（试行）》，加大对各种损害公司利益、有损企业形象行为的查处力度，为树立“北京电力”服务品牌，树立公司良好的社会形象，履行好服务和监督职能。

（六）加强自身建设，提高整体素质

各级纪检监察干部要充分认识并积极应对党风廉政建设和反腐败工作的挑战，按照中纪委关于提高纪检监察机关“五种”工作能力的要求，结合公司发展的实际需要，全面提高适应加快首都电网建设要求的能力；提高对党员领导干部特别是主要领导干部有效监督的能力；提高依法执纪、依法办案的能力；提高发展党内民主、维护党员权利的能力；提高协助党委加强党风建设和组织协调反腐败工作的能力。公司纪委将采取多种形式强化对各级纪检监察干部的教育培训，不断夯实纪检监察工作基础，力争使我公司纪检监察干部的素质有明显增强，工作质量有明显提高，树立可信、可亲、可敬的纪检监察干部形象。

扎实推进反腐体系建设
为公司快速发展提供保障

——北京电力公司2006年政治工作会议纪委工作报告（摘要）

（2006年1月24日）

一、2005年工作回顾和主要成效

2005年在公司党委的领导下，公司纪委认真贯彻落实上级关于党风廉政建设和反腐败工作的各项任务和要求，紧紧围绕公司“一本三强创一流”的工作思路，以学习贯彻中央《建立健全教育、制度、监督并重的惩治和预防腐败体系实施纲要》为主线，以完善党风廉政反腐体系建设为中心，充分发挥纪检监察职能作用，不断夯实工作基础，结合保持共产党员先进性教育活动，整体推进党风廉政建设和反腐败工作，全面完成了上级下达的党风廉政建设各项工作指标，取得了明显成效。

党风廉政反腐体系建设进一步深入。在初步建立党风廉政反腐体系的基础上，按照中央《实施纲要》的总体部署和要求，公司制定了《关于建立健全教育、制度、监督并重的惩治和预防腐败体系实施意见》，明确了公司本部和所属各单位要用2到3年的时间完成体系初步建设任务，将体系建设的72项工作分解到18个职能部门。所属各单位按照《实施意见》要求稳步推进体系建设工作，公司两级党风廉政反腐体系的领导体制和工作机制得到不断健全。

党风廉政建设责任制全面执行。公司继续层层签订责任书，严格落实分级考核，对责任制执行情况进行了月度指标控制和季度分析。按照责任制考核标准，对发生问题的单位进行了处罚，年底对所属31个单位党风廉政建设和反嫌疑腐败工作进行了全面检查和考核，各单位得分率均在95%以上。公司开展了党风廉政建设工作满意度测评工作，共收回有效问卷3741份，综合满意度为95.73%，党风廉政建设工作得到了公司广大员工的认可。

廉政文化建设积极探索实践。按照中央《实施纲要》的精神，公司开展了“反腐思廉”为主题的廉政文化探索实践活动，组织开展了“廉政文化大家谈”征文和“廉政文化在企业”调研活动；对公司万余名员工进行了正面先进典型教育，对3000余名党员干部和重点岗位人员进行了反腐倡廉警示教育，5800余人次听取了专题廉政党课和讲座，4356人次参加了各级知识测试、知识竞赛和演讲比赛活动。所属各单位结合实际，组织开展了廉政漫画、书法、绘画和展板巡展以及廉政警句格言征集等廉政文化实践活动，增强了反腐倡廉教育的渗透力和影响力，员工受教育面达到95%以上。在探索实践的基础上，公司纪委制定了《关于加强企业廉政文化建设工作的意见》，以《根基》和《尚廉》为题汇编了廉政文化建设成果。北京市纪委、市国资委纪委对我公司廉政文化建设工作进行了专题调研，给予了充分肯定，并将我公司廉政文化建设的初步成果在市国资委进行了交流。

监督管理成效明显。公司纪委紧密结合中心任务，以综合性评价工作为契机，组织开展了制度“两查两评”活动，深入21个单位对部分管理制度和程序执行情况进行分析和评价，共发现了29个方面的薄弱点，提出改进建议76条，选出基层121项管理制度进行了交流，促进了各级权力的规范运作；在公司范围组织开展了“三清理一规范”专项治理，全面清查了897个银行账户、236家公司以及“小金库”设立情况，进一步规范了各类招投标工作，摸清了家底，促进了管理。2005年，全公司围绕经济效益的增长点、生产经营活动的关键点、各项管理工作的薄弱点开展效能监察工作，共立项68个，协助建章立制177项，提出监察建议129条，避免经济损失6920万元，节约使用资金2157万元。公司“电费回收管理效能监察”项目获得国家电网公司效能监察项目“十佳”成果奖。

廉洁自律要求得到层层落实。公司纪委认真落实领导干部廉政谈话制度，公司层面进行各类廉政谈话103人次；所属各单位主要负责人与本单位管理的干部及重点岗位人员开展廉政谈话1230人次。所属各单位的213名领导班子成员在职代会和民主生活会上进行了述职述廉，对廉洁自律及履行“一岗双责”情况进行了对照检查。所属各单位领导班子还按照公司要求对“三重一大”制度执行情况进行了2次自查和报告，全年共研究重大决策684次，人事任免223次，资金使用197次，重要项目安排152次，未发现违反“三重一大”决策制度的情况。公司两级纪委共建立793份领导干部廉政档案，完成了相应的资料整理工作。

信访案件工作得到加强。公司主要领导高度重视信访案件工作，多次亲自批阅信访材料并指导查办工作。公司纪委进一步规范了对重要信访件的查处工作程序，并定期组织信访排查会议，开展信访工作分析。通过积极主动地开展工作，妥善处理了公司内外广泛关注、影响较大的信访件，维护了稳定、促进了发展。2005年共接到信访60件，涉及人员47名，分别比2004年下降了31.8%和37.3%；按照归口管理，分级办理的原则，及时进行了适当处理，其中50件已办理完毕，当年办结率为83.3%。公司所属有11个“零信访”单位；有3名在职员工受到司法机关强制措施或处理；所属单位自立案件2件，尚在处理过程中。

行风监督机制逐步健全。为加大纠风工作力度，公司成立了纠风工作办公室。认真贯彻落实国家电网公司“三个十条”，制定了《关于违反国家电网公司员工服务“十个不准”的处理规定（试行）的补充规定》、《企业负责人供电服务工作业绩考核管理暂行办法》；组织开展了“首都电力服务质量行”活动，督促检查“三个十条”的贯彻落实，完成专题分析报告11份。公司所属各单位相应开展了宣传教育活动，完善服务标准，健全监督考核奖惩制度，进一步提高了服务意识和服务质量。2005年围绕电力服务，公司两级组织社会监督员调研和明查暗访活动38次，广泛征求社会各界意见。公司发放社会监督奖励4.76万元，供电服务投诉率较2004年明显降低。

纪检监察队伍建设力度不断加大。公司两级组织机构不断健全，队伍得到充实，目前已有29个单位成立了监察室，全公司有专职纪检监察干部70名。2005年，公司纪委通过举办培训班、专题讲座、中层干部培训班和在职业务自学活动等形式，对90余名专兼职纪检监察干部进行了多方位培训；选派了25名纪检监察骨干参加上级培训、赴先进网省公司学习调研，完成了4个专题的调研报告；健全了公司两级纪检监察信息网络，设立信息网员32名。通过开展各类教育培训，促进了纪检监察队伍的专业水平和工作能力的整体提高，初步形成了一支具有一定职业素质和实践经验、能够较好地履行职责的纪检监察队伍。

二、总结经验，统一思想，积极应对反腐倡廉工作新形势的挑战

公司建制调整以来，党风廉政建设各项工作得到不断深化、细化和强化，总结已经取得的成效，我们的体会是：

第一，构建教育、制度、监督并重的惩治和预防腐败体系是加强党风廉政建设的重要举措。只有将教育、制度、监督三者有机地结合在一起、融于生产经营管理的各个环节，才能有力推动公司党风廉政建设和反腐败工作。

第二，开展企业廉洁文化建设是做好新形势下反腐倡廉教育工作的有效载体。只有针对企业特点开展廉洁文化实践活动，依靠文化塑造灵魂，才能营造人人尚廉的廉政氛围，达到潜移默化的教育效果。

第三，加强能力建设是全面提升党风廉政建设工作水平的前提条件。只有不断提高各级党组织对党风廉政建设工作的领导能力，提高各级领导干部履行“一岗双责”的能力，提高各级纪委组织协调能力，提高纪检监察干部全面履职能力，才能提高公司党风廉政建设工作的整体水平。

在总结经验的同时，我们也要清醒地看到工作中存在的不足：一是所属各单位党风廉政反腐体系建设还不平衡，个别单位对构建体系的宣传力度有待进一步加大；二是公司的电力服务面临更高的标准和要求，优质服务长效监督机制还不够完善，尚须进一步加强；三是随着公司纪检监察工作融入生产经营管理的进一步深化，纪检监察队伍的业务素质和创新能力还需要不断提高。

2006年公司总体目标已经确定，事业催人奋进，在公司快速发展的新形势下，我们面临以下挑战：

第一，在公司进行三级电网建设的过程中，工程量大、投入资金多，我们面临确保各项工程规范运作、各类资金规范使用、招标采购规范进行，为电网建设提供和谐健康环境的挑战。

第二，在公司建立三级核算体系的过程中，随着经营管理体制的改革和管理权限的变化，各级领导干部、重点岗位人员的职责也在发生变化。在适度集权与合理授权的基础上，我们面临提高干部职工廉洁自律、廉洁从业意识，促进制度健全，监督权力正确行使的挑战。

第三，在构建和谐社会、转变经济增长方式的过程中，对电力供应和服务提出了更高的标准。我们面临进一步促进服务行为规范，完善行风监督长效机制，提高优质服务水平的挑战。

第四，在公司主多分离、多经企业改制的过程中，我们面临保证改制行为合法、操作程序合规，确保国有资产不流失的挑战。

应对这些挑战，我们要以高度的责任感和勇于创新的精神，积极开展工作，牢固树立五种观念：

第一，廉政建设也是生产力的观念。就是要通过不断加强公司两级体系建设，促进制度健全、堵塞漏洞，降低企业发展的风险和成本，提高企业经济效益。

第二，服务企业发展的观念。就是要从服务公司快速发展的大局去审视和把握工作的思路和方法，把履行工作职责体现在为企业快速发展的服务之中。

第三，群众利益无小事的观念。就是要坚持“以人为本”的理念，对与群众利益密切相关的事项开展监督检查，维护广大员工和群众的切身利益。

第四，用心服务的观念。就是要满怀对企业的忠心，对公司员工的爱心，对工作的信心，真心尽力地服务，用真情赢得信任。

第五，夯实基础不断创新的观念。就是要按照“考究”的标准，适应形势发展的需要，夯实廉政建设的基础，在工作中与时俱进、不断创新。

三、2006年主要工作

（一）指导思想

以邓小平理论和“三个代表”重要思想为指导，认真贯彻落实党的十六届五中全会和中纪委六次全会精神，落实科学发展观，按照公司“基础考究年”的工作定位和“一本三高创一流”的工作思路，全面履行党章赋予的职责和任务，加强组织协调，夯实纪检监察工作基础，完善公司教育、制度、监督并重的惩治和预防腐败体系，维护企业的政治安全、经济安全和形象安全，为党委的决策服务，为基层提高执行力服务，为维护企业员工利益服务，在公司快速发展中充分发挥保障作用。

（二）工作目标

(1) 落实党风廉政建设和反腐败领导体制和工作机制，全面完成上级部署的各项工作任务。

(2) 领导干部廉洁自律进一步增强，公司处以上干部和公司本部干部职工不发生违法违纪案件。

(3) 坚持从严治企，严肃查处违法违纪案件，不发生瞒案不报、压案不查或责任追究不到位的情况。

(4) 深入开展行风监督工作，维护“国家电网”和“北京电力”服务品牌，不发生影响和损害公司形象的重大事件。

(5) 完成公司“教育、制度、监督并重的惩治和预防腐败体系”建设阶段性目标。

（三）主要工作

1. 健全体系，提高党风廉政建设的保障力

有组织、有计划、分阶段地推进惩治和预防腐败体系建设，是今后一个时期反腐倡廉工作的重要任务。

公司两级要根据《北京电力公司关于建立健全教育、制度、监督并重的惩治和预防腐败体系的实施意见》，围绕落实科学发展观，按照闭环控制、有机互动的原则，在总结反嫌疑腐败工作经验、成效的基础上，根据“首都标准”的要求，不断完善与电力快速发展相适应、与公司发展战略目标相统一、与经营管理相结合的惩防体系。通过加强教育、制度、监督并重的惩治和预防腐败体系建设，落实各项措施，逐步构建“不愿”腐败的自律机制、“不能”腐败的防范机制、“不敢”腐败的惩治机制。各级纪委、纪检监察部门要充分发挥组织协调作用，协助党委抓好体系建设主要任务的分解和落实，并对落实情况、进展情况进行定期督查及考核。各单位、各部门要制定好本单位、本部门体系建设年度实施计划，明确责任、落实要求，按时完成规定的任务，并创造性地开展体系建设工作。公司纪委要对体系建设的特点、工作规律和方法及时加以总结，学习借鉴同行业体系建设的先进经验，力求取得明显成效。

2. 突出重点，加强反腐倡廉宣传教育

有针对性地开展反腐倡廉宣传教育，对于增强

公司员工法制观念和纪律观念，抵御和防止腐败具有实效作用。

公司将开展以“廉洁从业”为主题的反腐倡廉教育。按照《北京电力公司党风廉政宣传教育管理办法（试行）》的规定，落实分层次教育，把握教育重点。根据中纪委六次全会精神，结合公司员工思想和工作实际，以学习贯彻落实《中共国家电网公司党组关于加强廉政建设预防职务犯罪工作的决定》为重点开展主题教育，对党员干部特别是领导干部要开展以学习《党章》、“四大纪律八项要求”、“八个坚持，八个反对”及廉洁自律有关规定为主要内容的权力观、政绩观和艰苦奋斗教育；对公司一般员工特别是重点岗位人员要开展以学习国家法规法纪、企业规章制度为主要内容的职业道德教育。采取学习、培训、会议、网络等多种形式开展正反两方面的教育，不断增强反腐倡廉教育的感召力和渗透力。

2006年要大力开展群众性的廉洁文化实践活动，把廉洁文化建设作为企业文化建设的重要内容，把廉洁文化建设与反腐倡廉教育有机结合起来，重点在价值观念、法律体系、道德风尚等方面构建廉洁文化体系，营造遵纪守法、廉洁自律、克己奉公、健康向上的道德环境和舆论氛围，使“一要干事、二要干净”成为公司普遍的思想观念和价值取向。要夯实基层一线廉洁文化建设基础，建立基层工区、班组的廉洁文化宣传阵地，使廉洁文化建设做到公司有部署、二级单位有组织、工区有方案、班组有活动。要认真总结廉洁文化建设的实践经验，提炼首都电力廉洁文化的内涵和素质要求，弘扬廉洁思想、倡导廉洁道德、增强廉洁意识。

3. 深化落实，完善制度机制建设

一要深化党风廉政建设责任制的落实。要继续层层签订党风廉政建设责任书，进一步明确职责分工，重点抓好责任分解、责任考核、责任追究三个环节，完善党风廉政建设定期报告制和通报制。各级党政主要负责人在认真履职的同时，要加强对同级领导班子其他成员和下级领导班子执行责任制情况的监督，确保各负其责，落实到位，不断推进公司党风廉政建设取得新成效。

二要深化领导干部廉洁自律相关规定的落实。要继续落实公司廉政谈话制度，并将廉政谈话向重点岗位延伸。按照领导干部廉洁自律有关规定，严格落实述职述廉制度，坚持在职代会、民主生活会上对履行党风廉政建设责任制“一岗双责”及落实《国有企业领导人员廉洁从业若干规定》情况进行自查和明示。认真落实民主决策有关制度，坚持定期向公司纪委报告“三重一大”制度执行情况。加强公司两级领导干部廉政档案的管理，发挥廉政档案对领导干部廉洁从业的促进作用。

三要深化反腐预警措施的落实。要坚持“预防为主、超前防范”的方针，增强反腐倡廉工作的前瞻性。制定人事、审计、财务、监察等部门的联系制度，综合分析各类信息，发现苗头或倾向性问题，提出预防措施，发挥预警作用。各单位要积极与属地检察机关定期进行沟通，建立预防职务犯罪网络，减少和消除在公司快速发展中的消极因素和不利影响，促进企业健康稳定发展。

4. 加强监督，促进廉政建设

切实加强监督制约是反腐倡廉的关键。将监督制约工作融入企业经营管理过程，是提高监督制约能力、建立长效监督制约机制的根本途径。

一要围绕公司重点工作，为提高管理水平和经济效益开展效能监察。按照国家电网公司整体部署和公司快速发展的需要，2006年要将基建工程、“消隐工程”、电费回收、优质服务、主多分离、招投标活动等工作作为公司两级开展效能监察的重点，针对专项资金使用、国有资产保值增值、完成公司重点指标任务和贯彻落实“三个十条”等情况加强过程监督。要进一步巩固“清产核资”和“三清理一规范”工作成果，落实后续工作要求，加强资本资金管理，重点监督检查不良资产账销案存、日常监管和内控管理等工作的落实情况，制定防范国有资产损失的相应措施。要继续做好招投标监督工作，组织对招投标活动开展后评估，加强对招投标有效监督形式、方法的调研和探索，实现闭环管理，确保大宗物资、废旧物资以及业扩工程全部按照公司要求纳入招投标平台运作，督促所属各单位完善对自行采购物资和自行管理工程的相关采购流程和管理制度；加强对物资、工程重点招投标项目的全过程监督，积极推进公司招投标监督人员库的建立，进一步促进公司物资和工程招投标平台的规范化建设。

二要加大信访工作力度，妥善处理信访问题。

随着公司快速发展和各项改革的不断深化，需要各级纪检监察部门能够及时妥善地处理好各类信访举报。要加强对党纪法规、各类规章制度的学习掌握，进一步规范信访举报的查处程序，明确工作要求，加大核查力度，提高查处质量，重点查处违反上级反复强调明令禁止的问题、主多分离中违规操作的问题、违反“三重一大”和“三清理一规范”有关规定的问题；要加强信访内控力度，大力宣传信访举报的法规和相关知识，教育引导群众依法有序地开展信访活动，减少越级信访的数量。认真做好信访举报的统计分析等基础性工作，定期开展分析排查工作，重点研究解决突出问题和共性问题；要加强超前预控研究，围绕公司重大决策、重点工作及新的改革措施提前分析研究，对带有一定倾向性、苗头性的问题，结合实际情况及时预测提醒，及时研究制定应对预案，努力实现源头控制。

5. 注重实效，深入开展行风监督工作

一要落实纠建并举，促进服务宣传。要使每个岗位的每一名员工都深刻理解“优质服务是电力企业生命线”的内涵，牢固树立“停电就是灾难”、“客户是我们的衣食父母”、“客户在购买了我们电的同时也购买了我们的服务”和“服务从尊重开始”的理念，更要让大家都深刻地认识到，影响了公司的形象就是服务事故，就要严肃追究责任。

二要严格服务标准，将管理的重心下沉，逐级分解责任，传递压力。要围绕电力服务的每个岗位、每个工作流程全面推进服务的规范化，以接触客户的服务窗口、直接服务客户的一线班组为重点，完善优质服务保障措施，做到职责清晰、标准明确，促进服务流程不断优化，有效控制服务事故。

三要以监督检查“十个不准”为重点，从严检查考核。要充分认识严格检查考核是提高电力服务水平的重要环节，通过定期检查与随机抽查、全面检查与专项检查、上级查与自己查相结合等方式从多方面进行检查，对于出现的服务事故坚持责任追究到人、考核到单位。各单位要认真学习并严格落实《关于违反国家电网公司员工服务“十个不准”的处理规定（试行）》和公司的补充规定，对当事人的违规行为严格界定，按照处罚标准严格惩处；对不落实考核要求的单位，要严肃追究领导责任。

四要落实社会监督，将内查与外评紧密结合起来。按照公司关于加强三级营销网络建设的总体部署，建立公司、所属各单位和工区（供电所）三级社会监督网络，做到哪里有服务，哪里就有监督。有条件的单位，要积极参加区县组织的行业测评，为公司参加北京市政府组织的行业测评做准备。

6. 适应发展，全面加强纪检监察队伍建设

公司快速发展的新形势对纪检监察干部提出了更高的要求。各级纪检监察干部要适应新的形势和挑战，继承和发扬党的优良传统，艰苦奋斗、严格执纪、谦虚谨慎，深入实际、深入群众，虚心学习，自觉接受监督。

公司纪委要继续加强对纪检监察干部的教育培训，强化培训效果。要以政治理论、专业知识、公司主营业务知识作为培训主要内容，采取集中培训、外出培训调研、工作交流、在职业务自学等形式落实培训计划；建立培训档案，实行系列化教育、系统化管理，使普遍轮训和重点培训更具有针对性。要开展对所属各单位纪检监察工作的业绩考核，加强对各项专业工作的过程管理，将工作任务完成情况、工作成效、履行职责等内容作为考核重点，促进纪检监察专业工作水平的提高。要注重在实践中加强对优秀纪检监察干部的发掘和锻炼，为企业培养复合型人才。

坚持以人为本　发扬民主作风
深化民主管理　促进公司全面发展

——北京电力公司第一届一次职工代表大会

暨2005年工作会议民主管理工作报告（摘要）

（2005年1月28日）

北京电力公司第一届一次职工代表大会是北京电力公司成立后召开的第一次职工代表大会，在公司发展的历史上具有十分重要的意义。民主管理是全民所有制企业发展建设中的一件大事，我公司历年来坚持执行各项有效的民主管理制度、办法和措施，形成了良好的民主传统和作风，为促进公司的建设、发展、稳定发挥了举足轻重的作用。建制调整后的北京电力公司更加注重依靠职工办好企业的工作方针，并在组织上、制度上予以保证，使公司民主管理得到进一步深化。

一、健全组织，落实制度，发挥职代会的作用

全心全意依靠工人阶级是我党的根本指导方针。我公司从实际出发，在坚持和完善职工代表大会制度的基础上，积极探索民主管理、民主监督的有效形式和渠道，不断增强职工参政议政的能力。职工代表大会是企业民主管理的基本形式，是职工行使民主管理权力的机构。通过职工代表大会讨论、审议公司发展的重要事项，并贯彻公司发展建设的各项方针和任务。

（一）坚持两级职工代表大会制度

我公司于2004年2月召开了第十五届七次职工（会员）代表大会，对公司在2004年内实施的重大事项进行了讨论、审议并做出了决议。为了更好地贯彻落实公司职代会精神，基层单位30个工会、1个直属分会都分别召开了二级职代会或职工（会员）大会，召开率达100%。同时坚持三级民主管理体制，加强了班组民主管理工作，以工会小组为民主管理的基本单元，定期召开班组民主生活会，充分体现了民主参与的深度和广泛性，使民主管理工作的基础更加深厚，为保证全年各项工作任务的完成奠定了良好的基础。

2004年，公司基层各单位完成了职工代表大会及工会的换届选举工作，有1504名职工被选举为基层单位职工代表（会员）大会的职工（会员）代表。有166名职工当选为基层单位的工会委员会委员。建立了154个工会分会委员会，使我公司的民主管理有了坚实的组织基础。

（二）坚持实行职代会闭会期间代表团组长会议制度

在公司职代会闭会期间，公司在2004年共组织了9次职工代表团组长会议，审议涉及公司发展的重大事项和职工切身利益的有关文件、制度、办法、方案。选举出席华北电网公司的职工代表大会的职工代表。凡涉及到职工切身利益的制度、规定、办法，总经理工作会讨论后，在发文实施之前，公司领导要求还需要提交代表团组长会议审议，在广泛征询职工代表意见、认真修订完善后公布实施。其中，包括《北京电力公司关于解除违纪劳动者劳动合同的规定》、《北京电力公司关于双方协商一致解除劳动合同的暂行规定》、《北京电力公司内部待岗暂行规定》、《北京电力公司内部离岗退养暂行规定》、《北京电力公司供电服务违规处罚规定》、《北京电力公司职工住房分配货币化实施办法》及《北京电力公司文明单位劳动生产竞赛评比考核办法及实施细则（试行）》等。

对于公司新出台的各项规定、制度，在实行之前，先下发草案，反复征询职工代表的意见，经过多次修改，最后才得以实施。通过这种民主管理形式而产生的规定和制度，真正把职工主人翁权益落到了实处，有效激发了广大职工群众当家作主的积极性，落实和保证了广大职工参政议政的渠道和权利。同时，也为各项制度、规定的顺利实施奠定了坚实的思想基础。

（三）坚持职代会专门工作委员会工作制度

职代会各专门工作委员会坚持了正常的工作和

会议制度，在处理专项工作中发挥了积极的作用。2004年职代会后，及时召开了提案处理工作委员会会议，对征集到的23件代表提案进行了深入的调查，并督促有关部门进行认真处理落实，答复率达100%。

公司劳动竞赛委员会负责组织制定了北京电力公司6个单项劳动生产竞赛评比考核办法及实施细则（试行），并依据办法和细则开展竞赛工作和组织评比先进单位。针对一年来的执行情况，组织修改调整劳动竞赛方案。

职工生活工作委员会定期召开会议，研究确定了公司为职工办实事的事项，安排职工休养计划。检查《北京电力公司职工互助会暂行办法》的执行情况。讨论研究了《北京电力公司职工供养直系亲属劳保待遇暂行规定》，以及职工互助补助等关系到职工切身利益的重大制度和决定。全年，根据公司工作任务的需要，各专门工作委员会共召开了18次会议研究、处理相关工作。

（四）坚持总经理联络员制度

这是公司拓展民主管理渠道的又一举措。为了加强职工群众同公司行政领导的联系，公司工会负责组织实施了这一工作，并修订了《北京电力公司总经理联络员制度》。来自31个基层单位、不同工作岗位的联络员担负起下情上达、联系纽带的重任。公司工会每年定期组织召开联络员座谈会或到基层走访联络员，听取他们的意见和建议，有的联络员还向总经理递交了有真知灼见的汇报材料。这项民主管理制度，一方面把基层职工群众最急需公司领导帮助解决的困难和问题以及意见、建议，通过联络员反映上来；另一方面使公司领导掌握公司各项决策在基层的贯彻落实情况。2005年新一届的总经理联络员聘任工作已经完成。此项工作的深入落实，进一步密切了公司领导与基层职工的直接联系，为基层职工参与民主决策、民主监督、反映企情民意，拓宽了民主管理渠道。

二、加强民主管理，落实厂务公开制度

公司厂务公开工作紧密围绕公司改革与发展的难点、涉及职工切身利益的热点，以及党风廉政建设的关键点，公开公司重大决策问题、公开生产经营管理方面的重要问题、公开涉及职工切身利益方面的问题、公开领导班子建设和党风廉政建设密切相关的问题。做到了公司重大决策须经厂务公开这一民主管理的形式，听取职工意见，并提交职代会审议。

公司在组织推广执行厂务公开制度的工作中，我们始终坚持落实五个权力（知情权、审议权、通过权、决定权和评议监督权），围绕三个重点（难点、热点、关键点），做到四个公开（重大决策、生产经营、职工切身利益、党风廉政建设），抓好五个环节（责任环节、组织环节、检查环节、群众监督环节和反馈环节），以点带面，不断向广度和深度稳步推进。几年来，公司领导以及各单位、各级组织，在职工住房、岗位考评、干部任用及考评等等方面都按照厂务公开制度，经过了厂务公开的民主管理程序，形成了党政工及基层领导高度重视，工会组织实施，相关部门各负其责，全体职工积极参与的工作格局，有力地促进了企业的改革和发展。

自从公司办公自动化运行以来，公司充分利用信息网络，提高了厂务公开的时效性，在公司网络信息平台设公告栏，实现全公司同步公开。同时，各基层单位也通过本单位信息平台和厂务公开橱窗等多种形式进行厂务公开工作。

我公司厂务公开最为突出的成果是公司的建制调整工作。公司机关由原来的25个处（室）、16个编外机构，组建成16个职能部门、6个序列外部门，人员从513人精简到418人。竞聘上岗，人员分流。公司机关119人分两批报名充实到生产第一线；169名干部满怀壮志竞争处长岗位，200余名原机关和基层的中层领导干部重新考核、重新任命；247个一般管理岗位有386人参与竞争。在建制调整工作过程中，公司严格按照厂务公开的原则和程序，将改革方案、竞聘人员情况、竞聘结果、交流人员情况，分流去向，分期分批在公司OA信息网上向全公司进行公示，对公司的有关政策、方案，进行了广泛的宣传。

2004年，在基层单位机构重组和改制的工作中，同时体现了厂务公开这一有效民主管理形式的重要作用。车服公司、生服公司和房服公司三个实体合并为物业管理公司。原科技处和修试处合并为现在的试研中心。电缆公司和原业扩处部分人员同业务一起下放到各单位。基层单位同样按照厂务公开的要求和做法开展和推进重组和改制工作。

我公司的这一系列的重大改革举措，牵动范围

之广，涉及人员之多，是前所未有的。但是没有发生影响稳定的大小事件，一方面反映了我公司职工具有高度的政治觉悟，改革得到了公司全体干部、职工的充分理解和支持，同时得益于厂务公开这一民主管理的有效形式。保证了全公司大刀阔斧地改革与高度稳定同时并存的良好局面，平稳地完成了建制调整和机构重组。

公司完成建制调整后，进一步完善了厂务公开工作机构，公司领导集体又进一步把厂务公开、民主管理融入到依靠职工办企业的管理机制之中，使厂务公开、民主管理成为公司管理的一个组成部分，并不断向深度和广度延伸。

公司第33次总经理办公会决定，在全公司范围内，征求干部职工对《北京电力公司三年战略规划纲要》（征求意见稿）的修改意见，将有价值、有创意的建议直接呈报公司总经理，同时根据大家的意见对《纲要》进行修改。12月，公司总经理工作部印发了《关于征集2005年度北京电力公司开放式政策研究课题的通知》，针对公司“基础工作年”面对的六大挑战，向全公司征集2005年度北京电力公司开放式政策研究课题等工作都是按照公开的程序，通过公开的形式，组织职工参与管理，切实把厂务公开与公司管理有机地结合起来。

实践证明，厂务公开、民主管理是团结动员和依靠广大职工群众加强企业管理的一项成功经验，厂务公开民主管理工作抓得好，企业改革就顺利，发展就稳健。因此，在全公司继续广泛深入地开展厂务公开民主管理，对于推进公司改革发展，保持稳定大局，实现好、维护好、发展好公司广大职工群众的切身利益，不断巩固党的执政基础，都具有积极的促进作用。

三、以人为本，拓宽渠道，落实民主决策和民主监督

公司领导集体坚持以人为本，充分发扬民主。在进行重大决策前，广泛听取职工的意见和建议，通过组织经理联络员座谈会，走访经理联络员以及组织合理化建议征集活动，充分发挥民主决策和民主监督的重要作用。

为提升公司的可持续发展能力，继续做好公司2005年的各项工作，公司工会发布了《关于在全公司广泛开展合理化建议征集活动的通知》。此次活动得到了公司所属各单位和公司机关的积极响应，职能部门精心组织，公司广大干部、职工紧密围绕企业安全生产管理、经营管理、优质服务、精神文明建设、班组建设、企业文化建设、职工教育培训、职工福利等职工群众所关心的重大问题，提出了一大批好的意见和建议。公司工会会同总经理工作部、政治工作部对基层单位上报的631件合理化建议进行了会审，选出528件，按14项分类后，提交公司主管领导审阅，由职能部门落实。100件具有代表性的合理化建议提交公司党政联席会议，为公司民主决策提供参考。与此同时，还有更多的合理化建议被职工所在单位、部门采纳吸收。本次活动，全公司共收集到建议2572件，占职工总数的25.72%，反映出公司建制调整后，广大职工主人翁意识和作用的明显提高，为开展好公司基础工作年的各项工作打下良好的基础。

2004年在全公司各单位开展了《集体合同》落实情况的检查。通过这一民主监督的有效形式，将集体合同中的条款，企业用工制度、劳动报酬、工作时间与休息休假制度、保险福利、劳动安全与卫生、职业培训、劳动争议的协调处理、合同责任和保证等八个方面的具体内容，通过座谈会向职工解释说明和听取反馈意见。落实职工的知情权，达到维护职工合法权益的目的。

四、发挥工会组织优势，推动班组建设和班组民主管理

工会是职工之家，负有指导班组开展民主管理的职责。2002年，公司工会参与制定了《中国华北电力集团公司班组建设管理标准（供电部分）》，并在全公司基层班组推广执行。

公司工会组织有关专业人员将《班组建设管理标准》摄制成音像培训教材，发给基层班组，形象生动地强化《班组建设管理标准》的落实。

《班组建设管理标准》中规定，民主生活会是班组民主管理的基本形式，实行班务公开，开展建设职工小家活动。通过班组民主管理，充分调动班组全体成员工作的积极性、主动性和创造性。

公司工会组织有关专家编写《班组文化手册》，提炼班组民主文化。积极倡导四个意识，即以人为本的意识、主人翁的意识、“一个都不能少”的意识和班务公开意识。提倡民主生活会、建设职工小家

活动、争当岗位能手、健康文体活动、团结互助的班组民主五项行为。

公司工会坚持以人为本，认真履行工会的教育职能，每年定期组织班组长培训班，系统学习班组管理知识。邀请公司劳模王建等同志讲授如何当好班组长的专题报告，组织经验交流活动。

建制调整后，公司工会积极推动创建学习型班组活动，营造劳动伟大、先进光荣、知识崇高、人才宝贵的文化氛围，倡导知识改变命运，职工要与企业共同成长、共同发展的思想理念。

公司各基层工会常年深入生产一线班组车间，具体指导班组建设，落实班组民主管理。通过组织职工开展读书征文、主题演讲、献计献策活动、QC小组活动，激发职工的劳动热情，引导职工积极参与技术创新和管理创新，切实把维护职工发展权与发挥主人翁作用有机地结合起来，不断加强和巩固公司民主管理的基础。

每年，公司都有一大批先进班组脱颖而出，他们以严格规范的专业管理和以人为本的民主管理，安全可靠优质高效地完成了各项工作任务，在平凡的岗位上创造出不平凡的业绩。

五、完善制度，创新机制，夯实基础，健全体系

2004年11月初，国资委、全国总工会联合组织召开了全国厂务公开民主管理经验交流会议。国资委印发了2005年工作要点，提出要在深化企业改革和建立现代企业制度中加强厂务公开民主管理，要坚持和完善职工代表大会制度，继续深化厂务公开工作，要加强理论研究，积极探索和创新职工民主管理的有效途径。

在总结公司民主管理工作以往经验的基础上，根据上级主管部门的指示要求，结合公司基础工作年的任务，在2005年，公司要以完善制度、创新机制、夯实基础、健全体系的总体工作思路，深入开展民主管理工作。

（一）完善职工代表大会制度

首先就要充分发扬民主，征求职工代表对公司职代会制度和相关管理办法的意见和建议。各基层单位也征求基层分会代表和职工的意见、建议。在此基础上，组织修改、完善职工代表大会的各项制度，利用新一届职工代表大会的契机通过各项职代会制度。为充分发挥职代会的依托作用，在公司职代会闭会期间，要强化代表团组长会的作用，对公司各方面涉及职工权益的重大事项，决策前要及时召开职工代表团组长会议。各基层单位也要根据本单位具体情况，落实职代会的决议、提案。

（二）创新机制，探索民主管理的有效途径

基础工作年，既要以公司职工为本，又要以电力客户为本。以人为本，从职工延伸到客户，则公司民主管理的重要形式——厂务公开必然要延伸向首都社会。公司要根据社会需求，以及服务客户的要求，有针对性地研究政务公开内容，制定管理办法。各基层单位要结合所服务的区域制定管理办法。在公司内部开展厂务公开的同时，也要认真考虑对社会开展政务公开，接受客户的监督，接受社会的检验。公司各级单位要深入组织职工开展合理化建议活动，并加强培训和指导，加快向形成生产力转化。公司各级单位要学习国内外先进的管理经验，加强相关理论研究和实践。

（三）加强相关工作的基础管理

要加强对民主管理工作的宣传。公司各级单位要修订民主管理的相关管理制度、办法，加强资料档案的整理。完善厂务公开的载体，加强对相关的公告栏、宣传橱窗以及电子信息平台的维护，对内容要及时更新，要加强对公告反馈信息的处理和总结。班组民主管理是基础的基础，班组成员最直接地从事生产、面对客户，是成就事业的基石，要进一步加强班组的民主管理。

（四）不断健全民主管理的工作体系

公司民主管理的主体是全体职工。民主管理工作要党政工齐抓共管，各相关部门分工协作，要建立制度，统一管理。公司各级单位要发挥领导小组的作用，规范程序，统一指挥，建立民主管理的常态机制，形成民主管理的自觉意识。要加强平级部门间的横向沟通，明确责任、落实到人。

巩固　规范　深化　提高
努力开创民主管理工作新局面

——北京电力公司一届二次职工代表大会
暨2006年工作会议民主管理工作报告（摘要）

（2006年1月23日）

北京电力公司一届二次职工代表大会是在公司开始全面启动“基础考究年”工作形势下召开的一次重要会议。在过去的一年里，公司的民主管理工作取得了新的进步、新的发展，具体体现在:一是公司职代会的各项职权得到进一步落实，对涉及职工切身利益的事项都通过各级职代会审议决定；二是“三个重大”（即：关于公司改革和生产经营重大决策、涉及职工切身利益重大问题、关系公司党风廉政建设重大事项）的公开落实到位，并通过相应制度予以保证；三是厂务公开内容通过公司各级电子信息平台等载体，得到了快速广泛的传播；四是实现了职工民主权利和经济利益与公司同步发展。

一、坚持职工代表大会制度，系统落实民主管理工作

2005年，公司所属各单位认真履行2005年度三项责任，在精神文明建设与党风廉政建设、安全生产、经营效益等方面都取得了令人欢欣鼓舞的进步。一年来，通过公司上下的共同努力，公司第一届一次职工代表大会的行政工作报告和民主管理工作报告提出的工作任务得到了全面的贯彻；公司《总体战略及三年规划纲要报告》、《基层单位综合评价体系》、《2005年劳动竞赛调整方案》等大会决议得到了具体的落实；公司职工代表大会《实施细则》、《专门工作委员会工作制度》、《提案处理工作办法》等民主管理制度得到了认真的执行。

在公司第一届一次职代会闭会期间，公司工会认真履行工作职能，围绕中心、联系实际、服务大局，全年共组织召开两次总经理联络员会议；三次职工代表团组长会议，同时，结合各专项工作，分别组织召开劳动保护、生产竞赛、提案处理、职工生活等职代会专门工作委员会会议，并组织开展了相应的督导、检查活动，推动公司职代会民主管理工作的持续开展、落实。

2005年，公司所属各单位坚持实行职工代表大会制度，围绕本单位发展的难点和重点工作、职工关心的热点和重大问题，积极组织职工参与民主决策、民主管理和民主监督，切实保障了广大职工的民主权力和各项权益，构建了与职工共同进步、共同发展、和谐稳定的劳动关系，调动和发挥了广大职工的积极性、创造性，形成了创建一流电力公司的合力，加快了公司各项事业的发展进程。

二、保持党员先进性教育活动，深化了公司民主管理内涵

2005年7月上旬至10月下旬，北京电力公司根据北京市委、市国资委党委、国家电网公司党组的统一部署，认真开展了保持共产党员先进性教育活动。在活动中，公司各级党组织和领导班子结合先进性教育活动，贯彻执行党的民主生活会制度和领导干部参加双重组织生活制度，认真开好两级领导班子专题民主生活会和党支部组织生活会，广纳良言，充分听取基层党员和群众的意见和建议，使党的理论联系实际、密切联系群众、批评与自我批评的优良传统和作风得到发扬光大。

在保持共产党员先进性教育活动过程中，公司各级党组织及领导班子坚持发扬党内民主，充分尊重党员的民主权利；坚持走群众路线，广泛听取党员和职工群众的意见和建议。公司各级党组织都通过设置意见箱、发放征求意见表、召开座谈会、谈心等多种形式，在广大党员和职工群众中征求意见与建议，承担社会服务职能的窗口单位还征求了客户的意见，得到了各界积极、热烈的反响。

8月上旬，按照公司党委的要求，由公司工会与公司政治工作部联合组织，在全公司范围内，开展了为职工办实事情况问卷调查活动，共收回问卷

调查表8450份。通过对问卷的统计归纳汇总，使公司全面了解到广大职工的需求和愿望、意见和建议，并找出职工不满意的焦点。9月初，公司工会、公司政治工作部、行政管理部组成联合调研组，先后到部分基层单位召开座谈会，与所到单位的一线工人及班组长，管理人员、工会干部进行座谈，围绕在办实事问卷调查中，职工群众不满意的问题，倾听职工的意见和建议，撰写了专题调研报告。公司各单位在认真分析为职工办实事情况调查资料的基础上，相应制订了整改时间表，明确责任人和阶段性要求，逐步予以解决，得到了职工群众的充分理解和支持。

2005年，公司党员先进性教育活动，密切了党群关系，并且深层次地推动了公司的民主管理工作。

三、完善领导体制和工作机制，全面推进公司厂务公开

北京电力公司从提高党的执政能力、构建和谐社会、加强监督防止腐败、依靠职工办企业的高度，深刻地认识到，厂务公开、民主管理是公司和谐发展的基础，只有坚持民主管理才能为公司创造和谐的发展环境。2005年,公司及时调整了厂务公开工作领导机构，制定并下发了京电办[2005]118号文件《北京电力公司关于规范四级厂务公开工作的通知》，对公司各单位厂务公开工作提出了具体的指导要求。基础工作年，公司坚持总经理工作会及党政联席会会议纪要传达制度，继续实施开放式政策研究课题计划，建立了定期召开公司形势报告会制度。2005年7月下旬，北京电力公司召开全公司电视电话会，李一凡总经理作公司发展形势报告，《报告》内容主要包括：通报公司面临的内外部形势、莫斯科大面积停电的启示、体制变革给公司带来的机遇和挑战。李一凡总经理的公司发展形势报告使公司上下统一了思想，确定了努力的方向。

2005年，公司工会根据北京市第五次厂务公开工作会议精神，按照关于要建立和完善“党委统一领导，行政主体到位，工会主动配合，纪委监督检查，职工积极参与”的厂务公开领导体制和工作机制的指导要求，结合公司的实际，印发了京电工[2005]15号文件《关于进一步做好厂务公开工作的通知》，同时转发了由公司工会组织修订的北京电力公司《厂务公开制度》、《厂务公开工作实施细则》以及《厂务公开考核制度及考核标准》，全力配合公司厂务公开工作。为进一步推动公司厂务公开工作，公司工会负责组织召开了公司厂务公开工作会议。会上，放映了由公司工会组织制作的《北京电力公司厂务公开工作汇报》专题录像片，形象地介绍了公司厂务公开工作总体开展情况。会上，5位基层单位的党、政、工领导先后做典型发言，分别从基层单位行政、党委、纪委、工会的角度，全面展示了本单位深化落实厂务公开民主管理工作的经验和成果。

目前，公司各单位的经营管理、岗位考评、干部任用，以及关系职工利益的重大事项都严格按照厂务公开制度，经过规范的民主管理程序，进行全面公开，并将厂务公开工作纳入本单位的管理考核，每半年向公司纪委汇报一次“三重一大”制度的执行情况，现已形成常态工作机制。

四、发挥工会组织职能作用，立足基层深化民主管理

在过去的一年中，公司工会认真贯彻落实党的全心全意依靠工人阶级的指导方针，按照“组织起来、切实维权”的工作方针，全面履行工会各项职能和基本职责，切实维护职工的知情、参与、监督等民主权力，实现了民主管理重点工作的新突破。

（一）以人为本，尊重劳动

北京电力公司坚持以员工为本的管理思想，实践的重要形式为民主管理，对待员工的态度是“四个尊重”（即尊重劳动、尊重知识、尊重人才、尊重创造）；营造的文化氛围是劳动光荣、知识崇高、人才宝贵、创造伟大；采取的措施是调动、保护、发挥公司广大员工的积极性和创造性，并充分展示劳动者的风采和创造成果。

2005年，公司各级工会紧密围绕公司发展第一要务和科教兴企战略，积极组织多层次、多专业的技术练兵、技术比赛及劳动竞赛活动，倡导“知识改变命运，职工要与企业共同成长，共同发展”思想主题，团结动员广大职工在岗位上建功立业。3月上旬，公司工会发京电工[2005]5号文件《关于开展北京电力公司岗位大练兵向岗位标准看齐争当岗位排头兵系列活动的通知》，并正式启动相关活动。在公司各职能部室的大力支持下，在公司各基层单位

习，深化实践活动，依托保持共产党员先进性长效机制的建设，推动工会自身建设。各级工会干部要坚持理论联系实际，提升“五种能力”（服从服务于公司党组织和公司工作大局的能力；组织职工、动员职工、依靠职工和服务职工的能力；表达和维护职工合法权益的能力；维护公司和谐稳定劳动关系的能力；自身建设、管理创新的能力），改进工作作风，树立良好形象。要充分利用“基础考究年”的发展契机，强化各级工会干部的全局意识、责任意识、服务意识及民主管理意识，使各级工会干部学会善于自觉运用民主管理的方式，宣传、动员、凝聚、组织广大职工围绕公司中心工作，发挥聪明才智，努力实现公司2006年总体目标。

（3）在劳动安全监督保障方面。要充分发挥公司安全生产保障监督委员会的职能作用，健全和完善安全保障监督体系和工作流程，担负起对公司《安全保障条例》和《安全互保责任书》落实情况的监督责任，做好对安全生产保障体系运行情况的检查和测评。要深入生产实际，开展调查研究，深刻了解广大职工对保障劳动安全的真实需求，并予以充分重视，及时给予满足，促进各项安全生产法规制度的贯彻执行。2006年，公司工会将编辑并推出《北京电力公司职工劳动安全手册》，从维护职工权益的高度，为公司广大职工提供保障劳动安全的指南。

（4）在民主协商集体合同方面。目前，公司所属各单位已经顺利完成经过民主协商的《集体合同》草案，将提交本单位职工代表大会审议，通过后签订实施。公司所属各单位工会要认真负责地代表职工，完成好新一届《集体合同》的签订工作。本年度，要深入组织开展《集体合同》履行情况的检查活动，发挥各级劳动争议调解委员会的作用，切实维护公司广大职工的权益。

（5）在班组建设民主管理方面。要按照创建学习型组织的要求，深化班组建设，继续强化班组长培训。要紧密结合生产、经营实际问题，深入组织开展QC小组活动及合理化建议等以班组民主管理为基础的职工经济技术创新活动，并不断扩大工作成果。通过深化班组建设民主管理，努力培养和塑造一大批立足本职、胸怀全局、甘于奉献、争创一流的学习型、知识型、技能型、专家型职工，促进公司职工队伍建设。

（四）提高全员综合素质，充分发挥“主人翁”作用

职工是企业民主管理的主体，职工的综合素质是决定企业民主管理工作水平和效果的关键因素。在“基础考究年”，要进一步加强职工教育培训，全面提高职工的综合素质（包括民主管理素质），使广大职工群众更加理解和支持改革，积极参与民主管理，充分发挥主体作用。

2006年，随着公司先进性教育长效机制的建立和完善，随着公司“三支队伍”建设工作的全面开展，公司广大职工在思想道德、综合素质、业务能力等方面将会取得更大的进步。

公司各级工会要从维护广大职工学习权、发展权和精神文化权益的高度，紧密围绕公司“基础考究年”中心工作，充分发挥工会组织的“维护、参与、教育、建设”四项职能作用，继续以生产一线班组长、技术骨干及广大职工为教育、服务对象，以提高职工的思想道德素质、科学文化素质、专业技术素质、身体健康素质和民主管理素质为主线，通过深入组织开展岗位练兵、比武、5.17公司节日庆典活动、学习先进典型活动、合理化建议工作、班组长培训、班组经济技术创新活动，以及丰富多彩的职工文体活动，积极营造职工岗位成才的文化氛围，努力创造职工实现自身价值的发展环境，促进职工学习能力、创新能力、竞争能力的普遍提高，体现主人翁的地位，充分发挥其创建一流电力公司的主力军作用，促进员工队伍与公司共同进步、共同发展。

重 要 文 件

上级单位重要文件索引（摘要）

文　　号	发文单位	文　件　标　题
发改办价格[2005]1631号	国家发展和改革委员会办公厅	国家发展改革委办公厅关于开展输配电价测算工作有关问题的通知
发改价格[2005]668号	国家发展和改革委员会	国家发展改革委关于华北电网实施煤电价格联动有关问题的通知
第7号令	国家电力监管委员会	国家电力监管委员会令
第12号令	国家电力监管委员会	国家电力监管委员会令
第13号令	国家电力监管委员会	国家电力监管委员会令
第14号令	国家电力监管委员会	国家电力监管委员会令
国家电网党[2005]33号	中共国家电网公司党组	中共国家电网公司党组关于加强廉政建设预防职务犯罪工作的决定
国家电网党[2005]35号	中共国家电网公司党组	中共国家电网公司党组关于创建“四好”领导班子的意见
营销市场[2005]12号	国家电网公司	关于印发《电力供需及电力需求侧管理统计分析办法（试行）》的通知
办文档[2005]25号	国家电网公司	转发中共中央保密委员会办公室、国家保密局关于对传播国家秘密信息的互联网站开展检查整顿的通知
安监生[2005]30号	国家电网公司	关于吸取美国洛杉矶大面积停电事故教训防止发生大面积停电事故的通知
国家电网人资[2005]42号	国家电网公司	关于印发国家电网公司企业负责人年度业绩考核管理暂行办法的通知
营销计量[2005]44号	国家电网公司	关于加强电能计量装置改造工作管理的通知
国家电网营销[2005]46号	国家电网公司	关于印发《国家电网公司跨区电能交易管理暂行办法》的通知
办保密[2005]55号	国家电网公司	关于印发《国家电网公司保密工作管理办法（试行）》的通知
国家电网安监[2005]83号	国家电网公司	关于印发《国家电网公司电力安全工作规程（发电厂和变电所电气部分、电力线路部分）（试行）》的通知
国家电网生技[2005]108号	国家电网公司	关于发布《国家电网公司创一流同业对标指标体系（2005—002)》的通知
国家电网安监[2005]145号	国家电网公司	关于印发《国家电网公司电力生产事故调查规程》的通知
国家电网生技[2005]172号	国家电网公司	关于印发《输变电设备运行规范》的通知
国家电网生技[2005]173号	国家电网公司	关于印发《输变电设备检修规范》的通知
国家电网生技[2005]174号	国家电网公司	关于印发《输变电设备技术监督规定》的通知
国家电网生技[2005]187号	国家电网公司	关于印发《国家电网公司创一流同业对标指标体系（2005—003)》的通知
国家电网营销[2005]219号	国家电网公司	关于加强关口电能计量装置全过程监督管理的通知
调继[2005]222号	国家电网公司	关于印发《国家电网公司十八项电网重大反事故措施》（试行）继电保护专业重点实施要求的通知
国家电网调[2005]249号	国家电网公司	关于印发《国家电网公司公开、公平、公正调度工作管理规定（试行）》的通知
国家电网基建[2005]253号	国家电网公司	关于印发《国家电网公司输变电优质工程评选办法（2005年版）》的通知
国家电网基建[2005]255号	国家电网公司	关于印发《国家电网公司输变电工程达标投产考核办法（2005版）》的通知
国家电网财[2005]261号	国家电网公司	关于印发《国家电网公司货币资金管理暂行办法》的通知
国家电网营销[2005]263号	国家电网公司	印发关于进一步做好优质服务工作意见的通知
国家电网生技[2005]295号	国家电网公司	关于印发《国家电网公司创一流同业对标指标体系（2005-004)》的通知
国家电网农[2005]298号	国家电网公司	关于印发《县供电企业同业对标工作管理办法（试行）》的通知
国家电网发展[2005]302号	国家电网公司	关于印发《国家电网公司电网规划和项目前期工作管理规定》的通知
国家电网营销[2005]335号	国家电网公司	关于印发《国家电网公司供电服务“十项承诺”考核办法》的通知
国家电网发展[2005]350号	国家电网公司	关于印发《国家电网公司投资管理规定（试行）》的通知

续表

文　号	发文单位	文　件　标　题
国家电网审[2005]370号	国家电网公司	关于印发《国家电网公司审计工作办法》和《国家电网公司经济责任审计办法》的通知
国家电网办[2005]373号	国家电网公司	关于在国家电网公司系统立即开展反事故斗争的紧急通知
国家电网农[2005]375号	国家电网公司	关于印发《农村供电营业规范化服务窗口标准》的通知
国家电网营销[2005]406号	国家电网公司	印发《关于加快电力营销现代化建设指导意见》的通知
国家电网办[2005]465号	国家电网公司	关于印发《国家电网公司招标活动监督管理办法》的通知
国家电网办[2005]474号	国家电网公司	国家电网公司关于加强安全生产工作的决定
国家电网建运[2005]496号	国家电网公司	关于印发《国家电网公司跨区电网检修和技术改造工程项目管理办法》的通知
国家电网基建[2005]501号	国家电网公司	关于印发《国家电网公司220kV和110kV变电站典型设计指导性意见》的通知
国家电网发展[2005]506号	国家电网公司	关于开展各电网"十一五"规划及2020年远景目标报告编制工作的通知
国家电网安监[2005]512号	国家电网公司	关于印发《国家电网公司安全生产工作奖惩规定》的通知
国家电网安监[2005]513号	国家电网公司	关于印发《国家电网公司安全生产职责规范（试行）》的通知
国家电网生技[2005]521号	国家电网公司	关于印发《国家电网公司信息化评价管理办法（试行）》和《国家电网公司管理信息系统实用化评价导则（试行）》的通知
国家电网生技[2005]541号	国家电网公司	关于印发《2005年国家电网公司科学技术进步奖获奖项目奖励通报》的通知
国家电网财[2005]542号	国家电网公司	关于印发《国家电网公司购电费结算指导意见》的通知
国家电网生[2004]634号	国家电网公司	关于印发输变电设备技术标准的通知
国家电网生[2005]682号	国家电网公司	关于印发《国家电网公司专业技术监督规定（试行）》的通知
国家电网财[2005]772号	国家电网公司	关于印发《国家电网公司融资管理暂行办法》的通知
国家电网科[2005]824号	国家电网公司	关于发布《国家电网公司信息网络IP地址编码规范》和《国家电网公司统一域名系统建设规范》技术标准的通知
国家电网基建[2005]825号	国家电网公司	关于印发《国家电网公司招投标管理制度》的通知
国家电网营销[2005]872号	国家电网公司	关于印发《国家电网公司短期电力市场分析与预测管理办法（试行）》的通知
国家电网调[2005]922号	国家电网公司	关于印发《国家电网公司关于加强预防与控制电网功率振荡的若干措施》的通知
华北电网计[2005]12号	华北电网有限公司	关于印发《华北电网有限公司经济责任制办法》的通知
华北电网财[2005]18号	华北电网有限公司	关于印发《华北电网有限公司关于资金管理的若干规定》的通知
华北电网财[2005]21号	华北电网有限公司	关于印发《华北电网有限公司预算管理办法》的通知
华北电网生[2005]29号	华北电网有限公司	关于印发《华北电网有限公司防止输电线路事故措施》等七个文件的通知
华北电网生[2005]30号	华北电网有限公司	关于印发华北电网有限公司《电力设备交接和预防性试验规程》(2005)的通知
华北电网调[2005]39号	华北电网有限公司	关于印发《华北电网有限公司防止系统稳定破坏事故》等4个文件的通知

公司重要文件索引（摘要）

文　　号	文　件　标　题
京电党[2005]34号	关于印发《北京电力公司精神文明建设与党风廉政建设责任制考核奖励办法（修订）》的通知
京电党[2005]39号	关于印发《北京电力公司2005年度党风廉政建设责任制考核细则》的通知
京电党[2005]40号	关于印发《北京电力公司2005年党风廉政建设责任制考核细则》的通知
京电党[2005]56号	关于印发《北京电力公司2005年度反“嫌疑腐败”工作成效评价细则》的通知
京电党[2005]78号	关于印发《北京电力公司精神文明建设创新成果评选办法（修订）》等制度的通知
京电党[2005]102号	关于转发《中共国家电网公司党组关于加强廉政建设预防职务犯罪工作的决定》的通知
京电党[2005]107号	关于印发《北京电力公司关于建立健全教育、制度、监督并重的惩治和预防腐败体系的实施意见》的通知
京电党[2005]130号	关于印发《北京电力公司党委创建“四好”领导班子实施细则（试行）》的通知
京电党任[2005]9号	转发中共国家电网公司党组关于李同智等同志职务任免的通知
京电先教领[2005]17号	印发《北京电力公司党委先进性教育活动领导责任制》的通知
京电先教领[2005]19号	印发《北京电力公司党委先进性教育活动群众监督评价制度》的通知
京电办[2005]2号	关于印发《北京电力公司各级人员安全生产职责》（试行）的通知
京电办[2005]9号	关于北京电力公司涉密信息管理要求的通知
京电办[2005]12号	转发《华北电网有限公司本部工作规则（试行）》的通知
京电办[2005]14号	关于印发《北京电力公司印章介绍信使用管理办法》的通知
京电办[2005]23号	关于印发《北京电力公司2005年度政策研究课题计划》的通知
京电办[2005]24号	转发北京市关于积极预防和妥善处理群众性事件工作方案的通知
京电办[2005]25号	北京电力公司安全生产工作奖惩规定
京电办[2005]25号	关于修订《北京电力公司安全生产工作奖惩规定》的通知
京电办[2005]30号	关于印发《北京电力公司供电设施迁改管理办法（试行）》的通知
京电办[2005]40号	关于印发《北京电力公司机关预算内印刷费用管理规定（试行）》的通知
京电办[2005]41号	关于印发《北京电力公司办公室系统信息工作规则》的通知
京电办[2005]57号	关于进一步加强迎峰度夏和安全生产工作的通知
京电办[2005]59号	转发国家电网公司关于印发《国家电网公司关于对外关系若干问题的暂行规定》的通知
京电办[2005]65号	关于成立北京电网安全隐患整改组织体系的通知
京电办[2005]66号	关于印发《北京电力公司机要文件管理办法》的通知
京电办[2005]67号	关于印发《北京电力公司公文处理办法》的通知
京电办[2005]68号	关于成立北京电力公司度夏指挥部的通知
京电办[2005]82号	关于建立北京电力公司创一流同业对标组织体系的通知
京电办[2005]101号	关于印发《北京电力公司重大事项报告制度（修订稿）》的通知
京电办[2005]117号	关于印发《北京电力公司因公出国（境）管理办法（试行）》的通知
京电办[2005]132号	关于建立公司创一流同业对标最佳实践库的通知
京电办[2005]140号	关于进一步加强对外网站信息发布管理的通知
京电规[2005]139号	关于印发《北京电网建设“首都标准”》的通知
京电规[2005]164号	关于报送北京电网“十一五”规划滚动优化设计报告的请示
京电规[2005]170号	关于北京地区电力市场分析预测的报告
京电规[2005]173号	北京电力公司关于建设“一强三优”现代公司三年发展规划的报告
京电规[2005]174号	关于北京电网“十一五”规划滚动优化设计的报告

续表

文　　号	文　件　标　题
京电规[2005]181号	北京电力公司关于两次电价调整收益及项目安排建议的报告
京电规[2005]182号	关于印发《北京电力公司新建和改扩建电网项目可行性研究报告审核管理规定（试行）》的通知
京电规[2005]187号	关于印发《北京电力公司供电可行性咨询报告审核管理规定（试行）》的通知
京电规[2005]201号	北京电力公司关于500kV朝阳输变电工程可研的报告
京电规[2005]213号	关于印发“北京电力公司中压配电网分区规划参考范本”的通知
京电规[2005]229号	关于印发《北京电网规划设计技术原则》的通知
京电基[2005]174号	关于印发《北京电力公司220kV及110kV变电站典型设计管理办法（试行）》的通知
京电基[2005]247号	关于印发《北京电力公司110kV及35kV输变电工程初步设计管理办法（试行）》的通知
京电基[2005]248号	关于印发《北京电力公司110kV及35kV输变电工程初步设计内容深度规定（试行）》的通知
京电计[2005]23号	关于印发《北京电力公司统计报表制度（修订版）》的通知
京电计[2005]48号	北京电力公司大宗物资年度框架招标采购实施细则（试行）
京电计[2005]49号	关于下发《北京电力公司大宗物资评标委员会组建管理办法（试行）》的通知
京电计[2005]98号	关于开展编制公司2005年度投资调整建议计划和2006年度投资建议计划工作的通知
京电计[2005]138号	关于印发《北京电力公司剩余物资管理办法（试行）》的通知
京电计[2005]139号	关于印发《北京电力公司大宗物资评分实施细则（试行）》的通知
京电计[2005]230号	关于印发《北京电力公司生产报废物资管理办法（试行）》的通知
京电计[2005]233号	关于印发《北京电力公司关口管理办法（试行）》的通知
京电生[2005]2号	关于调整北京电力公司技术监督领导小组组成及印发《北京电力公司技术监督管理制度（试行）》的通知
京电生[2005]3号	转发国家电网公司关于印发预防输变电设备事故措施的通知
京电生[2005]5号	转发国网公司《关于当前做好公司安全生产工作的紧急通知》的通知
京电生[2005]9号	关于在全公司范围内开展现场标准化作业的通知
京电生[2005]32号	关于印发《北京电力公司六氟化硫电气设备运行维护工作安全防护管理规定》的通知
京电生[2005]33号	关于印发《北京电力公司电测专业技术监督管理办法（试行）》和《北京电力公司热工专业技术监督管理办法（试行）》的通知
京电生[2005]35号	关于印发《北京电力公司电压无功综合控制装置验收及运行维护技术原则（试行）》的通知
京电生[2005]40号	关于印发《北京电力公司电能质量技术监督管理办法（试行）》的通知
京电生[2005]41号	关于印发《北京电力公司绝缘专业技术监督管理办法（试行）》的通知
京电生[2005]42号	关于下发《北京电力公司政治供电保障体系管理系统维护管理办法（试行）》的通知
京电生[2005]46号	关于印发《北京电力公司化学专业技术监督管理办法（试行）》的通知
京电生[2005]54号	关于印发《北京电力公司技术监督告警和整改跟踪制度（试行）》的通知
京电生[2005]56号	转发北京市市政管理委员会和北京市规划委员会关于2005~2007年消除地下管线隐患有关问题的通知
京电生[2005]59号	北京电力公司消弧线圈运行管理规定（试行）
京电生[2005]60号	关于印发《北京电力公司变电站用UPS电源运行管理规定（试行）》的通知
京电生[2005]84号	关于成立北京电力公司生产流程再造组织机构的通知
京电生[2005]94号	关于印发《北京电网设备选型选用原则》的通知
京电生[2005]95号	关于颁布《北京电网消除隐患工程管理办法（试行）》的通知
京电生[2005]97号	关于成立北京电力公司电力物资供应商库管理领导小组的通知
京电生[2005]98号	关于印发《北京电力公司电力物资供应商库管理办法（试行）》的通知
京电生[2005]99号	关于印发《北京地区电力系统突发事件应急组织工作预案》的通知

续表

文　　号	文　件　标　题
京电生[2005]108号	关于印发《北京10千伏及以下配电网技术标准和设备选用原则（试行）》的通知
京电生[2005]109号	关于印发《奥运城市供电运行纲要（草案）》的通知
京电生[2005]115号	关于印发《北京电力公司电力物资供应商库管理实施细则（试行）》的通知
京电生[2005]116号	关于印发《北京电力公司关于国家电网公司十八项电网重大反事故措施的实施细则（试行）》的通知
京电生[2005]122号	关于印发北京电力公司《现场标准化作业工作指导意见》和《输、变、配电现场标准化作业指导书范本（试行）》的通知
京电生[2005]123号	关于下发《北京电力公司变电站现场运行规程样本》的通知
京电生[2005]124号	关于下发《变电站倒闸操作实施细则（试行）》的通知
京电生[2005]132号	关于印发《北京电力公司政治供电管理制度》的通知
京电生[2005]134号	关于印发《北京电力公司红外测温管理制度》的通知
京电调[2005]11号	关于印发《北京电力公司集控站设置及布局选点原则》的通知
京电调[2005]14号	关于颁布《北京电力公司电力二次系统安全防护管理办法》的通知
京电调[2005]29号	《北京电力公司通信专业技术监督工作管理规定（试行）》《北京电力公司通信专业技术监督告警制度》
京电调[2005]30号	关于下发《北京电力公司调度所调度值长资格认证管理办法》的通知
京电调[2005]47号	关于颁发《北京电力公司110kV及以下电网继电保护及安全自动装置整定计算原则》的通知
京电调[2005]49号	城区配网自动化系统通信设备运行管理办法
京电调[2005]50号	关于印发《北京电网调度管理规程（试行）》和《地区电网调度管理规程（试行）》的通知
京电调[2005]51号	北京电力通信专业管理规定
京电调[2005]52号	关于颁发《北京电力公司调度所管理工作标准（试行）》的通知
京电调[2005]64号	关于颁发《北京电力公司通信设备大修改造技术原则》的通知
京电调[2005]67号	北京电力公司电力专用无线数据卡使用规定（试行）
京电调[2005]70号	关于印发北京电力公司调度自动化系统相关技术标准的通知
京电调[2005]85号	关于印发《北京电力公司“三公”调度问询答复制度》的通知
京电调[2005]90号	北京电力公司行政通信交换网通信话费管理办法
京电安[2005]6号	关于印发《北京电力公司反违章管理规范（试行）》的通知
京电安[2005]10号	关于印发《北京电力公司供电营销现场工作安全规定（试行）》的通知
京电安[2005]14号	关于印发《北京电力公司特种设备和特种作业人员安全管理规定（试行）》的通知
京电安[2005]19号	关于印发《北京电力公司电力生产发包承包电力工程等对外经营项目安全管理规定（试行）》的通知
京电安[2005]34号	关于印发《北京电力公司安全评估大纲（试行）》的通知
京电安[2005]58号	北京电力公司开展安全闭环工作实施意见
京电安[2005]75号	关于印发《北京电力公司电力安全工作规程（变电站和发电厂电气部分、电力线路部分）（试行）》的通知
京电人[2005]5号	转发《关于调整基本医疗保险有关政策的通知》等两个医疗保险文件的通知
京电人[2005]8号	关于印发《北京电力公司职业技能鉴定实施细则（试行）》等办法的通知
京电人[2005]9号	关于成立配网技术研究室的通知
京电人[2005]10号	关于成立北京电力公司电力经济研究中心的通知
京电人[2005]11号	转发北京市政府关于《北京市企业职工生育保险规定》的通知
京电人[2005]12号	关于印发《北京电力公司技术比赛管理办法（试行）》的通知
京电人[2005]13号	关于公司本部有关职能机构及岗位变动的通知
京电人[2005]14号	关于印发《北京电力公司企业负责人业绩考核管理暂行办法》的通知

续表

文　　号	文　件　标　题
京电人[2005]16 号	关于印发《北京电力公司规范生产岗位系列设置及竞争上岗指导方案》的通知
京电人[2005]17 号	关于颁发《北京电力公司本部考核实施办法（试行）》的通知
京电人[2005]27 号	转发北京市基本医疗保险诊疗项目库、药品库修改及增补内容等的通知
京电人[2005]28 号	关于调整北京电力公司社会保险管理监督委员会的通知
京电人[2005]29 号	转发北京市关于 2005 年度缴费工资基数与社会保险待遇给付等有关问题的通知
京电人[2005]31 号	关于将配网调度纳入各供电公司调度机构统一管理的通知
京电人[2005]33 号	关于下发《北京电力公司补充保险基金保值增值管理办法》的通知
京电人[2005]35 号	关于印发《北京电力公司干部挂职锻炼管理暂行规定》的通知
京电人[2005]39 号	关于印发《北京电力公司供电所人员工资管理指导意见（试行）》的通知
京电人[2005]41 号	关于印发《北京电力公司安全培训管理规定（试行）》的通知
京电人[2005]52 号	转发《北京市人民政府关于修改<北京市基本医疗保险规定>的决定》的通知
京电人[2005]53 号	转发北京市 2005 年调整城镇企业退休人员基本养老金的通知
京电人[2005]54 号	关于公司本部成立电网安全隐患整改办公室的通知
京电人[2005]61 号	转发北京市 2005 年调整企业工伤职工及工亡人员供养直系亲属工伤保险定期待遇的通知
京电人[2005]69 号	关于成立北京电力公司技术委员会的通知
京电人[2005]88 号	关于印发《北京电力公司劳务派遣用工管理办法》的通知
京电人[2005]89 号	关于印发《北京电力公司职工年休假暂行规定》的通知
京电人[2005]91 号	关于印发《北京电力公司人员引进管理办法》的通知
京电人[2005]92 号	关于转发北京市基本医疗保险部分病种有关管理办法的通知
京电人[2005]93 号	关于印发《北京电力公司本部绩效考核管理办法》的通知
京电人[2005]94 号	关于印发《关于营销体系部分组织机构调整的指导意见》的通知
京电人[2005]102 号	关于印发《北京电力公司关于办理职工退休工作的暂行规定》的通知
京电人[2005]104 号	关于印发《北京电力公司本部机构调整及管理人员两年任职期满动态考核工作实施细则》的通知
京电财[2005]2 号	转发国家电网公司关于拟转让非电项目股权投资和对非电项目投资进行集中审批的通知
京电财[2005]3 号	转发财政部、建设部关于印发《建设工程价款结算暂行办法》通知
京电财[2005]9 号	转发华北电网有限公司关于加强资金管理若干规定的通知
京电财[2005]13 号	转发华北电网有限公司关于对委托理财和财产托管进行清理的通知
京电财[2005]17 号	北京电力公司关于《奥运会配套电网建设资本金管理办法》征求意见的复函
京电财[2005]18 号	关于印发《北京电力公司会计科目管理办法（试行）》的通知
京电财[2005]21 号	关于印发《北京电力公司供电所费用会计核算办法（试行）》的通知
京电财[2005]24 号	关于印发《北京电力公司财务快报和财务月报管理办法（试行）》的通知
京电财[2005]29 号	关于开展北京电力公司国有资产产权登记工作及清理公司所属（代管）企业投资关系的通知
京电财[2005]40 号	转发国家电网公司关于印发《国家电网公司工程竣工决算报告编制办法（试行）》的通知
京电财[2005]43 号	关于转发财政部、建设部《建设工程价款结算暂行办法》的通知
京电财[2005]44 号	关于实行公司现金周调度管理制度的通知
京电财[2005]51 号	关于印发《北京电力公司财务制度体系建设纲要》的通知
京电财[2005]52 号	关于各供电公司接收用户移交配电网资产的指导性意见
京电财[2005]60 号	关于印发《北京电力公司账销案存资产管理实施细则》的通知
京电审[2005]2 号	关于下发北京电力公司内控制度推广实施方案的通知

续表

文　号	文　件　标　题
京电审[2005]3号	关于印发《北京电力公司审计工作办法（试行）》的通知
京电审[2005]4号	关于印发《北京电力公司经济责任审计办法（试行）》的通知
京电审[2005]5号	关于印发《北京电力公司建设项目竣工决算审计办法（试行）》的通知
京电审[2005]6号	关于印发《北京电力公司委托社会审计管理办法（试行）》的通知
京电审[2005]1号	北京电力公司关于2005年对供用电合同签约人授权的通知
京电审[2005]3号	关于报送《北京地区2005年电力供需平衡综合分析》的报告
京电审[2005]12号	关于与用户重新签订负荷管理终端装用协议的通知
京电审[2005]14号	关于实施北京电力公司2005年社会服务承诺的通知
京电审[2005]18号	转发国家电网公司关于严格执行抄表制度的通知
京电审[2005]20号	关于加强计量装置规范管理的通知
京电审[2005]22号	关于印发《北京电力公司供电服务投诉、举报管理办法（试行）》的通知
京电审[2005]29号	转发国家发展和改革委员会关于煤电价格联动有关问题文件的通知
京电审[2005]31号	北京电力公司落实供电服务“十项承诺”的实施方案的报告
京电审[2005]32号	关于印发《电能计量现场工作作业指导书（试行）》的通知
京电审[2005]34号	关于印发《北京电力公司电能计量监督制度（试行）》的通知
京电审[2005]37号	关于落实电价调整政策有关计量工作要求的通知
京电审[2005]38号	关于北京电力公司2005年夏季需求侧管理措施实施方案的通知
京电审[2005]39号	关于分布式能源发电试点项目并网意见的请示
京电审[2005]41号	关于印发《北京电力公司关于开展营销核算区域考核工作指导意见》的通知
京电审[2005]43号	关于下发2005年北京地区负荷管理系统限荷方案的通知
京电审[2005]45号	北京电力公司关于北京市电力用户安全用电状况的报告
京电审[2005]46号	关于印发《北京电力公司落实供电服务“十项承诺”实施细则》的通知
京电审[2005]57号	关于印发《北京电力公司电能计量器具报废管理办法》的通知
京电审[2005]59号	关于加快解决居民小区临时电源带永久用电问题的通知
京电审[2005]61号	关于转发和落实北京市发展和改革委员会关于企业自备电厂收费政策有关问题的通知
京电审[2005]68号	关于规范电能计量装置招标采购相关工作的通知
京电审[2005]69号	北京电力公司关于2005年电能计量装置改造项目的请示
京电审[2005]73号	关于明确负荷管理系统职责划分及工作要求的通知
京电审[2005]74号	关于印发《北京电力公司三年市场营销规划》的通知
京电审[2005]75号	关于下发《北京电力公司2005年优质服务责任制考核办法》的通知
京电科信[2005]9号	关于印发《北京电力公司电网环境保护技术监督管理办法（试行）》的通知
京电科信[2005]10号	关于印发《北京电力公司科学技术进步奖励办法及其实施细则（试行）》的通知
京电科信[2005]11号	关于印发修改后的《北京电力公司科技项目管理办法（试行）》的通知
京电科信[2005]12号	关于印发《北京电力公司电网环境保护技术监督实施细则（试行）》的通知
京电科信[2005]20号	转发国家电网公司关于印发《电网运行管理控制关键技术研究框架》的通知
京电科信[2005]23号	关于印发《北京电力公司信息化建设管理实施细则（试行）》的通知
京电科信[2005]25号	关于印发《北京电力公司工频电、磁场测试规范（试行）》和《北京电力公司变电站厂界噪声测试规范（试行）》的通知
京电农[2005]4号	关于印发《北京电力公司农网三期建设与改造工程管理办法》的通知

续表

文　号	文　件　标　题
京电农[2005]7 号	关于印发《北京电力公司供电所改革方案》的通知
京电农[2005]8 号	转发国家电网公司《关于开展农村供电所安全管理年活动的通知》
京电农[2005]9 号	北京电力公司关于 2005 年农村地区社会服务承诺的报告
京电农[2005]22 号	关于开展一二期农网改造工程后评估工作的通知
京电农[2005]24 号	关于印发《农村低压电网线损管理细则》的通知
京电农[2005]25 号	关于印发《农村供电所营销管理细则》的通知
京电农[2005]27 号	关于印发《北京电力公司供电所建设管理实施细则》的通知
京电农[2005]29 号	转发国家电网公司《关于命名 2003 年度一流县级供电企业的通知》
京电农[2005]52 号	关于规范供电所使用外雇人员的通知
京电农[2005]54 号	北京电力公司关于接受国家发展改革委对农网工程稽查情况的报告
京电农[2005]74 号	关于印发《北京电力公司农村供电所低压现场工作标准化作业指导书（试行)》的通知
京电农[2005]80 号	关于北京电力公司接收原农村电管站资产的指导性意见的通知
京电保[2005]7 号	关于印发《北京电力公司外力事故处理办法（试行)》的通知
京电保[2005]9 号	关于转发《国家电网公司电力设施保护工作管理办法》的通知
京电保[2005]10 号	转发北京市公安局《关于印发保护电力设施安全度夏工作方案》的通知
京电保[2005]11 号	关于印发《北京电力公司变电站等场所配备自救呼吸器及紧急疏散标识的规定》的通知
京电保[2005]17 号	关于印发《北京电力公司关于落实市政府燃放烟花爆竹安全管理规定的保卫工作方案》的通知
京电保[2005]18 号	转发国家电网公司关于外力破坏电力设施信息报送规定的通知
京电保[2005]21 号	关于加强电力设施保护工作的通知
京电工[2005]4 号	北京电力公司安全生产管理劳动生产竞赛评比考核办法
京电工[2005]9 号	关于建立北京电力公司职工健康档案的通知
京电工[2005]10 号	关于颁布实施第三轮《北京电力公司职工互助会暂行办法》的通知
京电工[2005]15 号	关于进一步做好厂务公开工作的通知
京电工[2005]35 号	关于北京电力公司在各单位推行集体协商和集体合同制度指导意见的通知
京电行[2005]34 号	关于在公司范围内开展建设节约型企业活动的通知
京电行[2005]42 号	关于印发《北京电力公司生产车辆配备管理暂行规定》的通知
京电行[2005]43 号	关于印发《北京电力公司供暖费管理办法》的通知
京电行[2005]46 号	关于贯彻落实《北京电力公司人口与计划生育工作实施细则》的通知
京电行[2005]48 号	关于印发《北京电力公司职工健康体检管理办法》的通知
京电行[2005]49 号	关于印发《北京电力公司卫生工作管理办法》的通知

统计资料

TONG JI ZI LIAO

公司主要指标月度完成情况表（一）

项目 月别	全社会用电量（万kWh）	售电量（万kWh）	220kV及以下线损率（%）	220kV及以下供电量（万kWh）	外购电量（万kWh）
1月	526908	423182	14.35	494061	2109
2月	429472	377510	4.00	393225	1774
3月	466313	422341	1.61	429273	1696
一季	1422693	1223033	7.10	1316560	5579
4月	394543	364351	0.79	367241	1779
5月	412675	344267	8.83	377617	1850
6月	474292	393172	9.79	435845	1893
二季	1281510	1101790	6.68	1180703	5522
7月	562523	440925	15.83	523822	2307
8月	523355	459460	5.36	485457	1915
9月	438702	437177	–7.87	405276	1297
三季	1524580	1337562	5.44	1414555	5519
10月	412411	356146	5.78	377982	1845
11月	479879	382128	13.44	441457	2236
12月	584291	488575	10.03	543017	3195
四季	1476581	1226849	9.95	1362456	7276
全年	5705364	4889235	7.30	5274274	23896

公司主要指标月度完成情况表（二）

项目 月别	负荷率（%）	最大负荷（万kW）	电费回收率（累计完成）（%）
1月	83.17	860.7	99.32
2月	84.33	781.6	99.38
3月	81.85	798.5	99.83
一季	83.08	860.7	99.83
4月	80.12	687.8	99.73
5月	80.86	730.8	99.91
6月	81.07	982.6	99.93
二季	80.69	982.6	99.93

续表

月别 \ 项目	负荷率（%）	最大负荷（万kW）	电费回收率（累计完成）（%）
7月	81.44	1051.8	99.94
8月	80.54	1053.8	99.95
9月	81.27	808.4	99.94
三季	81.08	1053.8	99.94
10月	78.12	721.6	99.96
11月	79.84	850.6	100
12月	82.37	952	100
四季	80.11	952	100
全年	81.23	1053.8	100

公司主要指标月度完成情况表（三）

月别 \ 项目	全公司月末固定职工人数（人）	综合电压合格率（%）	供电可靠率（%）
1月	9683	99.54	99.9889
2月	9658	99.545	99.9835
3月	9642	99.552	99.9801
一季	9642	—	—
4月	9616	99.551	99.9595
5月	9607	99.548	99.9763
6月	9593	99.537	99.9726
二季	9593	—	—
7月	9566	99.538	99.9769
8月	9693	99.541	99.9755
9月	9573	99.546	99.9652
三季	9573	—	—
10月	9543	99.551	99.9704
11月	9509	99.559	99.9704
12月	9439	99.565	99.9666
四季	9439	—	—
全年	9439	99.565	99.9738

公司行业

行　业	用户个数	用户装接容量	1月	2月	3月	一季	4月	5月
全社会用电总计	3334015	36854009	526908	429472	466313	1422693	394543	412675
A. 全行业用电合计	189174	30212355	451788	363212	388538	1203538	329982	349279
第一产业	30712	1261908	8863	7410	8403	24676	9492	10908
第二产业	53553	12179762	277122	205858	206585	689565	184235	215971
第三产业	104909	16770685	165803	149944	173550	489297	136255	122400
B. 城乡居民生活用电合计	3144841	6641654	75120	66260	77775	219155	64561	63396
城镇居民	3127272	5086013	59034	52683	59214	170931	50450	50725
乡村居民	17569	1555641	16086	13577	18561	48224	14111	12671
全行业用电分类	189174	30212355	451788	363212	388538	1203538	329982	349279
一、农、林、牧、渔业	30712	1261908	8863	7410	8403	24676	9492	10908
1. 农业	4635	209435	1765	1415	1727	4907	1700	1718
2. 林业	544	22548	180	148	167	495	131	152
3. 畜牧业	4674	141328	1493	1281	1386	4160	1271	1156
4. 渔业	1166	34631	246	182	237	665	219	272
5. 农、林、牧、渔服务业	19693	853966	5179	4384	4886	14449	6171	7610
二、工业	47628	10689728	257181	189454	180858	627493	176119	204551
轻工业	19798	2569872	29008	25060	26280	80348	27448	25096
重工业	27830	8119856	228173	164394	154578	547145	148671	179455
（一）采矿业	1409	225959	4520	4295	3959	12774	4148	4592
1. 煤炭开采和洗选业	514	105444	2487	2456	2181	7124	2082	2549
2. 石油和天然气开采业	8	245	12	7	17	36	22	11
3. 黑色金属矿采选业	87	47822	1427	1426	1277	4130	1400	1363
4. 有色金属矿采选业	35	1309	13	10	13	36	9	7
5. 非金属矿采选业	742	69403	571	389	463	1423	626	654
6. 其他采矿业	23	1736	10	7	8	25	9	8
（二）制造业	41842	8896260	140338	131497	133219	405054	141664	134069
1. 食品、饮料和烟草制造业	6237	601079	8944	8200	8186	25330	9034	8938
2. 纺织业	859	193913	2287	1972	2267	6526	2180	1918
3. 服装鞋帽、皮革羽绒及其制品业	2166	161127	2084	1653	1692	5429	1714	1342
4. 木材加工及制品和家具制品业	2225	176226	2328	1851	1785	5964	1948	1888

用 电 情 况

单位：万 kWh

6月	二季	7月	8月	9月	三季	10月	11月	12月	四季	全年
474292	1281510	562523	523355	438702	1524580	412411	479879	584291	1476581	5705364
403434	1082695	480665	430696	354627	1265988	350193	412580	501160	1263933	4816154
10375	30775	10151	10548	9000	29699	8678	9376	11104	29158	114308
243016	643222	292880	233248	170902	697030	206462	263291	296183	765936	2795753
150043	408698	177634	186900	174725	539259	135053	139913	193873	468839	1906093
70858	198815	81858	92659	84075	258592	62218	67299	83131	212648	889210
58034	159209	65126	74263	66883	206272	48326	53985	67682	169993	706405
12824	39606	16732	18396	17192	52320	13892	13314	15449	42655	182805
403434	1082695	480665	430696	354627	1265988	350193	412580	501160	1263933	4816154
10375	30775	10151	10548	9000	29699	8678	9376	11104	29158	114308
1689	5107	1767	1983	1733	5483	1625	1473	2255	5353	20850
154	437	177	183	147	507	128	146	210	484	1923
1059	3486	1184	1302	1239	3725	1074	1322	1419	3815	15186
326	817	386	448	405	1239	394	267	252	913	3634
7147	20928	6637	6632	5476	18745	5457	6168	6968	18593	72715
229228	609898	275733	218248	156736	650717	194774	248903	274047	717724	2605832
28396	80940	32793	32648	31685	97126	26391	27141	37935	91467	349881
200832	528958	242940	185600	125051	553591	168383	221762	236112	626257	2255951
4551	13291	4550	4809	4300	13659	4119	4720	5304	14143	53867
2642	7273	2526	2643	2284	7453	2052	2626	2967	7645	29495
5	38	12	8	16	36	6	8	5	19	129
1237	4000	1382	1459	1418	4259	1416	1385	1485	4286	16675
8	24	8	9	8	25	3	4	10	17	102
649	1929	611	680	565	1856	634	688	829	2151	7359
10	27	11	10	9	30	8	9	8	25	107
148652	424385	154922	156467	141374	452763	157000	153559	172815	483374	1765576
9886	27858	11096	11526	11170	33792	8867	8592	9195	26654	113634
2336	6434	2599	2627	2568	7794	2130	2378	2858	7366	28120
1594	4650	3588	1927	1834	7349	1487	1628	2032	5147	22575
2679	6515	2379	2575	2455	7409	2289	2295	2928	7512	27400

公司行业

行业	用户个数	用户装接容量	1月	2月	3月	一季	4月	5月
5. 造纸及纸制品业	845	115603	1390	1274	1268	3932	1490	1363
6. 印刷业和记录媒介的复制	1628	221029	3092	2607	2715	8414	2572	2298
7. 文体用品制造业	288	36614	448	352	396	1196	343	263
8. 石油加工、炼焦及核燃料加工业	222	848129	21205	23564	20279	65048	20757	21498
9. 化学原料及化学制品制造业	1636	412992	9097	8722	8990	26809	9194	8794
10. 医药制造业	709	520324	1634	1462	1551	4647	1602	1427
11. 化学纤维制造业	53	9869	119	85	122	326	115	130
12. 橡胶和塑料制品业	1732	206951	3740	2898	3411	10049	3914	3376
13. 非金属矿物制品业	5998	1073230	17936	15121	15892	48949	20146	20116
14. 黑色金属冶炼及压延加工业	249	1001261	29457	29002	28518	86977	31952	29740
15. 有色金属冶炼及压延加工业	389	72109	989	659	963	2611	1037	941
16. 金属制品业	5012	545095	5840	4584	5342	15766	5214	4566
17. 通用及专用设备制造业	5356	994695	11477	10752	11373	33602	11563	10102
18. 交通运输、电气、电子设备制造业	4342	1596134	17131	15874	17418	50423	15934	14533
19. 工艺品及其他制造业	1809	103944	1099	839	1017	2955	922	808
20. 废弃资源和废旧材料回收加工业	87	5936	41	26	34	101	33	28
（三）电力、燃气及水的生产和供应业	4377	1567509	112323	53662	43680	209665	30307	65890
1. 电力、热力的生产和供应业	2653	1317176	109115	50535	40396	200046	27068	62884
2. 燃气生产和供应业	294	34019	287	292	310	889	193	101
3. 水的生产和供应业	1430	216314	2921	2835	2974	8730	3046	2905
三、建筑业	5925	1490034	19941	16404	25727	62072	8116	11420
四、交通运输、仓储和邮政业	4304	1323277	14727	15080	16299	46106	13282	12956
1. 交通运输业	2370	1111847	12566	12983	13910	39459	11548	11515
2. 仓储业	1460	158691	1651	1581	1518	4750	1291	979
3. 邮政业	474	52739	510	516	871	1897	443	462
五、信息传输、计算机服务和软件业	3272	433777	4528	4151	4984	13663	4469	4274
1.电信和其他信息传输服务业	3069	367830	4105	3758	4578	12441	4121	3964
2. 计算机服务和软件业	203	65947	423	393	406	1222	348	310
六、商业、住宿和餐饮业	32254	3267673	36341	34243	38634	109218	27211	29318

用电情况（续一）

单位：万kWh

6月	二季	7月	8月	9月	三季	10月	11月	12月	四季	全年
1434	4287	1390	1439	1245	4074	1332	1384	1770	4486	16779
2780	7650	3112	3635	3300	10047	2282	2387	3216	7885	33996
311	917	339	369	341	1049	266	330	442	1038	4200
22353	64608	23861	24607	20497	68965	27282	22516	24356	74154	272775
9751	27739	9188	9120	9498	27806	9235	10045	10788	30068	112422
1929	4958	2017	1894	2049	5960	1547	1647	8172	11366	26931
148	393	145	157	158	460	124	151	180	455	1634
3574	10864	3539	3838	3983	11360	3520	4057	4262	11839	44112
22463	62725	20776	21741	19995	62512	21685	24093	24300	70078	244264
31819	93511	31297	30807	22209	84313	41577	33333	31510	106420	371221
936	2914	1040	1034	1036	3110	916	1054	1076	3046	11681
5028	14808	5708	5445	5768	16921	4711	5642	7068	17421	64916
11672	33337	13118	12986	13334	39438	11054	12453	15673	39180	145557
17098	47565	18774	19707	18933	57414	15868	18707	21843	56418	211820
832	2562	923	996	958	2877	796	833	1098	2727	11121
29	90	33	37	43	113	32	34	48	114	418
76025	172222	116261	56972	11062	184295	33655	90624	95928	220207	786389
72811	162763	112822	53489	7636	173947	30039	86806	91439	208284	745040
91	385	136	169	125	430	93	148	376	617	2321
3123	9074	3303	3314	3301	9918	3523	3670	4113	11306	39028
13788	33324	17147	15000	14166	46313	11688	14388	22136	48212	189921
14429	40667	15631	16419	13704	45754	11935	17597	17317	46849	179376
12752	35815	13615	13920	11419	38954	10415	15836	15063	41314	155542
1123	3393	1286	1566	1421	4273	1062	1010	1646	3718	16134
554	1459	730	933	864	2527	458	751	608	1817	7700
4890	13633	5417	5918	5375	16710	4803	4371	5719	14893	58899
4505	12590	4962	5398	4916	15276	4418	4030	5231	13679	53986
385	1043	455	520	459	1434	385	341	488	1214	4913
41603	98132	45359	49301	43190	137850	36492	33038	44802	114332	459532

公司行业

行业	用户个数	用户装接容量	1月	2月	3月	一季	4月	5月
1. 批发和零售业	21839	1775916	20621	19815	22764	63200	14018	16725
2. 住宿和餐饮业	10415	1491757	15720	14428	15870	46018	13193	12593
七、金融、房地产、商务及居民服务业	32047	5686914	50451	44481	52546	147478	40545	35839
1. 金融业	1498	208200	2184	1820	2346	6350	1973	1842
2. 房地产业	19591	4354834	38666	33986	40041	112693	30938	27120
3. 租赁和商务服务业、居民服务和其他服务业	10958	1123880	9601	8675	10159	28435	7634	6877
八、公共事业及管理组织	33032	6059044	59756	51989	61087	172832	50748	40013
1. 科学研究、技术服务和地质勘查业	2767	1046413	10543	8804	10322	29669	8207	7129
2. 水利、环境和公共设施管理业	9239	558491	4246	5161	5204	14611	6591	3598
3. 教育、文化、体育和娱乐业	7655	1971585	20568	16019	20038	56625	16129	13364
4. 卫生、社会保障和社会福利业	2440	603349	6824	6387	7287	20498	5640	4487
5. 公共管理和社会组织、国际组织	10931	1879206	17575	15618	18236	51429	14181	11435

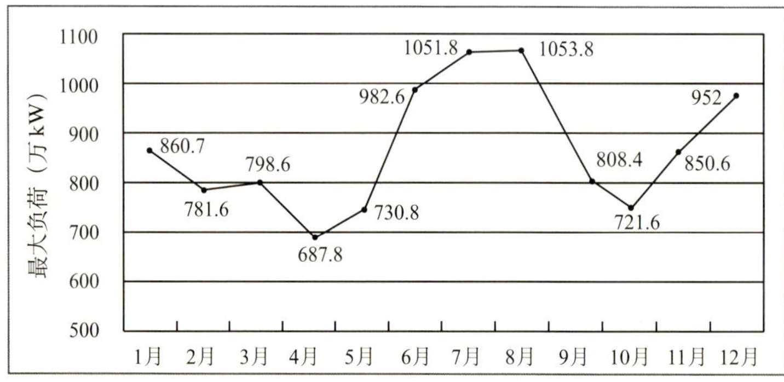

■ 月最大负荷分布图

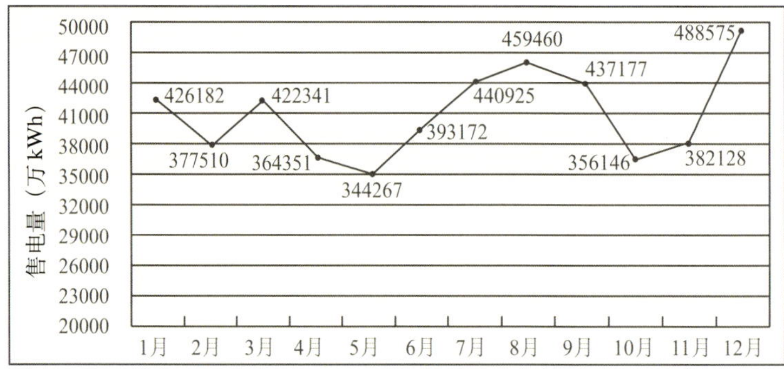

■ 月售电量统计图

用电情况（续二）

单位：万kWh

6月	二季	7月	8月	9月	三季	10月	11月	12月	四季	全年
26203	56946	26507	28031	23283	77821	22454	20188	28423	71065	269032
15400	41186	18852	21270	19907	60029	14038	12850	16379	43267	190500
41023	117407	52489	51396	52769	156654	36679	40342	57763	134784	556323
1943	5758	2457	2743	2647	7847	1909	1812	2208	5929	25884
30185	88243	38903	37894	39953	116750	27672	31452	45243	104367	422053
8895	23406	11129	10759	10169	32057	7098	7078	10312	24488	108386
48098	138859	58738	63866	59687	182291	45144	44565	68272	157981	651963
8551	23887	10726	11608	10636	32970	7667	8518	12080	28265	114791
5477	15666	3841	5856	4558	14255	5281	3821	8286	17388	61920
15819	45312	19172	18739	18828	56739	14634	15033	22626	52293	210969
5104	15231	7313	8400	7223	22936	5274	4997	7385	17656	76321
13147	38763	17686	19263	18442	55391	12288	12196	17895	42379	187962

电力用户报装情况

项　目	2004年结转		2005年本月止用户报装申请		2005年本月止用户报装完成		2005年本月止结存	
	容量（kVA）	户数（个）	容量（kVA）	户数（个）	容量（kVA）	户数（个）	容量（kVA）	户数（个）
合计	13463322	9592	6366553	17640	4420898	13029	10306954	8084
大工业	1494260	866	683705	679	695541	490	726499	525
非普工业	2272664	2168	1209823	2808	795477	2316	2287515	1458
商业	3334243	1035	1774786	4119	1201563	3252	2931158	1866
居民	4093481	688	1565785	4997	952570	3296	3402772	2112
非居民	1218261	3112	506296	3061	236376	2016	603696	1460
农业	543283	1234	37150	854	21690	697	15584	167
趸售	0	0	0	0	0	0	0	0
其他	507130	489	589008	1122	517681	962	339730	496

北京地区行业售电量比例图

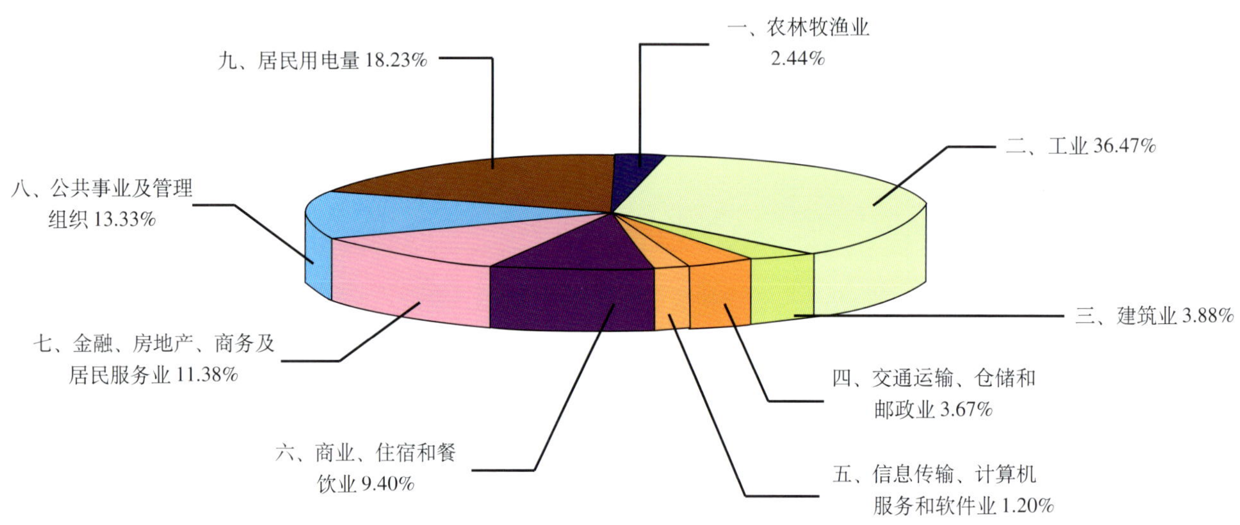

职 工 概 况 表

项目		人数	项目		人数
按性别分	全公司总人数	9439	按政治面貌分	全局总人数	9439
	其中：男职工	7181		其中：共产党员	4007
	女职工	2258		民进会员	2
				九三学社	2
按职称分	全公司总人数	9439		民建会员	2
	其中：高级职称	432		民革会员	6
	中级职称	1055		民盟会员	4
	初级职称	1738		共青团员	1310
	无职称	6214		致公党	1
				群众	4105
按文化程度分	全公司总人数	9439	按年龄分	全公司总人数	9439
	其中：博士	8		其中：55岁及以上	514
	研究生	226		50~54岁	1366
	大学本科	1538		45~49岁	1849
	大学专科	2441		40~44岁	1517
	中专	615		35~39岁	1411
	技校	1328		30~34岁	1364
	高中	1270		25~29岁	1066
	初中及以下	2013		24岁以下	352

公司各单位人员情况

单　　位	人数（人）	单　　位	人数（人）
总经理工作部	42	石景山供电公司	183
政治工作部	20	亦庄供电公司	104
综合计划部	15	通州供电公司	335
战略规划部	12	昌平供电公司	343
人力资源部	26	门头沟供电公司	152
财务部	27	房山供电公司	285
审计部	12	大兴供电公司	294
安全监督部	9	平谷供电公司	227
生产技术部	26	怀柔供电公司	244
电网建设部	28	密云供电公司	255
市场营销部	26	顺义供电公司	300
科技信息部	8	延庆供电公司	189
农电工作部	12	输电公司	309
行政管理部	14	变电公司	690
保卫部	8	调度通信中心	369
监察室	8	电力试验研究中心	262
工会	18	电缆公司	117
机关服务中心	38	电力电能计量中心	103
档案馆	9	客户服务中心	39
新闻中心	10	物资公司	223
用电信息管理中心	12	物业管理公司	172
信息中心	10	多种经营管理处	220
供电大楼筹建处	3	培训中心	157
协会管理办公室	1	北京电力行业协会	22
科技协会	3	电力经济研究中心	144
农电学会办公室	3	北京电力工程公司	782
城区供电公司	688	电力工程管理中心	72
朝阳供电公司	549	北京市路灯管理中心	233
海淀供电公司	509	集体职工	1329
	465	全公司总人数	10768

县供电企业基本情况

单　位	供电人口（万人）		耕地面积（千公顷）	农业增加值（万元）	工业增加值（万元）	县供电企业职工人数（人）					供电所人数（人）		供电所个数（个）
	合　计	其中农业人口				年平均人数	年末人数	管理层	专业技术	大专及以上	合　计	其中农电工	
北京市	455.70	267.80	223.50	943747	3399055	2644	2624	72	654	1167	3185	1490	148
门头沟	23.70	6.80	1.50	4319	126375	154	152	7	40	80	155	85	7
房山区	75.20	42.20	28.40	112069	618773	293	285	8	74	130	441	244	21
昌平县	46.90	22.90	12.80	47355	492187	344	343	7	88	131	289	121	14
顺义县	55.40	36.50	33.50	216405	864513	297	300	7	71	136	373	168	19
通　县	62.00	36.60	36.70	121593	281537	336	335	7	82	114	391	179	10
大兴县	55.80	34.50	38.60	133266	317473	292	294	8	74	130	423	192	14
平谷县	39.40	24.90	11.60	85021	135504	233	227	7	53	103	219	98	16
怀柔县	27.20	16.80	9.60	43862	322060	244	244	7	58	86	288	129	14
密云县	42.60	28.20	22.20	101002	216983	263	255	7	65	123	331	148	18
延庆县	27.50	18.40	28.60	78855	23650	188	189	7	49	134	275	126	15

县供电企业售电量情况

单　位	总售电量（万kWh）	分类售电量（万kWh）							
		农业生产	农业排灌	大工业	非、普工业	居民生活		非居照明	商　业
						小　计	农　村		
北京市	1556842	28752	44434	663744	283619	287342	136749	117817	131134
门头沟	65194	475	616	35142	8705	11566	3165	4325	4365
房山区	206714	2601	5255	112062	29503	32669	21295	14756	9868
昌平县	280494	4114	4293	107608	49732	59534	19587	23053	32160
顺义县	260416	5449	8383	112440	49245	43309	22009	21557	20033
通　县	233495	5724	7665	89160	48919	50092	25046	15096	16839
大兴县	215683	4567	10978	68230	49973	44288	19642	20075	17572
平谷县	71981	2745	3160	34374	10888	11440	6830	4237	5137
怀柔县	85961	920	1219	40619	12484	14051	8157	5987	10681
密云县	80267	1537	1515	34867	15089	13409	7425	5781	8069
延庆县	56637	620	1350	29242	9081	6984	3593	2950	6410

出版人员名单

责任编辑：姜丽敏　刘丽平　吴　冰　王春娟

美术编辑：杨晓东

正文设计：张秋雁

责任校对：罗凤贤　刘振英

出版印制：邹树群